Ulrich Schlie

DAS DUELL

Der Kampf zwischen Habsburg und Preußen um Deutschland

Propyläen

Propyläen ist ein Verlag der Ullstein Buchverlage GmbH
www.propylaeen-verlag.de

ISBN: 978-3-549-07401-5

Lektorat: Rainer Wieland

Gesetzt aus der Minion
Satz: LVD GmbH, Berlin
Druck und Bindearbeiten: GGP Media GmbH, Pößneck
Printed in Germany

Inhalt

Prolog

Conditio Germaniae: Über den Gang der Geschichte

I.

Casca il mondo! Die Welt war aus den Fugen geraten. Bereits am Tag danach, dem 4. Juli 1866, beschrieb der Kardinalstaatssekretär Giacomo Antonelli in Rom das Ausmaß der Erschütterung, und der Kaiser in Wien brach nach der Lektüre des Telegramms seines Feldzeugmeisters von Benedek zusammen: »Vorgestern schon besorgte Katastrophe der Armee heute schon vollständig eingetroffen.«[1] Die Schlacht, die am regnerischen Morgen des 3. Juli 1866 beim Dorf Sadowa an der Bistritz in Nordböhmen stattfand, ging in die Geschichte ein als eine der großen Entscheidungsschlachten, und zugleich beendete sie einen der kürzesten Kriege, die es je gab. Hier, nahe der österreichischen Festung Königgrätz, hatte der preußische Generalstabschef Helmuth von Moltke einen gewaltigen Aufmarsch der preußischen Kräfte organisiert. Preußen siegte am Ende auch, weil sich Moltke der Segnungen der industriellen Revolution geschickt zu bedienen verstand: Eisenbahn für den Truppentransport, verkabelte Kommunikation durch elektrische Telegraphie und schließlich das preußische Zündnadelgewehr, das sich im Liegen laden ließ.

Triumph der modernen Kriegführung, die Stellungskämpfe des Ersten Weltkriegs noch in Ferne. Zugleich bot sich, wohl zum letzten Mal, jenes farbenfrohe Schauspiel alteuropäischer Kriegführung und Bewegungskampf *par excellence*. Die Aufstellung der österreichischen Truppen nach Waffengattungen getrennt: Blau-Weiß die Infanterie, daneben das Grün der Jäger, das Braun der Artilleristen, das Karmesinrot der Ulanen und das Schwarz-Gelb der Husaren. Am Abend war die Schlacht entschieden und damit beinahe der deutsche Krieg. Benedek, der Oberbefehlshaber, der mit der Geographie Italiens besser vertraut war als mit derjenigen Nordböhmens, trat mit dem geschlagenen Heer den geordneten Rückzug an. Preußen lehnte am darauffolgenden Tag das von Österreich überbrachte Waffenstillstandsgesuch ab, doch bald obsiegte höhere Einsicht. Bismarcks Devise, dass wer gesiegt habe, sich mäßigen solle, ersparte den Österreichern eine vernichtende Niederlage: Sie war bestimmend für den Vorfrieden von Nikolsburg am 26. Juli. Der endgültige Friedensschluss folgte in Prag am 23. August 1866.

Die anderen, weit verstreuten Kriegsschauspiele hatten demgegenüber kaum mehr als episodenhaften Charakter. Bei Langensalza kapitulierten die Hannoveraner gegen die preußische Mainarmee, auf dem Gardasee kaperte die österreichische Gardaseeflottille einen italienischen Dampfer, und Ende Juli nahmen die preußischen Truppen den Württembergern Tauberbischofsheim und besetzten die Festung Marienberg über Würzburg. Die eigentliche Katastrophe, von der sich die Habsburger nicht mehr erholen sollten, war indes psychologischer Natur, und sie wurde erst gut eine Generation später sichtbar, als in Europa die Lichter ausgingen und beide Kaiserstaaten in den Ersten Weltkrieg taumelten.

Mit dem kurzen Duell von 1866 war die Entscheidung zwischen Großdeutsch und Kleindeutsch gefallen. Es sollte eine Scheidung auf immer werden, kalkuliert vorbereitet, kalt vollzogen bei scheinbarer Schonung der anderen Seite, doch schon zu diesem Zeitpunkt die Möglichkeit der Aussöhnung, gar eine zweite Chance verwehrend. In einem einzigen Gefecht war entschieden worden, ob Deutschland künftig von Berlin oder von Wien aus regiert werden würde. Der Deutsche Bund verschwand von der Bildfläche, das 1806 aufgelöste Heilige Römische Reich wurde endgültig in den Tiefen der Geschichte aufgehoben. Schleswig-Holstein, Hannover, Kurhessen, Hessen-Nassau und Frankfurt wurden preußisch. Alles, was nördlich der Mainlinie lag, wurde zum Norddeutschen Bund zusammengefasst, lediglich Bayern, Württemberg und Baden blieben selbständig. Die Verfassung des aus dem Krieg hervorgegangenen Norddeutschen Bundes von 1867 glich in wesentlichen Zügen der Reichsverfassung von 1871 mitsamt ihren konstitutionellen Schwächen. Und mehr noch: Auf dem Schlachtfeld in Nordböhmen war zugleich auch die europäische Ordnung von 1815 zerbrochen. Bismarck, der wie kein zweiter das äquilibristische Spiel mit den fünf Kugeln beherrschte, schien dies geahnt zu haben. Denn es beschlichen ihn Zweifel. Er konnte sich an seinem Sieg nicht recht freuen. Schon im Frühjahr 1866 hatte er prophezeit: Ist Preußens Macht erst einmal gebrochen, so werde Deutschland schwerlich dem Schicksal Preußens entgehen.

War 1866 Preußens Macht gebrochen? Auf den ersten Blick bot sich ein anderes Bild, denn auf dem Schlachtfeld war sie zweifelsohne gestärkt worden. Das Duell zwischen Habsburg und Preußen hatte einen unbestrittenen Sieger, auch wenn dieser Sieger alles andere als von Anfang an feststand. 1866 lehrt, dass Sieger und Verlierer nie auf den ersten Blick bestimmt werden können und die Laune der Geschichte manchmal darin besteht, dass auch Sieger über Nacht zu Verlierern werden. Freilich, und dies führt über 1866 hinaus, denn es zählt zur grundsätzlichen Offenheit der Geschichte, kann auch aus diesem Verlust irgendwann ein Gewinn erwachsen.

War die Entscheidung von 1866 unausweichlich? Diese Frage führt zum Kern des preußisch-österreichischen Dualismus. War mit Bismarcks Lösung auf dem Schlachtfeld schon der Untergang des kleindeutsch-preußischen Nationalstaats von 1871 vorgezeichnet: zu klein für die Hegemonie, zu groß fürs Gleichgewicht? War in Königgrätz gar das Todesurteil für die Habsburgermonarchie gefällt? Die Ausrichtung des Donaustaates nach Südosten, auf der Grundlage des Ausgleichs mit Ungarn von 1867, war ohne Zweifel auch eine Abkehr von Zentraleuropa. Der Zweibund von 1873 konnte darüber nicht hinwegtäuschen. Eher verstärkte er die Probleme an der Peripherie und ließ sie zurückstrahlen ins Zentrum. Damit war zugleich das Grunddilemma des Verhältnisses von Österreich zum Deutschen Reich berührt. Einerseits war die Donaumonarchie damals aus deutschen Landen, aus dem Zentrum vertrieben. Und andererseits war das Deutsche Reich qua Vertrag an die Doppelmonarchie gebunden. Die Widersprüche eines immer komplizierter werdenden europäischen Staatensystems, das sich ins Globale ausweitete und bald darauf zerbrechen sollte, fanden im deutschen Dilemma, das immer auch ein österreichisches war, ihren Nukleus, und deshalb ist die Geschichte des preußisch-österreichischen Dualismus gar nicht losgelöst von der europäischen Geschichte zu betrachten.

Bismarck scheint diese unheilvolle Bindung zwischen Preußen-Deutschland und Österreich bereits 1866 beim Friedensschluss vorausgesehen zu haben. Mit seiner leitenden Maxime hatte er zugleich eine bestimmende Vorgabe für die Bündnispolitik der folgenden Jahrzehnte formuliert: »Die Streitfrage ist entschieden. Jetzt gilt es die alte Freundschaft mit Österreich wiederzugewinnen.«[2] Die Politik Bismarcks und seiner Nachfolger hat dies in den Jahren nach 1871 gegenüber Österreich immer wieder auf die ein oder andere Weise umzusetzen versucht, und in der Tat hat die Bindung an die Doppelmonarchie stärker als alles andere das Deutsche Kaiserreich von 1871 in seinem politischen Wollen bis zu seinem Untergang geprägt. Die ganze deutsche Geschichte des 20. Jahrhunderts ist deshalb nicht erklärbar, ohne das Verhältnis Preußen–Deutschlands mit Österreich ins Visier zu nehmen. Und selbst in der bittersten Stunde, im Zusammenbruch im Frühjahr 1945, waren Berlin und Wien die Bezugspunkte sowohl des Diktators in seiner Bunkerwelt unter der Reichskanzlei als auch der siegreichen Mächte der Anti-Hitler-Koalition.

Großdeutsch versus Kleindeutsch. Diese so lange die Geschichte des 19. Jahrhunderts bestimmende Frage war 1866 auf dem Schlachtfeld in einem duellartigen Krieg entschieden worden, dem die Zeitgenossen den Namen »Der deutsche Krieg« gegeben hatten. Wer auf die zweiundfünfzig Jahre zwischen der Entscheidung von Königgrätz und dem Ende beider Monarchien im Jahre 1918 blickt, wird den Zeitraum als kurz genug bezeichnen, um von dort einen unmittelbaren Bezug zum Duell von 1866 herzustellen. Der Niedergang der Herrscherhäuser führte zur Auflösung der parallelen Entwicklung von Dynastie und Nation: Er weist weit ins Zeitalter der Massen hinein.

II.

Wann beginnt diese Geschichte?

Der Aufstieg Preußens setzt mit dem Großen Kurfürsten ein. Im Jahr 1701 wird mit der Annahme der Königswürde der damit verbundene Anspruch auch nach außen hin sichtbar. Es bleibt indes Friedrich dem Großen vorbehalten, diesen Anspruch einzulösen, sowohl machtpolitisch durch territoriale Expansion als auch durch Konzentration und Neuausrichtung wesentlicher Politikfelder nach innen. Im Wissen um den tatsächlichen Verlauf der Geschichte neigen wir dazu, die Ereignisse von hinten zu erzählen. Friedrich der Große genauso wie nach ihm wohl Otto von Bismarck hätten sich dagegen verwehrt, durch eine nationalstaatliche Brille betrachtet zu werden. Erst nach 1800 hat sich allmählich ein preußisches Nationalgefühl entwickelt. Auch die Verbindung zwischen Preußen und dem Ritterorden ist ein Produkt des 19. Jahrhunderts. Es blieb jedoch mit Friedrich dem Großen verbunden, einer Art preußischem Staatsgedanken zum Durchbruch verholfen zu haben. Im engeren Sinn ist der Zeitraum der Wirksamkeit Preußens auf die Jahre zwischen 1740 und 1870 beschränkt. Es lässt sich trefflich darüber streiten, ob die ereignisreiche Zeit seitdem – in der Länge übertrifft sie heute sogar die vorangegangene Wegstrecke um mehr als ein Jahrzehnt – allein dem Epilog zugerechnet werden kann, lässt sie doch so unterschiedliche Phasen wie den kleindeutschen Nationalstaat Bismarckscher Prägung, die Übersteigerung und den Missbrauch von Preußentum und Nationalstaatsgedanken in der Hybris des Nationalsozialismus, die Jahrzehnte der deutschen Teilung und, seit 1990, das wiedervereinigte Deutschland zusammen.

1740, und hier kreuzen sich die Linien, ist auch in der Geschichte der Habsburgerdynastie in mehrfacher Hinsicht eine Zäsur. Das Aussterben der Habsburger in ihrer männlichen Linie wurde bei der Ankunft Maria Theresias zum Testfall der Pragmatischen Sanktion. Wo Friedrich der Große durch sein Handeln, seine Staatskunst und die Inszenierung seines Königtums darauf bedacht war, eine Tradition zu begründen, konnte sich Maria Theresia auf eine jahrhundertealte Tradition berufen. Sie stand in der Kontinuität von sechzehn Generationen in unmittelbarer Linie zu Rudolf von Habsburg. Der Mythos von der besonderen Sendung des Erzhauses, der den Anspruch auf das kaiserliche Amt begründete, war die Gewissheit des Erbes, auf das sich Maria Theresia stützen konnte.

Das wiedervereinigte Deutschland und die Republik Österreich von heute sind beide in ihrem staatlichen Selbstverständnis, in ihrer politischen Symbolik von Habsburg und Preußen losgelöst, ja sie haben im Wandel der Zeiten mehr oder weniger heftige Versuche unternommen, diese Bande zu kappen. Beide verfügen mittlerweile über eine eigene Geschichte, die als Traditionsbewusstsein verstanden werden kann. In Deutschland ist seither die geschichtspolitische Debatte bei den Schatten der Vergangenheit angelangt, die man sich als die jüngste zu bezeichnen angewöhnt hat. Auch die Debatte über eine österreichische Nation ist in den letzten Jahrzehnten in Österreich und darüber hinaus immer vernehmbarer geworden. Beide, Österreich wie die Bundesrepublik Deutschland, sind zudem von Habsburg und Preußen durch einen tiefen Graben getrennt: durch die politische und moralische Katastrophe von 1945, die ganz wesentlich den Blick der Nachlebenden auf den kleindeutsch-preußischen Nationalstaat von 1871 geprägt und die großdeutsche Idee auf Dauer zerstört hat. Die Geschichte des Scheiterns des Nationalstaats von 1871 ist nicht losgelöst von den Bedingungen seiner Entstehung zu sehen; und auch das Ende der Monarchie, das Zerbrechen des Habsburgerreiches ist ganz wesentlich mit dem Niedergang des deutschen Kaiserreichs im Ersten Weltkrieg verbunden.

Erst in dieser späteren Perspektive erhalten die Ereignisse des Jahres 1866 ihre eigentliche historische Bedeutung. Auch die Geschichte des 20. Jahrhunderts, Hybris und Nemesis des Hitlerstaates, der zunächst die Machtträume großdeutscher Patrioten bediente und 1938 den Anschluss Österreichs ans Reich vollzog, ist nicht verstehbar ohne den Dualismus von Habsburg und Preußen. Nicht umsonst ist das Anschlussjahr 1938 zugleich die eigentliche Peripetie des Dritten Reiches. Bis dahin hatte Hitler seine Ziele mit Zustimmung der europäischen Mächte erreicht. Die britische Appeasementpolitik, die in München, September 1938, ein letztes Mal den großen territorialen Ausgleich mit Hitlers Deutschland möglich gemacht hatte, war das falsche Konzept für den Umgang mit Diktatoren. Diese Erkenntnis der Geschichte wurde damals nicht von allen begriffen; umso dauerhafter wirkt sie bis heute nach.

Hitler kann gewiss nicht Preußen und auch nicht Österreich allein zugeordnet werden. Doch er bediente sich skrupellos jener preußischen Errungenschaften und Symbole, auf die das deutsche Kaiserreich von Anfang an so stolz gewesen war, und er richtete Preußen genauso endgültig zugrunde, wie er auf Dauer Österreich aus der deutschen Geschichte herauskatapultierte. Hitlers Vorfahren stammten aus dem Waldviertel, seine prägenden Jahre, in denen er sein dumpfes, vulgärdarwinistisches und antisemitisches Gedankengebräu entwickelte, verbrachte er in Linz und Wien. Das geistige Klima des sich auflösenden Vielvölkerstaates war ohne Zweifel ein Nährboden dafür, und dieser Nährboden kann nicht verstanden werden, wenn man die Geschichte des preußisch-österreichischen Dualismus außer Acht lässt. Vielleicht sogar war es der preußisch-österreichische Dualismus, die Unentschiedenheit im Ringen um das, was der deutschen Geschichte als staatliche Form gemäß war, die im nationalen Taumel, in dem aufgeladenen Zeitklima mit den psychologischen Belastungen des verlorenen Krieges, erst dazu geführt hat, dass Hitlers Aufstieg möglich wurde.

Der genügende zeitliche Abstand zu den hier in biographischen Skizzen verdichteten Ereignissen gibt der Betrachtung ihren Reiz und die Berechtigung, zu den bereits vorliegenden Deutungen hinzuzutreten. Vom Aussichtspunkt eines bezwungenen Gebirgsmassivs erscheinen die Gestalten und Mächte als in den Tälern zweier zurückliegender Jahrhunderte eingeschlossene Landschaften: Sie sind überschaubar in ihrer Ausdehnung, Parallelismen werden sichtbar, aber auch die Abbruchkanten hin zu den Abgründen. Als Wanderer sind wir ihnen entrückt, emporgestiegen zur höheren Warte, doch noch immer sind sie nahe genug, so dass wir sie in unserer Gegenwart nicht übersehen können.

Die Aufgabe des Historikers hat sich nie auf reine Chronistenpflicht beschränkt. Vielmehr gehört dazu auch die Interpretation des Geschehenen, die Frage nach dem inneren Zusammenhang. Die Beschäftigung mit der Geschichte ist immer auch Konfrontation mit einer anderen Welt als der gegenwärtigen, die Suche nach der Entdeckung des Unerwarteten und die Auseinandersetzung mit Sein, Werden und Vergehen. Im Mittelpunkt des historischen Erkenntnisstrebens steht das Rätsel Mensch: der Mensch in seiner Gegenwart. Der handelnde, duldende und leidende Mensch mit seinen Verstrickungen, Abhängigkeiten, aber auch mit der Chance, sich für oder gegen etwas entscheiden zu können, steht im Zentrum: das Individuum ebenso wie die Gesellschaft. Alles Menschliche ist geschichtlich, doch das Verhältnis des Menschen zu seiner Geschichte ist nicht frei von Widersprüchen und den Versuchen, diese Geschichtlichkeit zu leugnen, seiner eigenen Geschichte zu entkommen: »Das Verhältnis des Menschen zur Geschichte ist Anziehung und Abstoßung, das Bild des Menschen formt sich in der Geschichte und rettet sich vor der Geschichte.«[3]

Der Schweizer Historiker Herbert Lüthy hat einst zutreffend darauf verwiesen, dass Geschichte immer Geschichte der Gegenwart sei, weil Vergangenes als Vergangenes gar nicht erfahren werden könne, sondern nur aus »der Vergangenheit Gegenwärtiges«.[4] Die Geschichtsbilder der Nationen, wie sie sich in den großen Kontroversfragen der jeweiligen Nationalgeschichte spiegeln, sind eine Hervorbringung der modernen Nationen, wie sie sich Ende des 19. Jahrhunderts herausgebildet haben. Auf Deutschland bezogen bedeutet dies, dass sich erst mit den Kämpfen um die nationale Einheit um 1800 dieses auf die Nation bezogene Geschichtsbild durchgesetzt hat, und in Österreich-Ungarn ist überhaupt erst in der zweiten Hälfte des 20. Jahrhunderts die Frage nach der österreichischen Identität wirklich entbrannt.

Der Reiz der Geschichtsbetrachtung besteht darin, dass die Fragen nach den Bedingtheiten, Zwängen, nach dem Gang der Geschichte nie ein für alle Mal geklärt werden können, dass sie im Gegenteil immer wieder aufs Neue betrachtet werden müssen und es folglich keine abgeschlossenen Antworten geben kann. Wenn etwa Hermann Heimpel 1951, wenige Jahre nach dem Zweiten Weltkrieg, schrieb, dass das Ende des Reiches doch nur der letzte Grund sei, dass der Mensch in seiner Gegenwart wohl einen Überdruss an seiner Geschichte empfinde, so entsprach dies dem spezifischen Zeitgeist jener Jahre, die Gegenwart gegen Geschichte setzte.[5] Und wenn Michael Stürmer 1986 in einem vielbeachteten, zum »Historikerstreit« jener Zeit führenden Artikel über »Geschichte in geschichtslosem Land«[6] beklagte, dass in einem Land ohne Erinnerung alles möglich sei, die Suche nach der verlorenen Geschichte moralisch legitim und politisch notwendig sei, dann reflektiert auch dies die *Conditio Germaniae*. Und wo stehen wir heute in beiden Ländern, über zwanzig Jahre nach der staatlichen Vereinigung Deutschlands und knapp zehn Jahre nach der Wiedervereinigung Europas, die endgültig den Kalten Krieg mit seinen künstlichen Trennungslinien besiegelte? Noch immer in einem geschichtslosen Land, noch immer mit einem Überdruss gegen Geschichte? Die innere Einheit des Landes war, ausgesprochen oder nicht, das große Thema der Deutschen nach 1990. Die Wiedervereinigung war auch ein psychologisches Problem, ohne dass sich alle Deutschen immer genau darüber Rechenschaft ablegten. Vierzig Jahre Kommunismus und zwölf Jahre Naziherrschaft stehen für eine Hypothek, die nicht über Nacht abgetragen werden konnte.

Die Identitätsprobleme der Republik Österreich in den frühen 1990er Jahren waren indes anderer Art. Fast schien es so, als ob zeitgleich zum Beitritt zur Europäischen Union die Auseinandersetzung mit der eigenen Vergangenheit, wie sie insbesondere in den Debatten um die Vergangenheitsbewältigung des von 1986 bis 1992 amtierenden Bundespräsidenten Kurt Waldheim ihre symbolische Ausgestaltung erfuhr, die Alpenrepublik heimsuchte. Damit zeigte sich einmal mehr, dass die deutsche und österreichische Geschichte brüchiger und damit auch komplizierter war als diejenige anderer europäischer Staaten. Und genau diese Brüchigkeit ist es, die den Blick zurück so wichtig und sogleich so schwierig macht. Die Voraussetzungen, dass dies gelingt, sind heute besser als je, denn Einheit und Freiheit, die beiden großen Themen der deutschen Geschichte der letzten 200 Jahre, sind zum ersten Mal verwirklicht. Das größere europäische Gefüge, das für den Dualismus zwischen Preußen und Österreich die Folie bildete, lässt mehr und mehr die nationale Betrachtungsweise in den Hintergrund treten.

Dies also sind Voraussetzungen und Anlass, das Duell zwischen Preußen und Österreich erneut zu betrachten und von dort Linien in die Gegenwart zu ziehen. Die abgeschlossene Perspektive der Gegenwart, das Wissen um den tatsächlichen Gang der Geschichte, kommt dem Blick auf das Vorher und Nachher des für die geschichtliche Existenz von Deutschland und Österreich so entscheidenden Duells von 1866 zugute. Der siegesdeutsche Anstrich, den einst Jacob Burckhardt nach der Reichsgründung erkannte, ist kräftig abgeblättert. Die Geschichte hat ihn widerlegt, und sie hat auch sensibel dafür gemacht, dass europäische Gemeinschaft des Bewusstseins für eine über Jahrtausende geprägte Kultur bedarf, dass nur so Selbstbewusstsein und Vergewisserung erwachsen können.

Eine rein nationalgeschichtliche Betrachtung war nie gerechtfertigt, und sie ist es am wenigsten im 21. Jahrhundert. Es steht zu dieser Erkenntnis nur scheinbar im Widerspruch, dass unser geschichtliches Denken indes ganz wesentlich von den Prägungen der jeweils eigenen nationalen Vergangenheit beeinflusst ist. In Deutschland heißt dies: von den Rückschlägen auf dem langen Weg zum Nationalstaat, von den nationalen Empfindungen einer vornationalstaatlichen Zeit, von der kurzen, ereignisreichen Geschichte des deutschen Nationalstaats und den Umständen seines Scheiterns. Wo das Verhältnis zur

Nation so schwierig ist, kann die Beziehung zur eigenen Geschichte nicht einfach sein. Die Nation ist nichts Statisches, nichts, was nicht der Veränderung unterworfen wäre, und erst recht nichts Selbstverständliches. Sie verlangt, wie bei einem Bund fürs Leben, am Anfang ein Bekenntnis und, darauf aufbauend, den festen Willen zur Behauptung in der Gegenwart. Nichts anderes hat Ernest Renan gemeint, als er von der Nation als dem Tag für Tag stattfindenden Plebiszit sprach. Entscheidendes Merkmal der Nation ist der Wille seiner Bürger, des Staatsvolks, sich zur Nation zu bekennen, der Wunsch, ein gemeinsames Leben zu gestalten. Und dieser Wille ist in Deutschland über die Bitternisse aller Tiefen hinweg niemals erloschen. Bezugspunkt blieb über alle Brüche und Enttäuschungen hinweg das Jahr 1871, und dieses Jahr 1871 steht ganz wesentlich für die auf dem Schlachtfeld von Königgrätz getroffene Entscheidung.

Auch das heutige Selbstverständnis als Deutsche ist nur von 1871 zu verstehen. Richard von Weizsäcker hat 1972 im Deutschen Bundestag zu Recht auf die grundlegende Bedeutung der verspäteten Nationalstaatsbildung für den Inhalt der Nation hingewiesen: »Nation ist ein Inbegriff von gemeinsamer Vergangenheit und Zukunft, von Sprache und Kultur, von Bewusstsein und Wille, von Staat und Gebiet. Mit allen Fehlern, mit allen Irrtümern des Zeitgeistes, und doch mit dem gemeinsamen Willen und Bewusstsein hat diesen unseren Nationsbegriff das Jahr 1871 geprägt. Von daher – und nur von daher – wissen wir heute, dass wir uns als Deutsche fühlen.«[7]

Das Jahr 1871 aber verweist in seiner ganzen Anlage bereits auf 1945. Dazwischen steht das Jahr 1918 mit dem Ende der Monarchien und damit dem eigentlich faktischen Endpunkt des Duells zwischen Habsburg und Preußen. Das Jahr 1918 mit der auf das Kriegsende folgenden Ordnung der Pariser Vorortverträge wiederum trägt die Keime des Untergangs von 1945 in sich. Eine Minderheit, die bei der Debatte über den Versailler Vertrag in der Nationalversammlung von 1919 für dessen Ablehnung gestimmt hatte und dafür die Zerschlagung des Reiches in Kauf nahm, scheint sich dessen bewusst gewesen zu sein. Erster und Zweiter Weltkrieg, so erkannte einst der Historiker Ludwig Dehio, seien zwei Akte ein und desselben Dramas.[8] 1945 gelangte der 1871 geschaffene kleindeutsche Nationalstaat zu seinem ebenso abrupten wie selbstverschuldeten Ende. Größenwahn hatte zuerst zu seiner Übersteigerung, dann zu seinem Zusammenbruch geführt. Nie freilich darf vergessen werden, dass 1945, Anfang und Ende, nicht ohne die Ereignisse des Jahres 1933 denkbar ist. Hybris und Nemesis sind Schwestern. Hitler war im Mai 1945, als sein Reich politisch-militärisch kapitulieren musste, bereits tot. Insofern traf es sich gut, dass Preußen als Sündenbock bereitstand und zum Inbegriff all der schlechten Eigenschaften wurde, die dem deutschen Nationalcharakter zugerechnet wurden und den Aufstieg Hitlers ermöglicht haben sollen. Gewiss, der deutsche Nationalstaat von 1871 war Preußens Werk, und es hingen seine Geburtsfehler, seine Prägungen und Probleme auch ganz unmittelbar mit Preußen zusammen. Doch die Geschichtsbetrachtung griffe zu kurz, wenn dabei übersehen würde, dass Preußen bei alledem immer auch Opfer gewesen ist. Auf eigentümliche Weise ereilte Preußen anno 1947 genau das Schicksal, das Habsburg eine Generation zuvor nach dem verlustreich beendeten Ersten Weltkrieg zuteilwurde: Auslöschung per Dekret. In beiden Fällen freilich ist dies nicht das letzte Wort der Geschichte geblieben.

III.

Ist es ein Widerspruch, dass die nationale Frage – Einheit und Freiheit – so sehr die deutsche Geschichte der letzten 200 Jahre bestimmte, gewissermaßen zu ihrem roten Faden geworden ist, und zugleich in dem Vielvölkerstaat Österreich-Ungarn alles konsequent auf einen übernationalen Staat angelegt war, der dann am Ende freilich am Leichengift des Nationalismus zugrunde ging? War beides im Alten Reich bereits angelegt? Und wie passt es zusammen, dass die Bindung an die ältere Vergangenheit, insbesondere die Zeit vor 1866 im Kaiserstaat Österreich-Ungarn und seinen republikanisch-ständestaatlichen Nachfolgestaaten so sehr gepflegt und empfunden wurde, und dass nach 1945 die Zeichen der Zeit ganz auf Eigenständigkeit standen? Welche Entwicklungen aus der franziskojosephinischen Zeit haben zu einer Ablösung des Österreichbewusstseins von der Habsburgermonarchie geführt? Welche Rolle kommt dabei den Ereignissen des Jahres 1848 zu? Was dem Randstaat Österreich im Windschatten der großen Politik von den Siegermächten der Anti-Hitler-Koalition noch zugestanden gewesen sein mag, konnte dem Frontstaat des Kalten Krieges, dem Rumpfgebiet des einstigen Großdeutschen Reiches nimmermehr gewährt werden: Einheit in Freiheit.

Gerechtigkeit ist keine Kategorie der Geschichte. Für die Deutschen war die Zäsur von 1945 wohl am schmerzlichsten. Das für die geistige Situation seiner Zeit so bezeichnende Alterswerk des Historikers Friedrich Meinecke aus dem Jahr 1946 lautete treffend *Die deutsche Katastrophe*.[9] Der Kontinuitätsbruch von 1945 bestand auch darin, dass mit dem ruhmlosen Ende des deutschen Nationalstaates das Wissen um die Nation als sichere Tatsache verlorengegangen war. Die

Geschichte vom Wiederaufstieg Deutschlands und Österreichs nach 1945 aus der Asche des Reiches kann nicht losgelöst betrachtet werden von den Zerstörungen, den materiellen und den geistigen, die der Untergang des Dritten Reiches anno 1945 bedeutete. Deutschland und Österreich waren damals nicht viel mehr als ein geographischer Begriff, ein Spielball der Mächte. Was einst Friedrich Schiller in seiner Ballade über den Grafen von Habsburg über das Interregnum dichtete, hätte auch auf die Verhältnisse anno 1945 gemünzt sein können. Es war in der Tat eine kaiserlose, schreckliche Zeit. Die Maßstäbe waren zerbrochen, jahrhundertealter Besitz lag in Scherben. Deutschland war geteilt, Berlin und Wien in Sektoren getrennt.

Lag es in der Natur des Dualismus, dass das Duell zwischen Habsburg und Preußen in Königgrätz zur ersten deutschen Teilung (Golo Mann) führte und am Ende mit dem Untergang des preußisch-deutschen Nationalstaats eine zweite, für lange Zeit die Bipolarität zementierende deutsche Teilung stand? Selten ist in einem kürzeren Zeitraum, in weniger als zehn Jahren, nämlich in der Zeit zwischen 1938 und 1945, den Menschen ein tieferer Einschnitt zugemutet worden. Aus Jubel wurde Jammer, und es sollte dauern, bis sich dieser in Erkenntnis auflöste. Die deutsche Nation war für lange Zeit von der politischen Tagesordnung verschwunden, allenfalls in Sonntagsreden wurde das Bekenntnis an sie gepflegt. Im Westen, in der Bundesrepublik, war sie kein Thema mehr, und in Österreich blieb in der intellektuellen Debatte die Entscheidung offen, ob der Gedanke von der Existenz einer österreichischen Nation in der 1955 wiedererlangten Unabhängigkeit des Staates zum Ausdruck kam oder ob nicht doch der Dichter Hugo von Hofmannsthal recht gehabt hatte, der 1914 schrieb, Österreich sei nichts anderes als eine »riesengroße, maßlos schwierige Kolonie mitten in Europa«[10] – eine Debatte, die in den 1980er Jahren mit Karl Dietrich Erdmanns These von den drei Staaten, zwei Nationen und einem Volk ihre Fortentwicklung fand.[11]

Es zählt zu den Grundwidersprüchen der alten Bundesrepublik, dass die Wiederherstellung der nationalen Einheit zum vorrangigen politischen Ziel eines Staates wurde, der am Anfang nicht einmal über Nationalsymbole verfügen durfte und sich in seiner Politik *nolens volens* nationale Enthaltsamkeit verordnen musste. Die nationale Selbstbescheidung, die Erfahrungen seit 1945, die Einbettung in das Institutionengefüge nach 1949 haben mit dazu beigetragen, dass eine Renaissance des Nationalstaats in Deutschland ausgeblieben ist. Die Geschichte war gewissermaßen über den Nationalstaat hinausgewachsen, er wurde zu einem historischen Phänomen. Die Überwindung der Teilung erfolgte dann 1989/90 zu einem Zeitpunkt, als sich die Westdeutschen in ihrer Mehrheit mit der Teilung abgefunden und ihr Lebensgefühl auf postnationale Identität ausgerichtet hatten. Auf paradoxe Weise wurde die Richtigkeit der Adenauer'schen Wiedervereinigungslogik zu einem Zeitpunkt von den Ereignissen bestätigt, als keiner mehr damit gerechnet hatte. Der Strom der Geschichte lässt sich nicht aufhalten; demgegenüber trägt das Spiel um Irrungen und Wirrungen entlang des Ufers episodenhafte Züge. Die Teilung blieb nicht das letzte Wort der Geschichte. Der Ruf nach Einheit und Freiheit der Montagsdemonstranten vom Herbst 1989 ließ die Ketten der Diktatur sprengen. Was die Besonderheiten der Geschichte der Bundesrepublik nach 1945 auszeichnete, war vor allem den äußeren Umständen geschuldet: den Zwängen des Besatzungsregimes und der Einsicht, dass dem Land und seinen Menschen am ehesten gedient war, wenn es Souveränität abgab und sich so in die freie Staatengemeinschaft integrierte. Das eigentliche Kunststück dieser alles in allem außerordentlich erfolgreichen Politik bestand gerade darin, auch in scheinbar aussichtsloser Lage den Funken der Hoffnung nicht ausgehen zu lassen und am Wiedervereinigungsziel festzuhalten. Da war es wieder, das alte Thema von Einheit und Freiheit, das erst mit den revolutionären Umbrüchen das *annus mirabilis* 1989/90 für die Deutschen Wirklichkeit geworden ist.

Ist die deutsche Geschichte mit der Wiederherstellung der staatlichen Einheit der Nation an ihrem Ziel angelangt? Und was heißt, wenn man diese These bejaht, diese Zielbildung für die Identität und das Geschichtsbewusstsein Österreichs? Wann überhaupt finden sich erste Ansätze für ein österreichisches Nationsbewusstsein? Widerspricht nicht die Vorstellung von einem Endpunkt dem Wesen der Geschichte, genauso wie die Geschichte keinen Anfang kennt? Ist der Nationalstaat überhaupt die der deutschen Geschichte gemäße Form? Und worin besteht deren Besonderheit, die den häufig benutzten Begriff des »deutschen Sonderwegs« rechtfertigen könnte?

Die Fragen an die deutsche Geschichte haben in den seit der Wiedervereinigung vergangenen über zwanzig Jahren nicht abgenommen, im Gegenteil. Das Bewusstsein, Zeitzeuge eines tiefen historischen Einschnitts zu sein, hat in Deutschland das Interesse an der Geschichte, am Weg des deutschen Nationalstaats von 1871 und an den Umständen seines Scheiterns wiederbelebt. So hat Heinrich August Winkler seine zweibändige deutsche Geschichte unter die leitende Frage nach dem Fortleben des Alten Reiches gestellt, um am Ende zu der These von der geglückten Neubildung der deutschen Nation nach 1990 zu gelangen und Deutschland als postklassischen Nationalstaat zu bezeichnen.[12] Wie 1945 der »antiwestliche Sonderweg des

Deutschen Reiches« geendet habe, sei 1990 der »postnationale Sonderweg der alten Bundesrepublik« zu Ende gegangen. Für Winkler ist zudem der Mythos vom Reich »zur wichtigsten Brücke zwischen Hitler und großen Teilen des gebildeten Deutschland« geworden.[13] Die Verfassungsfigur des Alten Reiches war eine Eigenart der deutschen Geschichte, die diese von derjenigen seiner Nachbarn unterschied. Doch wie präsent ist das Alte Reich nach seinem Untergang im Jahr 1806 gewesen? Die politische Erscheinungsform des 1815 gegründeten Deutschen Bundes, eines freien Zusammenschlusses souveräner Staaten, war politisch zur Ohnmacht verdammt und diente häufig als Zielscheibe für Spott. Mit den Niederlanden (für die Bundesfestung Luxemburg) und Dänemark (der dänische König regierte in Personalunion auch Schleswig-Holstein) gehörten ihm auch nicht-deutsche Mächte an, Österreich hingegen war lediglich mit seinem deutschen Teil, also gut einem Drittel seines Gebiets, vertreten, und nicht nur deshalb in einer eigenartigen Zwitterstellung.

Zwei Besonderheiten fallen bei der Beschäftigung mit der deutschen Geschichte ins Auge. Beide spiegeln sich in der Geschichte des preußisch-österreichischen Dualismus. Dieser ist nicht verstehbar ohne sie – ebenso wenig wie die deutsche Geschichte des 20. Jahrhunderts, wie sie sich nach dem scheinbaren Ende des Dualismus 1918 und im Übergang zur deutschen Katastrophe von 1945 ergab, die auch Konsequenz von Hitlers Griff zunächst nach Österreich und dann nach der Weltmacht gewesen ist: zum einen die unscharfe Trennung zwischen Nation und Nationalstaat und zum anderen die Unsicherheit im Wissen um die eigene vornationale Vergangenheit.

Zunächst zur Frage nach der Unterscheidung zwischen Nation und Nationalstaat: Beide Begriffe sind nicht identisch, auch wenn sie oft synonym gebraucht worden sind; schon gar nicht sind sie mit Nationalismus, der übersteigerten, aggressiven Form des Nationalstaatsgedankens, zu verwechseln. Der Dualismus zwischen Preußen und Österreich ist ein geradezu klassisches Fallbeispiel dafür, wie die Fixierung auf den 1871 begründeten Nationalstaat de facto zur Zertrümmerung Österreichs führen musste. Der Einschluss des gesamten Österreichs wäre, dies war die Lehre von 1848, gegen die europäischen Mächte und ihr Gleichgewichtsdenken nicht durchzusetzen gewesen; und der Ausschluss Österreichs, so wie er 1871 vollzogen wurde, musste zwangsläufig zu Preußens Hegemonie und der Teilung führen. Mit einem Gleichgewicht, dieses Mal nach innen gerichtet, war unter diesen Umständen ebenfalls nicht zu rechnen. Ein drittes gab es ebenfalls nur auf dem Papier: Der Einschluss der deutschen Teile Österreichs hätte zur Selbstauflösung des Vielvölkerstaates geführt. Die enge Bindung des Nationalstaatsprinzips an das ethnische Prinzip war das eigentlich belastende Moment.

Wer zudem die Frage »Nation und Europa« auf längere Sicht betrachtet, der erkennt, dass die geschlossene nationalstaatliche Ordnung nur für einen insgesamt kurzen Zeitraum bestand, das Fortleben der Nation nicht an den Nationalstaat gebunden gewesen ist und dass auch Organisationsformen jenseits des Nationalstaates Bestand haben können, ohne dabei die Nation preisgeben zu müssen. Europa hat sich über die Nationen im ausgehenden Mittelalter entwickelt. Darin unterscheidet sich die spätmittelalterliche Welt von der Antike, die keine Nationen kannte. Die Voraussetzung für den Aufstieg der Nation ist in Deutschland genauso wie in den anderen europäischen Staaten dadurch geschaffen worden, dass der Mensch in den Mittelpunkt der Geschichte gerückt war. Freilich verlief die Entwicklung nicht überall gleich. In Frankreich bestand ein nationaler Staat seit dem ausgehenden Mittelalter, in England seit dem Königtum der Tudors und in Spanien immerhin seit der Zeit der Reconquista. In Deutschland hingegen war um 1800 von einem einheitlichen staatlichen oder sozialen Gebilde wenig zu sehen. Vor der Staatsnation existierte in Deutschland die Kulturnation. Es entspricht der europäischen Erfahrung, dass jede Nationalgeschichte anders verläuft.

Die mangelnde Differenzierung zwischen Nationalstaat und Nation gehört zu den wiederkehrenden Grundfehlern der deutschen Europadiskussion, die nur vor dem Hintergrund der besonderen staatlichen und politischen Lage zu erklären ist. Die Balance zu wahren zwischen nationalem Bewusstsein einerseits und der Absage an übersteigertes Nationalgefühl auf Kosten und zu Lasten anderer Nationen andererseits, zählt zu den schwierigsten und zugleich notwendigsten Aufgaben der Europäischen Union. Erst sie befördert das Bewusstsein für eine europäische Identität und gemeinsames europäisches Gegenwartsbewusstsein und schärft den Blick dafür, dass Europa mehr ist als eine politisch ökonomische Zweckgemeinschaft. Denn die Nation, einmal als »die nächste und unmittelbarste Behausung in einer unbehausten Welt«[14] bezeichnet, genügt heute als Schutz stiftendes Gehäuse allein schon lange nicht mehr; verzichtbar ist sie indes deshalb nicht geworden. Richtig verstanden, das heißt im Bewusstsein darum, dass Nation und Nationalstaat nicht identisch sind, und im Wissen darum, dass es auch eine vorstaatliche Vergangenheit der Nation gegeben hat, kann die Besinnung auf die Nation in Europa einen Beitrag zu Weltoffenheit und europäischem Gegenwartsbewusstsein leisten.

Mit jener vorstaatlichen Vergangenheit – und dies ist die

zweite Besonderheit, die die deutsche Geschichte auszeichnet und auf den Dualismus zwischen Habsburg und Preußen einwirkt – hängen eine Reihe von Besonderheiten zusammen, deren Kenntnis für die neuere deutsche Geschichte unerlässlich ist und die manchen Historiker dazu veranlasst haben, der These vom deutschen Sonderweg anzuhängen. Doch eine jede Nationalgeschichte verläuft anders. Welche davon ist nun als Sonderweg zu bezeichnen?

Zu den Besonderheiten der deutschen Geschichte, so hat einst der Historiker Rudolf Stadelmann treffend geschrieben, zählt die Abwesenheit von Revolutionen.[15] Eine der größten »deutschen Befreiungsleistungen« war zweifelsohne die Reformation. Damals allerdings, und dies galt für lange Zeit, existierte Deutschland nicht einmal als geographischer, geschweige denn als politischer Begriff. Das Reich war im allgemeinen Sprachgebrauch ein heiliges römisches, das Bekenntnis zur deutschen Nation kam erst später hinzu. Vom Staatscharakter war dieses Gebilde, das sich vom Territorium des böhmischen Königreichs im Osten bis zum burgundischen und langobardischen Königreich im Westen erstreckte, im ausgehenden Mittelalter noch weit entfernt. Zwar gab es mit der Goldenen Bulle von 1356 ein Reichsgrundgesetz, doch begründet wurde damit in erster Linie die Selbständigkeit der Territorialgewalten. Der Kaiser wurde von den Kurfürsten gewählt, noch Jahrhunderte später stand auf allen Münzen »*Romanorum imperator semper Augustus*«. Spezifikum jenes Gebildes waren das Fehlen einer Hauptstadt, eines dauerhaften Verwaltungszentrums, das Mittelpunkt von Kultur, Bildung und Handel hätte sein können, und archaische Verwaltungsstrukturen. Samuel Pufendorfs schonungslose Analyse des Verfassungszustands des Alten Reiches als *monstro simile*, 1667, unter dem Titel *De statu imperii germanici* pseudonym erschienen, beschrieb zutreffend die Schwäche der 296 Souveränitäten und 1475 reichsunmittelbaren Herrschaften, die zusammen das Heilige Römische Reich bildeten.

Die Zerrissenheit lag nicht zuletzt an der Rolle, die das *regnum teutonicum* im Mittelalter als Schutzmacht der Kirche spielen musste. So wurde es in die nicht enden wollenden Streitigkeiten zwischen *imperium* und *sacerdotium* hineingezogen. Die Reformation hat diese territoriale Vielgestaltigkeit durch die konfessionelle Trennung – *cuius regio eius religio* – in der Lebenswirklichkeit der Menschen auf Dauer verankert. Das Alte Reich war monströs und festgefügt, seine Institutionen schwerfällig und unbeweglich. Die Garantiemächte Schweden und Frankreich sorgten dafür, dass es zu keinen Veränderungen des internationalen Friedenswerkes kam. Modernisierung war ausgeschlossen, der Ruf nach Reichsreform wurde zum unvollendeten Thema der deutschen Verfassungsgeschichte, das Verhältnis von Föderalismus und Unitarismus zum deutschen Problem. Als nach dem Reichsdeputationshauptschluss Franz II. im Jahr 1806 die römische Kaiserkrone niederlegte, wurde das Ende des Alten Reiches von niemandem beklagt, die Zeitgenossen nannten es am Ende »eine gotische Ruine«. Es hatte sich selbst überlebt.

Ohne Zentrumsfunktion – nicht umsonst nehmen Wien und Berlin, die Fixpunkte des preußisch-österreichischen Dualismus, erst sehr viel später ihren Aufstieg – war indes auch die wirtschaftliche Entwicklung zurückgeworfen. Landadel hatte Vorrang in Ansehen und Bedeutung vor städtischem, gewerbetreibendem Bürgertum. Erst die Industrialisierung im 19. Jahrhundert änderte hier die jahrhundertealten agrarischen Strukturen, die auch mit Rückständigkeit zu tun hatten und beispielsweise dazu führten, dass in Mecklenburg noch bis 1913 die landständische Verfassung galt.

Mit dem Ende des Alten Reiches drängte auch in »teutschen Landen« die Nation allmählich von der Welt der Ideen, der geistigen Vorstellung in den politischen Raum und wurde zur bestimmenden Kraft. Dass nationales Denken zunächst eine Frage der Intellektuellen war, begünstigte später die Hinwendung zum Imaginären, auch weil nach dem Untergang des Alten Reiches in teutschen Landen überhaupt keine staatliche Organisationsform mehr vorhanden war. Erst dadurch konnte das Bekenntnis zur Nation zur innerweltlichen Heilslehre aufsteigen und sich in einer diffusen Reichsmystik niederschlagen. Mit politischer Prägekraft ist dies gleichwohl nicht zu verwechseln. In dem Maße, in dem sich traditionelle Bindungen – etwa aufgrund von Wanderungsbewegungen und infolge der industriellen Revolution – lockerten, erhöhte sich der Wert für das Individuum, das nun sein Schicksal selbst in die Hand nehmen konnte. Diskussion, und damit Sprache und Kultur, erhielten im entstehenden Gefüge eine neue, wesentlich gestärkte Funktion. Es war deshalb kein Zufall, wenn gerade bei den besonders mobilen Gruppen, bei Professoren, Studenten und Publizisten, das Bekenntnis zur Nation am deutlichsten ausgefallen ist. Doch zunächst war die nationale Bewegung im 19. Jahrhundert in ihren politischen Umrissen diffus, eher durch Gegnerschaft als durch klare Bekenntnisse geprägt und in ihren Zielen heillos utopisch. In teutschen Landen hatte die Nationalbewegung erst Konturen angenommen, als mit der Napoleonischen Fremdherrschaft ein einendes Ziel dem Kampf eine gemeinsame Richtung vorgab.

IV.

Über Preußen ist jene Geschichte eigentlich schon hinweggegangen, auch wenn Preußen es bisweilen durchaus verstand, mit der Zeit zu gehen. Preußen war nie Nationalstaat, es war eher, wie Sebastian Haffner einmal treffend bemerkt hat, Rationalstaat, Aufsteiger.[16] Und es wurde mit der Häme, mit der manchmal auf Aufsteiger herabgeblickt wird, als Feldlager, riesige Garnison, »als Armee, die einen Staat besitzt« (Mirabeau), diffamiert.

War Preußen ein Militärstaat? Die Armee war das wichtigste Instrument des Staates. Aber ein Militärputsch war in Preußen immer undenkbar. Es gab in Preußen seit je einen ausgeprägten Ethos des soldatischen Dienens. Denn die Selbstbehauptung im Konzert der Mächte durch eine hasardierende Strategie des Alles oder Nichts – am deutlichsten wohl von Friedrich dem Großen im Siebenjährigen Krieg unter Beweis gestellt – hing untrennbar mit Mut und Soldatenglück zusammen. Preußen hat als Staat nur überlebt, weil es sich mit ganzer Kraft behaupten konnte, und zwar gegen eine Übermacht der Feinde. Mehr als einmal stand Preußen dabei buchstäblich am Abgrund: wiederholt im Siebenjährigen Krieg etwa oder nach der Niederlage gegen Napoleon, und erst ab 1815 war die Ausgangslage eine andere. Das Militärische sollte die Basis liefern, auf der sich Reformstaat, Künste und Architektur entfalten konnten. Das Militärische, das Preußen zum Paradigma wurde, ist untrennbar geknüpft an die Macht der Gegenwehr und wurde verstärkt durch eine nationale Symbolik. Jenes Paradigma blieb auch in den dunkelsten Stunden der deutschen Geschichte unvergessener Bezugspunkt, der zum Handeln in scheinbar aussichtsloser Lage ermutigte. Die preußische Militärgeschichte ist mit Yorck, Scharnhorst und Gneisenau voller Beispiele, auf die sich Männer wie Stauffenberg, Tresckow oder Schulenburg bei ihrem Staatsstreichversuch vom 20. Juli 1944 als Vorbilder berufen konnten und aus deren Beispiel sie Kraft und Klarheit zum Handeln bezogen.

Preußen hat immer provoziert. Es war zu schnell gewachsen, ein »künstlicher Bau«, wie Hugo von Hofmannsthal in seinem berühmten Schema schrieb, mit dem er Preußen und Österreich gegenüberstellte.[17] Österreich, das war organisch gewachsen, reich von Natur, Preußen hingegen »verwandelt alles in Funktion, drängt zur Krise«. Preußen war der Parvenü des Staatensystems. Bezeichnend war das Urteil der *Londoner Times* über Preußens Beiseitestehen beim Krimkrieg: »Preußen muß sich immer an irgendwen anlehnen, es sucht immer fremde Hilfe, aber es will selbst niemandem beistehen. Preußen wird immer verhandeln, aber es findet nie einen Entschluß [...] Wie Preußen zu einer Macht wurde, erzählt nur die Geschichte; wie es eine bleiben will, kann niemand sagen.«[18] Die Skepsis der Nachbarn ist auch in den Jahrzehnten danach nicht gewichen, der lange Weg zur Reichsgründung, seine Kompromisse und, vor allem, die Klärung der Frage der Vorherrschaft durch den Waffengang von 1866 sind nur vor dem Hintergrund dieser Situation zu verstehen. Preußens Verlass auf seine Freunde war begrenzt, nimmt es da wunder, dass sich Preußen vor allem auf sich selbst verlassen wollte?

Die preußischen Tugenden von Tapferkeit, insbesondere der preußischen Armee, Soldatengeist, Furchtlosigkeit, Disziplin und Bescheidenheit – überhaupt die für den Aufstieg Preußens so charakteristische Verbindung von Staat und Militär zum Militärstaat, die in Friedrich dem Großen und Friedrich Wilhelm I. ihre markantesten Vertreter fand – wurde überbetont, anderes, etwa die Verbindung von Preußen und Aufklärung, der preußische Protestantismus oder die Tradition der Toleranz, wurden verschwiegen. Von dort war es nicht weit zur Preußenkarikatur, und die nach 1945 gepflegten Preußen-Zerrbilder waren auch eine Antwort auf den Missbrauch Preußens in der nationalsozialistischen Zeit.

Dass das Preußenbild der Nationalsozialisten geschichtsvergessen war, wurde spätestens am 20. Juli 1944 deutlich. Denn es waren ausgerechnet Vertreter des preußischen Adels, die im fünften Kriegsjahr den einzig wirklichen Staatsstreichversuch in Verbindung mit Graf Stauffenbergs Attentat auf Hitler wagten. Die Kühnheit und Gewissheit, mit der die Männer des 20. Juli vor dem Volksgerichtshof »Hitlers willigen Vollstreckern« à la Freisler entgegentraten, war Ausdruck einer inneren Unabhängigkeit und Festigkeit der moralischen Maßstäbe, denen auch brutale Folter und Todesdrohung nichts anhaben konnten. Die schon von der nationalsozialistischen Propaganda so kalkulierte Zuordnung der Männer vom 20. Juli zur »Adelsclique« war als Diffamierung gedacht; später sollte die Bezeichnung »Reaktionäre« dazu dienen, ihre staatspolitisch-gesellschaftlichen Vorstellungen als vorgestrig zu stigmatisieren. Dem stand immer schon die maßgeblich von Marion Gräfin Dönhoff geprägte Sicht entgegen, dass der »Aufstand des Gewissens«, der der 20. Juli 1944 war, als letztes Aufflackern der altpreußischen Tugenden von Ritterlichkeit, Ehre und Dienst am Vaterland, als die letzte Etappe im hinausgezogenen langen Sterben Preußens betrachtet werden müsse.[19]

Die deutsche Geschichte, die zu Hitler geführt hatte, führt auch über ihn hinaus. Die Frage, wie es zur nationalsozialistischen Machtergreifung kam, hat zu lange die Beschäftigung mit der preußischen Geschichte überschattet. Gewiss, und Sebastian Haffner hat zu Recht darauf verwiesen, kann Preußen für die Katastrophen der deutschen Geschichte im 20. Jahrhundert nicht freigesprochen werden. Doch Preußen taugt auch nicht zum alleinigen Sündenbock: »Das Dritte Reich war Hitlers Reich, und der zweite Weltkrieg war Hitlers Krieg, und Hitler war nun einmal kein Preuße, auch im Geiste nicht – ganz und gar nicht.«[20] Die Fixierung auf den Anteil Preußens am Scheitern des kleindeutsch-preußischen Nationalstaats ist einer Einordnung in den größeren Zusammenhang der deutschen Geschichte gewichen.

Preußens Untergänge waren zahlreich, und sie sind endgültig. Genauso ist der Niedergang Habsburgs endgültig. Dazu steht nicht im Widerspruch, dass die Nachwirkungen der tausendjährigen Geschichte noch immer auf vielfältige Weise in der Gegenwart zu besichtigen sind. Beide Geschichten, diejenige Preußens und die Habsburgs, lehren, dass die deutsche Geschichte nie allein Besitz der Deutschen und Österreicher gewesen ist. Manche Fixierung auf den Irrweg der deutschen Geschichte mag sich in der Rückschau daraus erklären, dass im Blick auf ihre eigene Geschichte zu sehr die Perspektive der nationalen Brille überwog. Hinzu kommt, dass es gerade die Fixierung auf die unter so mühseligen Umständen erworbene nationale Perspektive war, die zu falschen Schlüssen, zu einer doppelten Verengung des Blicks geführt hat. Vor allem Preußen ist dadurch in gewisser Hinsicht zum Opfer geworden. Das Haus Habsburg hat nach 1918 einen sehr hohen Preis bezahlt, der im österreichischen Gegenwartsbewusstsein noch immer zu eigentümlichen Hervorhebungen und Verhaltensmustern führt. Mit einer Verklärung Preußens und Habsburgs und der Herrschergestalten aus beiden Häusern hat diese Feststellung nichts zu tun. Wiederkehr ist ausgeschlossen. Daraus müsste eigentlich Gelassenheit und Nüchternheit erwachsen. Und sie sollte Anlass zur Neugier sein: Neugier auf fast dreihundert Jahre Geschichte und Gegenwart.

Maria Theresia (1717–1780)

Friedrich II. (1712–1786)

Erster Akt

Exposition: Friedrich der Große gegen Maria Theresia

I.

»Mein lieber Podewils, ich habe den Rubikon überschritten mit fliegenden Fahnen und Trommelschlag.« Es war eine kühne Aussage, die vom jungen König an seinen Außenminister überliefert ist, und sie zeigt bereits den ganzen Friedrich. Er war sich seiner Sache sehr sicher. »Meine Truppen sind besten Willens, die Offiziere voller Ehrgeiz, und unsere Generale dürsten nach Ruhm; alles wird nach unseren Wünschen gehen, und ich habe Anlaß, alles möglichst Gute von diesem Unternehmen zu erwarten.«[21]

Das Kalkül ging auf. Mit dem Überfall auf Schlesien gelang Friedrich ein entscheidender Zug, der eine Entwicklung einleitete, aufgrund derer Preußen im Staatensystem am Ausgang des 18. Jahrhunderts eine deutlich günstigere Position innehatte als zu dessen Anfang. Nie bestand Zweifel, dass es Friedrichs ureigener Entschluss war, die kühl kalkulierte Kriegsentscheidung eines 28-jährigen jungen Mannes, der gerade den Thron bestiegen hatte. Er habe sich vom Wirbel der Ereignisse fortreißen lassen: So oder ähnlich hat er sich später im Rückblick geäußert. Doch dies war wohl nur die halbe Wahrheit.

Viel treffender erscheint, dass sich Friedrich zuvörderst von der Orientierung am eigenen Vorteil leiten ließ, wie er es gegenüber seinem Vertrauten Podewils in eine suggestive Frage zu verpacken verstand: »Ich lege Ihnen ein Problem zur Lösung vor. Wenn man im Vorteil ist, muss man es sich zunutze machen oder nicht? Ich bin bereit mit meinen Truppen und allem anderen; mache ich mir dies nicht zunutze, so halte ich ein Gut in meinen Händen, dessen Verwendung ich verkenne.«[22]

Schlesien war 1740 ein lohnendes Ziel, es war damals Habsburgs reichste Provinz, Zentrum des Bergbaus und der Manufakturen. Der Einfall in Schlesien war für Friedrich kein Selbstzweck, er fügte sich ein in einen größeren strategischen Plan. Der König wollte das Gebiet seines Staates arrondieren, den Status Preußens verbessern, und vor allem, auch daran besteht kein Zweifel, sein eigenes Rendezvous mit dem Ruhm herbeiführen. Gegenüber seinem Freund Jordan sprach er es unverblümt aus: »Meine Jugend, die Glut der Leidenschaft, der Ruhmesdurst, ja selbst die Neugier, um Dir nichts zu verhehlen, kurz ein geheimer Instinkt hat mich den Freuden der Ruhe entrissen. Die Genugtuung, meinen Namen in den Zeitungen und später in der Geschichte zu wissen, hat mich verführt.«[23]

Friedrich war voller Tatendrang, als er nach dem Tod seines Vaters Friedrich Wilhelm I. am 31. Mai 1740 die Herrschaft in Preußen übernommen hatte. Freuden der Ruhe hatte er indes bis dahin wahrlich nicht genossen. Sein bisheriges Leben war vor allem von Entbehrungen und Zumutungen gekennzeichnet gewesen, vom ständigen Konflikt mit dem Vater, vom Drang nach Entfaltung, einem schier unstillbaren Wissensdurst, der Erfahrung willkürlicher Begrenzung und dem Zwang zum Doppelspiel. Schon früh war ersichtlich, dass Friedrichs Begabung in so unterschiedliche Bereiche wie Politik, Musik, Dichtung und Wissenschaft hineinreichte. Friedrich war keine Persönlichkeit, die sich auf Anhieb erschließt. Von welcher Seite auch immer man sich ihm nähert, es bleibt ein unauflösbarer Rest. Zu Recht hat einer seiner Biographen, Theodor Schieder, einst vom »Königtum der Widersprüche«[24] gesprochen. Im Jahr vor seinem Regierungsantritt, 1739, hatte er noch als Kronprinz mit dem *Antimachiavell* einen sehr persönlichen Blick auf das Verhältnis von Macht und Recht veröffentlicht, der so gar nicht zu seiner ersten außenpolitischen Unternehmung nach der Thronbesteigung passen wollte.[25] Im *Antimachiavell* zeichnete er das aufgeklärte Leitbild vom Herrscher als erstem Diener seines Staates auf der Höhe des Fortschritts und im Einklang mit dem naturrechtlichen Denken seiner Zeit. Die Veröffentlichung ist später häufig als Beleg dafür herangezogen worden, wie sehr Friedrich seine Zeitgenossen über seine wahren Absichten in die Irre führen wollte. Diese Deutung verkennt indes, dass der Kronprinz den *Antimachiavell*, diese intelligente Auseinandersetzung mit dem Florentiner, als eine Art Lesebetrachtung und Wirklichkeitsprüfung seiner bis dahin erworbenen Kenntnisse der Geschichte, als eine Art *exercitium intellectus* zunächst für sich selbst verfasst hat. In späteren Jahren, 1758 im Siebenjährigen Krieg, hatte sich Friedrich einmal über diese Grundeinstellung geäußert: »Was hat man vom Leben, wenn man nur vegetiert? Wozu hat man Augen, wenn man nur Tatsachen in seinem Gedächtnis anhäuft? Mit einem Wort, was nützt die Erfahrung, wenn sie nicht mit Nachdenken verbunden wird?«[26]

Nachgedacht hatte Friedrich zeit seines Lebens. *Der Antimachiavell* gleicht über weite Strecken einem Selbstgespräch, einer Reflexion über die Dichotomie von Macht und Recht und Ermahnung zur Pflicht, die auch den großen Themen nicht ausweicht: Gibt es Gerechtigkeit in der Geschichte? Cesare Borgias sei »trotz aller Grausamkeit und Tücke«[27] eines gewaltsamen Todes gestorben, und Marc Aurel, »der gekrönte Philosoph, der immer nur gütig, immer sittenreich gewesen«, habe bis an seinen Tod keine Ungunst der Geschichte erfahren. Hat Friedrich Machiavell damit nicht eigentlich schon widerlegt? Ist es besser für einen Herrscher, geliebt oder gefürchtet zu werden? Dies waren die Fragen, die den jungen Friedrich umtrieben. Er bereitete sich auf die Übernahme seines Herrscheramtes vor, er wollte sich der Auseinandersetzung mit den Mächten und Fragen seiner Zeit stellen und durch das Studium der Beispiele, der guten wie der weniger guten, aus der Geschichte lernen. Auch seinen eigenen Vater, den Soldatenkönig, nahm Friedrich von seiner Machiavellkritik nicht aus: »Ein Fürst erfüllt nur die eine Hälfte seiner Bestimmung, wenn er sich bloß dem Kriegshandwerk widmet; es ist geradezu verkehrt, dass er nichts als Soldat sein soll.«[28]

Friedrich Wilhelm I. steht jedenfalls dem Leser vor Augen, wenn der Kronprinz im *Antimachiavell* den Don Quichotte schildert, der Machiavells Forderung, der Fürst müsse ganz und gar Soldat sein, verwirklicht: der »nichts denkt und träumt als Schlachtfelder, Verschanzungen, Belagerung von festen Plätzen, Schlachtordnungen, Angriffe, Stellungen und Befestigungen«.[29] Der König war Organ des Staates, der Staat nicht mehr in erster Linie privater Besitz der Dynastie. Dies war der entscheidende Unterschied zwischen Friedrich und seinen Vorgängern. Indem er das Verhältnis zwischen Souverän und Untertan auf eine neue Grundlage stellte, griff er seiner Zeit voraus. Das Bild vom ersten Diener – im *Antimachiavell* ist in diesem Zusammenhang noch vom »Domestiken« die Rede – nimmt hier seinen Ausgang. Wurde Friedrich dadurch schon zum Revolutionär? Gewiss, Friedrich besaß Ambitionen; er wollte sich unterscheiden, eben mehr sein wie Marc Aurel, doch bereichert um die im Gegenlicht der Geschichte geprüften Ratschläge des Florentiners. Sein eigener Vater und erst recht Kaiser Karl VI. in Wien taugten als Vorbilder kaum. *Der Antimachiavell* ist zwar keine Blaupause für späteres Handeln, doch er bleibt ein ehrgeiziges Dokument des Nachdenkens über die Maximen richtiger Politik; in ihm kündigen sich die Fähigkeit zur Reflexion, Ehrgeiz und Wille zur Gestaltung dieser außergewöhnlichen Herrscherpersönlichkeit an.

Der Rechtsbruch, mit dem Friedrich die Bühne der großen Politik betrat, hätte scheinbar keinen größeren Kontrast zum *Antimachiavell* bilden können. Friedrich hatte seinen Machiavell wohl gelesen. Alle späteren Begründungen für den Überfall auf Schlesien waren konstruiert. Das Herzogtum Jägerndorf hatte zwar einst unter brandenburgischer Verwaltung gestanden, doch schon im Dreißigjährigen Krieg hatte es der Kaiser konfisziert. Mit den anderen Ansprüchen auf Liegnitz, Brieg und Wohlau sah es keinen Deut besser aus, sie waren schon im 16. Jahrhundert für ungültig erklärt worden. War es also pure jugendliche Leichtfertigkeit, die Friedrich die mit seiner Entscheidung verbundenen Gefährdungen unterschätzen ließ? Worin eigentlich bestand der Vorteil, den zu nutzen Friedrich sich nicht entgehen lassen wollte? Da war zunächst die Schlagkraft des preußischen Heeres, das sein Vater, der Soldatenkönig Friedrich Wilhelm I., auf über 80 000 Mann vergrößert hatte. Es war gut ausgerüstet und bestens ausgebildet, es verfügte zudem über Anerkennung und Wertschätzung beim König. Preußen war Militärstaat. Der Drill der »Langen

Kerls«, der Garde des Soldatenkönigs, ihre Privilegierung und ihr Renommee wurden weithin als hervortretendes Charakteristikum des damals noch jungen Königreichs in Preußen genommen. Noch der letzte Gardeleutnant galt bei Hofe mehr als ein Geheimer Rat im Ruhestand. Alle Männer im dienstfähigen Alter wurden zum Dienst in der königlichen Armee verpflichtet. Doch der Soldatenkönig hielt sich eine Armee fürs Schaufenster. Üben, Exerzieren, Paradieren – dies war ihm eigentlich schon genug. Friedrich freilich wollte es nicht bei Paraden und der Verleihung von Orden und Ehrenzeichen belassen. Er hatte erkannt, dass das Heer eine Investition war, die sich auszahlen musste.

Die Gelegenheit dazu suchte und fand er im Dezember 1740. Schon die Wahl des Datums war ungewöhnlich für eine Epoche, in der Kriege fast ausschließlich in der warmen Jahreszeit geführt wurden. Den Ausschlag dafür hatte eine kühle Analyse der Grenzen und Möglichkeiten des Gegners ergeben. In seinen *Denkwürdigkeiten* aus dem Jahr 1742 brachte Friedrich seinen Entschluss auf eine noch einfachere Formel: »Außerdem war ich im Besitz schlagkräftiger Truppen, eines gut gefüllten Staatsschatzes und von lebhaftem Temperament.«[30] Damit seien die Gründe, die ihn zum Krieg mit Maria Theresia – Friedrich schrieb historisch korrekt, aber in der Wirkung auf Herabsetzung zielend, von seiner Gegenspielerin durchgängig als der »Königin von Ungarn« – trieben, hinreichend beschrieben. Freilich sah er auch die Faktoren, die geeignet waren, den Erfolg seines Unternehmens zu beeinträchtigen. Er nannte unter anderem ein mögliches Bündnis des Königs von England mit dem Reich zugunsten der »Königin von Ungarn«, die stets unerschöpflichen Hilfsquellen des Hauses Habsburg, schließlich auch den Unterschied »zwischen meinen Truppen, die nichts als Revuen mitgemacht hatten und denen der Königin, die eben aus dem Türkenkrieg heimkamen«.[31]

II.

Vieles war in der Tat im Fluss, als Maria Theresia als 23-jährige im Oktober 1740 nach dem Tod ihres Vaters Karl VI. die Regentschaft übernahm. Die innere Lage im Habsburgerreich war alles andere als einfach. Unabhängig voneinander agierende Behörden, ständische Partikularinteressen, ein weithin auf sich gestellter, in seinem Eigenleben zu Machtmissbrauch und willkürlichen Entscheidungen neigender Beamtenapparat, verkrustete Strukturen: Der Staat Karls VI. war dringend reformbedürftig. Maria Theresia hat in ihrem *Politischen Testament* den Handlungsbedarf, den sie bei ihrem Regierungsantritt vorfand, ohne Umschweife benannt und freimütig zugegeben, dass sie kaum auf die Regierungsübernahme vorbereitet worden war. »In diesen Umständen fande ich mich ohne Geld, ohne Credit, ohne Armee, ohne eigene Experianz und Wissenschaft und endlich auch ohne allen Rat, weilen ein jeder aus ihnen anvorderist sehen und abnehmen wollte, wohin die Sachen sich wenden würden. In dieser Situation befande ich mich, da ich von dem König von Preußen feindlich angegriffen wurde.«

Gerade diese letzte Bemerkung zeigt, dass Maria Theresias Erinnerung an die schwierige Situation, die sie bei Regierungsantritt vorfand, wesentlich mit der Attacke des Preußenkönigs verbunden ist. Die Auseinandersetzung mit Friedrich ist auf diese Weise zur Grundkonstellation ihrer Regierung geworden. Es scheint jedoch zunächst nicht einfach gewesen zu sein, darüber auf der Hofburg ein gemeinsames Verständnis zu erzielen. »Dieses Königs süße Worte und kräftigste Versprechungen machten sogar meine Ministres irre, maßen man nicht glauben konnte noch wollte, daß der König in Preußen feindlich agieren würde«, erinnerte sich Maria Theresia im Rückblick.[32]

Die größte Last für Maria Theresia war jedoch zunächst die Festigung ihrer eigenen Stellung auf dem Thron und damit die Frage der Anerkennung der Pragmatischen Sanktion, dem grundlegenden habsburgischen Hausgesetz. Kaiser Karl VI. hatte sie am 19. April 1713 verkündet. Sie regelte die Unteilbarkeit der habsburgischen Länder und die Erbfolge der Primogenitur im männlichen und im weiblichen Stamme. Auf diese Weise war sichergestellt, dass nach dem Aussterben der männlichen Linie der Habsburger Karls Tochter Maria Theresia die Nachfolge antreten konnte. Das Nachsehen hatte damit der Stamm von Karls älterem Bruder Joseph I., der sich Aussichten auf das österreichische Erbe gemacht hatte. Die Durchsetzung der Pragmatischen Sanktion wurde zum alles überlagernden Thema der Regierungszeit Karls VI. Nach innen bezahlte er für die Zustimmung der Stände einen hohen Preis, nämlich die faktische Reformunfähigkeit seines Staates. Nach außen hatte er mit diplomatischem Geschick und Zugeständnissen zwar die Zustimmung der Mächte halbwegs erreicht, aber durch die Konzentration auf die diplomatische Absicherung der Pragmatischen Sanktion andersgerichtete außenpolitische Aktivitäten Habsburgs vernachlässigt. Auch Brandenburg-Preußen war unter denen, die ihr Einverständnis zur Sanktion erklärt hatten, freilich nicht die beiden Schwiegersöhne Josephs I., der bayerische und der sächsische Kurfürst. Würde die Pragmatische Sanktion, wenn es darauf ankam, greifen und die notwendige Anerkennung finden? Verfügte der Habsburgerstaat über die politische und militärische Kraft, sie auch gegen Widerstände durchzusetzen?

Die Gesamtlage des Habsburgerreichs war damals alles andere als günstig. Habsburg hatte im Polnischen Thronfolgekrieg nach dem Tode Augusts des Starken in den Jahren 1733 bis 1735 und dann im Türkenkrieg der Jahre 1736 bis 1739 empfindliche Gebietsverluste erlitten. Zuerst – im Polnischen Thronfolgekrieg – gingen Lothringen, Neapel und Sizilien verloren, dann folgten im Türkenkrieg die Walachei sowie die Provinz Serbien mit Belgrad, die gerade erst 1718 im Frieden von Passarowitz dazugewonnen worden war. Österreich war militärisch eine absteigende Macht, und am besten versinnbildlichte dies der Oberbefehl des Prinzen Eugen im Polnischen Thronfolgekrieg am Rhein gegen die Franzosen: Der kühne Ritter war nur noch ein matter Abglanz seiner selbst aus glorreicheren Zeiten des Hauses Österreich. Österreich unter Karl VI. hatte sich im Polnischen Thronfolgekrieg militärisch übernommen und eine Reihe von strategischen Fehlentscheidungen getroffen. In einer Mischung aus Selbstüberschätzung und natürlichem antipreußischen Reflex hatte es das Angebot preußischer Waffenhilfe ausgeschlagen und musste dafür mit empfindlichen territorialen Verlusten einen hohen Preis bezahlen. Diese Lehre saß, und Kronprinz Friedrich hatte bereits 1737 in seiner Schrift *Considerations sur l'Etat présent du corps politique de l'Europe*[33] ein entsprechend vernichtendes Urteil über die österreichische Politik gefällt. Dort findet sich auch zum ersten Mal die dann häufig wiederkehrende Formel vom europäischen Gleichgewicht, die für Friedrich immer aufs engste mit der Wahrnehmung der Interessen der Staaten – er meinte ganz unverkennbar Preußen, das mit den österreichischen Hegemonialaspirationen konfrontiert war – verbunden war. Wie dies zu erfolgen hatte, war für Friedrich klar: Es galt, den anderen Mächten »durch seine Voraussicht der Staatskunst der Minister gleichsam die Pläne ab[zu]listen, die ihre Klugheit entwirft und die ihre Vorstellungskunst den Augen der Welt verhüllt«.[34]

Dieser frühe Text belegt, dass Friedrich schon damals entschlossen war, die von einer möglichen politischen Turbulenz infolge des Ablebens von Karl VI. sich ergebende günstige Konstellation zu seinen Gunsten zu nutzen, auch wenn bei allem, was Friedrich zu Papier gebracht hat, und dies war in der Summe eine ganze Menge, immer die Zweckbestimmtheit, der Adressatenbezug zu berücksichtigen sind. Der Umstand indes, dass er schon als Kronprinz gegen die Abwehr des Habsburg unterstellten Großmachtstrebens anschrieb und noch als alter König mit dem Fürstenbund ein Gegengewicht gegen den Dominanzanspruch Habsburgs zu organisieren suchte, unterstreicht, dass die Neupositionierung Preußens und der daran gebundene Kampf gegen die Vormachtstellung der Häuser Habsburg und Bourbon – Friedrich sprach in diesem Zusammenhang von Despotismus – die große Konstante seiner außenpolitischen Absichten gewesen ist und zugleich auch eine Grundvoraussetzung für die Balance des inneren Gefüges des Heiligen Römischen Reiches gebildet hat. »Die beiden Hauptmächte dieses schlecht zusammengesetzten Staatskörpers«, heißt es in Friedrichs *Politischem Testament* von 1768, »sind das Haus Österreich und das von Brandenburg. Ihr Gleichgewicht erhält die Vorrechte, Besitzungen und die Freiheit dieser Republik, von Fürsten, die mehr als einmal in der Vergangenheit in Gefahr waren, von den Kaisern unterdrückt zu werden.«[35]

Friedrich verfügte bereits als Kronprinz über die bis zum Schluss bewahrte und gepflegte Fähigkeit, in nüchterner Kälte und mit klarem Blick für das Wesentliche tatsächliche Machtverhältnisse zu analysieren. *Le style c'est l'homme* – zwischen Worten und Taten bestand bei Friedrich durchaus ein Zusammenhang. Und die mit rasiermesserhafter Schärfe in den *Denkwürdigkeiten*, den *Politischen Testamenten* oder im *Antimachiavell* scheinbar dahingeworfenen Sätze verraten nicht nur eine zur Zuspitzung neigende Urteilsfähigkeit; sie lassen auch eine bemerkenswerte Schroffheit erkennen, die selbst vor beleidigenden Äußerungen nicht haltmachte – etwa wenn Friedrich in der *Geschichte meiner Zeit* den sächsischen Kurfürsten und König von Polen, August III., schildert als »sanftmütig aus Trägheit, verschwenderisch aus Eitelkeit, unfähig zu jedem Gedanken, der Kombinationen erfordert, ohne Religion, aber seinem Beichtvater gehorsam, ohne Liebe, doch ein gefügiger Ehemann«.[36] Friedrich wollte die Zügel in der Hand behalten, wie er später in seinem *Politischen Testament* von 1768 ausführte: »Der Grundsatz steht offenbar fest, daß die Pflicht eines Fürsten es erfordert, selbst zu regieren, daß er an der Spitze aller Departements stehen muß, vor allem seine Truppen selbst lenken muß, wenn er Krieg führt […] Wenn nicht alles auf denselben Punkt zuführt, wenn nicht jeder für dasselbe Ziel arbeitet, wird es in der Regierung immer Mängel geben, sei es beim Militär, in den Finanzen, in der Politik.«[37] Handeln und die Welt verändern, dies war sein selbstgewähltes Motto, und schon bald nach seiner Ankunft an der Macht ging er daran, es umzusetzen.

III.

In welchem Zustand befand sich das europäische Staatensystem beim Regierungsantritt von Friedrich dem Großen und Maria Theresia? Ist es überhaupt gerechtfertigt, damals schon von einem System zu sprechen? Am Ende des Spanischen Erbfolgekriegs stand mit dem Frieden von Utrecht (1713) einer der großen Friedensschlüsse der Neuzeit, der bis zum Wiener Kongress (1815) die Staatenbeziehungen ordnen sollte. Utrecht hatte die Voraussetzung für das Jahrhundert Englands geschaffen, für dessen Rolle als Schiedsrichter Europas, und hatte das Prinzip der *balance of power* zum ersten Mal in einem völkerrechtlichen Vertrag als Grundsatz festgeschrieben.

Der Aufstieg Englands, der wesentlich mit einer weltpolitischen Agenda verbunden war, zählt zu den großen Entwicklungen im Gefolge der fast 23 Jahre währenden kriegerischen Auseinandersetzungen zwischen 1740 und 1763, die nur vordergründig vom Dualismus zwischen Preußen und Österreich bestimmt waren. Konstante der britischen Politik war von da an die kühl kalkulierte Orientierung am eigenen außenpolitischen Nutzen. Lord Bolingbroke, torystischer Erbe des Herzogs von Marlborough, Testamentsvollstrecker Wilhelms von Oranien und Doktrinär des Gleichgewichts, lieferte die theoretische Begründung, indem er unverblümt die ewigen Interessen Britanniens zur alleinigen Richtschnur britischer Politik erklärte. Bündnisse wurden ausschließlich danach beurteilt, welche taktischen oder strategischen Vorteile sie der Insel brachten. Ein Blick auf die Ergebnisse des Vertragswerks von Utrecht macht deutlich, dass nicht selbstlose Sorge um Europas Zukunft, sondern handfeste Interessen den Ausschlag für Englands Kriegsbeteiligung gegeben hatten: Utrecht schuf ein

Gleichgewicht ganz nach Englands Geschmack. Britannien erhielt Gibraltar, Ceuta, Oran, dazu den Asientovertrag, das heißt das Privileg der Negerverschiffung. Darüber hinaus musste der Sonnenkönig den Verzicht auf die Unterstützung des jakobitischen Stuartprätendenten erklären. Die Gefahr der Wiederkehr eines Riesenreiches à la Karl V. war gebannt: Philipp V. von Spanien verzichtete auf den französischen Thron, der Herzog von Orléans auf den spanischen. Und auch mit den anderen Regelungen konnte England leben. Utrecht brachte die europäische Anerkennung der preußischen Königskrone, es bestätigte *grosso modo* den pluralistischen Charakter des Heiligen Römischen Reiches Deutscher Nation mit seinen 296 Souveränitäten und 1475 reichsunmittelbaren Herrschaften; gleichzeitig zerstörte es das spanische Riesenreich, die französische Hegemonie und die habsburgische Universalmonarchie. Utrecht bedeutete den Sieg der Balance über die Erbfolgeregeln und damit die Einführung einer neuen Maxime in der internationalen Politik. Denn die Balance auf dem europäischen Kontinent war Voraussetzung dafür, dass Großbritannien seinen außereuropäischen Ambitionen nachgehen konnte, und diese lagen, wie der Siebenjährige Krieg erweisen wurde, in Übersee, allen voran Kanada und Indien.

Eine Analyse der Bestimmungen von Utrecht zeigt, dass der Gleichgewichtsgedanke mit einem wirksamen Territorialverteidigungssystem von Barrieren verbunden war. Die Überlegung, Sicherheit durch Befestigungsanlagen herzustellen, war an und für sich nicht neu. Sie begegnet bereits im 16. Jahrhundert, wo etwa an der eidgenössischen Nordgrenze ein System von befestigten Vormauern als Grenzverteidigungsmittel entstand. Bei Wilhelm von Oranien bildete der Gedanke der Sicherung Hollands durch den Schutz der Spanischen Niederlande vor französischen Eroberungsplänen ein Grundmuster seiner Politik. Im Barrierevertrag von 1715 wurden sowohl die Ansprüche der Niederländer als auch die der Habsburger zurechtgestutzt. Beide hatten sich Hoffnungen auf die Spanischen Niederlande hingegeben. Von den Niederlanden bis nach Norditalien zog sich eine Festungskette, die die Ansprüche der Franzosen begrenzen sollte. Durch Barrieren, Bündnisse und Festungsstützpunkte hatte England dem Kontinent eine Ordnung auferlegt, die die Voraussetzung für den wirtschaftlichen Aufschwung Britanniens schuf.

Nicht festgefügte Allianzsysteme oder militärische Blöcke waren für das Staatensystem des 18. Jahrhunderts charakteristisch, sondern *ad hoc* gebildete Bündnisse, die einzig dem vorrangigen Kalkül des Gleichgewichts folgten. Dies musste 1718/20 auch die einzige revisionistische Macht des Nach-Utrecht-Europa erfahren. Als sich Spanien unter Elisabeth Farnese anschickte, die bestehende Ordnung zu zerstören, fand sich England vorübergehend mit dem traditionellen Rivalen Frankreich in der Quadrupelallianz zusammen, um den Traum von spanischer Weltgeltung militärisch zu beenden. Mit der variablen Geometrie der Allianzen und Gebietstausche, die seit dem 17. Jahrhundert zu einem Charakteristikum des internationalen Systems geworden waren, wurde das Spiel der Kräfte freier. Rang und Rolle mussten behauptet oder erkämpft werden. Aufstieg und Abstieg folgten einem beschleunigten Rhythmus – Schweden hatte unter Karl XII. dafür gerade ein Beispiel gegeben –, und es verstand sich, dass es in einem höheren Maße als bisher auf die Kunst der Diplomatie und der Militärstrategie ankam.

Gleich mehrere Grundaxiome der internationalen Beziehungen wurden durch die Entwicklungen der ersten Hälfte des 18. Jahrhunderts außer Kraft gesetzt. Die dem spanischen Erbfolgekrieg zugrunde liegende Konstellation, die Vereinigung Österreichs und Spaniens unter einer Krone, war keine reale Gefahr mehr, und der jahrhundertealte Gegensatz zwischen Habsburg und den Bourbonen begann sich langsam zu lockern. Inwieweit indes diese Veränderung von Friedrich erkannt wurde, ist zweifelhaft. Frankreich unter Kardinal Fleury war noch immer ein maßgeblicher außenpolitischer Akteur, doch bisweilen blieb seine Rolle undurchsichtig. So hatte Paris zwar konsequent die Ansprüche Bayerns und Sachsens auf österreichischen Besitz gefördert; als dann aber mit dem Tod Augusts des Starken 1733 der Polnische Thronfolgekrieg ausbrach, wurde der französische Kandidat, der Schwiegersohn Ludwigs XV., Stanisław Leszczyński, mit Waffengewalt gegen den von Österreich unterstützten Wettiner Kurfürsten Friedrich August durchgesetzt. Friedrich der Große hat diese Inkonsequenz der Pariser Politik treffend analysiert, als er in seinen Memoiren ein zwiespältiges Urteil über das Frankreich fällte, mit dem er bei seiner Ankunft an der Macht konfrontiert war: »nach außen geachtet, im Inneren voller Missstände, unter der Regierung eines schwachen Fürsten, der sich und sein Reich der Leitung des Kardinals Fleury überließ«.[38]

Der greise Kardinal, graue Eminenz und Chefdiplomat am Hofe von Versailles, war ohnehin nicht nach Friedrichs Geschmack, und entsprechend ist die Charakteristik in der *Geschichte meiner Zeit* verfasst: »Er trug Friedensliebe zur Schau, denn er wollte lieber der Schiedsrichter der Könige sein als ihr Bezwinger. Er war kühn in seinen Plänen, zaghaft in ihrer Ausführung.«[39] Weniger eigene Leistung als die Schwäche der Gegner hätten Frankreichs dominierende Stellung ermöglicht. Friedrich ging davon aus, dass gerade die innere Schwäche

Österreichs von Frankreich zur Arrondierung seiner territorialen Macht und zur Stärkung seines Einflusses genutzt werden würde, mithin also Frankreich einen Schulterschluss mit dem aufstrebenden Preußen aus ganz eigensüchtigen Gründen suchen musste. Neben dem Habsburg unterstellten Hegemoniestreben war der ewige Gegensatz zwischen den Häusern Habsburg und Bourbon die wichtigste Grundannahme, die Friedrichs Analyse der europäischen Gesamtsituation ergab. Sie war indes genauso falsch wie die Auffassung, dass Britannien schon aufgrund seiner dauerhaften kolonialen Rivalität zu Frankreich ein berechenbarer Verbündeter Preußens sei.

Balance of power, Machtbalance, Gleichgewicht der Kräfte: Mit diesen Begriffen wurde über Jahrhunderte die Ordnung der Staatenwelt beschrieben. Ordnung und Gleichgewicht, dies setzt zunächst voraus, dass Instrumente vorhanden waren, mit denen Ordnung hergestellt werden konnte, und dass es etwas gab, worauf sich die Ordnung gründen konnte: ein System der Staaten. Der Ausdruck »Gleichgewicht« ist damals genauso wie das Wort »Revolution« über die Mechanik in den politischen Wortschatz vorgedrungen. Das Gleichgewichtsdenken bedeutete zugleich eine Abkehr vom mittelalterlichen Weltbild mit der Vorstellung von der *res publica christiana* als einheitlicher, christlicher Völkergemeinschaft. Vor allem die Entdeckungen der Naturwissenschaften hatten dieses Gegenwartsverständnis entscheidend beeinflusst. Isaac Newton erkannte die Identität von himmlischen Gravitations- und irdischen Fallgesetzen und interpretierte das Weltall als gigantisches Äquilibrium. Die Idee der Balance wurde zum Leitbild der neuen Welt und setzte sich bald in fast allen Bereichen des Lebens durch: Balance von Export und Import, Balance der politischen Herrschaftsausübung durch das System der Gewaltenteilung, Balance auch zur Überwindung des inneren Dualismus des Menschen. Als Gipfelleistung der Geschichte wurde der Gleichgewichtsmensch erfunden, in dem die natürlichen Veranlagungen für Leidenschaft und für Vernunft sich die Waage hielten. Der Gleichgewichtsmensch war weder Monarchist noch Republikaner. Er suchte in allem den Ausgleich, die Mitte.

Die Veränderungen im Staatensystem seit Beginn des 18. Jahrhunderts gehen vor allem auf ein gewandeltes Verständnis von Souveränität zurück. Souveränität, dies heißt, getreu nach Bodin, Mitglied der Völkergemeinschaft, völkerrechtsfähig zu sein. Souveränität definiert sich also zunächst als Unabhängigkeit nach außen. Dazu passt, dass die Völkergemeinschaft aus der mittelalterlichen Christenheit hervorging: der frühneuzeitliche, souveräne Staat in der Abgrenzung von äußeren Gewalten, in der Opposition zu Kaiser und Papst. Längst schon hatte das Kaisertum seine Vormachtstellung verloren, und auch die der Kurie war im späten Mittelalter geschwunden. In England war in der *Glorious Revolution* von 1689 die fortschrittliche Formel gefunden worden: »Die Souveränität beruht auf dem König in seinem Parlament.« Der König war souverän, jedoch nur insoweit, als er seinem Parlament verantwortlich war.

Wenn sich die Souveränität in der Begrenzung staatlichen Handelns durch Bindung an Regeln nach außen in der Völkergemeinschaft erwies, galt dies auch nach innen. Der Staatstheoretiker Bodin unterschied zwischen *lex* und *ius*. Seine Definition der Souveränität als »*summa … legibusque soluta potestas*« bezog sich auf den durch das unveränderliche *ius* vorgegebenen Rahmen. Mit dem Auftritt des Staats auf der Bühne der Diplomatie ging die Ausbildung der inneren Balance einher.

Die großen Doktrinäre des Gleichgewichts – Richelieu, Bolingbroke, der jüngere Pitt, Bismarck –, sie alle wussten darum, dass jede Balance über einen äußeren und über einen inneren Aspekt verfügt. Lord Bolingbroke, der Schöpfer des Gleichgewichtsmenschen, übertrug die Gleichgewichtsidee auf das englische Verfassungsleben.[40] Die von Bolingbroke als Gegensatzpaar identifizierten Begriffe *Ins* und *Outs* verwiesen auf einen Grundgedanken des parlamentarischen Systems. Die Stellung zur Macht wurde konstitutiv für das Wechselspiel der Parteien von Regierung und Opposition. Die Vorstellung vom Gleichgewicht fand nun auch Eingang in das britische Verfassungsdenken. Krone, Lords und Commons sollten sich in einer Balance befinden. Dies war John Lockes Grundgedanke der englischen Verfassung von 1688, und etwa zeitgleich dazu legte in Frankreich Montesquieu zum Prinzip der Gewaltenteilung sein gedankliches Fundament vor.

IV.

Weder Friedrich der Große noch Maria Theresia waren Vordenker der Volkssouveränität und eines fortschrittlichen Verfassungsrechts. Die Konzeption des europäischen Gleichgewichts war für sie nicht an die Frage ihres Regierungssystems gebunden. Ihre Energien wurden zunächst von den machtpolitischen Selbstbehauptungsfragen im Österreichischen Erbfolgekrieg und später im Siebenjährigen Krieg bestimmt. Rang und Rolle im internationalen System und – bei Friedrich allerdings deutlich an zweiter Stelle – die Frage des inneren Gleichgewichts im Alten Reich, dies waren ihre vorrangigen Themen. Bei beiden waren die Fragen der außenpolitischen Expansion ganz wesentlich – eine weitere Konstante im Zusammenhang zwischen innerer Verfassung und auswärtiger Politik im 18. Jahrhundert – an ein funktionierendes, mehr und mehr zentralistisches Staatswesen gebunden, das durch Organisation der inneren Verwaltung, von Militärwesen und Diplomatie erst die Voraussetzung für erfolgreiches politisches Handeln nach außen schuf.

Friedrich war von beiden der analytischere Kopf. Er war planvoll handelnd, und er wollte so wenig wie möglich dem freien Spiel der Kräfte überlassen. Seine rückblickenden Ausführungen über die Rolle des Zufalls in der auswärtigen Politik sind aufschlussreich. Die von ihm gewählten Beispiele dafür, dass die Geschichte in ihrem Lauf oftmals das Gegenteil dessen hervorbringt, was ursprünglich angestrebt wurde, halten jedoch einer kritischen Überprüfung nur bedingt stand. So schrieb er beispielsweise, dass 1740 die Franzosen das Haus Bayern auf den Kaiserthron bringen wollten und im Resultat dann das neue Haus Österreich wieder gewonnen habe.[41] Denn die Umstände, weshalb aus der Wittelsbacher Kaiserkandidatur nichts wurde, lagen auch an der Persönlichkeit des unglücklichen Karl Albrecht. Zu dem Zeitpunkt, als jener als Kurfürst in Frankfurt gekrönt wurde, erfolgte die Besetzung seiner bayerischen Heimat mit habsburgischen Truppen. Und im Frieden von Dresden war es Friedrich selbst, der der Kaiserwahl von Maria Theresias Gatten, Franz Stephan, seine Zustimmung gab. Friedrich dürfte dies nicht allzu schwergefallen sein, denn die Kaiserwürde und die damit verbundenen Insignien der Macht standen bei ihm nicht allzu hoch im Kurs.

Ein Reichsromantiker ist Friedrich zu keiner Zeit gewesen: »Das Deutsche Reich ist mächtig, wenn man die Menge seiner Könige, Kurfürsten und Fürsten sieht«, schrieb er in der

Geschichte meiner Zeit, nicht ohne hinzuzufügen: »Es ist schwach, wenn man die widerstreitenden Interessen, welche die Fürsten trennen, betrachtet. Der Reichstag zu Regensburg ist nur ein Schattenbild und eine schwache Erinnerung an das, was er einstens war.«[42] Zutreffend hatte Friedrich erkannt, dass das Reich sich auf absteigender Linie befand und einer der großen Verlierer des Wandels des europäischen Staatensystems war, wo die Entscheidung über Krieg oder Frieden primär bei souveränen Staaten lag. Das Reich als Völkerrechtssubjekt war in dem sich herausbildenden Staatensystem des 18. Jahrhunderts nicht mehr vorgesehen, die Reichsgewalt von innen ausgehöhlt, das Rechtssystem veraltet und wirkungslos. Allenfalls taugte das Reich noch als Verfügungsmasse zum Ländertausch, wie das Beispiel der Entschädigung Franz Stephans für seine lothringischen Erblande mit dem Großherzogtum Toscana infolge des Polnischen Erbfolgekriegs 1735 illustriert.

Die kaiserliche Lehensordnung konkurrierte mit der spanischen, die trotzdem Teil von ihr gewesen ist. Hervortretendes Charakteristikum der Lehensordnung war ihre Unübersichtlichkeit. Niemand etwa konnte eine präzise Aussage dazu treffen, wie viele Reichslehen es in Wirklichkeit gab. Vieles war so verblasst wie die Geschichte der eisernen Krone, die in Monza aufbewahrt wurde. Der Kurfürst von Köln war Erzkanzler in Italien, doch der römische Kaiser führte weder Wappen noch Titel des italienischen Königreiches. Der Reichshofrat war oberstes Gericht für die Reichsvasallen in Italien und oberstes Lehnsgericht zugleich. Zudem lag bei ihm, nicht etwa beim Reichskammergericht in Wetzlar, die Zuständigkeit für Prozesse aus Italien. Kurzum, das Reich war ein eigenartiges Gebilde, und Georg Friedrich Wilhelm Hegel sprach ihm 1802 in seiner berühmten Schrift *Über die Reichsverfassung* schlichtweg den Charakter der Staatlichkeit ab.[43] Doch noch immer hat dieses unzeitgemäße Gebilde einen von Ferne wirkenden Zauber entfalten können, wie Johann Wolfgang von Goethe in *Wahrheit und Dichtung* auf einprägsame Weise im Zusammenhang mit der Wahl Josephs II. zum römischen König beschrieben hat.[44]

Dies war die Folie, vor der das Ringen beider Herrschergestalten zu sehen ist, die in ihrer Wesensart nicht unterschiedlicher hätten sein können und die beide in jener bis zum Äußersten geführten Auseinandersetzung über sich hinauswuchsen. Da war zunächst der Angreifer: achtundzwanzig Jahre alt, ein Spötter und Spieler, changierend in seinen Auffassungen und kalt-vernichtend in seinen Urteilen. In seinen frühen Jahren am preußischen Hof galt er als verweichlicht. Dabei war er nur in einem dort bis dahin nicht gekannten Maße bildungshungrig und den schönen Künsten zugetan. Er sprach besser Französisch als Deutsch, schmiedete Verse, verstand sich aufs Flötenspiel und trat mit eigenen Kompositionen hervor. Der Grundzug der Selbstreflexion und die schriftliche Kommentierung seines Handelns waren seit Jugend angelegt. Für Friedrich mögen sie auch eine Art Flucht gewesen sein aus einem persönlichen Lebensumfeld, das ihm seine innere Entwicklung alles andere als leicht gemacht hat. Verwundert es da, dass auch aus Friedrich kein einfacher Zeitgenosse geworden ist? Der Preußenkönig war und blieb zeit seines Lebens für seine Umgebung schwer erträglich, er konnte brüsk sein bis zur Menschenverachtung. »Unter den Hauptneigungen«, heißt es in einem zeitgenössischen Bericht, »so man an dem König wahrnimmt, stehet billig die Ruhmbegierde obenan. Sein vornehmster Wunsch scheint darin zu bestehen, daß sein Name groß und der Nachwelt unsterblich und verewiget werde. Die hohe Einbildung, welche er von seinem eigenen Werte heget, blicket aus allem seinem Tun hervor und ist, wie sie gemeiniglich pfleget, mit ganz unbilliger Geringschätzung des übrigen Teils der Menschheit verknüpfet.«[45]

Die wohl prägendste Erfahrung für den jungen Friedrich war die schwierige Vaterbeziehung. Mit Fug und Recht ist in der Literatur deshalb von einem Vater-Sohn-Komplex die Rede.[46] Die öffentlichen Prügelaktionen, die drakonischen Strafen, die zur Schau gestellte Geringschätzung, ja Missachtung des Sohnes durch den Vater, schließlich das Verbot der künstlerischen Aktivitäten müssen Friedrich geschmerzt haben. Es lässt sich sogar der Augenblick datieren, wo das Vater-Sohn-Verhältnis die Peripetie seiner Belastungen erreicht. Es ist der Moment, wo Friedrich Wilhelm den in Küstrin in Festungshaft einsitzenden Thronfolger dazu zwingt, der Hinrichtung von dessen Freund und Fluchthelfer Katte beizuwohnen. Hans Hermann von Katte war Mitwisser und Handlanger eines von Friedrich dilettantisch eingefädelten Versuchs gewesen, sich als Kronprinz nach England abzusetzen, um den Auseinandersetzungen mit seinem Vater zu entfliehen. Der Plan flog auf, der König tobte. Friedrich Wilhelm, auch diese Einsicht blieb dem Kronprinzen nicht erspart, strebte zunächst die Hinrichtung seines eigenen Sohnes an. Es entbehrt nicht einer gewissen Note, dass es ausgerechnet der Kaiser in Wien, Maria Theresias Vater Karl VI., gewesen ist, der sich beim preußischen König für die Begnadigung von Kronprinz Friedrich einsetzte. Gefallen dürfte dies Friedrich Wilhelm am wenigsten haben. Doch sein angestrebtes Ziel, den Willen des Sohnes zu brechen, hatte er mit der Hinrichtung Kattes vor dessen Augen am 6. November 1730 erreicht. Das Friedrich zuvor zugemutete, 145 Fragen beinhaltende Verhör zeigt bereits die Fähigkeit des Gedemütigten, sich überaus geschickt zu verteidigen und zugleich mit Unterwerfungsgesten um die Gewogenheit des Vaters zu buhlen. Das Bekenntnis der aufrichtigen Reue war wortreich und gespickt mit Selbstbezichtigungen. Aber war es auch echt?

Kronprinz Friedrich und erst recht der spätere König ließen sich nicht auf den Grund sehen. War er zu menschlichen Beziehungen überhaupt fähig? Seine Ehe mit Elisabeth Christine von Braunschweig-Bevern hat er nie vollzogen. Berühmt ist der Satz »Madam sind korpulenter geworden«[47], mit dem er seine Ehefrau beim Wiedersehen nach den langen Jahren der Trennung im Siebenjährigen Krieg begrüßte. Er war zum Eheschluss gezwungen worden, und für ihn hatte die Vermählung nur den einen Vorteil bereitgehalten, dass er dafür seine Festungshaft hinter sich lassen konnte. Als Oberst eines Grenadierregiments verbrachte er nun seine Zeit in der Garnisonstadt Neuruppin, während die angetraute Elisabeth Christine von ihm getrennt das Lustschloss Schönhausen bezogen hatte. War er da schon der Frauenverächter der späteren Jahre, dem seine Biographen homosexuelle Neigungen attestierten? Die menschliche Vereinsamung, die um ihn herum in den späten Jahren zu beobachten ist, ist wohl zu großen Teilen auch selbst verschuldet gewesen.

In ganz jungen Jahren indes scheint Friedrich zumindest noch empfänglich gewesen zu sein für die Reize des weiblichen Geschlechts. Seine Schwester, Wilhelmine von Bayreuth, schildert in ihren Erinnerungen, dass sich Friedrich als Jugendlicher beim gemeinsamen Besuch mit seinem Vater am sächsischen Hof leidenschaftlich in die Gräfin Orzelska verliebt hatte. Das Objekt seiner Begierde war eine uneheliche Tochter und zugleich eine der Mätressen des für seine Ausschweifungen bekannten sächsischen Königs aus einer Beziehung mit einer französischen Kaufmannsfrau in Warschau, darüber hinaus war sie die Geliebte ihres leiblichen Bruders und pflegte zum Zeitvertreib am sächsischen Hof reichlich wechselnden sexuellen Verkehr: »Die Aufmerksamkeiten, welche ihr mein Bruder erwies, erfüllten ihn (August den Starken) mit grausamer Eifersucht. Um diesem Zustande ein Ende zu machen, ließ er ihm die schöne Formera antragen unter der Bedingung, dass er der Orzelska entsagen würde. Mein Bruder versprach alles, um jene Schönheit besitzen zu dürfen, die seine erste Geliebte wurde.«[48]

Allen noch so angestrengten Bemühungen der Friedrich-Literatur zum Trotz sind die privaten Seiten des Preußenkönigs weithin leere Blätter in seiner Biographie geblieben. War Friedrich überhaupt zur Liebe geschaffen? War er homosexuell? Wie war es mit seiner seelischen Struktur bestellt? Konnte er, der Zyniker und Skeptiker, zum Mitleiden fähig sein? Vergleichsweise unbeschwert müssen die prägenden Rheinsberger Jahre (1736–1740) gewesen sein: Geselligkeit bei Musik und tiefschürfenden Gesprächen, heiterstes Rokoko und Vorbereitungszeit für kommende Aufgaben. Sanssouci, sein Lieblingssitz, den er sich nach der Rückkehr aus dem Ersten Schlesischen Krieg erbauen ließ, sollte bewusst an Geist und Stil der Rheinsberger Zeit anknüpfen, und Voltaire, das berühmteste Mitglied der friderizianischen Tafelrunde, hörte nie auf, ihn dafür zu preisen. »Schließlich bin ich in Potsdam. Das war unter dem verstorbenen König der Wohnsitz von Pharasmane, ein waffenstarrender Ort und kein Garten, die marschierenden Regimenter als einzige Musik, Truppenschauen als einziges Theater, Regimentslisten als Bibliothek. Heute ist es der Palast des Augustus, der Legionäre und der Schöngeister, des Vergnügens und des Ruhms, des Großartigsten und des Geschmacks.«[49]

Überhaupt seine Beziehung zu Voltaire. In den Jahren, als der Dichter am Hof des Königs in Sanssouci weilte, gibt sie in der Vielfalt ihrer Zeugnisse zunächst einen Eindruck vom Leben am Hof, sodann von den intellektuellen Spiegelfechtereien, Eitelkeiten und Schmeicheleien zweier völlig ichbezogener Charaktere, deren unruhiger Geist eine ganze Reihe von Themen berührte und Liebhabereien auf ganz unterschiedlichen Feldern pflegte. Im Zentrum von Friedrichs komplexer Persönlichkeit steht jedoch immer wieder sein Verhältnis zum Staat, und damit ist vor allem die Selbstbehauptung dieses seines Staates Preußen im Mächtegefüge seiner Zeit gemeint.

V.

Auch die Annäherung an Maria Theresia erfolgt am besten über eine Betrachtung ihres Verhältnisses zum Staat. Reform und Modernisierung nach innen, Selbstbehauptung und Prestigegewinn nach außen sind die großen Leitmotive, zumal von der Habsburgerin kein nennenswertes schriftstellerisches Wirken, geschweige denn eine literarische Produktion überliefert ist. Das am 13. Mai 1717 in der Wiener Hofburg geborene zweite Kind von Kaiser Karl VI. und Elisabeth von Braunschweig-Wolfenbüttel ist in der Geschichte Habsburgs Anfang und Ende zugleich. Als Person bezauberte sie, dem übereinstimmenden Urteil der Zeitgenossen zufolge, von früh auf durch natürliche Heiterkeit und eine ursprüngliche Frömmigkeit, die für die Einheit von Habsburgermonarchie und katholischer Kirche bezeichnend war.

Aus der Perspektive des 19. Jahrhunderts hat Jacob Burckhardt in seiner klassischen Basler Vorlesung über das Zeitalter

Friedrichs des Großen ihr glückliches Naturell auf die »Abwesenheit nagender Sorgen und schrecklicher Erinnerungen«[50] zurückgeführt. Dies war indirekt ein Hinweis auf die dazu kontrastierende beladene Jugend des Preußenkönigs. Die in sich geschlossene, harmonische und gottesfürchtige Persönlichkeit Maria Theresias, die freilich ihre Umgebung auch gerne kontrollieren und dominieren wollte – von ihren Ministern verlangte sie vor Ostern als Voraussetzung für den Empfang des Heiligen Sakraments die Beichtzettel zu sehen –, hat sich nachhaltig auf ihr politisches Handeln ausgewirkt. Gerade die Auseinandersetzung zwischen Habsburg und Preußen, die zu wesentlichen Teilen eben auch ein persönliches Duell zwischen Maria Theresia und Friedrich dem Großen war, ist ohne Kenntnis dieser Charakterskizze nicht richtig begreifbar. Carl Jacob Burckhardt, der Biograph Richelieus, hat einst in einem glanzvollen Porträt die ineinandergreifenden Wesenszüge Maria Theresias auf eindringlich-dichte Weise zusammengefasst: »Noch einmal in ihr, der letzten prachtvollen Blüte des geheimnisvollen, oft so unheimlichen Stammes [der Habsburger], bricht das alemannisch Willenszähe durch, das Wirklichkeitsnahe, Nüchtern-Tiefsinnige, das Anschauliche, Grundehrliche, das Gemüthaft-Klare, Schlicht-Sittliche, jedem Pathos Abholde, das oft Derb-Humoristische im höchsten Sinne Bäurisch-Fromme, Ehrenfeste.«[51]

Maria Theresia wurde von Jesuiten nach den damals traditionellen Lehrmethoden erzogen: Latein, Italienisch, vor allem Französisch, das sie in Wort und Schrift beinahe fehlerfrei beherrschte, weniger das Deutsche, das bei ihr bis zum Schluss wienerisch verfärbt und barock verschnörkelt blieb, dazu Geschichte, insbesondere die des Erzhauses: Es war der klassische Kanon ihrer Zeit. In Charlotte Gräfin Fuchs erhielt sie eine lebenskluge Erzieherin, der sie bis zum Ende in liebevoller Anhänglichkeit verbunden war. Deren Beisetzung in der Kapuzinergruft als einzige Nicht-Habsburgerin kann als Ausdruck einer außergewöhnlichen Wertschätzung gewertet werden. Maria Theresia war in hohem Maße musikalisch. Früh wurde sie an öffentliche Auftritte gewöhnt: Mit dreizehn die erste bei Hofe vorgetragene Kantate, mit fünfzehn der erste Auftritt in einer Komödie. Es war eine liebevoll-behütete Atmosphäre, in der sie aufwuchs, eine Atmosphäre, die Maria Theresia zu der in sich ruhenden, geschlossenen Persönlichkeit heranreifen ließ, die sie zeit ihres Lebens blieb. Es war die Welt des *Ancien Régime*, die scheinbar noch unberührt war von den revolutionären Tendenzen des ausgehenden Jahrhunderts, die sich in der Ferne wie ein Wetterleuchten ankündigten. Maria Theresia sind die unmittelbar bevorstehenden Umwälzungen auch in ihren Ansätzen unverstanden und wesensfremd geblieben – Umwälzungen, von denen ihre Tochter Marie Antoinette den Hanf und die Laterne aus nächster Nähe kennenlernen sollte.

Maria Theresia wurde zunächst nicht wie eine künftige Königin erzogen, rechnete man doch damit, dass aus der Ehe zwischen Karl VI. und Elisabeth Prinzessin Braunschweig-Wolfenbüttel noch männlicher Nachwuchs hervorgehen würde. Der größte strategische Zug bei der Vorbereitung auf die kommende Verantwortung war ihre Vermählung mit dem acht Jahre älteren Franz Stephan, Herzog von Lothringen, im Jahr 1736, der bis zu seinem Tod im Jahre 1765 ihr innigstgeliebter Partner und zudem einer ihrer engsten Ratgeber gewesen ist. Es muss, und dies war bei regierenden Häusern in jener Epoche selten genug, eine Liebesheirat gewesen sein, sechzehn Kinder hatten sie gemeinsam. Maria Theresias zärtlich-burschikose Anreden des Gatten in den Briefen – »mäusl«, »caro viso«, später sollte sie ihn dann »mon cher alter« nennen –, überhaupt der liebevoll-vertraute Ton ihrer Korrespondenz, legen davon ein beredtes Zeugnis ab. Daran änderte sich bis ins hohe Alter nichts. Auch die diversen Affären Franz Stephans – darunter die langjährige Beziehung mit der Prinzessin Auersperg – haben dieser Harmonie nichts anhaben können. Maria Theresia, die Sittenstrenge, hat ihm die Liebschaften wohl verziehen. Für sie selbst galt das, was sie gegen Ende ihres Lebens in einem Brief an ihre Tochter Maria Amalia als Ratschlag formuliert hatte: »Alles Glück der Ehe besteht in Vertrauen und beständigen Gefälligkeiten. Die törichte Liebe vergeht bald; aber man muß sich achten, sich gegenseitig, wo immer nur möglich, nützlich sein. Der eine muß sich als der wahre Freund des anderen erweisen, um die Unfälle dieses Lebens ertragen und die Wohlfahrt des Hauses begründen zu können.«[52]

Die Ehe Maria Theresias begann mit einem Verzicht. Franz Stephan hatte – Konsequenz des Ausgangs des Polnischen Thronfolgekrieges der Jahre 1733 bis 1735 und Zugeständnis an Frankreichs Prestigedenken – schweren Herzens auf sein lothringisches Stammland verzichten müssen und war dafür mit der Aussicht auf das Großherzogtum Toscana nach dem Ableben des letzten Medici abgefunden worden. Er hatte sich in dieses Schicksal nur ungern gefügt. Gewissermaßen als Ausgleich war er von Maria Theresia von Anfang an zum Mitregenten in den Erblanden bestimmt worden. Erst 1745 sollte dann nach dem Frieden von Dresden die römische Kaiserwürde hinzukommen. Auf dem Schlachtfeld im Türkenkrieg (1736–1739) hat sich der frisch Vermählte indes nicht mit Ruhm hervorgetan. Die propagandistische Idee, er könne dem Prinzen Eugen nacheifern und auf diese Weise Popularität erreichen, erwies sich damals als vollständiger Fehlschlag. In den späteren Jahren sollte sich dann Franz Stephan weitgehend aus den Regierungsgeschäften heraushalten. Er verfügte über eine gute Menschenkenntnis, und häufig hat er mit seinem Urteil Maria Theresias Auswahl entscheidender Ratgeber beeinflussen können. Franz Stephan war klug genug, sich in der Ehe seine eigenen Tätigkeitsfelder zu suchen: Niemand konnte so ausgiebig wie er Fabriken besichtigen, er verfügte zudem über ausgeprägte naturwissenschaftliche Interessen und trat in späteren Jahren mit eigenen Patenten hervor. Der volkstümliche Mythos von der früh bis spät sich unermüdlich im Herrscheramt für ihre Untertanen verzehrenden Kaiserin-Königin, ihre mütterliche Fürsorge, mit der sie im Winter auf der Hofburg, im Sommer in Schönbrunn fast immer, auch in der kalten Jahreszeit, bei weit geöffnetem Fenster am Schreibtisch saß, Audienz hielt oder ihrer Lieblingsbeschäftigung nachging, nämlich Ehen zu stiften, verlangte wohl als Kontrast das Bild des eher arbeitsscheu-gutmütigen, schlichter gestrickten Gemahls, und nicht wenige Schilderungen des kaiserlichen Paares scheinen diesem Skript gefolgt zu sein.

Zunächst, im Dezember 1740, ging es indes um Außenpolitik. Wollte Friedrich die Pragmatische Sanktion in Frage stellen? Ausdrücklich jedenfalls hat er dies an keiner Stelle getan. Er war kein Doktrinär. Seine Methode war, wie gesagt, die der Überraschung und Überrumpelung. Er wusste, dass der Griff nach Schlesien als eine Einladung an die Mächte betrachtet werden würde, die ungeklärte Anerkennung der Pragmatischen Sanktion dazu zu nutzen, ältere Begehrlichkeiten zu äußern. Kardinal Fleury, der über neunzigjährige Doyen der französischen Außenpolitik, hatte die Zerstörung des europäischen Gleichgewichts ähnlich klar wie der achtundzwanzigjährige junge König analysiert. Anders als Friedrich erwartet hatte, hatte Fleury zwar für die Beibehaltung des Status quo plädiert, sich jedoch nicht gegen die Kriegspartei um Marschall Belle-Isle durchsetzen können. Maria Theresia freilich muss gespürt haben, dass ihr Widersacher in Berlin nichts Geringeres als den Umsturz des klassischen Gebäudes des europäischen Gleichgewichts anstrebte. Friedrichs Ziel war klar umrissen. Durch Arrondierung sollte ein territorial zusammenhängender Staat geschaffen werden, der Ausgangspunkt für die in den Blick genommene Erweiterung der Machtbasis war.

Jene für Friedrich so typische Alles-oder-nichts-Haltung ist in den Schlesischen Kriegen von Anfang an zu erkennen, und dies ist nicht nur, wie einst der Historiker Otto Hintze beschwichtigend schrieb, seiner Jugend der Sturm-und-Drang-Periode in den Jahren 1740 bis 1745 zuzuschreiben.[53] »Ich will entweder untergehn oder von diesem Unternehmen Ehre gewinnen«, schrieb Friedrich an Podewils. «Mein Herz prophezeit mir alles nur mögliche Gute. Schließlich eine innere Gewißheit, deren Ursprung uns unbekannt bleibt, verheißt mir Glück und Gelingen. Ich werde in Berlin nicht erscheinen, ohne mich des Blutes, aus dem ich entsprossen bin, würdig erwiesen zu haben, und würdig der tüchtigen Soldaten, die ich zu führen die Ehre habe.«[54]

Seine bemerkenswerte innere Konsequenz war neben der klaren Analyse der gegnerischen Ziele seine größte Stärke. Hatte er geahnt, dass Maria Theresia ihm in Entschlusskraft nicht nachstand? Denn auch die angegriffene Habsburgerin war bereit, in der Verteidigung ihres Besitzstandes bis zur letzten Konsequenz zu gehen. »Ich habe meinen Entschluß gefaßt«, ließ sie im Dezember 1741 den Statthalter von Prag wissen: »Man muß alles aufs Spiel setzen, um Böhmen zu retten.

Ich will nicht behaupten, daß ich das Land zugrunde richten will und daß es sich in zwanzig Jahren nicht wieder erholen wird; aber ich will meinen Grund und Boden behalten, und alle meine Armeen, einschließlich der ungarischen, sollen eher vernichtet werden, als daß ich irgend etwas abtrete [...] Holen Sie aus dem Land mit Gewalt heraus, was man nicht freiwillig bekommt. Sie werden sagen, daß ich grausam sei. Das stimmt, aber ich weiß, daß ich alle Grausamkeit, die jetzt geschieht, um mir das Land zu erhalten, eines Tages hundertfältig wieder gutmachen kann.«[55]

Für Österreich war der Angriff überraschend gekommen. Glogau, Neiße und Brieg fielen dem Eroberer ohne größere Anstrengung in die Hände. Am 3. Januar 1741 zog Friedrich in Breslau ein. In der ersten Schlacht des Krieges, am 10. April 1741 bei Mollwitz in der Nähe von Brieg, ließ die preußische Kavallerie Schwächen erkennen. Der König floh vom Schlachtfeld in der Gewissheit, die *bataille* zu verlieren. Er war auf das Äußerste gefasst. »Wenn mir das Unglück zustieße, lebendig gefangen genommen zu werden«, schrieb er seinem Minister Podewils Anfang März 1741, »so befehle ich Ihnen unbedingt, und Sie stehen mir mit Ihrem Kopfe dafür, daß Sie in meiner Abwesenheit auf meine Befehle keine Rücksicht nehmen, daß Sie meinem Bruder mit Rat zur Seite stehen und daß der Staat zu meiner Befreiung keine unwürdigen Handlungen begeht. Im Gegenteil, in diesem Falle wünsche und befehle ich, daß man nachdrücklicher handelt als je. Ich bin nur König, solange ich frei bin.«[56]

Der Gedanke an sein eigenes Ende, Dauerbegleiter im Siebenjährigen Krieg, war Friedrich auch schon in den ersten beiden Schlesischen Kriegen gegenwärtig. Sollte er fallen, wünschte er nach Römerart verbrannt zu werden. Anschließend sollte seine Asche in einer Urne in Rheinsberg zur Ruhe gelegt werden.[57] In Mollwitz blieb ihm dieses Schicksal freilich erspart. Noch in der Nacht erreichte ihn die Nachricht, dass sein Feldmarschall Graf Schwerin das Blatt zugunsten Preußens habe wenden können. Der erste Zug im Österreichischen Erbfolgekrieg war zugunsten Preußens ausgegangen. Die alte Weisheit indes, dass, wer obsiege, auf den Triumph verzichten möge, scheint dem jungen König unbekannt gewesen zu sein. Denn für den Dankgottesdienst hatte er, der Agnostiker, Vers 12 aus dem 2. Kapitel des Briefes des Apostels Paulus an Timotheus ausgewählt, der von allen, und am meisten in der Wiener Hofburg, als demütigender Affront seiner Gegenspielerin verstanden werden musste: »Einer Frau gestatte ich nicht, daß sie lehre, auch nicht, daß sie sich über den Mann erhebe, sondern sie sei stille.«

Die Götter hatten es mit dem jungen Preußenkönig gut gemeint. Die alte Devise, nichts sei so erfolgreich wie der Erfolg, sollte nun auch für Friedrichs Preußen Wirkung zeigen. Frankreich wollte, wie so oft in der Geschichte, auf der Seite der stärkeren Bataillone sein. Im Juni 1741 wurde mit Preußen das Bündnis geschlossen. Im Februar 1742 schließlich wurde der Wittelsbacher Karl Albrecht, der Sohn Max Emanuels, als Karl VII. zum römischen Kaiser gewählt.[58] Eine anderthalbjährige Vakanz war damit beendet. Auch der englische König hatte, als Kurfürst von Hannover, seine Kurstimme gegen die Neutralität Hannovers verkauft. Für Friedrich aber ging es weiter aufwärts. Pfingsten 1742 konnte er bei Chotusitz in der Nähe von Prag dem von Maria Theresias Schwager Karl von Lothringen geführten österreichischen Heer eine weitere Niederlage bereiten. Für Maria Theresia war die Lage ernst geworden. Ihr Auftritt vor den ungarischen Ständen ist zum legendären Stoff geworden, aus dem Mythen entstehen. Das Resultat konnte sich sehen lassen. Es gelang der Habsburgerin, eine zweite Armee aufzustellen.

Am 12. Februar 1742, dem Tag, als der bayerische Kurfürst in Frankfurt am Main zum Kaiser gekrönt wurde, drangen österreichische Truppen in Bayern ein. Oberbayern, Niederbayern und die Oberpfalz wurden von den Österreichern eingenommen. Der Kurfürst, in Frankfurt fern der Heimat, war über Nacht zum Kaiser ohne Land geworden. Er sollte an der Bürde des hohen Amtes zerbrechen, das Wittelsbacher Kaisertum von Frankreichs Gnaden Episode bleiben. Neben dem Kriegsglück gingen den Wittelsbachern auch die Verbündeten aus. Friedrich hätte es gerne gesehen, wenn Wien zum Kriegsziel geworden wäre. Doch die Ambitionen Frankreichs waren auf andere Gefilde gerichtet. Kanada und Indien waren das Ziel. Noch zögerten die Kontrahenten, den großen Schlagabtausch untereinander zu suchen. Noch wollte sich England nur als Hilfsmacht Maria Theresias zur Durchsetzung der Pragmatischen Sanktion verstanden wissen. Im Sonderfrieden von Breslau vom 11. Juni 1742 zwischen Preußen und Österreich war dann die Abtretung Schlesiens und der Grafschaft Glatz an Preußen bestätigt worden. Friedrich war dieses Ziel offenkundig nicht ausreichend. Denn bereits im August 1744 ließ er seine Truppen in Böhmen einmarschieren. Friedrichs territoriales Hauptmotiv bestand darin, für den in seiner Autorität erheblich beschädigten Kaiser Karl VII. Böhmen zu erobern. Der Feldzug, unterstützt durch die Allianz mit Paris, der die bis ins Elsass vorgedrungenen Österreicher zurückwerfen und des neuen Kaisers Stammlande, Bayern, von den Österreichern zurückerobern sollte, nahm einen vielversprechenden Anfang. Prag fiel mühelos in preußische Hand, ebenso die Festungen

Budweis und Tabor. Ein konzentrischer Vormarsch Preußens mit den Kaiserlichen und Frankreich nach Wien lag nun im Bereich des Möglichen, aber wohl nicht im vorrangigen französischen Interesse. Friedrichs Truppen hatten sich viel zu weit vorgewagt, und die jetzt von Sachsen unterstützten Österreicher verweigerten dem Preußenkönig den Gefallen, in einer Entscheidungsschlacht das direkte Kräftemessen zu suchen.

Versorgungsprobleme, der einbrechende Winter, vor allem aber die fehlende Unterstützung durch schlagkräftige Verbündete sollten Friedrich im Winter 1744 zum Rückzug nach Schlesien zwingen. Am 20. Januar 1745 verstarb der unglückliche Wittelsbacher-Kaiser Karl Albrecht. In Füssen wurde im April 1745 zwischen Bayern und Österreich Frieden geschlossen. Bayern verzichtete auf alle Erbansprüche, der Wahl von Franz Stephan von Lothringen zum Römischen Kaiser im September des gleichen Jahres stand nun nichts mehr entgegen. Auch auf die bayerische Kurstimme von Maximilian Joseph konnten die Habsburger nun zählen. Sachsen hatte seine eigenen Ambitionen auf die Kaiserwürde – noch 1713 waren diese Ansprüche der Grund gewesen, die Pragmatische Sanktion nicht anzuerkennen – begraben und hatte sich ebenfalls ins österreichische Lager begeben. Trotz der Siege von Hohenfriedberg, Soor und Kesselsdorf war Friedrichs Strategie der Übermacht der Feinde nicht gewachsen. Es war vor allem die fehlende Unterstützung durch verlässliche Verbündete, die Friedrichs Position so sichtbar geschwächt hatte. Genau fünf Jahre nach dem kühnen Überraschungsschlag gegen Schlesien war Preußens strategische Lage kaum verbessert. Friedrich wusste darum, und er war bereit, aufs Ganze zu gehen. Die Möglichkeit des Scheiterns in einer militärisch und politisch zugespitzten Lage stand ihm vor Augen. Der Vabanque-

Spieler, der er war, war bereit, um den ganzen Einsatz zu spielen und lieber »in Ehren unter[zu]gehen, als für das ganze Leben Ehre und Ruhm [zu] verlieren.« Es ist bezeichnend, dass er auch jetzt wieder im Brief an Podewils das Bild vom Rubikon bemühte: »Aber ich habe den Rubikon überschritten, und ich will nun entweder meine Machtstellung behaupten, oder dass alles zugrunde geht und bis auf den preußischen Namen mit mir begraben wird.«[59]

Der Friede von Dresden, Weihnachten 1745, brachte bestenfalls ein Patt. Maria Theresia hatte dem Preußenkönig eine militärische Lektion erteilt und – aus Habsburger Sicht, war dies nicht hoch genug zu bewerten – mit der Kaiserwahl des eigenen Gatten ihren Führungsanspruch im Reich und als Großmacht zugleich bekräftigt. Dem weithin auf sich allein gestellten Friedrich verblieben lediglich die Bestätigung des schlesischen Erwerbs und die Gewissheit, dass die Messen noch nicht gesungen waren. Mit dem Frieden von Dresden war indes das Ringen um Gleichgewicht und Hegemonie auf nur einem Kriegsschauplatz beendet. Zwei weitere geographische Räume rückten mehr und mehr in den Vordergrund, ein weltumspannendes Doppelringen kündigte sich an. Britische Siedler hatten in Nordamerika das französische Louisbourg auf einer Insel im Sankt-Lorenz-Golf erobert, die Franzosen hingegen den Engländern das indische Madras abgenommen.

Erst mit dem Frieden von Aachen, im Oktober 1748, endete die Reihe der kriegerischen Auseinandersetzungen, die von der Geschichtswissenschaft unter dem Begriff Österreichischer Erbfolgekrieg zusammengefasst werden. Aachen steht damit gewissermaßen in der Mitte zwischen den machtpolitischen Verschiebungen des Nach-Utrecht-Europa und der großen territorialen Flurbereinigung im Frieden von Hubertusburg 1763.

Die Söhne von Elisabeth Varnese wurden als König von Neapel-Sizilien beziehungsweise als Herzog von Parma und Piacenza reichlich begünstigt, freilich ohne dass die weitgreifenden Pläne ihrer Mutter verwirklicht worden wären. Franz Stephan behielt sein Großherzogtum Toscana, die Verhältnisse in Reichsitalien waren nun ganz im Sinne eines europäischen Gleichgewichts geregelt. Den insbesondere im Vatikan gehegten Sorgen, es könne zu einer österreichischen Hegemonie in Reichsitalien kommen, war die Grundlage entzogen, die Erbfolge des Hauses Habsburg endgültig bestätigt.

VI.

In Aachen, 1748, war zum letzten Mal »am grünen Tisch Europas« (Fritz Wagner) über die Machtverhältnisse in den Kolonien entschieden worden. Frankreich und England garantierten nicht nur die österreichische Thronfolge, gegenseitig tauschten sie ihre Eroberungen in Indien und Kanada aus. Die nur mühsam verdeckten überseeischen Spannungen sollten allerdings schließlich dazu führen, dass aus dem Frieden von Aachen nur ein kurzer Waffenstillstand wurde. Die Risse in der Allianz zwischen Westminster und dem Haus Bourbon traten immer mehr zutage. Koloniale Rivalitäten erwiesen sich als stärker als Treueschwüre des herzlichen Einvernehmens. Wo einst die Vorstellung der Einheit der Christenheit die Staatenwelt zusammenhielt, ruhte nun eine überstaatliche Ordnung auf dem wesentlich weniger stabilen, weil dehnbareren Prinzip des Gleichgewichts. Darin lag der entscheidende Wandel der Staatengemeinschaft in der Mitte des 18. Jahrhunderts. Gleichgewicht und Hegemonie sind dabei keine sich ausschließenden Begriffe, das eine konnte durchaus Mittel zur Durchsetzung des anderen sein, Camouflage für heimliche Ambitionen. Es war wohl allen in Aachen beteiligten Mächten bewusst, dass dem Ringen um Gleichgewicht und Hegemonie nur eine Atempause vergönnt war und früher oder später die nächste Runde bevorstand.

Beide, Friedrich und Maria Theresia, nutzten die darauffolgenden Jahre zur inneren Konsolidierung. Die Staatsfinanzen in beiden Ländern waren durch die aufwendigen Kriege leidend geworden, der innere Ausbau infolge der außenpolitischen Schwerpunktsetzung vernachlässigt. Friedrich der Große hat diesen Nachholbedarf in seinem *Politischen Testament von 1752* glasklar analysiert: »Unserem Staat fehlt es noch an innerer Kraft. Alle unsere Provinzen enthalten nicht mehr als 5 Millionen Seelen. Das Heer ist beachtenswert, aber es ist nicht zahlreich genug, um den Feinden zu widerstehen, die uns umgeben.«[60]

Die nach dem Österreichischen Erbfolgekrieg getroffenen Maßnahmen ergeben sich konsequent aus dieser Defizitanalyse. In Preußen war seit 1747 eine systematische Kolonisierungspolitik erfolgt, die Auswärtige, vor allem Handwerker, ins Land holte. 1748 wurde das Bauernlegen verboten und 1755 die bäuerlichen Spanndienste in den preußischen Kernprovinzen abgeschafft. Durch systematische Ankäufe von Getreide erfolgte eine vom König gesteuerte Preisregulierung, und zugleich war die Grundversorgung für die einfachen Bürger und die sich selbst verpflegenden Soldaten sichergestellt. Viele der Maßnahmen und Verordnungen Friedrichs muten aus heutiger Sicht wie Anfänge einer modernen Sozialpolitik an. In erster Linie sind sie in ihrer Zeit jedoch sowohl der militärischen als auch der wirtschaftlichen Leistungsfähigkeit des Staates geschuldet. Die Zufriedenheit und Versorgung seiner Soldaten war dem Preußenkönig ebenso wichtig wie die Absicherung des Bauernstandes und der Erhalt der Privilegien des grundbesitzenden Adels – des Standes, aus dem seine Offiziere rekrutiert wurden. So wurde der Verkauf von Rittergütern an Bürgerliche ausdrücklich untersagt, dafür aber Fideikommisse und Majorate im Interesse des landbesitzenden Adels bekräftigt.

Auch für Maria Theresias Staat und seine innere Verwaltung brachten die Jahre nach dem Frieden von Aachen entscheidende Reformen, bei denen es im Kern um eine »Neuverteilung der politischen Gewichte« zwischen ständischem Landespartikularismus und absolutistischem Einheitsstaat ging. Dabei wurde »die Entschlossenheit und die Regierungskunst Maria Theresias im besonderen einer innenpolitischen Zerreißprobe«[61] ausgesetzt. In den folgenden Jahren, zwischen 1749 und 1760, gelang es dem aus kursächsischen Diensten stammenden Grafen Haugwitz in Wien, eine große Staats- und Verwaltungsreform auf den Weg zu bringen. Die Haugwitz'sche Reform bestand in ihrem Kern darin, die Verwaltung vom ständischen in den landesherrlichen Bereich zu überführen. Der Dualismus zwischen Landesherrn und Landesständen wurde beseitigt, der Länderpartikularismus in seinen Auswüchsen beschränkt, die Macht der Stände eingehegt, vor allem indem das ständische Privileg der Steuerbewilligung im Resultat aufgehoben wurde. Die Tendenz zum Einheitsstaat war angelegt, doch es blieb Maria Theresias Nachfolger Joseph II. vorbehalten, in einer weitaus radikaleren Reform die Rechte der Stände deutlich zu beschneiden.

Ein weiterer Bereich der Reform, der wiederum auf Maria Theresia persönlich zurückzuführen ist, bestand in der Herauslösung des Justizwesens aus der allgemeinen Verwaltung.

Dies bezog sich nicht nur auf die Rechtsprechung, sondern auf das ganze Justizwesen. Die Kaiserin-Königin erhoffte sich davon vor allem eine Beschleunigung der langwierigen Verfahren. In Haugwitz holte sie sich einen ebenso fähigen wie erfahrenen Mitstreiter. Schon unter Karl VI. war er als kaiserlicher Beamter in der schlesischen Landesverwaltung gewesen und hatte ab 1742 im österreichisch gebliebenen Restteil Schlesiens hinreichend Gelegenheit bekommen, die preußische Verwaltung im friderizianischen Schlesien zu studieren. Haugwitz war es dann auch, der den Tschechen 1749 die Aufhebung der böhmischen Hofkanzlei auferlegte und damit wohl den entscheidenden Schritt auf dem Weg zur Herausbildung eines Einheitsstaats von Österreich und Böhmen ermöglichte.

Österreich stand damals auch weiterhin im Zentrum von Friedrichs Überlegungen. Doch es waren weniger die Fragen der innerösterreichischen Staats- und Verwaltungsreformen, die Friedrich beschäftigten, sondern die geopolitische Lage und die nicht von der Hand zu weisende Einschätzung, dass sich Wien mit dem Verlust Schlesiens nicht abfinden würde. »Man wird das Haus Österreich nicht so bald vom Kaiserthron verdrängen«, schrieb Friedrich in seinem *Politischen Testament von 1752*: »Man muß, um hier Erfolg zu haben, ihm ein mächtiges Haus entgegensetzen, das, gestützt auf gute Verbündete, diese höchste Würde fordern könnte, mit den Waffen in der Hand.«[62]

Dies war ein Plädoyer für Wachsamkeit und Aufrüstung zugleich. Nach Friedrichs Analyse bestand kein Anlass, davon auszugehen, dass sich Österreich von seiner alten Politik verabschiedet habe. Er attestierte seiner Widersacherin eine »zähe Festigkeit im Unglück wie im Glück, einen Starrsinn, der den Kaisern oft geschadet hat«.[63] Wien war in Friedrichs Gleichgewichtsdenken – sowohl mit Blick auf das Konzert der Mächte als auch auf das innere Gefüge des Heiligen Römischen Reiches – auf einer absteigenden Linie, die Stellung des Kaisers zunehmend marginalisiert, die Macht der Kurfürsten im Aufstieg, und genau diese Konstellation war es, die Habsburg aus seiner Sicht als Widerpart ebenso unberechenbar wie gefährlich machte.

Jetzt, in den Friedensjahren nach Aachen, wurde die Spaltung des Reiches in zwei ungleiche Teile, einen österreichisch dominierten, der sich Frankreichs Unterstützung sicher sein konnte, und einen preußischen Teil, immer deutlicher. Österreich war aufgrund der faktischen Personalunion des Habsburgerreiches mit dem Kaiser in wesentlich höherem Maße an die Vorgaben der Reichsverfassung gebunden, als dies für Friedrich den Großen der Fall gewesen ist. Der Spötter freilich ließ keine Gelegenheit aus, sich über die innere Schwäche des veralteten Gebildes mit unzeitgemäßen Strukturen zu mokieren. Selbst das Menetekel einer Reichsexekution schien für ihn eine vernachlässigbare Gefährdung zu sein, und der Volksmund sollte ihn mit seiner Verballhornung der Reichsarmee als »Reißausarmee« darin bestätigen. Es ist das Charakteristikum des nun zunehmend sichtbaren preußisch-österreichischen Dualismus, dass das Reich in die Auseinandersetzung der beiden Rivalen einbezogen und instrumentalisiert wurde, ohne dass die Verfassung des Reiches Mittel geboten hatte, auf diesen Fall angemessen zu reagieren.

Bei seiner Suche nach Partnern für seine anti-österreichische Allianz ging Friedrich von der Prämisse aus, dass der Gegensatz der Häuser Bourbon und Habsburg unwandelbar sei. Friedrichs Blick musste sich deshalb konsequenterweise auf Britannien richten. Ziel war dabei, England auf eine Art und

Weise an seine Seite zu binden, die das Inselreich aus dem verlässlichsten aller Motive, aus purem Eigeninteresse, dazu veranlassen sollte, ein europäisches Gleichgewicht auf dem Kontinent herzustellen. Auf diese Weise würde England freie Hand in Übersee erhalten. Dies war die Ausgangslage für die im Januar 1756 zwischen Preußen und Britannien vereinbarte Westministerkonvention, die eine gegenseitige Nichtangriffsverpflichtung und den gemeinsamen Schutz der Ruhe in Deutschland zum Gegenstand hatte. Friedrichs Grundannahme war durchaus einleuchtend, weil sie auf einer zutreffenden Analyse des politischen Systems und des in London verfolgten Kalküls beruhte.

Im Schatten der weltpolitischen Spannungen hatte sich in Britannien der Aufstieg des großen Staatsmanns William Pitt vollzogen. Der ältere Pitt verstand das politische Vakuum, das durch den Kampf um die österreichische Erbfolge entstanden war, für den Ausbau der britischen Machtposition zu nutzen. Pitts Vision sah ein seebeherrschendes Britannien vor, und danach richtete er sein Handeln aus. Die britische Politik im 18. Jahrhundert hat die Gleichgewichtsidee nicht erfunden. Sie hat lediglich ein in den Staatenbeziehungen seit dem Westfälischen Frieden erkennbares Prinzip mit Geschick fortentwickelt. Indem sie ihr politisches Handeln konsequent nach der Maxime des Gleichgewichts ausrichtete, schuf sie die Voraussetzung für Herrschaftsausübung durch informelle Führung. Darin bestand das Erfolgsgeheimnis, das Britannien zu einer führenden Stellung in der Weltpolitik verhalf und das Staatensystem in den auf Utrecht folgenden drei Jahrhunderten geprägt hat. Die Motive waren offenkundig: Britannien, seit 1714 in Personalunion mit dem Haus Hannover, wollte freie Hand auf dem europäischen Kontinent. Dieses Ziel berührte sich mit Friedrichs Absicht, Habsburg durch eine gegnerische Koalitionsbildung zu isolieren.

Dies war der Hintergrund dafür, dass das Präludium zum Siebenjährigen Krieg in Übersee stattfand und später der Kaunitz'sche *coup de surprise* des Allianzwechsels überhaupt glücken konnte. Der Wettlauf um koloniale Expansion zwischen England und Frankreich trat in ein neues Stadium ein. In Paris wurde der Streit mit London als Fortsetzung des Hegemonialkampfs angesehen, dessen erste Schlacht 1713 zugunsten der Briten ausgegangen war. England dagegen hielt nach einer machtpolitischen Konstellation Ausschau, die den Erwerb der überseeischen Besitzungen ermöglichen sollte. Nach Art der Kanonenbootdiplomatie hatten die Briten 1755 ein Expeditionskorps an den Ohio entsandt. Das Unternehmen indes scheiterte kläglich; die britische Öffentlichkeit war alarmiert.

Für Frankreich hatte die neue Lage in Übersee Konsequenzen für kontinentale Fragen. In diesem Punkt trafen sich die Überlegungen der französischen und der österreichischen Diplomatie. Erste Gedankenspiele über eine österreichisch-französische Allianz wurden bereits in den 1740er Jahren angestellt. Graf Kaunitz hatte sich in einem Memorandum am 7. März 1749 in Beantwortung der von Maria Theresia gestellten Frage, »was nach nunmehr beschlossenem Friede gegen England, Frankreich und dem Reich vor ein Systeme zu ergreiffen wäre«[64], als Einziger in großer Runde entsprechend geäußert und dafür den Beifall der Monarchin erhalten. Mit dieser gewagten Empfehlung wurde die außergewöhnliche Karriere begründet, die Kaunitz nicht nur in den Ruf eines diplomatischen Genies, sondern in den 1760er Jahren in die zentrale innenpolitische Position des Hofkanzlers brachte, ein Amt, das er so lange versah wie kein anderer in der Habsburgermonarchie, nämlich zweiundvierzig Jahre.

Wenzel Anton Graf Kaunitz war der Sohn eines Landeshauptmanns im Mährischen, seit 1735 Mitglied des Reichshofrates, dann ab 1741 im diplomatischen Dienst. In Aachen, beim Friedenskongress 1748, hatte er seine diplomatische Feuertaufe. Das Erlebnis der Deklassierung Österreichs auf dem Aachener Kongress muss für ihn gleichwohl eine prägende Erfahrung gewesen sein. Die Ohnmacht, zur Untätigkeit gegen die erfolgreiche britisch-französische Verständigung verurteilt zu sein, scheint seinen diplomatischen Ehrgeiz beträchtlich angestachelt zu haben. Seine regelmäßigen Rücktrittsgesuche bei Maria Theresia änderten nichts daran, dass er in der Gunst der Kaiserin-Königin stand und sie meinte, ohne ihn nicht auskommen zu können. Kaunitz war eitel, putzsüchtig, umständlich und sparsam bis zum Geiz, ein »schwindeliger Kopf«, wie Maria Theresia einmal meinte, mit allerlei Allüren und hypochondrischen Anlagen, doch eben ein Virtuose der Außenpolitik. Sein diplomatisches Geschick bildete eine geradezu ideale Ergänzung zu dem eher intuitiven Urteil der Monarchin, deren Stärke ihre innere Festigkeit war und die ihre Kraft auch aus der Gewissheit schöpfte, dass die himmlischen Mächte auf ihrer und des Kaisers Seite seien und alles Gute von Gott als dem Ursprung aller Gnade komme.

Kaunitz' Plädoyer für eine neue Koalition beruhte auf einer einfachen Grundannahme: Der König von Preußen würde auf Dauer der Hauptgegner und der Verlust Schlesiens für das Haus Habsburg niemals hinnehmbar sein. Der Gegensatz zwischen Habsburg und Preußen war das bestimmende Element des Staatensystems. Das Vertrauen von Kaunitz in Frankreich war allerdings begrenzt. Die österreichische Diplomatie musste deshalb alles daransetzen, eine Konstellation zu schaffen, in der Frankreichs Eigeninteresse sicherstellen sollte, dass der Entschluss zum Bündniswechsel dauerhaft erfolgen würde.

Für Frankreich hatte der Abschluss der Westminsterkonvention einmal mehr die Zweifel an der notorischen Unzuverlässigkeit des Preußenkönigs bestärkt, und dies hatte neben den überseeischen Entwicklungen vermutlich den Ausschlag gegeben, sich auf ein derart kühnes *renversement des alliances* einzulassen. Seit längerem bereits hatten die Österreicher Bündnisfühler beim Pariser Hof ausgestreckt. Nun bot sich den Franzosen eine willkommene Gelegenheit, den Seemächten ihren traditionellen Verbündeten, das Haus Habsburg, abspenstig zu machen. So wurde die Kaunitz'sche Koalition geboren.

Krieg lag in der Luft, der Ausbruch weiterer Kriegshandlungen zeichnete sich bereits ab. Allein Maria Theresia wollte Friedrich nicht den Gefallen gewähren, sich in das von ihrem Gegenspieler arrangierte Szenario einzuordnen. Sie durchkreuzte seine Rechnung, indem sie ihn dazu zwang, sich ein weiteres Mal als Angreifer ins Unrecht zu setzen. Als im August 1756 Friedrich den Einmarsch seiner Truppen in Sachsen befahl, waren die Dinge bereits im Fluss. Im Mai 1756 hatte England Frankreich den Krieg erklärt, bereits im Juni verlor es Menorca. Es hätte also gar nicht des preußischen Einfalls in Sachsen bedurft, um die fragile Ordnung zum Einsturz zu bringen. Der Kriegsausbruch von 1756, mehr noch als der Überraschungsschlag von 1740, zeigt den ganzen Charakter des Duells: Der Angreifer Friedrich – mögen ihn Ehrgeiz, Ungeduld oder falsches Kalkül der gegnerischen Absichten dazu bewogen haben – exponierte sich immer wieder durch waghalsige Züge und versetzte erst dadurch die andere Seite in die Lage, zu parieren und zum Gegenschlag auszuholen. Ganz ähnlich wie 1740 ist er auch 1756 die treibende Kraft gewesen. Dort, wo in seiner Umgebung – in Gestalt von Graf Podewils und Prinz Heinrich – mäßigende Kräfte auf den König einzuwirken versuchten, wurden die Einwände beiseite gewischt. Damit war es Friedrich, der Kaunitz erst in die Möglichkeit versetzte, jene Koalition zwischen den Häusern Habsburg und Bourbon zu schmieden. Friedrich hatte in seinem Kalkül die Gegenkräfte unterschätzt, vielleicht auch die Mechanismen des europäischen Gleichgewichts verkannt und sich den Blick zu sehr von seinen eigenen Ambitionen verstellen lassen. Vordergründig verhielt sich Friedrich programmgemäß. Auch er hatte dazugelernt. Mit einigem Aufwand versuchte er, seine Rechtsposition zu bekräftigen. Die Schuld für den Kriegsausbruch sollte allein Österreich angelastet werden. Die Historiker des 19. Jahrhunderts haben leidenschaftlich über den Ausbruch des Siebenjährigen Krieges gestritten, und kein Geringerer als Thomas Mann hat in einem scharfsinnigen Essay – der unausgesprochen eine Rechtfertigung des deutschen Einfalls beim Kriegsausbruch 1914 in Belgien war – über Friedrich und die Große Koalition den Präventivschlag verteidigt.[65]

VII.

Der Einmarsch der preußischen Truppen in Sachsen am 29. August 1756 erfolgte ohne Kriegserklärung. Nennenswerten Widerstand gab es nicht. Im Jahr darauf, April 1757, rückten die Preußen nach Böhmen vor. Wiederum, wie schon im Zweiten Schlesischen Krieg, war Prag das Ziel. Diesmal konnte zwar die gut befestigte Hauptstadt im Handstreich genommen werden, die Probleme stellten sich jedoch bald darauf ein. Der Rückzug aus Böhmen wurde unausweichlich. Erst der preußische Sieg in der Schlacht bei Roßbach im November 1757 gegen die Franzosen und die Reichsarmee brachte eine Atempause. Bei Leuthen, Dezember 1757, wurden die zahlenmäßig weit überlegenen Österreicher in schiefer Schlachtordnung und mit vollständiger Umfassung der österreichischen Linien von den Preußen vernichtend geschlagen. Kein Geringerer als Napoleon hat später diese Schlacht als ein »Meisterwerk der Bewegungen, des Manövers und der Entschlossenheit« gerühmt. »Sie allein würde hinreichen, um Friedrich unsterblich zu machen und ihm einen Rang unter den ersten Heerführern zu geben.«[66] Leuthen wurde zum Mythos und Synonym für Friedrichs Feldherrenkunst. Schon der zeitgenössische Historiker Georg Friedrich von Tempelhoff, der als Offizier an den großen Schlachten Friedrichs beteiligt gewesen war, rühmte in seiner im Jahr 1789 erschienenen Geschichte des Siebenjährigen Krieges die Fähigkeit Friedrichs, »eine neue Bahn zu betreten« und über den Gesichtskreis seiner Vorgänger in der Kriegskunst hinausgelangt zu sein.[67]

Der Preußenkönig war Feldherr und Souverän zugleich. Was er im *Antimachiavell* gefordert hatte, nämlich dass ein großer Fürst seine Truppen selbst anführen und in der Armee genauso wie in der Residenz zu Hause sein solle, galt für Friedrich als Richtschnur. Im Siebenjährigen Krieg hat er dies auf treffliche Weise verwirklicht. Wenn er in seinen im Krieg geschriebenen Betrachtungen über Taktik und Kriegführung aus dem Jahr 1758 in Analyse der österreichischen Kriegskunst von deren Fähigkeit sprach, »stets ein vorteilhaftes Gelände für ihre Stellungen zu wählen und besser als früher die örtlichen Hindernisse zur Aufstellung ihrer Truppen auszunutzen«[68], so war dies ganz konkreten Erfahrungen geschuldet: »Fehler des Feindes, die man benutzen kann, sind: wenn er eine Anhöhe vor seinem Lager oder seitwärts davon unbesetzt lässt, wenn er die Kavallerie ins erste Treffen stellt, wenn er seine Flanken nicht gut angelehnt hat oder eines der Korps, die seine Flügel decken sollen, zu weit vorschiebt, wenn die von ihm besetzten Höhen nicht beträchtlich sind, und vor allem, wenn der Zugang durch keine Geländehindernisse versperrt ist.«[69]

Ein größerer Gegensatz als zwischen der friderizianischen Kriegführung und dem in jener Zeit in Österreich genauso wie in Russland herrschenden System von verwickelten Befehlskompetenzen und sich überschneidenden organisatorischen Zuständigkeiten hätte sich nicht denken lassen.[70] In der Zeit von Maria Theresias größtem Feldherrn, Leopold Graf Daun, der zum Inbegriff der Vorsicht auf dem Schlachtfeld geworden ist, war der Konflikt zwischen Oberbefehlshaber und Kabinett zu einem Gesetz der österreichischen Politik geworden.

Die geschlagenen Österreicher, die nun wieder das zurückeroberte Schlesien räumen mussten, gaben nicht auf. Das Vorrücken der Russen, die schon 1757 Ostpreußen besetzt hatten, stärkte die österreichische Position. Im Sommer 1759 hatte sich eine österreichische Heeresabteilung unter Laudon zu den Russen durchgeschlagen, und die Gefahr eines gemeinsamen russisch-österreichischen Angriffs auf die brandenburgischen Kurlande wurde immer bedrohlicher. Bei Kunersdorf, August 1759, erlitt der König seine schlimmste Niederlage. Schwere Verluste, der überstürzte Rückzug über die Oder und totale Erschöpfung ließen Preußens Lage fast aussichtslos erscheinen. Friedrich hatte bereits den Oberbefehl abgegeben und reflektierte, wie schon früher, über die Vorzüge des unmittelbar bevorstehenden Freitodes.

Im Siebenjährigen Krieg kämpfte der Preußenkönig mit dem Rücken zur Wand. Jede Niederlage stellte ihn vor den Abgrund. Nichts Geringeres als die Ausschaltung Preußens als Akteur der internationalen Politik – »*la réduction de la maison de Brandebourg à son état primitif de petite puissance très secondaire*«[71] – stand auf dem Programm der Anti-Friedrich-Koalition. Der britische Bundesgenosse Preußen-Deutschlands konzentrierte hingegen alle Kräfte auf den nordamerikanischen Kriegsschauplatz und das Vordringen der britischen Flotte: im Ohiotal, entlang des Hudson River aufwärts nach Montreal und auf dem Lorenzstrom bis nach Quebec. Pitts Wort, dass Englands Kolonien in Europa erobert worden seien, bekommt vor dem Hintergrund der verzweifelten Kriegsanstrengungen des im Siebenjährigen Krieg ganz auf sich allein gestellten Preußenkönigs einen faden Beigeschmack.

Erst als die Russen, und in deren Gefolge Laudons Heeresgruppe, in Richtung Lieberose abzogen, war das »Mirakel des Hauses Brandenburg«, die Abwendung eines vernichtenden Schicksals in allerletzter Minute, vollbracht. Der Krieg freilich war weder gewonnen noch bestand Aussicht auf erfolgreiche Gegenschläge. In dieser angespannten Lage entstand Friedrichs Essay über den Schwedenkönig Karl XII., eine historische Gestalt, die ihn seit früher Jugend an beschäftigt hatte und die ihm, darin dem Machiavell vergleichbar, der Schulung und Überprüfung seines politischen und militärischen Sachverstandes diente. Wenn Friedrich über Karl XII. schrieb, dass das beständige Glück ihm zu viel Zuversicht gegeben habe und der Schwedenkönig nicht daran gedacht habe, sein Verfahren zu ändern[72], so variierte dies einen bereits in seiner *Geschichte meiner Zeit* enthaltenen Gedanken über den Zufall; es war aber bestimmt nicht Friedrichs eigenen Erfahrungen aus dem Siebenjährigen Krieg geschuldet. Die erzieherische Empfehlung, der Jugend einzuschärfen, »daß Tapferkeit ohne Klugheit nichts ist und daß ein berechnender Kopf auf die Dauer über tollkühne Verwegenheit siegt«[73], hingegen klang wie eine ernste Ermahnung seiner selbst, der als Feldherr durch mehr als eine unbedacht getroffene Entscheidung seine Truppen in bisweilen verlustreiche, oftmals schwierige Lagen gebracht hatte.

1760 war das militärische Ringen in Europas Mitte beinahe erschöpft. Britanniens zynischer Primat der Machtpolitik, der *sacro egoismo*, zeigte sich 1761/62 einmal mehr. Als das Interesse am europäischen Kriegsschauplatz erlahmte, sperrte die britische Regierung dem gegen die Übermacht der gegnerischen Truppen kämpfenden Friedrich die Hilfsgelder. Nach 1762 ging London auf Distanz zu seinem zeitweiligen Verbündeten, denn Preußens Aufstieg als Rivale Österreichs störte das Gleichgewicht der Mächte. Eine Neuauflage des britischen Kriegsaustritts im Spanischen Erbfolgekrieg konnte nun nicht mehr ausgeschlossen werden. Allein die kompromisslose Haltung der Wiener Hofburg verhinderte, dass vorsichtige preußische Sondierungen am Hofe von Versailles in Friedensverhandlungen münden konnten. Erst der unerwartete Tod der Zarin Elisabeth von Russland, Januar 1762, und die Ankunft von Peter III., einem glühenden Bewunderer des Preußenkönigs, auf dem Zarenthron änderte das Blatt grundlegend. Peters Gattin und Nachfolgerin Katharina blieb es vorbehalten, den so lange von Preußen ersehnten Waffenstillstand im Mai 1763 zu schließen. Russland hatte sich von Österreich gelöst. Dies war die entscheidende Voraussetzung für Preußen, um sich mit seinem Gegner zu verständigen, der sich am Ende in den langen Kriegsjahren ebenfalls finanziell übernommen hatte und kriegsmüde geworden war. Der auf sächsische Vermittlung hin auf dem Jagdschloss Hubertusburg 1763 geschlossene Vertrag war ein Erschöpfungsfrieden auf der Basis des *status quo ante*.

Preußens langer und erfolgreicher Selbstbehauptungskampf im Siebenjährigen Krieg hatte damit lediglich die Bestätigung des *status quo ante* gebracht, freilich mit einem aus britischer Sicht entscheidenden Unterschied: der Schwächung Frankreichs in Übersee. Utrecht 1713 und Paris 1763 beschreiben die Eckpunkte einer Entwicklung, die in Europa zur Errichtung eines Gleichgewichts nach Englands Absichten führte. Die atlantische Hegemonie indes, die England im Windschatten des europäischen Gleichgewichts immer mehr ausgebaut hatte, sollte mit der Unabhängigkeit Amerikas bald ihr Ende finden. 1763 in Paris schlossen die aus der Koalition mit dem Preußenkönig ausgescherten Briten mit Frankreich einen Separatfrieden. Der Friede von Paris markiert vor diesem Hintergrund den glanzvollen Abschluss eines britischen Jahrhunderts: 1763 wurden Kanada und Indien britisch. Nur aus taktischem Kalkül hatte Großbritannien den Aufstieg Preußens zu einer neuen europäischen Großmacht gefördert, besser gesagt: geduldet.

Knapp achtzehn Jahre verblieben Maria Theresia nach 1763 noch als Herrscherin in Friedenszeiten, eine Periode, die in etwa den ersten dreiundzwanzig Jahren der Selbstbehauptung in fast ununterbrochenen Kriegszeiten gegenüberstand. Das entscheidende Ereignis dieser zweiten Hälfte war jedoch der plötzliche Tod Franz Stephans am 18. August 1765. Nur sechsundfünfzig Jahre alt, starb er völlig unerwartet während der Hochzeitsfeierlichkeiten für seinen Sohn Leopold in Innsbruck an einem Schlaganfall. Die Kaiserin-Königin ließ sich ihr noch nicht ergrautes langes Haar abschneiden und trug von da an nur noch Witwentracht. Den Tod ihres Kaisergemahls sollte sie nie verwinden. Ihr körperlicher Verfall seitdem, die Zunahme ihrer Gebrechen haben zwar nichts an ihrem Tagesrhythmus ändern können und dem Anspruch an sich selbst, doch sie haben ihr wohl viel von ihrer Spannkraft genommen und den Übergang zu ihrem Nachfolger beschleunigt. Auch hier tun sich erstaunliche Parallelen zum Alten Fritz auf. Denn ihr Sohn und Nachfolger, Joseph, verkörperte in vielem – angefangen bei den charakterlichen Anlagen, dem Regierungsstil, seiner rastlosen Reisetätigkeit bis hin zur Überforderung seiner Bürger bei der Umsetzung der Reformen und seinem aufklärerischen Ethos – das genaue Gegenteil seiner Mutter.

Mit dem großen, epochemachenden Phänomen ihrer Zeit, der Aufklärung, konnte Maria Theresia in der Tat nicht viel anfangen. Vielleicht hatte dies auch mit ihrem Gegenspieler – »dem bösen Mann in Berlin« – zu tun. Denn das Zeitalter der Aufklärung war für die Kaiserin-Königin immer auch mit dem spöttischen Geist verbunden, der für den Hof Friedrichs des Großen charakteristisch war. Es zählt zu den Launen der Geschichte, dass sie mit den in ihren letzten Jahren eingeleiteten Reformen selbst zu einer Art Vorläuferin der Aufklärung *contre cœur* geworden ist. Die Instruktion für die lombardische Verwaltung 1761 und die Aufhebung des Jesuitenordens 1773 sind Wegmarken dieser Entwicklung. Fürst Kaunitz, das Wirken Joseph von Sonnenfels', die an der Universität Wien greifende große Studienreform des Niederländers Franz Zieten, sie haben der Aufklärung auch in Wien den Weg gebahnt. Zu der von Friedrich Heer formulierten Beobachtung, dass sich Maria Theresia ihre Reformer aus Schlesien, Böhmen und den jansenischen Niederlanden geholt habe[74], passt, dass auch der maßgebliche Kopf des Grundschulwesens, Prälat Johann

Ignaz von Felbiger, ein preußischer Import war und erst 1774 in österreichische Dienste getreten ist.

Ohnehin geht man fehl, wenn man die Kaiserin-Königin, die täglich mehrere Stunden zur Andacht und zum Besuch der Heiligen Messe in den Gotteshäusern verbrachte, nur als verlängerten Arm der katholischen Kirche betrachtet. Schon Jacob Burckhardt hat in seinen Vorlesungen über die Zeit Friedrichs des Großen im vorvergangenen Jahrhundert so lakonisch wie treffend bemerkt: »Maria Theresia war sehr gut katholisch, hörte täglich die Messe, schonte aber den Klerus nicht.«[75] Ihre Kirchen- und Schulpolitik vor allem der späteren Jahre stand maßgeblich unter dem Einfluss des niederländischen Jansenisten Gerhard Freiherr von Swieten, seit 1745 ihr Leibarzt, Begründer der sogenannten »älteren Wiener Medizinischen Schule« und Reformer des österreichischen Gesundheitswesens. Wenn der Einfluss der Jansenisten in der zweiten Hälfte der Ära Maria Theresias so erstarken konnte, wirft dies zunächst ein bezeichnendes Licht auf das Ausmaß, mit dem sich die katholische Kirche in der Mitte des 18. Jahrhunderts von ihren zentralen Aufgaben der Verkündigung der frohen Botschaft und des Dienstes am Nächsten entfernt und verweltlicht hatte. Und es lässt Maria Theresia in einer toleranteren Perspektive erscheinen: Sie hat sehr wohl zwischen persönlicher Frömmigkeit und der Aufgabenzuweisung zwischen Kirche und Staat unterschieden und auch um die Grenzen der Kirchengewalt gewusst. Aufklärung, der Begriff der katholischen Aufklärung zeigt dies, war kein grundsätzlicher Gegensatz zum theresianischen Österreich, auch wenn vieles, was mit dem zu Ende gehenden Jahrhundert verbunden werden kann, mit dem Weltbild der Kaiserin-Königin unverträglich gewesen ist. Der Geist des anbrechenden Zeitalters war ganz gewiss nicht mehr der Geist der theresianischen Epoche, und es darf bezweifelt werden, dass es ihr gelungen wäre, ihn zu erfassen.

Maria Theresia war eine Frau mit klarem Kompass, einem Gespür für Recht und Unrecht, gut und böse. Dies war sicherlich zu einem Gutteil ihrer tiefen Religiosität, ihrem täglich gelebten katholischen Glauben geschuldet, doch es übertrug sich auf die Staatsgeschäfte. Und Maria Theresia war, ganz anders als ihr preußischer Gegenspieler, ein Familienmensch. Sie hat sechzehn Mal vom Wochenbett aus die Regierungsgeschäfte geführt, und sie hat, wie nebenbei, ihre Kinder (drei verstarben im Kleinkindalter, drei als Jugendliche) aufgezogen, die sie mit mütterlicher Fürsorge und guten Ratschlägen überhäufte. Die damit verbundene zeitliche und kräftemäßige Mehrbelastung sollte bei einem unmittelbaren Vergleich mit dem Preußenkönig nicht außer Acht gelassen werden. Durch ihren unermüdlichen Einsatz hat sie sich ihren eigenen Mythos als »Mutter der Nation« geschaffen, einen Mythos, der sich mühelos mit dem des Erzhauses verbunden hat. All dies fehlt bei Friedrich. Wer indes die besorgten Ermahnungen an ihre Kinder liest, die Sorge um den bindungsunfähigen, zu verletzendem Spott neigenden Egozentriker Joseph oder um die flatterhafte Marie Antoinette, der begreift, wie klar der Blick Maria Theresias für die Schwächen und Gefährdungen der Ihren gewesen ist.

Hugo von Hofmannsthal, der große Dichter, hat in seinem Beitrag zum 200. Geburtstag Maria Theresias das besondere Geheimnis dieser Kraft, die von ihr ausging, in der Einheit der Person in allem und jedem erkannt: »Die Äußerung ihrer Kraft hat etwas Magisches wie bei jedem großen Menschen; aber daß sie als eine mächtige Herrscherperson sich der Besessenheit der Macht entzog, das ist ganz groß und singulär: denn leichter fällt es einer großen Seele, den Ruhm als hohl und lügnerisch gering [zu] achten, als der Faszination der Machtmehrung sich zu entziehen, welche das ganze Gewicht der Realität für sich in die Waagschale wirft.«[76]

Es muss für Maria Theresia, die so großen Wert auf familiären Zusammenhalt gelegt hat, besonders schmerzlich gewesen sein, nun in fortlaufende Querelen mit dem Sohn Joseph, auf den das Kaiseramt übergegangen war, verwickelt zu werden. Mehr als einmal sollte Maria Theresia damit drohen, ganz von den Regierungsgeschäften Abschied zu nehmen und sich in ein Kloster zurückzuziehen. Der Sohn, in dessen Erziehung das kaiserliche Paar einst so viel Aufmerksamkeit investiert hatte, entwickelte sich in eine Richtung, die Schlimmes befürchten ließ. Die Korrespondenz zwischen Mutter und Sohn ist ein ergreifendes Dokument fürsorgender Mutterliebe, immerwährender Ermahnungen und besorgter Ratschläge. Jedes ihrer Kinder überschüttete Maria Theresia mit Lebensmaximen, die im Kern immer den Satz »Werde so wie ich, dann geht es Dir gut« variierten. »Wenn Du am Morgen aufwachst, stehe gleich auf, bete auf den Knien Deine Morgengebete und lese etwas aus einem geistlichen Buch; wenn das alles auch nicht länger als eine kurze Viertelstunde dauert, so tue es doch, ohne Dich vorher mit irgend etwas beschäftigt oder mit jemand gesprochen zu haben«, schrieb sie ihrer unreifen Tochter Marie Antoinette nach Paris.[77]

Kann es sein, dass Maria Theresia mit ihrer Mutterliebe ihre Kinder erdrückte? Die Königin, die immer zu großen psychologischen Einsichten fähig war, wollte im Grunde das Leben ihrer Kinder ganz nach ihrem Bild gestalten. Der Briefwechsel zwischen Maria Theresia und Marie Antoinette ist gespickt mit intimen Details. Sie sei über die Lage ihrer Tochter »unter diesen stürmischen Umständen des französischen Hofes stark beunruhigt«, schrieb sie einem ihrer Vertrauten in Paris: »Ihre Lässigkeit, ihre geringe Neigung zu jeder ernsthaften Beschäftigung, ihre Indiskretion (ein Ausfluss ihrer Jugend und Lebhaftigkeit), ihre Verbindungen mit ihren Tanten«[78], alles war Grund zur Besorgnis und damit für Maria Theresia Anlass genug, Gewährsmänner am Hofe zu Versailles auf die Beobachtung ihrer Tochter anzusetzen und sich haarklein Bericht erstatten zu lassen. Damit hatte sie ausreichend Stoff für indiskrete Brieffragen an ihre Tochter. Warum die Ehe Marie Antoinettes mit dem in seiner Entwicklung gehemmten Louis XVI. noch nicht vollzogen sei? Warum das Königspaar kein gemeinsames Schlafzimmer bezogen habe? Nichts war vor ihrer Neugier geschützt. Über alles musste die »Autrichienne«, wie Marie Antoinette am Hof von Versailles genannt wurde, der Übermutter-Kaiserin-Königin berichten.

Dem Thronfolger, Joseph, erging es nicht viel besser, zumal sich der Erzherzog schon als Heranwachsender als schwierige Persönlichkeit entpuppt hatte. Innerlich war er zutiefst unsicher, nach außen, zu Spott und Sarkasmus neigend, in seinen menschlichen Kontakten wankelmütig und von Misstrauen zerfressen. Dies alles wurde nicht besser nach dem Schicksalsschlag einer nicht einmal zweijährigen Ehe mit Isabella von Parma – die zur Schwermut neigende junge Gattin verlor ihr Neugeborenes und verstarb bald danach an den Blattern. Darauf folgte eine unglückliche zweite Ehe mit der wenig ansehnlichen Josepha von Bayern – eine Ehe, die Joseph nie vollzogen hatte und der er sich durch hastige Affären mit Wiener Halbweltdamen entzog. Konnte Joseph so zu einer gefestigten, in sich ruhenden Persönlichkeit reifen? Der Vater-Sohn-Konflikt zwischen Friedrich Wilhelm I. und dem Kronprinzen Friedrich wiederholte sich seitenverkehrt und generationenverschoben in Wien zwischen der Königin-Mutter und dem Thronfolger. In allem wollte Joseph die Antithese zu seiner Mutter sein: sein Lebenswandel, seine rastlose Reisetätigkeit, die gesuchte Nähe zu den Repräsentanten der Aufklärung, überhaupt eine deutlich kritischere Haltung zur katholischen Kirche. War es da eine Überraschung, dass er sich von dem »bösen Mann in Berlin«, dem »Monster«, wie ihn seine Mutter nannte, angezogen fühlte, wie so viele seiner Epoche? Maria Theresia mit ihren Ermahnungen, es mit der Ironie und dem Spott nicht zu weit zu treiben, muss diese Suche nach Nähe zu Friedrich verspürt haben. Fast scheint es so, als ob der stets verneinende Geist des *Roi philosophe* zwischen Mutter und Sohn stand.

Die Formulierung im *Politischen Testament von 1768* zeugt von einem Maß an persönlicher Anerkennung Friedrichs für seine große Gegenspielerin, die so gar nicht zu den öffentlichen Äußerungen des Preußenkönigs passen will. Denn dort attestierte er Maria Theresia, sie habe sich gegen den Trend des Niedergangs des Hauses Habsburg seit den Zeiten Karls V. gestemmt und mit Festigkeit wieder aufgerichtet. »Sie wurde zum Abgott einer vor kurzem noch aufrührerischen Nation, die sie zum Kampf für ihre Interessen einsetzte. Diese Frau regiert noch. Sie hat die verlorenen Provinzen zwar nicht durch andere eroberte ersetzen können, aber sie hat Schätze gefunden, indem sie Ordnung in ihre Finanzen brachte, und ihre Einnahmen steigen ebenso hoch wie die Kaiser Karls VI., als er noch Neapel besaß.«[29]

In späteren Jahren ist es dann tatsächlich zu einer Begegnung zwischen Kaiser Joseph II. und König Friedrich dem Großen gekommen. Sie fand am 24. August 1769 auf dem Schloss zu Neiße in der schlesischen Provinz statt. Der Kaiser war mit kleinem Gefolge inkognito gereist. Und auch der preußische

König wollte sich als umsichtig präsentieren. Er war in weißer Uniform zum Treffen erschienen, um dem Habsburger das preußische Königsblau zu ersparen. Es muß eine eigenartige Zusammenkunft gewesen sein, die einem besseren Verhältnis der beiden Höfe dienen sollte und über weite Züge, folgt man den überlieferten Berichten, den Charakter einer Flurbereinigung hatte, von Friedrich als dem Tonangebenden als ein Selbstgespräch mit Rechtfertigungscharakter und phasenweise sehr persönlichen Einsichten geführt.

VIII.

Was hielten die beiden Hauptpersonen voneinander? Friedrich hatte sich noch 1768, dem Jahr davor, in seinem *Politischen Testament* über den österreichischen Kaiser, den Sohn seiner großen Gegenspielerin, zurückhaltend geäußert: »Ich habe ihn [Kaiser Joseph] nie gesehen, und man muß den öffentlichen Gerüchten über junge Herrscher mißtrauen. Man kann jedoch mit Bestimmtheit versichern, daß er vorzugsweise große Neigung zur Sparsamkeit und Ordnung in den Staatsgeschäften zeigt: das bezeugen seine Handlungen. Man muß abwarten, bis er die Nachfolge der Kaiserin, seiner Mutter, angetreten hat, um nach seinen Handlungen erst über seinen Charakter und die Pläne, deren er fähig ist, zu urteilen.«[80]

Joseph bewunderte den Preußenkönig, dessen Scharfsinn, militärisches Genie und Geistesgegenwart. Seine eigene Erziehung zeigte jedoch insoweit Wirkung, als ein Rest Misstrauen blieb. Im September 1770 kam es zu einem Folgetreffen, diesmal auf österreichischem Boden, im mährischen Neustadt und in Gegenwart des Staatskanzlers, des Fürsten Kaunitz.

Maria Theresia hatte die Vorbereitungen für diese eigentümliche Zusammenkunft mit allergrößter Skepsis verfolgt. Nun, nach erfolgtem Treffen, ließ sie sich im Detail über die »ebenso interessanten wie merkwürdigen Gespräche« berichten. An ihrem Friedrich-Bild hatte sich auch danach nichts Grundsätzliches geändert, wie eine Äußerung von Maria Theresia aus der Zeit des Bayerischen Erbfolgekrieges im Mai 1778 bestätigt. »Da sieht man, wie dieser große Mann ist, den man für einen Salomon hält; wenn man ihn aber genau und von Anbeginn verfolgt [hat], ist er ganz klein und ein rechter Scharlatan, was nur von seiner Macht und seinem Glück bemäntelt wird. Ich will nicht allzu stolz darauf sein, aber da ist doch mein Joseph ein anderer Mensch.«[81]

Ein nächstes unmittelbares Aufeinandertreffen des Preußenkönigs mit dem jungen Kaiser im Spiel der großen Politik sollte sich ein Jahrzehnt später ergeben, als es Joseph II. war, der auf Revision der bestehenden Machtgeometrie drängte und das sich seit vielen Jahren ankündigende Problem der Erbfolgeregelungen der Wittelsbacher zu seinen Gunsten zu verändern suchte. Es mag sein, dass Joseph, auch darin ganz gelehriger Schüler des Preußenkönigs, in Bayern sein eigenes *Rendez-vous* mit dem Ruhm suchte. Die Unternehmung selbst indes hat dieses Ergebnis nicht zugelassen. Der Bayerische Erbfolgekrieg ist in vielerlei Hinsicht zum Lehrstück für Diplomatie und Kriegshandwerk im 18. Jahrhundert geworden.

Als am 30. Dezember 1777 der Kurfürst Maximilian III. Joseph kinderlos gestorben war, erlosch die altbayerische Linie des Hauses Wittelsbach. Die Erbfolge ging danach auf den Pfalz-Neuburgischen Zweig der Wittelsbacher mit Kurfürst Karl Theodor von der Pfalz über. Wiederholt war in Verträgen zwischen Max III. Joseph und Karl Theodor das Schutz- und

Trutzbündnis von 1724 erneuert worden. Nur wenn beide Wittelsbacher Linien, die im Jahr 1329 auseinandergegangen waren, als eine Einheit und eben nicht als zwei getrennte Dynastien betrachtet würden, hätte ein Heimfall des Kurfürstentums Bayern an das Reich verhindert werden können.

Angesichts der territorialen Zerstückelung tauchten bald schon Überlegungen auf, die bayerischen Stammlande gegen die Österreichischen Niederlande, das heutige Belgien, das 1714 am Ende des Spanischen Erbfolgekrieges an Österreich gefallen war, einzutauschen. Für Kurfürst Karl Theodor wäre dies mit der Rangerhöhung zum König von Belgien verbunden gewesen und hätte ihm zudem als weiteren Vorzug die Perspektive eröffnet, über ein weitgehend zusammenhängendes territoriales Gebilde zu herrschen. Auch Preußen verfolgte eigene Tauschziele und hätte gern die beiden Markgrafentümer Ansbach und Bayreuth abgestoßen und sich dafür die sächsische Lausitz einverleibt.

In Wien, im Umkreis von Kaiser Joseph II., indes wollte man von der Argumentation eines gesamtwittelsbachischen Fideikomisses partout nichts wissen. Denn das bayerische Projekt hatte sich bei Joseph schon seit längerem zu einem handfesten Annexionsvorhaben verdichtet. Bayern war, strategisch betrachtet, eine angemessene Kompensation für das dauerhaft verlorene Schlesien und hätte, wäre der Erwerb geglückt, Habsburgs Position im Reich ganz entscheidend verbessert. 1767 hing Joseph Überlegungen an, Bayern als Erbfall ganz in Besitz zu nehmen. Das von der Reichskanzlei gelieferte Argument, Ober- und Niederbayern seien dann als heimgefallene Reichslehen zu betrachten, diente dabei als willkommenes Argument.

Das von Joseph angestoßene diplomatische Tauziehen um die bayerische Erbfolge lässt den Habsburger als kühlen Machtpolitiker erscheinen, der nicht abwarten konnte. Unmittelbar nach Unterzeichnung der Wiener Konvention am 3. Januar 1778 ließ Joseph II. gegen den heftigen Protest seiner Mutter österreichische Truppen in Niederbayern und der Oberpfalz einmarschieren, um vollendete Tatsachen und sich selbst eine gute Ausgangsposition in etwaigen Verhandlungen zu verschaffen. Maria Theresia hielt die ganze Aktion, wie zuvor schon die österreichische Intervention im Polnischen Erbfolgekrieg, der dann zur ersten polnischen Teilung geführt hatte, für einen kapitalen politischen Fehler, eine Verzettelung der Kräfte, eine Gefährdung des Gleichgewichts, kurz: ein Spiel mit ungewissem Ausgang. Ihr Horrorszenario war »nichts Geringeres als de[r] Verlust unseres Hauses und Reiches« und sogar ein »gänzliche[r] Umsturz in ganz Europa«.[82]

Hier zeigt sich einmal mehr, wie sehr ihr politisches Denken auf den Status Habsburgs im Konzert der europäischen Mächte bezogen war. Von dort aus kann eine Linie bis zu den Anfängen ihrer Auseinandersetzung mit Friedrich dem Großen gezogen werden. Diese bemerkenswerte Konsistenz im Denken und Handeln verband sie mit ihrem Gegenspieler und mag auch die Erklärung für jene Widerstandskräfte sein, die sie zu ganz außergewöhnlichem Handeln anspornten. Die dabei bewiesene Konsequenz zeigt sich auch darin, dass sie bereit war, alles andere den von ihr verfolgten Zielen unterzuordnen. Dafür war ihr kein Opfer zu groß, und sie war sogar bereit, die Herabwürdigung ihres Namens zu riskieren. Sie wusste, wenn der Degen einmal gezogen war, blieb keine Zeit mehr zur Versöhnung. Gegenüber Feldmarschall Lacy wurde sie noch deutlicher. Sie wolle »die Dinge nicht bis zum Äußersten« treiben, »so viele Tausende von Seelen hängen davon ab. Es ist besser, eine Macht zweiten Ranges zu sein und seine Untertanen glücklich zu machen, als zu sein was wir sind, und sie im Frieden wie im Krieg unglücklich zu machen.«[83]

Gegenüber ihrer Schwiegertochter Maria Beatrix führte sie Klage, sie habe den Gatten, die Schwester, einige Kinder und viele Freunde verloren sowie zweimal Zivil- wie Militärminister erneuern müssen. »Ich gestehe, es ist schwer, sich nach jeder Richtung hin so vereinsamt zu sehen; ich fühle die ganze Schwere und Verdrießlichkeit.« Die Schuld an der ganzen Misere lastete sie nun aber nicht ihrem Sohn, sondern dem »elende[n] König von Preußen« an: »[Er] peinigt uns und so viele Tausende Menschen damit, daß er seine Operationen in Mähren wieder aufnimmt und vielleicht sogar auch in Galizien, was ich nicht glauben möchte, da er dafür gebürgt hat [...] Ich bin wirklich niedergeschlagen durch diese vielen Widerwärtigkeiten.«[84]

Für Joseph wurde der Bayerische Erbfolgekrieg zu einem diplomatischen Desaster, und daran hatte der Preußenkönig keinen geringen Anteil. Denn Friedrich zeigte Joseph die kalte Schulter und erteilte dessen Vorschlägen für einen Ländertausch – die Einvernahme des bayerischen Erbes gegen die preußische Anwartschaft auf die Markgrafschaften Ansbach und Bayreuth – eine verbindlich formulierte, in der Sache aber völlig kompromisslose Absage.

Maria Theresia ließ sich dadurch nicht beirren. Auch wollte sie sich nicht auf Ermahnungen beschränken, sondern – ohne dass sie dafür ein Mandat besaß – aktiv eingreifen. Wie ernst sie es meinte, zeigt die vielleicht spektakulärste politische Aktion ihrer Regierungszeit. Hinter dem Rücken ihres Sohnes wandte sie sich im Juli 1778 unmittelbar an Friedrich den Großen, um einem raschen Friedensschluss den Weg zu bahnen: »Mein mütterliches Herz ist mit Recht alarmiert, zwei meiner

Söhne und einen geliebten Schwiegersohn bei der Armee zu sehen«, schrieb sie ihm im Juli 1778. »Ich tue diesen Schritt, ohne den Kaiser, meinen Sohn, davon benachrichtigt zu haben; und ich erbitte von Ihnen Geheimhaltung gegenüber aller Welt, welches auch der Erfolg sein mag. Meine Wünsche gehen dahin, die bis zu dieser Stunde durch Seine Majestät den Kaiser geführte Verhandlung, die zu meinem größten Bedauern abgebrochen worden ist, wieder anzuknüpfen und zum Ende zu führen.«[85]

Die Motive waren machtpolitischer Natur. Denn es war nicht selbstloser Friedenswille, sondern vor allem eine schonungslose Analyse der eigenen Kräfte und derjenigen ihres Gegenspielers, die sie zu ihrer Aktion bewogen hatte. Bereits im März hatte sie Joseph geschrieben: »Unsere Armee ist der des Königs von Preußen gewiß um dreißig- bis vierzigtausend Mann unterlegen, besonders in Kavallerie. Seine innere Lage ist für ihn vorteilhafter; wir müssen doppelt soweit laufen, um dahin zu kommen, wo es die Notwendigkeit verlangt. Er hat Festungen, wir nicht; wir haben weite Länderstrecken zu beschützen, die wir sämtlich von Truppen räumen und so allen Überfällen und Aufständen aussetzen müssen.«[86] Klarer konnte man es nicht sagen, und dies hätte ausreichen müssen, um schleunigst das Kriegsabenteuer zu beenden. Nichts dergleichen tat Joseph. Dessen unglückliches Agieren lässt indes darauf schließen, wie sehr sich Mutter und Sohn zu jenem Zeitpunkt bereits voneinander entfremdet hatten. Maria Theresia hat unter diesem Gegensatz gelitten, mehr und mehr hat sie sich isoliert gefühlt. Ihre Mahnungen und Appelle verstrichen ungehört: »Du hast in dieser Stunde das Los Deiner Staaten in der Hand, mein Sohn, aber Du wirst auch Dir selbst und Gotte gegenüber dafür verantwortlich gemacht«, schrieb sie im August 1778.[87]

Der Verlauf des Krieges hat selbst ihre düstersten Einschätzungen übertroffen. Joseph unterliefen im Bayerischen Erbfolgekrieg mehrere Fehler zugleich. Zunächst hatte er seine Rechnung ohne eine weitere Wittelsbacher Nebenlinie, Pfalz-Zweibrücken, gemacht. Denn Herzog Karl August (Pfalz-Zweibrücken) weigerte sich standhaft, die für den Tausch erforderliche Abtretungserklärung abzugeben. Das diplomatische Spiel zwischen Wien und Berlin wurde immer verworrener, doch allmählich neigte es sich zugunsten des Preußenkönigs, der seine Truppen unter dem Kommando des Prinzen Heinrich in Nordböhmen einmarschieren ließ und Wien mehr und mehr in die Enge treiben konnte. Aber er verzichtete auf den entscheidenden Vorstoß. Es war ein eigenartiger Krieg, dessen Bezeichnung im Volksmund als »Kartoffelkrieg« oder »Zwetschgenrummel« – in Anspielung auf die angebliche Haupttätigkeit der Soldaten, den Verzehr von Kartoffeln und die Beschlagnahme von Lebensmitteln –, nicht wirklich treffend war. Denn ein Wettersturz mit plötzlich eintretenden winterlichen Temperaturen und Schneefall, Anfang September 1778, führte zu einer Ruhrepidemie, die unter den Truppen zu Verlusten in den Tausenden geführt hat.

Der Vertrag von Teschen vom 13. Mai 1779 beendete den Krieg *partie remise*. Die territoriale Integrität Preußens war wiederhergestellt, Preußens Erbansprüche auf die Markgrafenschaften Ansbach und Bayreuth bestätigt. Habsburg erhielt als Kompensation den Innkreis mit Ried, Braunau und Schärding zugeschlagen. Der Bayerische Erbfolgekrieg war gewiss kein Ruhmesblatt für die habsburgische Diplomatie; die Statusminderung, die eine Folge des Aufstiegs Preußens war, zeichnete sich zunehmend ab. Der eigentliche Verlierer aber war Kaiser Joseph II., der zu viel wollte und gegen den Rat von

Kaunitz nach dem ganzen Bayern gegriffen hatte. Die Konsequenzen auf der internationalen Bühne kamen hinzu. Preußen und Österreich hatten in Teschen nicht verhindern können, dass Russland als Garantiemacht der Reichsverfassung an Einfluss gewann und eine entscheidendere Rolle in den inneren Verhältnissen des Reiches spielen konnte. Alles in allem war der Bayerische Erbfolgekrieg, wie auch Kaunitz einmal eingestand, ein völlig unnützer Krieg gewesen. Er hatte kaum zu territorialen Veränderungen, nicht einmal zu einer wirklichen Schlacht geführt, dafür aber zum verlustreichen Opfergang auf beiden Seiten.

1768 hatte Friedrich in skeptischer Vorausschau auf die innere Schwäche des Reiches geschrieben: »Prüfen wir, was die Zukunft für das Heilige Römische Reich bereithält, ein wunderliches und überaltertes Staatsgebilde, das das Gleichgewicht zweier Mächte noch hält. Es scheint mir unbestreitbar, daß die Macht des Kaisers seit dem Westfälischen Frieden sehr eingeschränkt ist.«[88] Es war dann zehn Jahre später, im Bayerischen Erbfolgekrieg, der Kaiser selbst, der das Reich durch sein unglückliches Taktieren in die Bredouille gebracht hatte. Die Schwäche der Reichsstrukturen, überhaupt die Zerbrechlichkeit der europäischen Ordnung, der Übergangscharakter der Epoche, all dies kann am Bayerischen Erbfolgekrieg und seiner windungsreichen Vorgeschichte studiert werden. Und für das Verhältnis zwischen Maria Theresia und Friedrich bildete der Krieg gewissermaßen den Schlusspunkt eines vier Jahrzehnte dauernden Duells.

Die Auseinandersetzung mit dem preußischen König stand am Anfang von Maria Theresias Regierungszeit, und sie stand am Ende: mehr als alles andere hat dieser Konflikt ihre Ära geprägt. Die couragierte Geheimdiplomatie der Kaiserin-Königin im Bayerischen Erbfolgekrieg, an ihrem eigenen Sohn vorbei, belegt ihren starken Charakter und ihre Entschlossenheit. Für den Bestand der eigenen Dynastie und den Rang des Habsburgerreiches – bei Maria Theresia war dies immer eine Einheit – war sie bereit, auch tief wurzelnde persönliche Animositäten hintanzustellen. Gegenseitige persönliche Abneigungen, wie sie zahlreiche Quellenzeugnisse belegen, mögen das Duell begleitet haben, die entscheidende Ebene der großen Politik haben sie nie überlagert.

Maria Theresia verblieben nach dem Friedensschluss von Teschen an ihrem zweiundsechzigsten Geburtstag im Jahr 1778 nicht einmal mehr anderthalb Lebensjahre. In ihrem Tagesrhythmus blieb sie sich treu bis zuletzt. Auch als sie im November 1780 erkrankte, wollte sie dies gegenüber ihrer Umgebung nicht eingestehen. »Glauben Sie nur nicht«, schrieb sie in ihrem letzten Brief an ihre Schwiegertochter Maria Beatrix, »daß ich krank bin. Ich behalte meine gewohnte Lebensweise bei, bin nur unpäßlich, nicht Patientin.«[89]

Maria Theresia starb, wie sie lebte: pflichtgetreu, bis zuletzt ihren Geschäften des Tages nachgehend, mit sich im Reinen und in der Gewissheit der bevorstehenden Auffahrt ihrer Seele in den Himmel. Als sie im November 1780 das Zeitliche segnete, wurde dies als der Beginn einer neuen Ordnung begriffen. Je länger die Auseinandersetzung mit Habsburg gedauert hatte, desto anerkennender fiel das Urteil Friedrichs über seine Gegenspielerin aus. »Eine Frau, die man für einen großen Mann halten kann, hat die wankende Monarchie ihrer Väter wieder aufgerichtet. Sie erzieht ihren Sohn in ihren Grundsätzen«, schrieb er im *Politischen Testament von 1768* und fuhr fort: »Ihr Ministerrat ist dem aller anderen Fürsten überlegen. Sie hat Offiziere und eine gute Armee ausgebildet.«[90] Angemessen waren auch die Worte, die er gegenüber d'Alembert in einem Brief nach dem Tode Maria Theresias fand: »Sie hat ihrem Thron und ihrem Geschlecht Ehre gemacht; ich habe mit ihr Kriege geführt, aber nie war ich ihr Feind.«[91]

IX.

Am Ende ihres Lebens hatte Friedrich seiner Gegenspielerin Größe zuerkannt – was wohl auch einen Lichtstrahl auf ihn, den Großen, abwerfen sollte. Denn sowohl auf Friedrich als auch auf Maria Theresia trifft in uneingeschränktem Umfang zu, was Jacob Burckhardt einst als Voraussetzung für historische Größe beschrieb: Sie können beide mit Fug und Recht als Individuen gelten, in denen die Weltbewegung ihrer Zeit zusammengefasst gewesen ist. Beim Einsatz im großen Ringen stand Maria Theresia ihrem Herausforderer in nichts nach.

Wer die Bilanz des Wirkens Maria Theresias zieht, muss wiederum mit der Persönlichkeit beginnen, mit der Schilderung jener mütterlich-gütigen, scheinbar weiblich-naiven Züge, die mit einer bemerkenswerten Urteilsfähigkeit einhergegangen sind. Die Auswahl und Leistungsfähigkeit ihrer Mitarbeiter bleibt ein eindrucksvoller Beleg. Sie verstand es trefflich, deren Qualitäten zum Wohl des Staatsganzen wirksam werden zu lassen. Bisweilen hieß es, Maria Theresia habe nur eine glückliche Hand bei der Auswahl ihrer Berater gehabt. Doch in Wirklichkeit ist es die Herrscherin selbst gewesen, die Vertrauen geschenkt, Vertraute angespornt und auf diese Weise das Beste aus ihren Ratgebern herausgeholt hat. Es war ein gegenseitiges Loyalitätsverhältnis, und die Kaiserin-Königin hat sich, wie sie in ihrem *Politischen Testament* geschrieben hat, auch auf ganz persönliche Weise daran gebunden gefühlt: »Bartenstein und Haugwitz gaben mir vor den Staat und Erhaltung der Monarchie das Benötigte in die Hand, Tarrucca und Koch dieneten mir zu meinem Trost, Rat und Particularauskundschaften, zu meiner eigen Erkanntnüss [sic] und Correction; und werde, so lange ich lebe, an dieser ihren Personen, Kindern und Kindeskindern erkennen, was sie mir und dem Staat vor Dienste geleistet.«[92]

Friedrich begleitete das theresianische Österreich auf Schritt und Tritt, ja in gewisser Hinsicht bildete er einen Ansporn für die Kaiserin-Königin, im Reformeifer bei der Neuausrichtung ihres eigenen Staatswesens weiter voranzuschreiten. Die Staats- und Verwaltungsreform zieht sich wie ein roter Faden durch die Regierungszeit Maria Theresias und hat naturgemäß auch beträchtliche Gegenkräfte der Besitzstandswahrer hervorgerufen. Es konnte nicht ausbleiben, dass der große Wurf der Haugwitz'schen Reform von 1749 vor allem in der hohen Bürokratie und beim landständischen Adel Widerstände freisetzte. Als 1760 der Sturz von Haugwitz und die anschließende Übernahme der Hofkanzlei durch Kaunitz eine neue Ära einleitete, fühlten sich die vermeintlichen Opfer der Reform ermutigt, das Rad der Staatsreformen zurückzudrehen. In der Tat gelang es dann ihren Gegnern, die Trennung der Justiz von der allgemeinen Verwaltung rückgängig zu machen. Insgesamt hat sich Kaunitz als innerer Reformer weniger nachhaltig ausgewirkt denn als Virtuose der Diplomatie. Allerdings konnte er mit der von ihm initiierten Einführung des Staatsrates dem Gesamtstaatsdenken im Habsburgerreich einen entscheidenden Anstoß verleihen, der jedoch ohne die Vorarbeiten von Haugwitz nicht möglich gewesen wäre.

Eine spätere großdeutsch-patriotische Geschichtsschreibung – Heinrich Ritter von Srbiks vierbändiges Werk *Deutsche Einheit* steht dafür – hat der Zeit von Maria Theresia und Joseph II. die Herausbildung des »österreichischen Menschen« zugeschrieben.[93] Dem Deutschösterreicher wurde eine »Einheit der seelischen Struktur« konzediert, und er wurde bei Srbik dem preußischen Menschen gegenübergestellt, gewissermaßen ein geistiger und seelischer Dualismus des gesamtdeutschen Menschen aufgezeigt.[94] Diese Deutung greift allerdings weit über ihre Zeit hinaus und ist maßgeblich von den politischen Entwicklungen des 19. und der ersten Hälfte des 20. Jahrhunderts beeinflusst. Sie zeigt zudem, wie sehr beide Protagonisten, Maria Theresia und Friedrich der Große, von späteren Epochen vor dem Hintergrund des tatsächlichen Verlaufs der Geschichte in Dienst genommen worden sind. Denn Friedrich und Maria Theresia dachten in erster Linie dynastisch und auf ihre jeweiligen staatlichen Gebilde bezogen.

Dies wird besonders deutlich, wenn man das zurückhaltende Verhältnis beider zur deutschen Sprache betrachtet. Weder haben sie sprachpflegerische Bemühungen unterstützt, noch – und dies wäre für beide ein Leichtes gewesen – den Gebrauch der deutschen Sprache im Kulturleben gefördert. Wer die schriftlichen Äußerungen Maria Theresias, etwa in ihrem *Politischen Testament*, heranzieht, wird diesen Texten kaum ein literarisches Gütesiegel zuerkennen können; und Friedrich machte sich erst gar nicht die Mühe, auf Deutsch zu schreiben. Wenn Friedrich Carl von Moser 1766 in seiner Schrift *Vom deutschen Nationalgeist* davon sprach, »*Ein Volk*, von Einem Nahmen und Sprache, unter Einem gemeinsamen Oberhaupt« zu sein, dann war dies mehr Wunsch als Wirklichkeit. Vielleicht hat Moser dies gewusst, denn die sogleich nachgeschobene Defizitanalyse war bestechend: »Und so, wie wir sind, sind wir schon Jahrhunderte hindurch ein Räthsel politischer Verfassung, ein Raub der Nachbarn, ein Gegenstand ihrer Spöttereyen, ausgezeichnet in der Geschichte der Welt, uneinig unter uns selbst, kraftlos durch unsere Trennungen, stark genug, uns selbst zu schaden, ohnmächtig, uns zu retten, unempfindlich gegen die Ehre unsers Namens, gleichgültig gegen die Würde der Geseze, eifersüchtig gegen unser Oberhaupt, mißtrauisch unter einander, unzusammenhangend in Grundsäzen, gewaltthätig in deren Ausführung, ein grosses und gleichwohl verachtetes, ein in der Möglichkeit glückliches, in der That selbst aber sehr bedaurenswürdiges Volk.«[95]

Die Unzufriedenheit mit dem Zustand des Heiligen Römischen Reiches, mit seinen institutionellen Schwächen darf nicht mit aufkeimendem Nationalbewusstsein verwechselt werden. Aber sie bildete die Folie dafür, dass sich die Wertschätzung für die großen Einzelpersönlichkeiten – eben Friedrich den Großen und Maria Theresia – in einem Maße entfaltete, dass darauf in späteren Jahren in den jeweiligen Ländern ein nationaler Mythos aufgebaut werden konnte. Niemand hat dies treffender formuliert als Johann Wolfgang von Goethe, der 1764 als Siebenjähriger die Krönung des Habsburgers Joseph II. zum Römischen König in Frankfurt am Main verfolgte und von der »fritzischen Gesinnung« seiner Familie sprach: »Und so war ich denn auch Preußisch oder, um richtiger zu reden, Fritzisch gesinnt: denn was ging uns Preußen an. Es war die Persönlichkeit des großen Königs, die auf alle Gemüter wirkte. Ich freute mich mit dem Vater unserer Siege, schrieb sehr gern die Siegeslieder ab, und fast noch lieber die Spottlieder auf die Gegenpartei, so platt die Reime auch sein mochten.«[96]

Bei allen Unterschieden der Persönlichkeiten fallen auf den

zweiten Blick eine Reihe von Gemeinsamkeiten auf. Die beiden großen Linien in der Ära Maria Theresias waren auch die ihres Gegenspielers Friedrich: die Selbstbehauptung im Duell, die Fixierung auf Rang und Rolle, die einflusspolitische Stellung im prekären Konzert der Mächte und, zweitens, die staatliche Konsolidierung nach innen, die als innere Basis die Voraussetzung für erfolgreiches Handeln nach außen bot. Auch wenn sich in jener Phase die moderne Staatsbildung vollzog und beide, der preußische König und die Kaiserin-Königin in Wien, dabei nach Kräften von den *best and brightest* ihrer Zeit unterstützt wurden, war es wohl Maria Theresia, die die größere Reformstrecke zurücklegte. Es entsprach ihrem Naturell und ihrer tiefen Religiosität, ihren Reformansatz mit dem pädagogischen Eros der Volkserziehung zu verbinden. So ist nach der Auflösung des Jesuitenordens die theresianische Volksschule unter staatlicher Aufsicht entstanden. Wenn der Schwerpunkt dabei auf dem Elementarschulwesen lag, so ergab sich dies aus dem Bildungsauftrag und war aus dem kaiserlich-königlichen Selbstverständnis mehr als einleuchtend.

War auch Friedrich der Große aus der Zeit gefallen? Seine letzten Jahre sind geprägt von den Erschwernissen und Gebrechen des Alters: schwere Gichtanfälle mit Lähmungserscheinungen, Koliken, eiternde Hämorrhoiden. Friedrichs Leiden lassen auch Rückschlüsse darauf zu, wie er sich ernährte und wie wenig er ärztliche Diätvorschriften befolgte. Er verfügte bis in die letzten Monate über einen ungebremsten Appetit, vertilgte bei Tisch große Portionen Fleisch, Polenta und Hülsenfrüchte und liebte vor allem stark gewürzte Speisen. In seiner Korrespondenz der späten Jahre nimmt die Schilderung des Gesundheits-, besser: des Krankheitszustands breiten Raum ein. Immer wieder ist sie von vordergründig dem jeweiligen

Gegenüber, in Wirklichkeit ihm selbst geltenden Ermahnungen durchsetzt, die Regeln der Stoa zu befolgen, die heitere Gelassenheit angesichts des nahenden Todes empfahl und Glück als Freisein von Schmerz definierte.

Parallelen zu den letzten Wochen Maria Theresias sind durchaus vorhanden. Beide mussten körperliche Qualen leiden, und beide versuchten mit ihrem Rüstzeug – hier die Philosophie der Stoa, dort der katholische Glaube –, ihr Schicksal heiter-gelassen anzunehmen. An Disziplin hat es beiden Herrschergestalten nicht gemangelt. Doch wo Maria Theresia von einer fürsorgenden, allgegenwärtigen Familie getragen wurde, zeigt das Ende des Preußenkönigs eine menschliche Leere, die auch mit der Art und Weise zu tun hat, wie Friedrich gelebt hat.

Der Kreis derjenigen, die zu ihm vorgelassen wurden, war zum Ende hin immer kleiner geworden. Mirabeau, der den König erst in dessen Todesjahr persönlich kennenlernte und zweimal aufsuchen konnte, verdanken wir eine Schilderung vom Krankenlager. Diese bestätigten was auch aus anderen Quellen berichtet wurde: die mangelnde Hygiene des Sterbenskranken, der auch des Nachts die feuchte Wäsche anbehielt, die Atemnöte, der Geruch von kaltem Schweiß – es muss eine erbärmliche Atmosphäre gewesen sein. Und Mirabeau war es, der unmittelbar nach dem Ableben des Preußenkönigs den beklemmenden historischen Moment des Abgangs, des befreienden Verlusts eingefangen hat. »Es herrscht Totenstille, aber keine Trauer; man zeigt sich benommen ohne Kummer. Man sieht kein Gesicht, das nicht den Ausdruck von Erleichterung, von Hoffnung trüge. Kein Bedauern wird laut, man hört keinen Seufzer, kein lobendes Wort. Ist das das Ergebnis so vieler gewonnener Schlachten, so großen Ruhms? Ist das der Ausgang einer fast ein halbes Jahrhundert dauernden Regierung, die so reich war an großen Taten? Alle Welt wünschte sich ihr Ende herbei, alle Welt beglückwünscht sich dazu.«[97]

Gleichwohl besteht kein Zweifel, dass Friedrich zu Recht der Beiname »der Große« verliehen wurde.[98] Der Preußenkönig hat zeit seines Lebens mit großem Einsatz gespielt: Alles, was er hatte – seine Armee, sein Land, sein Königtum, auch sein Leben –, hat er riskiert. Er hatte sich in ein Duell mit der Donaumonarchie begeben und war dafür bereit, die Ungleichheit der Waffen in Kauf zu nehmen. Am Ende ist er als inoffizieller Sieger vom Platz gegangen: Er hatte sich behauptet. Mehr hätte sich am Beginn des Waffengangs auch der kühnste seiner Parteigänger nicht zu hoffen gewagt. Preußen, der Parvenü, war als gleichberechtigtes Mitglied ins System der Mächte eingetreten. Habsburg hatte, auch dies war nach außen nur in Ansätzen erkennbar, einen Teil seines Großmachtstatus eingebüßt, es musste nun seine Stellung im Reich und im Konzert der Mächte mit dem Emporkömmling teilen. Preußens Friedrich hat Habsburg in Auseinandersetzungen gezwungen, die es selbst nie gesucht hätte. Beim Abgang der beiden Kontrahenten war Schlesien für Habsburg dauerhaft verloren und der Aufstieg Preußens nicht verhindert. Dreiundzwanzig Jahre beinahe ununterbrochen Krieg: Habsburg war als moderner Staat darüber auch ein Stück preußischer geworden. Nichts sollte dies deutlicher zeigen als die Orientierung Habsburgs unter Joseph II. Friedrich war Regent und Philosoph, Schöngeist und Feldherr, Verseschmied und Verwaltungsreformer, Preußen unter seiner Führung ein »Königtum der Widersprüche« (Theodor Schieder). Es war Friedrich selbst, der mit seinem Einsatz den Aufstieg seines Landes in den Kreis der Pentarchie bewirkt und den Dualismus zwischen Habsburg und

Preußen geschaffen hat. Im Alten Reich herrschte von da an ein neues inneres Gleichgewicht, das zu akzeptieren zumindest Habsburg schwergefallen ist – jedenfalls hatte es bis dahin nur ungeteilte Herrschaft gekannt. Die Geschichte der nächsten hundert Jahre sollte allerdings zeigen, dass auch dieses neue innere Gleichgewicht seine Tücken hatte.

Friedrich war ein Mann des 18. Jahrhunderts, der nicht mit den Maßstäben und Denkhorizonten des 19. und auch nicht denen des 20. Jahrhunderts beurteilt werden darf. Der Aufstieg Preußens im 19. Jahrhundert, Preußens Berufung zur deutschen Einheit, dies war nicht mehr Friedrichs Werk. Wenn der Weg, der von Hohenfriedberg nach Königgrätz führt, heute als ein gerader Weg betrachtet wird, so ist dies eine teleologische Perspektive. Das Friedrichbild der auf seinen Tod folgenden 150 Jahre wurde von einer kleindeutsch-nationalen Geschichtsschreibung bestimmt, genauso wie die Stiche Adolph von Menzels als Illustration von Franz Kuglers *Geschichte Friedrichs des Großen* über Generationen das Bild vom Preußenkönig geprägt haben. Dies war die Folie, vor der dann im Nationalsozialismus die friderizianische Tradition für Durchhalteparolen eines dem Untergang geweihten, menschenverachtenden Regimes missbraucht wurde. Friedrich ist auf diese Weise zum Opfer zuerst einer kleindeutsch-nationalen, später einer nationalsozialistischen und zuletzt auch, in den vier Jahrzehnten der DDR, einer realsozialistischen Geschichtsbetrachtung geworden, die die Geschichte in den Dienst ihrer jeweiligen politischen Ziele gestellt hat. Eine nationale Tendenz ist bei Friedrich, sosehr sich Geschichtsschreiber nachfolgender Epochen auch darum bemüht haben, nicht auszumachen.

Friedrich ging es als Historiker, Dichter und Philosoph, quasi im Nebenamt, immer darum, sein Bild in der Geschichte zu formen, doch er war klug genug, zu den damals aufkeimenden patriotischen Aufwallungen auf Distanz zu gehen. 1745, nach dem Frieden von Dresden, kam es zu einer Reihe von Siegesfeiern, zum ersten Mal wurde er damals als »Friedrich der Große« begrüßt. Vor der Britzer Heide, so können wir einem zeitgenössischen Zeitungsbericht über den 28. Dezember 1745 entnehmen, hatten die Kompanien berittener junger Kaufleute ein dreimaliges »Vivat Friedrich der Große!« zugerufen und »Se. Majestät Jero allergnädigste Zufriedenheit mündlich zu erkennen [ge]geben«. Und vor dem Cöllnischen Rathaus hatte ein Chor von Gymnasiasten die Anrufung »Vivat, vivat, Fridericus Rex, Victor, Augustus, Magnus, Felix, Pater patriae« angestimmt.[99] 1763, nach dem Frieden von Hubertusburg, verbat sich dann der siegreiche Monarch und Feldherr jegliche Zeremonie. Zu der Frage, ob die Namensbezeichnung »der Große« gerechtfertigt sei, ist von ihm allerdings, dies spricht für seine Klugheit, keine einzige Äußerung überliefert.

War Friedrich ein Militarist? Von allen Vorwürfen und Klischees, die dem Alten Fritz in Preußen anhaften, ist dies das langlebigste geblieben. Es hat seinen Grund darin, dass sich Friedrich das Militär zunutze gemacht hat. Es war jedoch für Friedrich nie Selbstzweck, sondern immer Mittel zum Zweck. Er führte aus strategischen Gründen Kriege und war damit ein Vorläufer von Clausewitz, für den Militärstrategie und Diplomatie als Teil der einen Strategie untrennbar zusammengehörten. Machtentfaltung konnte in der friderizianischen Logik nur aufgrund territorialer Expansion erfolgen. Doch wer die Lebensgesetze Preußens, seine damalige prekäre Situation betrachtet, der konnte keine andere Schlussfolgerung ziehen. Wer den späten Friedrich – etwa mit Blick auf sein Verhalten im Bayerischen Erbfolgekrieg – betrachtet, der wird kaum zu jenem Urteil eines sich selbst genügenden Militarismus gelangen, wie er die Epoche seines Vaters, des Soldatenkönigs, prägte. Es bleibt aber jenseits der politischen Etikettierungen eine menschlich tief gespaltene, gefühlskalte und zynische Herrscherpersönlichkeit, verletzend und schroff bis zur Menschenverachtung. Nichts trifft die Beschreibung Friedrichs deshalb besser als der von Hans Rothfels in seinem Vortrag im Reichswehrministerium zum Friedrichstag 1926 geprägte Begriff von der »Unausschöpfbarkeit des Wesens«.[100] Und zu jener Unausschöpfbarkeit gehört die Bereitschaft, bis zum Äußersten zu gehen. *L'homme de Prusse,* der sich freiwillig im Duell mit seiner großen Gegenspielerin in einen Existenzkampf begeben hatte, hatte dabei mehr als einmal in den Abgrund geblickt. Die Entscheidungssituationen des Siebenjährigen Krieges und die Schlachten in Roßbach, Leuthen, Zorndorf, Hochkirch und Kunersdorf, in denen beide Duellanten mehr oder weniger unmittelbar aufeinandertrafen, stehen sinnbildlich dafür.

Mit Friedrich und Maria Theresia ist der preußisch-österreichische Dualismus in die Welt gekommen, ohne den der Verlauf der deutschen Geschichte seitdem ein gänzlich anderer gewesen wäre. Und doch, auch dies gehört zu den Lehren der Geschichte des Duells zwischen dem Preußen und der Habsburgerin, sind sie Teil eines Spiels der Mächte, das sich seit dem Beginn des 18. Jahrhunderts ins Globale ausgeweitet hat. Erstmals wurde in jener Zeit von Britannien der Gegensatz kontinental-insular konsequent ins Spiel gebracht. Weit über das 18. Jahrhundert hinaus weist auch die bei der Beschäftigung mit Friedrich und Maria Theresia hervortretende Erkenntnis vom Zusammenhang zwischen innerer Basis und äußerem Wirken. Friedrich und Maria Theresia waren eins mit ihren jeweiligen Staaten. Maria Theresia hat sich ihren Staat nach ihren Vorstellungen geformt, genauso wie sie die zahlreichen Glieder ihrer Familie mit ihrer Heiratspolitik, weitgehend ohne Rücksichtnahmen auf Befindlichkeiten und Vorlieben des Einzelnen, einspannte in ihr politisches Konzept. Dynastie und Staat waren in ihrem Denken identisch. Beide dienten der Erfüllung der von ihr vorgegebenen Ziele; die Sorge um Wohlfahrt und Sicherheit ihrer Untertanen, der Staatszweck, war abgeleitet aus diesem Anspruch.

Wo Friedrich in die Rolle des Parvenü schlüpfte und Vabanque spielte, fand sich Maria Theresia in der Rolle der in ihrem dynastischen Bestand bedrohten Angegriffenen wieder. Die scheinbar spielerische Leichtigkeit, mit der im 18. Jahrhundert Allianzen gewechselt wurden, darf nicht darüber hinwegtäuschen, dass die Beherrschung des strategischen Spiels mit den fünf Kugeln das Ineinandergreifen von Militärstrategie und Diplomatie erforderte. Maria Theresia und Friedrich der Große, so verschieden sie in Charakter und Herrschaftsverständnis waren, dachten vom Staat her, und beide vervollkommneten in ihrer langen Regierungszeit die Liebe zum Detail. Beide überschauten dabei die ganze Breite der Regierungsgeschäfte: Militärwesen, Wirtschaft, Verwaltung, Bildungswesen. Wo Maria Theresia ihre Mitstreiter im Kabinett zu Höchstleistungen anspornte, verstärkte sich bei Friedrich zum Ende hin die Neigung zum persönlichen Regiment. Die Erfahrungen der 23-jährigen, fast durchgehend von Kriegen geprägten Periode der Jahre 1740 bis 1763 hat dabei die Einsicht für die Notwendigkeit von Reformen gefördert. Parallelen zu Preußen bieten sich an, auch wenn der staatsrechtliche Hintergrund, Rang und Rolle des Staates im Konzert der Mächte, und die Einzelpersönlichkeit kontrastreicher nicht sein könnten.

Friedrich ist von beiden unzweideutig der intellektuellere, derjenige, der den Staatsbegriff in Worte zu fassen vermochte, der das Bild des wehrhaften, toleranten und aufgeklärten Staates nach außen hin verkörperte. Bei ihm bildeten der Staatsgedanke, das Wechselverhältnis zwischen Aufstieg und Selbstbehauptung unter den großen Mächten und inneren Reformen – in Verwaltung, Militärwesen und Bildung – eine Einheit, ja sie bedingten einander. Friedrich war genauso wenig wie Maria Theresia ein Revolutionär, auch kein weißer. Er war jedoch imstande, seinem preußischen Staat eine *raison d'être* zu geben, überhaupt erst den preußischen Staatsgedanken auszuformen. In seiner Ruhelosigkeit hat er in seiner Person die Dichotomie von Macht und Geist aufgehoben. Er hat in einem Menschenleben mehr bewegt als viele andere, die nach ihm kamen. Er hat, und dies war in dieser Form vielleicht nur noch im *Ancien Régime* möglich, sich einen Staat nach seinen eigenen Vorstellungen geschaffen. Unter allen preußischen Königen ist er wohl der preußischste gewesen. Was heute von Preußen als Erbe an die Gegenwart geblieben ist, ist deshalb zu einem Gutteil auch Friedrichs Vermächtnis.

Clemens Lothar Wenzel
Fürst von Metternich (1773–1859)

Otto von Bismarck
(1815–1890)

Zweiter Akt

Zweierlei Staatskunst: Metternich und Bismarck

I.

Metternich und Bismarck sind im engeren Sinne keine Gegenspieler. Sie sind vielmehr, zwar zeitlich versetzt, aber unmittelbar aufeinander folgend, die jeweils herausragenden Gestalten Habsburgs und Preußens und zugleich auch die prägendsten Staatsmänner ihres Jahrhunderts. Ein Duell im klassischen Sinne war es sicherlich nicht, das Metternich mit Bismarck geführt hat, dafür fehlte schlicht die Voraussetzung: Metternich und Bismarck trafen persönlich nur aufeinander, als der eine bereits aus den aktiven Diensten entlassen und der andere sich noch am Beginn seiner politischen Laufbahn befand, mithin ihm seine Kriege und Auseinandersetzungen noch bevorstanden. Doch es war auf eine ganz andere Weise, im übertragenen Sinne, ein Duell zwischen zwei politischen Konzeptionen, das Ringen um Vormacht, die Selbstbehauptung im Staatensystem und eine jeweils eigenständige Antwort auf die große nationale Frage der Zeit: In welchem staatlichen Gebilde sollten die Deutschen zusammengefasst werden? Konnte den Deutschen der Zusammenschluss im Nationalstaat verwehrt werden? Gab es Alternativen jenseits von großdeutscher und kleindeutscher Lösung?

Können zwei Einzelpersönlichkeiten für ein ganzes Säculum stehen? Aus heutiger Perspektive erscheint das gesamte 19. Jahrhundert wie entzweigebrochen zu sein in eine Hälfte, die von Metternich und seinem System geprägt war, und in eine zweite Hälfte, die Bismarck mit seiner Schöpfung des kleindeutsch-preußischen Nationalstaats von 1871 dominiert, nach den oft zitierten Worten des damaligen Oppositionsführers im britischen Unterhaus, Benjamin Disraeli, nichts weniger als die »deutsche Revolution«.[101]

Clemens Lothar Wenzel von Metternich, am 15. Mai 1773 im Rheinland auf dem Metternichhof in Koblenz geboren, und Otto von Bismarck, am 1. April 1815 auf Schloss Schönhausen in der Mark Brandenburg zur Welt gekommen, sind aufs engste verbunden mit den staatlichen Gebilden, denen sie gedient hatten, der Habsburgermonarchie und dem Königtum in Preußen des Hauses Hohenzollern: Der eine, als Außenminister von 1809 bis 1848, als Haus-, Hof- und Staatskanzler von 1821 bis 1848, war die überragende Gestalt seiner Zeit, die von den Historikern gerne als »Zeitalter Metternichs« bezeichnet wird. Als Metternich 1859 im hohen Alter von 86 Jahren verstarb, schrieb Friedrich Hebbel: »Mir kommt es vor, als ob jetzt die Uhr von Europa zerschlagen würde.«[102]

Metternich war mit Castlereagh Architekt jener Ordnung, die in Wien 1814/15 geschaffen wurde, auf den Prinzipien der Legitimität und der monarchischen Solidarität beruhte und erst in den Märzstürmen des Jahres 1848 zerbrach, einer Ordnung, die den revolutionären Tendenzen ihrer Zeit abgerungen worden war und zu deren Einhegung dienen sollte, die – nicht zuletzt dank der diplomatischen Virtuosität, Verhandlungskunst und Skrupellosigkeit seines geistesgegenwärtigen Architekten – eine erstaunliche Langlebigkeit entfalten konnte und die nach innen mit dem Vordringen des Überwachungsstaates und der Zurückdrängung der liberalen und schöpferischen Kräfte des Freigeists bezahlt wurde. Die Ambivalenz des Urteils der Geschichtswissenschaft über Metternichs System – Anerkennung für die Kunst der Diplomatie, Kritik, ja Ablehnung der Repression – stehen für diesen scheinbaren Widerspruch. Metternich war der Letzte seiner Art, wie sein unerreichter Biograph Heinrich Ritter von Srbik 1922 festgestellt hat: »Metternich ist für Europa und Österreich der letzte und große Vertreter eines universalen politischen Gedankens, so universal, wie seine Gegnerin, die ›große Revolution‹: der Gemeinschaft der christlichen Staaten und ihrer geschichtlich begründeten Gesellschaftsgliederung.«[103]

Der andere, Otto von Bismarck, seit 1851 Gesandter Preußens beim Bundestag des Deutschen Bundes in Frankfurt, so dann Gesandter in St. Petersburg und Paris, 1862 preußischer Ministerpräsident und seit 1871 zudem Reichskanzler des Deutschen Reiches, war die wohl prägendste Gestalt der preußisch-deutschen Geschichte, Gründer der Großmacht des Deutschen Reiches, auch er ein »Meister der Politik«. Für Bismarck bildete die Auseinandersetzung zwischen Österreich und Preußen die Folie, vor der er Preußens Aufstieg und Aufgehen im deutschen Nationalstaat vollzog. Er war der Inbegriff des preußischen Junkers, gänzlich frei und unabhängig in seinem Urteil und Handeln, musisch empfindsam zugleich, eine vielschichtige Persönlichkeit, voller Gegensätze, leidenschaftlich in seiner Liebe und in seinem Hass auf Gegner, maßlos, die

Grenzen sprengend, und ein Verfasser mit der schönsten Prosa, die in deutscher Sprache geschrieben wurde. Auch für ihn galt, freilich auf andere Weise als für Metternich, was einst Schiller im Prolog zu *Wallenstein* über diesen schrieb, »von der Parteien Gunst und Haß verwirrt, schwankt sein Charakterbild in der Geschichte«. Bismarcks Bild in der Geschichte, so einer der besten Bismarck-Kenner, Michael Stürmer, »ragte für die einen ins Übermenschliche, für die anderen ins Dämonische«.[104]

Das Übermenschliche, das war bereits in den Elogen der Zeitgenossen angelegt, wie es der Historiker Heinrich von Sybel in seinem Brief an Hermann Baumgarten unmittelbar nach der Reichsgründung auf unübertroffene Weise ausgesprochen hat: »Wodurch hat man die Gnade Gottes verdient, so große und mächtige Dinge erleben zu dürfen? Und wie wird man nachher leben? Was zwanzig Jahre der Inhalt alles Wünschens und Strebens gewesen, das ist nun in so unendlich herrlicher Weise erfüllt.«[105] Das Dämonische, das war bei halbwegs wohlwollender Betrachtung die schillernde Persönlichkeit des »tollen Junkers«, bei weniger geneigter Interpretation die Prinzipienlosigkeit, die plötzlichen Volten, die ihm vor allem seine konservativen Freunde übelnahmen, die nie seine machiavellistische Allianz mit dem Liberalismus begriffen und ihn, aus heutiger Sicht wohl nicht ganz zu Unrecht, für den Totengräber Altpreußens hielten. Die Widersacher im Inneren zudem waren zahlreich. Da waren die Liberalen wie Ludwig Bamberger oder Max Weber, die Bismarck seinen Nationalismus vorwarfen und die in der späteren Bismarck-Historiographie in den Werken von Eugen Richter und Erich Eyck ihre Spuren in der Geschichte hinterlassen haben. Sodann folgten die sich der Einordnung entziehenden großen Außenseiter wie Konstantin Frantz oder Friedrich Nietzsche, und erst recht gab es die zahlreichen politischen Widersacher wie den Zentrumsabgeordneten Ludwig Windhorst. Im Kern ging es bei der Beurteilung Bismarcks immer um die Frage, ob es eine Alternative zu Bismarcks machtstaatlicher Reichseinigungspolitik gegeben hätte und ob der kleindeutsche Nationalstaat preußischer Prägung nicht am Ende doch die geschichtsferne und damit letztlich zum Scheitern verurteilte Lösung der deutschen Frage gewesen sei.

Metternich war Bismarck in der Persönlichkeit ähnlicher, als es die nach außen deutlich sichtbaren Unterschiede vermuten lassen. Beide waren als Staatsmänner musische, schöpferische Persönlichkeiten, die, ein jeder auf seine Art, auch den Kampf mit dem inneren Daimonium kannten. Sie wussten, dass die menschliche Natur aus Gegensätzlichem zusammengesetzt ist, Vernunft und Leidenschaft sich lebenslang im Widerstreit befinden würden. Sie waren konservativ, ja fast schon reaktionär, und doch waren sie Pragmatiker, so sehr, dass die urteilenden Zeitgenossen und erst recht die nachgeborenen Historiker über ihre eigentliche Verortung unsicher wurden. Zuallererst jedoch war ihr Handeln geprägt von der Wahrnehmung der Interessen ihrer jeweiligen Dynastie, in deren Dienst sie standen. Metternich und Bismarck wollten vor allem anderen ihren Herrschern, dem Haus Habsburg und dem Haus Hohenzollern, dienen, indem sie die Stellung ihrer Mächte, Österreichs und Preußens, im Staatengefüge zu verbessern suchten.

Dies war der rote Faden, der sich durch die Einheit von *vita activa* und *vita contemplativa* beider zog. Damit waren sie beide gelehrige Schüler der Idee der Balance aus dem 18. Jahrhundert, und auch durch Prägung, weniger dann freilich in der Ausführung, Vertreter des klassischen Primats der Außenpolitik. In der kühlen Analyse des Gleichgewichts der Mächte, in der verstandesmäßigen Durchdringung der wirksamen Kräfte des Staatensystems war Metternich in der Tat eine Art Vorläufer Bismarcks, doch, darin sollte der entscheidende Unterschied liegen, er setzte seine ganze diplomatische Kunst dafür ein, etwas zu erhalten, was durch den Lauf der Zeit zum Einsturz bestimmt war. Insofern haftet dem Kampf Metternichs, seinem System, ein anachronistischer Grundzug an. Metternich hat die nationalen Kräfte seiner Zeit durchaus zur Kenntnis genommen, doch er war nicht bereit, die Eignung zur Bildung einer Staatsnation – in Deutschland, und noch weniger in Italien – überhaupt anzuerkennen.

Metternich war in seiner ganzen Person und in seinem politischen Stil ein Mann des *Ancien Régime*. Finassieren, Taktieren, Lavieren: mit den klassischen Methoden der Kabinettspolitik gelang es ihm eine erstaunlich lange Zeit, sich erfolgreich gegen die von der Französischen Revolution freigesetzten Kräfte der Gegenwart zur Wehr zu setzen. Bis zuletzt war er von der Richtigkeit seiner Prinzipien überzeugt, Grundsätze, über die am Ende die Zeit hinweggegangen war. Die Heilige Allianz war unter dem von den Volkserhebungen erzeugten Druck zerbrochen. Metternichs Bekenntnis, das alte Österreich sei in der Nacht vom 13. zum 14. März 1848 mit dem Tod abgegangen, erschließt sich von da aus. Schon 1820 hatte er mit der ihm eigenen Hellsichtigkeit erkannt: »Mein Leben ist in eine abscheuliche Periode gefallen. Ich bin entweder zu früh oder zu spät auf die Welt gekommen. Ich hätte im Jahr 1900 geboren werden und das 20. Jahrhundert vor mir haben sollen.«[106]

Metternich und Bismarck waren sich ihrem Denken, im Verständnis von Politik als »der Kunst des Möglichen«, durchaus ähnlich, und sie müssen einander geschätzt haben. Schon kurz nach seiner Ernennung zum preußischen Gesandten beim Frankfurter Bundesrat hat Bismarck den greisen Staatskanzler Metternich, gerade aus dem britischen Exil nach Deutschland zurückgekehrt, auf Schloss Johannisberg im Rheingau am 6. und 7. August 1851 aufgesucht. Worüber sie gesprochen haben, lässt sich aus den beiden überlieferten Berichten freilich nur bruchstückhaft rekonstruieren. Bemerkenswert erscheint indes, dass sich Bismarcks Bericht, den er kurz danach seiner Frau über die Begegnung gegeben hatte, die Schilderung von Metternichs deutlich jüngerer zweiter Frau Melanie im warmen Grundton gegenseitiger Wertschätzung einander ähneln. Bei Bismarck heißt es dazu: »Er war sehr liebenswürdig und behaglich, erzählte ohne Unterbrechung von 1788 bis 1848, von Politik und Weinbau, von Literatur und Forstkultur und bekämpfte meine schwermütige Zerstreutheit, die über die Gründe Deines Schweigens grübelte, mit seinem besten Johannisberger.«[107] Das knappe Notat der Fürstin Melanie Metternich steht dazu in keiner Weise im Widerspruch: »Er, Bismarck, hatte ein langes Gespräch mit Clemens und scheint die besten politischen Grundsätze zu haben. Mein Mann hat sich sogleich für ihn sehr interessiert. Mir schien er angenehm und überaus geistreich.«[108] Noch ein paar Jahre später, im Februar 1884, erinnerte sich Bismarck in einem Schreiben an Manteuffel an eine Bemerkung des Fürsten Metternich in Johannisberg, wonach Preußen noch kein saturierter Staat sei und es in Österreichs Interesse läge, dass Preußen saturiert werde, »dann werde es imstande und geneigt sein, aufrichtig und ohne Rivalität mit Österreich zu gehen«.[109]

Der Grundton gegenseitiger Sympathie, der aus den Zeugnissen über die erste Begegnung durchschimmerte, scheint sich auch bei den beiden nachfolgenden Treffen im Juni 1852 und im Juli 1857 nicht verändert zu haben. Denn rund dreißig Jahre später, in einem Gespräch im Jahr 1884, wies Bismarck vehement Treitschkes kritische Deutung Metternichs und seines Vermächtnisses zurück. »Metternich war ein bedeutender Mann und ein kluger Kopf«, wird Bismarck im Rückblick zitiert, »so leicht, wie Treitschke denkt, ist es dann doch nicht, dem europäischen Kontinent während fast eines Menschenalters die Richtung zu geben.«[110]

Bei allen Gemeinsamkeiten sind es dann jedoch die Unterschiede im Politikverständnis und in der Beurteilung der den Verhältnissen innewohnenden Möglichkeiten, die bei einem Vergleich von Metternich mit Bismarck auffallen. Bei aller Ähnlichkeit in der Veranlagung war diese Diskrepanz vor allem dem Umstand geschuldet, dass Bismarck, viel mehr als Metternich, der als Verkörperung der Kunst der Diplomatie galt, ein Antidoktrinär war, der sich in seiner Flexibilität eben auch für die Lösungen entscheiden konnte, die in Wirklichkeit konträr zu seinen politischen Grundüberzeugungen waren. Darin manifestiert sich der revolutionäre Zug Bismarcks, der in seinem Charakter angelegt war und der sich am deutlichsten in seiner temporären Allianz mit dem Liberalismus und der Nationalbewegung zeigte. Bismarck verkörperte damit genau dasjenige, was sein liberaler Gegenspieler Bamberger während eines Aufenthalts im französischen Seebad Trouville im Jahr 1867 so treffend geschrieben hatte: »Man wird als Revolutionär geboren, und nur der Zufall entscheidet, ob die Lebensumstände aus dem selben Menschen einen weißen oder einen roten machen.«[111]

Vor 1870 war Bismarcks politisches Handeln ausschließlich von den Interessen der preußischen Monarchie bestimmt. Der Gleichklang der Ziele von deutscher Einheit und Festigung der

Macht Preußens war bei Bismarck Ausfluss dieser Grundüberzeugung, die zu der Erkenntnis führte, dass sich Preußen mit genau jenen Elementen verbinden müsste, die im Gegensatz zu seinen inneren Strukturen standen. Dieser Grundgedanke ist das eigentlich Revolutionäre an Bismarcks Reichseinigungspolitik, die in der Gründung des Deutschen Reiches im Januar 1871 ihren archimedischen Punkt fand. Alle späteren Probleme der Reichsgründungszeit, die prekäre außenpolitische Lage, die auf Preußen zugeschnittene Verfassung zunächst des Norddeutschen Bundes, dann des Kaiserreiches, die vielfältigen Probleme der Innenpolitik bis hin zur Kolonialpolitik sind letztlich Konsequenz dieser revolutionären, die Fesseln Preußens und zugleich der politischen Blockbildung der Mächte überwindenden Bismarck'schen Politik der Reichsgründung.

Der Ausschluss Österreichs aus dem von Preußen dominierten Reich war in Bismarcks revolutionärer Logik Konsequenz der Einsicht in die außenpolitischen Konstellationen. Seine ganze preußisch eingefärbte Reichseinigungspolitik ist damit bewusstes Gegenmodell zum System Metternich, dem die enge Verbindung von Preußen und Österreich – systemisch betrachtet – vor allem auch zur Einhegung der revolutionären Umtriebe diente. Aus Bismarcks Sicht, und der Verlauf der Geschichte hat ihn darin bestätigt, konnte das System Metternich nur dazu angehalten sein, die Machtentfaltung Preußens zu begrenzen. Die ganze komplizierte verfassungsrechtliche Konstruktion, wie sie der Deutsche Bund von 1815 darstellte, war darauf ausgerichtet, Preußen einzuhegen, das Gewicht der siebzehn preußischen Stimmen auszutarieren, der politischen Wirksamkeit des Bundes Grenzen aufzuzeigen und zudem Preußens Expansionsabsichten durch die Konstruktion der Heiligen Allianz mit dem konservativen Prinzip der monarchischen Solidarität Russlands, Preußens und Österreichs unmöglich zu machen. Verfassungsgeschichtlich ist die Konstruktion des Norddeutschen Bundes von 1867 ein bewusster, preußisch-inspirierter Gegenentwurf zum Deutschen Bund, in dem Preußens siebzehn Stimmen jederzeit von außerdeutschen Mächten überstimmt werden konnten und in dem zudem mit den Niederlanden für Luxemburg (und später Limburg) und Dänemark für das Herzogtum Lauenburg zwei außerdeutsche Mächte saßen; Österreich wiederum war nur mit zwei Dritteln seines Territoriums Mitglied des Bundes. Es war damit, ganz nach Metternichs Kalkül, der Anführer beim Kampf gegen die Einheitsidee, und der Plan, »das dritte Deutschland« einerseits in seinen inneren konstitutionellen Entwicklungen zu beeinflussen und zugleich in einer losen staatsrechtlichen Verbindung die deutschen Mittel- und Kleinstaaten nach Belieben als Gegengewicht zu preußischen Ambitionen zu instrumentalisieren, verlängerte nur den Dualismus, ohne eine Lösung zugunsten Österreichs erzwingen zu können.

Bismarck wurde aus der Erkenntnis heraus, dass sich Preußen, wenn es seinen Status quo verändern wollte, genau mit denjenigen Kräften einlassen musste, die vom System Metternich mit Absicht niedergehalten wurden – eben dem Liberalismus und der Nationalbewegung –, zum »weißen Revolutionär« (Henry Kissinger). Insofern ist Bismarck am Ende der eigentliche Überwinder des Systems Metternich geworden, gewissermaßen der Anti-Metternich, der als machiavellistischer Gelegenheitsergreifer die Gunst der historischen Stunde genutzt hat.

Es kommt nicht von ungefähr, dass einer der wohl besten Kenner des Systems Metternich, Henry Kissinger, zugleich am treffendsten analysiert hat, wie Bismarck durch sein Handeln die Regeln des Metternich'schen Systems, »einer Veränderung die Legitimität eines europäischen Konsensus zu verleihen«[112], auf den Kopf stellte, indem er die eigentliche Bismarck'sche Revolution darin erkannte, das Gleichgewicht als »statische Balance der im Fluß befindlichen Kräfte«[113] zu begreifen. Damit habe Bismarck, so Kissinger, den Übergang in ein neues politisches Zeitalter markiert: »Von der rationalistischen zur empiristischen Konzeption der Politik.«[114] Sowohl in der Methode als auch in der Zielrichtung ist Bismarck dadurch zum Überwinder des Metternich'schen Systems geworden.

Der Dualismus zwischen Habsburg und Preußen, wie er im ganzen 19. Jahrhundert das Streben der Deutschen nach Einheit und Freiheit bestimmte und in den Auseinandersetzungen der Jahre 1866 und 1870/71 zu seinem Höhepunkt gelangte, ist – zu diesem Ergebnis kann man in der historischen Rückschau gelangen – als ein zeitversetztes Ringen der Systeme Metternich und Bismarck entschieden worden. Der Ausgang des Duells auf dem Schlachtfeld von Königgrätz anno 1866 hat eine lange Vorgeschichte: Es wäre wohl ohne die Wendung von 1848 und ohne Metternichs Ordnungsversuch anders verlaufen, und erst recht ist damit der Gang der deutschen Geschichte im 20. Jahrhundert ganz wesentlich nur vor dem Hintergrund der maßgeblich mit Metternich und Bismarck verbundenen Entwicklungen verstehbar.

II.

Als Clemens Lothar Wenzel Graf Metternich 1773 geboren wurde, bestimmten noch Maria Theresia und Friedrich der Große die Geschicke Habsburgs und Preußens. Die Metternichs waren ein altes, reichsunmittelbares Geschlecht, aus dem drei Erzkanzler des Heiligen Römischen Reiches hervorgegangen waren. Der Dienst am österreichischen Kaiserhaus zählte gewissermaßen zur Familientradition. Clemens' Vater, Franz Georg Karl Graf Metternich-Winneburg, war kurtrierischer Staatsminister und Erbkämmerer des Erzstiftes Mainz. Der Kurfürst von Trier zählte zu den Taufpaten des kleinen Clemens. Es war indes wohl dem Einfluss der katholischen Mutter, Beatrix von Kagenegg, zuzuschreiben, dass bei der Erziehung des heranwachsenden Clemens auch reformpädagogische Lehrer eingesetzt wurden.

Das Studium der Werke von Montesquieu, Rousseau und der Enzyklopädisten hat seine Spuren hinterlassen. Metternich blieb zeitlebens ein großer Leser, bis zu acht Stunden am Tag verbrachte er mit Lektüre. Einer seiner Geliebten, der Gräfin Lieven, der er, der Verschlossene, wohl die tiefsten Einblicke in sein Innerstes gewährt hat, – gab er eine lapidare Schilderung, die gleichwohl das für Metternich zeitlebens so charakteristische Spannungsverhältnis von Vernunft und Leidenschaft und den Anspruch der Bezwingung durch Einfügung in eine höhere Ordnung erkennen lässt: »Ich war ein braver Junge, sehr fleißig, meine Aufgaben und Bücher nahmen mich sehr in Anspruch. Zur Zeit meiner ersten Entwicklungsjahre schlugen Geist und Gemüt verschiedene Wege ein. Ich geriet in einen religiösen Überschwang, der Eltern und Erziehern Sorge machte. Meine Wünsche suchten sich ihre Ziele, meine Studien fanden sich andere.«[115] Er war ein Kind des ausgehenden 18. Jahrhunderts, und die Beschäftigung mit den Lehren der Französischen Revolution und der von ihr ausgelösten Erschütterung war von Anfang an Leitmotiv eines nach Halt und Ordnung suchenden Bewahrers, der früh erleben musste, wie tief die Risse waren, die die Erschütterung des Jahres 1789 ausgelöst hatte.

Metternich war sechzehn Jahre alt, als in Paris die Revolution ausbrach. Er war, wie er in seinen Memoiren schrieb, noch »Zeuge der Ordnung der Dinge vor der sozialen französischen Revolution und Zeuge oder Teilnehmer aller Ereignisse, welche den Umsturz dieser Ordnung begleiteten und ihm folgten«.[116] Dort schrieb er auch, dass sein Leben »zu den bewegtesten in einer an ungeregelter Bewegung erkrankten Zeit« gehörte, und dabei schwingt immer bei ihm die Sehnsucht mit, gegen den Lauf der Zeiten das aus seiner Sicht Bewahrenswerte zu bewahren.

Der Jurist Christoph Wilhelm Koch an der Universität in Straßburg und der Historiker Nikolaus Vogt von seiner Mainzer *alma mater* zählten zu seinen prägendsten akademischen Lehrern. Noch 1836, als Staatskanzler, ließ er Vogt auf dessen Grabstein in Verbundenheit die würdigende Inschrift setzen: »Dem treuen Verfechter des alten Reiches, dem begeisterten Freunde des deutschen Vaterlandes, dem eifrigen Förderer der heimatlichen Geschichte, widmet diesen Grabstein sein Freund und dankbarer Schüler C. W. L. Fürst von Metternich.«

War dies bloße Sentimentalität oder doch auch Verbeugung vor dem Reichspatriotismus alter Prägung? Machtpolitisch konnte vom Alten Reich, erst recht zu Zeiten von Metternichs Lehr- und Wanderjahren, keine Strahlkraft mehr ausgegangen sein, das eigentümliche Gebilde war nur noch ein Schatten seiner selbst. Am Mainzer Kurhof kam Metternich wohl auch früh schon mit der *dolce vita* des *Ancien Régime* in Berührung, und er hat zeitlebens nie einen Hehl daraus gemacht, dass ihm gerade auch die schönen Seiten des Lebens viel bedeuteten. In England war es dann vor allem der große liberal-konservative Staatsmann, Philosoph und Schriftsteller Edmund Burke, der auf ihn einen bleibenden Eindruck hinterließ.

1794, als die Franzosen Belgien besetzten – sein Vater war dort der von Wien eingesetzte Regierungschef – und die heimatlichen linksrheinischen Güter – die Franzosen hatten Koblenz genommen – den Metternichs verloren gingen, flüchtete er mit seiner Familie nach Wien. Die im August 1794 veröffentlichte Schrift des Einundzwanzigjährigen *Über die Nothwendigkeit einer allgemeinen Bewaffnung des Volkes an den Grenzen Frankreichs* atmet den Geist der Auflehnung gegen die napoleonische Fremdherrschaft. War es ein Omen der Geschichte, dass der junge Metternich just zu dem Zeitpunkt in Wien mit seiner Familie als Flüchtling eintraf, als Maria Theresias großer Außenminister und Staatskanzler, Graf Kaunitz, das Zeitliche segnete und sich der junge Metternich im Jahr darauf dessen Enkeltochter Eleonore zur Frau nahm? Es war eine arrangierte Ehe, die mit dem Segen der großen Kaiserin-Königin zustande kam, gleichwohl eine glückliche Partnerschaft; selbst in den Briefen an die Gräfin Lieven findet Metternich für sie nur würdigende Worte: »Meine Frau ist vortrefflich, geistreich, und alle Eigenschaften finden sich in ihr vereint, die das häusliche Glück begründen [...] Meine Frau ist niemals hübsch gewesen, liebenswürdig ist sie nur für gute Bekannte. Wer sie wirklich nahe kennt, muß sie lieben; die große Menge findet sie steif, unerfreulich, und dies ist genau, was sie bezweckt. Nichts in der Welt gibt es, das ich nicht für sie zu tun bereit wäre.«[117]

Erst durch Flucht und Heirat ist Metternich zum Österreicher geworden, und sein Biograph Srbik leitete seinen großen biographischen Metternich-Essay mit dem Satz ein, dass Metternich in seinem Innersten niemals ganz Österreicher geworden sei.[118] Anfang und Ende von Metternichs Leben liegen im Rheinländischen. Sein seit seinem Eintritt in die Dienste des

Hauses Österreich beobachtbares Streben, sich der Habsburgerdynastie unentbehrlich zu machen; ja der Versuch, sich die Monarchie, auf deren Mehrung der äußeren Stellung sein ganzes Sinnen und Trachten gerichtet war, in gewisser Weise untertan zu machen, mag in diesem Anspruch des Angeheirateten, es besonders gut machen zu wollen, begründet sein. Der Zusammenbruch der bestehenden Ordnung, die Erfahrung der Großen Revolution, aber auch das tiefgreifende Erlebnis Napoleons, den Metternich seit 1806 als österreichischer Gesandter in Paris aus der Nähe bei vielen Gelegenheiten studieren konnte, scheinen nachhaltige, zeitlebens wirkende Spuren bei ihm hinterlassen zu haben. Die spätere Stilisierung seiner Aussprachen mit Napoleon in seinen *Denkwürdigkeiten* zum »Duell der Giganten« waren für Metternich wohl auch nachträgliche Versuche, sein Rendezvous mit dem Ruhm ins Buch der Geschichte einzutragen; doch wenn Metternich überhaupt einen Lehrmeister gehabt hat, dann war es wohl niemand anderes als Napoleon.

Metternich war musisch und empfindsam. »Nichts wirkt derart auf mich wie Musik«, schrieb er einst der Gräfin Lieven: »Ich glaube, nächst der Liebe und zumal mit ihr, ist Musik das, was auf Erden am meisten zum Guten erhebt. Nie höre ich Musik, und nicht nur gute, sondern auch erträgliche, ohne Unschilderbares zu empfinden. Musik erregt und beruhigt mich zugleich; wie Erinnern wirkt sie auf mich; sie entrückt mich der mich quälenden Enge; mein Herz weitet sich und umschließt zugleich Vergangenheit, Gegenwart und Zukunft; alles erwacht in mir, Klagen und Lust, die längst vergangen sind, Freuden und Kümmernis, die ich ersehne und erwünsche! Die Musik entlockt mir sanfte Tränen; ich bin dann über mich selbst gerührt.«[119] Die im Briefwechsel mit Gräfin Lieven, auch in seinen *Denkwürdigkeiten* durchscheinende Neigung, eigenes Handeln zu reflektieren, zu begründen, will so gar nicht zu dem selbstbeherrschten Meister der Diplomatie passen, der als Ratschlag bereithielt, möglichst wenig von eigenen Überlegungen preiszugeben.

Bei allem marathonartigen Gesellschaftsprogramm, das sich Metternich neben seinem fordernden und zeitaufwendigen Staatsdienst auferlegte, scheint er im Grunde seines Herzens ein einsamer Mensch gewesen zu sein, für den seine zahlreichen Liebschaften mehr als Zeitvertreib waren. »Man liebt, oder man liebt nicht«, schrieb er der Gräfin Lieven. »Ein Mehr oder Weniger gibt es in der Liebe nicht. Weniger lieben bedeutet nicht mehr leben. Lasse es Dir genug sein, wenn ich Dir sage, daß ich Dich liebe, und erwidere Gefühl mit Gefühl.«[120]

Metternich als Liebhaber verfügte über die Gabe, der jeweils Angebeteten das Gefühl der Ausschließlichkeit zu vermitteln, und obendrein hielt er noch milde Worte für den gehörnten Gatten der Liebhaberin bereit. »Dein Gatte«, schrieb er der Gräfin Lieven, »ist gutartig, ehrsam, doch ist er nicht, was ein Gatte sein muß: Gesetzgeber des Schicksals seiner Frau.«[121] Selbst parallel geführte Techtelmechtel, wie dasjenige zu der notorisch promisken Wilhelmine Herzogin von Sagan, seiner jahrelangen Auf-und-Ab-Gefährtin, sind Gegenstand seiner Briefe an die Gräfin Lieven. »Kannst Du verstehen, Freundin, Du, die Du bist, wie Du eben bist, daß es Frauen gibt, und sogar recht viele, die von Gefühlen nichts wissen wollen?«[122] Aus seiner Liaison mit der russischen Fürstin Katharine Bagration, einer Spionin und Mätresse des Zaren im Nebenamt, die wegen ihrer Neigung, in großer Toilette gerne den Busen zu entblößen, in Diplomatenkreisen »*la belle ange nue*« genannt wurde, ging die Tochter Clementine hervor, die später im

Hause Metternich aufgezogen wurde. Diplomatische Verwicklungen, wie im Fall seiner Liebschaft mit Napoleons Schwester Pauline, mit der er verkehrte, während er parallel mit deren Ehemann als gleichzeitiger Liebhaber der Hofdame Laure Junot ins Gehege kam, waren nicht ausgeschlossen.

Metternichs Lebens- und Liebesdevise – »Wenn ich nicht liebe, so begnüge ich mich mit der hübschen Frau, die alles will, nur Liebe nicht«[123] – hat im späten 19. und im 20. Jahrhundert die strenge Missbilligung des »frivolen Lebemanns« durch die Historiker – Heinrich von Treitschke oder Viktor Bibl sind hier zu nennen – hervorgerufen und auch das Urteil über Metternich als Staatsmann beeinflusst. Sollte indes Metternich nicht auch darin mit den Maßstäben des *Ancien Régime*, eines Zeitalters, das er in Wirklichkeit nie verlassen hatte, gemessen werden? Er war und blieb ein Mensch aus einer anderen Zeit, der sich ins 19. Jahrhundert hinübergerettet hatte und doch die bewegenden Kräfte seiner Gegenwart nie gänzlich verstand. Er war eine Rokokofigur, wollte gefallen, unterhalten und unterhalten werden, brillierte rhetorisch, selbst um den Preis des Verzichts auf gedankliche Tiefe und Ernsthaftigkeit. Über sich selbst enthüllte er einmal: »Mein Wesen ist zu Widerspruch nicht geneigt: dazu bin ich allzu positiv, und unbehaglich ist's mir, mich mit Kritik zu befassen. Mein Geist wendet sich immer den Mitteln zu. Ich bin gelassen und mach es mir nicht gerne leicht, wenn eine leichte Lösung und eine nutzbringende zur Wahl stehen.«[124]

III.

Metternich betrat die Bühne der österreichischen Politik im Jahr 1809, als er als Nachfolger des Grafen Stadion zum Minister des Äußeren berufen wurde. Stadion war Anhänger der Kriegspartei gewesen und nicht unerheblich an der Verausgabung seines Landes beteiligt. Der österreichische Staat hatte sich damals zweifelsohne übernommen. Er hatte sich nach 1805 auf innere Reformen eingelassen, noch vor den Preußen die allgemeine Wehrpflicht eingeführt und sich von der antinapoleonischen Grundstimmung zum militärischen Schlag gegen den Korsen – auch der junge Metternich hatte zu den Kriegstreibern gehört – verleiten lassen; allerdings bezahlte er den Kriegseintritt mit politischer und finanzieller Erschöpfung. Österreichs Eintritt in den Feldzug gegen Napoleon endete im Desaster. Vergebens hatte man auf Preußens Sukkurs an Österreichs Seite gesetzt. Die Erfahrung des Im-Stich-gelassen-Werdens sollte lange nachwirken. Bei Aspern, im Mai 1809, hatte Erzherzog Karl dem Kaiser der Franzosen auf dem Schlachtfeld eine empfindliche Niederlage beigebracht – es war die bis dahin verlustreichste Schlacht überhaupt. Viktor Bibl sollte später schreiben, dass »die altbewährte Tapferkeit der österreichischen Armee […] sich wieder in glänzendstem Lichte gezeigt und die blutigste Schlacht seit Beginn der Revolutionskriege […] den Glauben an die Unbesiegbarkeit Napoleons erschüttert« habe.[125] Doch die Revanche für Aspern, Wagram, ließ nicht lange auf sich warten.

Im Frieden von Schönbrunn – Erzherzog Karl hatte in der Zwischenzeit den Oberbefehl der Armee an den Fürsten Liechtenstein abgegeben und Graf Metternich wurde mit den Verhandlungen betraut – verlor Österreich Salzburg, Berchtesgaden, das Innviertel, Teile des Hausrucks, Westgalizien mit Krakau, den Villacher Kreis Kärntens, Monfalcone, Triest, Istrien, Krain und weite Teile des kroatischen Landes. Österreich war zu einer Macht zweiten Ranges herabgesunken, und doch jubilierten am Ende die Wiener, dass der Spuk nun vorüber war.

Metternich war ein gelehriger Schüler seines Schwieger-Großvaters Kaunitz, der sich ähnlich rational an die Analyse der auswärtigen Beziehungen machte, dabei allerdings, dies war der große Unterschied, die bewusste Auseinandersetzung mit Preußen vermied, ja Preußen in sein Gleichgewichtssystem integrierte, solange nur sichergestellt war, dass es sich um ein um Österreich herum konstruiertes Gleichgewichtssystem handelte. Metternich war Pragmatiker, nicht Doktrinär, seine Ziele beruhten immer auf kalter Analyse, nie auf Wunschvorstellungen. Metternich dachte in staatserhaltenden Kategorien, aber er war zu rational, um sentimental-reaktionären Verlockungen nachzugeben und etwas einzufordern, was, wie das Heilige Römische Reich Deutscher Nation, längst unwiederbringlich verloren war. Österreich war für ihn lebenslang Mittelpunkt und Bezugspunkt seines politischen Handelns. Dem Kaiser fühlte er sich als treuer Freund verbunden, und dies schloss in seinem Verständnis auch gelegentliche Manipulationen ein.

Österreichs damalige führende Stellung beruhte ganz wesentlich auch auf dem Gleichklang der Interessen der Großmächte und dem vollständigen Verzicht auf Nationalismus. Es darf bezweifelt werden, dass Metternich die Revolution von oben, die mit den Stein-Hardenberg'schen Reformen den Königs- und Junkerstaat Preußen in ein neues Zeitalter katapultierte und diese untrennbar mit der Erhebung gegen die napoleonische Fremdherrschaft verband, je wirklich verstanden hat. Doch was er verstand zu kalkulieren, war der Faktor Preußen im Gefüge des auf Österreichs Nutzen ausgerichteten europäischen Gleichgewichts. Dies erforderte, womit Napoleon nie gerechnet hatte, dass Österreich an der Seite Russlands *und* Preußens in den Krieg eintrat, der alles entscheiden sollte. Metternichs Taktieren zwischen 1809 und 1812, dem Jahr der Katastrophe von Napoleons Russlandfeldzug, war vollendete Strategie, die, Clausewitz pur, Staatskunst und Kriegshandwerk, Diplomatie und Militärstrategie auf treffliche Weise miteinander verband. Die Analyse von Napoleons Schwächen, das fast neunstündige diplomatische Wortgefecht im Palais Marcorini bei Dresden am 26. Juni 1813, die vorgespiegelte Neutralität Österreichs, die dem französischen Kaiser abgetrotzte Garantie der territorialen Unversehrtheit Österreichs, das Spiel mit dem Kriegseintritt und dann, August 1813, der Vollzug: Es war wohl ganz wesentlich auch Metternichs Diplomatie, die den großen Korsen zu Fall gebracht hat.

Der Wiener Kongress ist der Glanz- und Höhepunkt der Metternich'schen Politik. Hier konnte er seine ganzen Gaben zur Entfaltung bringen, die in der meisterhaften Beherrschung der Kunst der Diplomatie, in ihrem Facettenreichtum bestanden, und zugleich war er bei diesem letzten gesellschaftlichen Großvergnügen nach dem Geschmack des *Ancien Régime* ganz in seinem Element. Die Theater- und Konzertaufführungen, Festbankette, Bälle und die in deren Gefolge sich ergebenden Divertimenti schienen ihm jenes Elixier zu verschaffen, das seiner Staatskunst zugutekam. Und doch finden sich gerade auch bei Metternich immer wieder wie erhellende Himmelsblitze Aperçus und Betrachtungen, die eine feinsinnige Unterscheidung zwischen Sein und Schein, ein tiefes Unbehagen über die

Spielarten der *vanitas mundi* in der Gegenwart erkennen lassen, etwa wenn er auf dem Höhepunkt seiner Konferenzdiplomatie der Gräfin Lieven 1818 schrieb: »Leben kann man dies Betreiben von Staatsgeschäften nicht nennen. In ewiger Unruhe, inmitten von all dem, was Toren bezaubert, von falschem Glanz, Ehren, leeren Reden und verlogener Berühmtheit, die so wenig bedeuten und so teuer erkauft werden müssen.«[126]

Metternich wurden häufig seine Eitelkeit und seine Selbstverliebtheit vorgeworfen[127], doch wie es in ihm wirklich aussah, lassen die Mitteilungen an Gräfin Lieven, wenn sie denn mehr als *captatio benevolentiae* waren, erahnen: »Die Welt«, schrieb er im Dezember 1818, »hält mich für einen hervorragenden Minister, während ich durchaus nicht befähigt bin für dieses Amt, das ich bekleide.«[128]

Worin lag Metternichs eigentliche Leistung auf dem Wiener Kongress? Zunächst in der geopolitisch bestimmten Austarierung des Gleichgewichts, das gerade infolge der in den Befreiungskriegen so deutlich vernehmbaren nationalen Bestrebungen empfindlichen Störungen ausgesetzt war. Die Einhegung des durch Napoleon verkörperten Expansionismus, die Befriedung Russlands durch Zusprache von Kongress-Polen, der Verzicht Österreichs auf die habsburgischen Niederlande und die Bestätigung der Aufnahme Preußens in den Kreis der Pentarchie, also des Ergebnisses von 1763, folgten aus Metternichs Einsicht in die Notwendigkeit von stabilen Verhältnissen. Die zweite große Leistung war der Versuch, den Dualismus zwischen Preußen und Österreich im losen Zusammenschluss des Deutschen Bundes zu regeln und damit als Antwort auf die nationale Frage eine lose Föderation gegenüber der nationalstaatlichen Lösung vorzuziehen. Aus Habsburgs Sicht war diese Lösung konsequent, da letztlich die Nationalbewegung in Preußen Österreichs Stellung in Deutschland auf mittlere Sicht gefährden musste.

Die Verfassung des Deutschen Bundes wies eine ganze Reihe von fortschrittlichen, weit in die Zukunft weisenden Elementen auf, etwa mit der Feststellung des Artikels 41 der Wiener Schlussakte vom 15. Mai 1820, dass zur Erklärung eines Bundeskrieges Zweidrittelmehrheit erforderlich sowie Neutralität und Sonderfrieden einzelner Stände nicht mehr möglich sei. Doch in der Summe war die Reformunfähigkeit des Bundes souveräner Fürsten und freier Städte, der zwei einander in ihren Interessen auch widerstrebende Großmächte zusammenbringen sollte, der Grund dafür, weshalb er auf Dauer keine Perspektive für die Lösung der deutschen Frage aufzeigen konnte. Die Machtfrage zwischen Preußen und Österreich blieb, vorerst, ungeklärt. Und was dies als Belastung bedeutete, hatte Metternich wohl unterschätzt bei seinem Wiener Kabinettstück, Ordnung im Rahmen des monarchischen Prinzips gegen drohendes Chaos und anarchische Tendenzen infolge sozialen Aufbegehrens zu setzen. Der große Beschleunigungsschub im Übergang von der vorindustriellen zur industriellen Welt, der ab der Mitte des Jahrhunderts einsetzen sollte, war in Wien anno 1815 noch unerkannt. Die prägenden Strömungen, die den Verlauf des 19. Jahrhunderts bestimmen sollten, zeichneten sich freilich in Umrissen damals schon ab. Neben der nationalen waren dies die konstitutionelle und vor allem die soziale Frage.

Die ersten beiden Fragen hat Metternich durch die auf dem Wiener Kongress beschlossene Ordnung zu seinen Bedingungen und mit den Methoden des 18. Jahrhunderts für eine Zeitlang scheinbar lösen können. Für eine ähnlich geartete Antwort auf die soziale Frage fehlten ihm wohl Gespür und Einsicht.

Wie sehr Metternich die Zeichen der Zeit verkannte und mit dem von ihm verkörperten System der Repression das von ihm geschaffene Geschöpf, den Deutschen Bund, von Anfang an in seiner inneren Entfaltung hemmte, zeigen die Karlsbader Beschlüsse von 1819, 1824 stillschweigend erneuert, die nur vordergründig Österreichs Interessen dienten, in Wirklichkeit jedoch den Antagonismus gegenüber Preußen vertieften. Dies war wohl in der Tat Metternichs größter Irrtum, denn dem Revolutionären und Nationalen, dem Zug der Zeit, war mit den Methoden der Verstärkung der Bundesgeheimpolizei und der Ausweitung der Pressezensur nicht beizukommen. Erst recht wurde die Untauglichkeit dieser Methoden offenkundig, als nach 1830 erneut versucht worden war, mit ihnen auf die sich immer deutlicher spürbar machenden Bestrebungen nach konstitutionellen und sozialen Veränderungen zu reagieren.

Bereits die Juli-Revolution in Paris im Jahr 1830, die den Bürgerkönig Louis Philippe auf den Thron brachte und die Parole des »*Enrichissez-vous*« zur Leitschnur der französischen Bourgeoisie erhob, die Errichtung des Königreichs der Belgier und der polnische Aufstand gegen Russland hatten mehr als Risse im Wiener System offengelegt. In der Habsburgermonarchie war es diesmal noch vergleichsweise ruhig geblieben, keine sozialen Proteste, keine Ausschreitungen auf der Straße, lediglich der ungarische Reichstag verordnete sich in den 1830er Jahren ein umfangreiches Reformprogramm. Was vor allem blieb, waren die psychologischen Folgen, die Lehre, dass es auf Dauer nicht gelingen konnte, gegen die großen Strömungen der Zeit die Uhren anzuhalten. Das Jahr 1830 hatte die »Scheinbarkeit der Restauration« erwiesen.[129] Die jetzt ausgelöste Dynamik – Hambacher Fest 1832, Frankfurter Wachensturm 1833 – ließ einen gewaltsamen Umsturz der Bundesverfassung immer wahrscheinlicher werden, zu laut war vor allem in Preußen der Ruf nach konstitutionellen Veränderungen. Die Bundesverfassung aber war reformunfähig, und dies lag vor allem daran, dass die Interessen Österreichs und Preußens nicht mehr in Einklang gebracht werden konnten. Es zählt zu den Paradoxien der Geschichte, dass Metternich, der wie kein zweiter seinem Handeln die Auffassung von der Interessensgemeinschaft zwischen Österreich und Preußen zugrunde gelegt hatte, durch seinen innenpolitischen Rigorismus, insbesondere der Unterschätzung der sozialen Frage, der Reformunfähigkeit des Deutschen Bundes Vorschub geleistet hat und so am Ende, *contre cœur*, die Duellierung Preußens mit Österreich auf dem Schlachtfeld von Königgrätz und den Ausgang des Duells mit kleindeutscher Lösung erst heraufbeschworen hat.

IV.

Wenn also die Wege Österreichs und Preußens im weiteren Verlauf des 19. Jahrhunderts so weit auseinandergehen sollten, so ist dafür nicht zu einem geringen Teil auch Metternichs Verkennung der Bedürfnisse des sich formierenden deutschen Volkes Schuld. Metternich gegen Bismarck: Dieses Duell ist auch eine Auseinandersetzung zwischen zwei Methoden, auf die nationale Frage eine zeitgemäße Antwort zu finden, und dies setzte voraus – Metternichs Schwachstelle –, das Problem als solches erkannt und analysiert zu haben. Die Lösung freilich besorgte die Geschichte in ihrem Lauf.

Die Erhebungen des Jahres 1848 hatten mehr soziale als politische Ursachen. Metternich hatte die Revolution früher als andere kommen sehen, doch auch er war unfähig, sie aufzuhalten. Jetzt rächte sich, dass das innere System der Überwachung und Gängelei, das er einst in der Absicht geschaffen hatte, es zu beherrschen und sich seiner zu bedienen, um den eigenen Machterhalt zu perpetuieren, sich gegen seinen Erfinder richtete. Metternichs innenpolitische Bilanz ist wenig ruhmreich. Insbesondere nach dem Abtreten Kaiser Franz' I. traten offenkundige Strukturprobleme der Habsburgermonarchie auf eklatante Weise auf, und es zeigte sich, dass Metternichs Festhalten an der strikten Erbfolge der Monarchie als Ganzes geschadet hat. Denn Franzens Nachfolger, der infantile Ferdinand, ließ in den dreizehn Jahren seiner Herrschaft in seiner geistigen Beschränktheit jene Elemente gewähren, die in allem dem politischen Credo Metternichs zuwiderliefen. Es war Metternich selbst gewesen, der Kaiser Franz zu jenem Testament beeinflusst hatte, das nicht nur die Thronfolge des retardierten Erzherzogs, sondern auch die enge Bindung an ihn, den scheinbar unentbehrlichen Fürsten, vorbestimmte: Franzens im Testament enthaltener Rat, »Übertrage auf den Fürsten Metternich, Meinen treuesten Diener und Freund, das Vertrauen, welches Ich ihm während einer so langen Reihe von Jahren gewidmet habe. Fasse über öffentliche Angelegenheiten wie über Personen keine Entschlüsse, ohne ihn darüber gehört zu haben«, war in den Wind gesprochen.[130]

Metternich war in der Tat so tollkühn, den Plan zu hegen, die Monarchie ohne Kaiser zu führen und einem Trottel die äußeren Insignien der Macht zu überlassen. Wenn er in seinen Briefen an die Gräfin Lieven einst geschrieben hatte, »der Kaiser tut immer, was ich will, aber ich will nie anderes als das, was er zu tun hat«[131], so verriet dies genau jenen Denkfehler, dem er beim Übergang von Kaiser Franz I. zu Kaiser Ferdinand erliegen sollte. Parallelen zu Bismarck, dem treuen Diener Kaiser Wilhelms I., und dem Unvermögen, ein dauerhaftes »System Bismarck« auch unter dessen Nachfolgern – Kaiser Friedrich III. und Kaiser Wilhelm II. – zu installieren, liegen nahe. Metternich wie Bismarck blieben bei allem Geschick und aller Genialität am Ende doch nicht machtvoller, als die personellen Konfigurationen der jeweiligen Dynastie, der sie dienten, es erlaubten. Der Tiger lässt sich nicht reiten, und Bismarcks Erkenntnis *fert unda nec regitur* traf in seiner ganzen Tragweite auf keinen mehr zu denn auf Metternich und ihn selbst.

Die Märzstürme des Jahres 1848 hat Metternich politisch nicht überlebt. 1848 war für ihn der Endpunkt, genauso wie Bismarck den seit 1888 hinausgezögerten Sturz und den damit erzwungenen unfreiwilligen Rückzug aufs Altenteil innerlich nie verwunden hat. Unter abenteuerlichen Umständen, bei Hinnahme beträchtlicher körperlicher Härten – der beinahe 75-jährige war neben anderem blasenkrank –, war Metternich unter Regieführung der Fürstin Melanie über Brüssel und Den Haag schließlich am 20. April 1848 in London angekommen. Auch als Exilant freilich verordnete er sich keine Enthaltsamkeit in politischen Fragen. Er redigierte die Reden des Oppositionsführers Ihrer Majestät, desselben Benjamin Disraeli, der sich 1871 so leidenschaftlich gegen die durch Bismarcks Reichsgründung ausgelöste Veränderung des politischen Gleichgewichts in Europa in seiner Unterhausrede wenden sollte.

Metternich pflegte zudem die Übung, in großen Denkschriften, die nicht selten die deutsche Frage auf weite Sicht zum Gegenstand hatten, für eine Erneuerung der von ihm inspirierten Frankfurter Bundesakte des Deutschen Bundes und der ihr, jedenfalls in Metternichs Lesart, zugrunde liegenden Aussöhnung zwischen Preußen und Österreich zu plädieren. War indes der Deutsche Bund zu jener Zeit noch eine verfassungsmäßig zukunftsfähige Konstruktion? Metternich war zeitlebens gewiss nie ein Freund der nationalen Bewegung für Freiheit und Einheit gewesen. Er hat die Zeichen einer Zeit, die nicht mehr die seine war und gegen die er sich so lange – scheinbar erfolgreich – zur Wehr gesetzt hatte, wohl nicht mehr erkennen und deuten können. Sein auf die Habsburgermonarchie fixiertes Ordnungsdenken mochte außenpolitisch noch für eine Zeitlang erfolgreich sein, innenpolitisch übersah er, dass die Bindungskräfte aus dem 18. Jahrhundert, die er so lange für sein konservierendes System Metternich bemüht hatte, allmählich ihren Dienst versagten. Vergebens hat er mit föderalistischen Mitteleuropaplänen der Habsburgermonarchie eine Brücke in die neue Zeit zu schlagen versucht, und auch die innenpolitische Perspektivlosigkeit des zentralistischen Absolutismus des »Systems Bach« in Wien hat er von Anfang an durchschaut. Die Kleinlichkeit, Rachsucht und Proskriptionsmethoden, mit denen ihm seine Wiener Nachfolger mit der Anschuldigung der Bereicherung und des Amtsmissbrauchs den Prozess zu machen suchten und der erst durch ein Machtwort Kaiser Franz Josephs I. mit einer vollständigen Rehabilitierung endete, wirft ein bezeichnendes Licht auf die damals in Wien herrschende Coterie. Metternich, nun seit 1851 auf Schloss Johannisberg im Exil, war, wie Carl Jacob Burckhardt schrieb, der »große Überlebende aus der Zeit einzigartiger und ephemerer Machtstellung Österreichs, am Ende seines Lebens eine in manchen Zügen wirklichkeitsferne Existenz«.[132]

Metternich konnte in seiner Analyse mit den Entwicklungen seiner Zeit nicht mehr Schritt halten. Der Brief, den er etwa am 27. Mai 1854 an Außenminister Graf Buol-Schauenstein verfasste, drückte jene Sorge um Österreichs Mittelstellung im Konzert der Mächte aus, die Suche nach Ausgleich zwischen den auf Expansion drängenden Seemächten und Russland und zugleich das Eingeständnis, die Konstellationen der neuen Zeit nicht mehr mit vollständiger Sicherheit erfassen zu können: »Eine konfusere politische lage [sic] hat die Geschichte wohl kaum aufzuweisen, als die des Tages es ist. Herausgegangen aus Velleitäten und einer oberflächlichen Beurtheilung des Wiederstandes [sic], welcher deren Cultus, links und Rechts [sic], unvermeidlich anregen müßte, steht dem ruhig die Dinge in die Augen fassenden Staatsmann, nicht Eine [sic] Grundlage zu Gebot, auf welcher er eine Berechnung zu stellen vermöchte.«[133] Es war in jener Zeit, als Metternich nicht nur den jungen Bismarck empfing, sondern auch zahlreichen anderen nach Johannisberg pilgernden Staatsmännern und Monarchen bereitwillig Auskunft gab. Die über diese Begegnungen erhaltenen Zeugnisse unterstreichen übereinstimmend den weit zurück streifenden Blick Metternichs, der immer wohl auch Ausfluss der ihm eigenen Neigung zur Reflexion und zur Lebensbilanzierung gewesen ist, getreu der der Gräfin Lieven einst anvertrauten Erkenntnis, dass die Erinnerung das einzige Paradies sei, aus welchem wir nicht vertrieben werden können.[134]

Metternich war eine Übergangsfigur auf dem Weg vom 18. ins 20. Jahrhundert, vom *Ancien Régime* in die neue Zeit. Als er 1773 zur Welt kam, sollte die große Kaiserin-Königin noch für weit mehr als ein Jahrzehnt regieren, und als er 1859 verstarb, war gerade Wilhelm II. geboren. Er war unzweifelhaft der »Arzt im großen Weltspitale«, als den ihn einmal ein Zeitgenosse bezeichnet hat. Doch seine Mittel hatten sich als unzureichend erwiesen. Die Geburt des Massenmarktes, die revolutionären und nationalen Kräfte, die das 19. Jahrhundert prägen sollten und gegen die sich Metternich gestellt hat, erwiesen sich am Ende als stärker.

Die Zerstörung der Habsburgermonarchie, der mühsam hinausgezögerte innere Zerfall des Vielvölkerstaates, das Versagen der Staatskunst anno 1914, im Übrigen kein isoliertes Problem der seinerzeitigen Doppelmonarchie, all dies ist Metternich wohl kaum vorrangig anzulasten. Den Dualismus zwischen Preußen und Habsburg hat er auf seine Weise aufzulösen versucht, indem er 1815 den Deutschen Bund schuf, eine Konstruktion, die sich dann allerdings nicht als reform- und tragfähig genug erwies, um die zentrifugalen und revolutionären Kräfte vor allem Preußens zähmen zu können. Hier zeigten sich deutlich die Grenzen dessen, was Metternich geschaffen hatte, und diese Grenzen hatten ganz wesentlich auch mit den noch im 18. Jahrhundert zurückliegenden Prägungen, wohl auch mit den charakterlichen Veranlagungen zu tun, die aus Metternich nie einen weißen Revolutionär hätten werden lassen.

Die alte Primatfrage – Primat der Innenpolitik oder Primat der Außenpolitik – lässt sich beim Blick auf den ganzen Metternich trefflich studieren. Denn diese die jeweils andere Betrachtungsweise ausschließende Perspektive war schon ein für das 19. Jahrhundert nicht mehr tauglicher Zugriff. Die Konzentration seines gesamten politischen Denkens auf Österreichs Stellung im Konzert der Mächte mag der große Irrtum Metternichs gewesen sein, Stärke und Grund für sein Scheitern zugleich. Denn lediglich auf dem Gebiet der auswärtigen Beziehungen gilt, was Srbik 1922 beim Blick auf Metternichs Gesamtwerk treffend bilanziert hat: »Als Leiter der äußeren Politik hat Österreich keinen seinesgleichen gehabt, selbst Kaunitz nicht.«[135]

V.

Auch Bismarck hat zeitlebens an seinem Bild in der Geschichte gearbeitet, dies verbindet ihn mit Metternich. Denn auch er war Historiograph in eigener Sache und schrieb für die Nachwelt. Und auch er strebte danach, dass sich eine bestimmte Sicht – nämlich seine eigene – im Urteil der Meinungen auf lange Sicht behaupten würde. Zu diesem Bild in der Geschichte zählte insbesondere auch, nicht ohne Erfolg, das Streben nach Deutungshoheit über seine eigene Biographie. So ließ er in späteren Jahren gerne einfließen, dass seine Familie schon im Lande saß, als von den Hohenzollern noch niemand etwas gewusst habe. Die Bismarcks waren Dienstadel, und viele seiner Vorfahren führten das typische Leben des Landedelmannes mit den unveränderlichen Fixpunkten König, Scholle und protestantische Kirche. Wohl über seine Mutter, eine Tochter Ludwig Menckens, kam der junge Bismarck früh schon mit geistig-literarischen Interessen in Berührung.

Die Schulzeit, zuerst in der Plamann'schen Anstalt, dann im Friedrich-Wilhelm-Gymnasium und im Gymnasium Zum Grauen Kloster in Berlin, hat keine besonderen Spuren hinterlassen. Das klassische, von seinen Biographen gerne bemühte Zitat aus dem Anfang der *Gedanken und Erinnerungen* mag die Sicht widerspiegeln, wie Bismarck sie als Staatsmann im Ruhestand der Nachwelt gerne hinterlassen wollte, zumindest lässt sie die Schlussfolgerung zu, dass Bismarck es mit dem Respekt vor staatlichen Autoritäten nicht allzu genau nahm. »Als normales Produkt unseres staatlichen Unterrichts verließ ich 1832 die Schule als Pantheist, und wenn nicht als Republikaner, doch mit der Ueberzeugung, daß die Republik die vernünftigste Staatsform sei, und mit Nachdenken über die Ursachen, welche Millionen von Menschen bestimmen könnten, Einem dauernd zu gehorchen, während ich von Erwachsenen manche bittre oder geringschätzige Kritik über die Herrscher hören konnte.«[136] Beim Jus-Studium zuerst in Göttingen, einer traditionellen Kavaliersuniversität, und dann in Berlin, zeigte sich bereits der ganze Bismarck als »toller Junker«, eher den Salons als der ernsten Arbeit zugeneigt, immer auf dem Sprung, seine Umwelt zu verblüffen, und damals schon mit einer gehörigen Portion Selbstvertrauen ausgestattet. »Ich werde entweder der größte Lump oder der größte Mann Preußens«, prophezeite er einem Jugendfreund.[137]

Bismarcks weitere Karriere entwickelte sich entlang der typischen Stationen eines Landedelmanns – nach dem Studium als Einjähriger gezogen, Beginn der Verwaltungslaufbahn bei der Regierung in Aachen, dann Bewirtschaftung der familiären Güter, zuerst, seit 1839, auf Kniephof, dann, nach dem Tod des Vaters, auf Schönhausen. Erste Aufgaben und Ämter in der ländlichen Selbstverwaltung schlossen sich an, als stellvertretender Landrat und Mitglied des pommerschen Provinziallandtages, seit 1847 schließlich als Vertreter der ostelbischen Ritterschaft Zugehörigkeit zum vereinigten Preußischen Land tag. Daneben gab es aber immer auch den anderen Bismarck: naturverbunden, auf ausgedehnten Auslandsreisen Eindrücke in sich aufsaugend, musisch, empfindsam und von Temperamentsausbrüchen geschüttelt, literarisch bewandert, stundenlang Shakespeare-Verse kopierend und mit der Fähigkeit ausgestattet, sich selbst nicht zu wichtig zu nehmen und die kleinen und großen Schwächen seiner Umgebung mit glasklarem Blick zu erfassen: »Mein Umgang besteht in Hunden, Pferden und Landjunkern, und bei letzteren erfreue ich mich einigen Ansehens, weil ich Geschriebenes mit Leichtigkeit lesen kann, mich zu jeder Zeit wie ein Mensch kleide, und dabei ein Stück Wild mit der Accuratesse eines Metzgers zerwirke, ruhig und dreist reite, ganz schwere Zigarren rauche und meine Gäste mit freundlicher Kaltblütigkeit unter den Tisch trinke.«[138]

Gegen Konventionen hat Bismarck absichtsvoll und immer wieder verstoßen. Den Verwaltungsdienst in Aachen durchbrach er, als er wegen der Liebe zu zwei schönen Engländerinnen monatelang ohne Urlaub vom Dienst fernblieb. Und später im Seebad Biarritz, als er sich in die Fürstin Katharina Orloff verliebte – noch Jahre danach kam er in seinem Briefwechsel mit der Fürstin und deren Gatten auf den Jungbrunnen jener intensiven Zeit zurück –, verstand er es, sich über die politische Beflissenheit seiner Zeitgenossen zu mokieren. So in jenem Brief vom 10. November 1871, als er über die »Sehnsucht nach Biarritz und nach der Freiheit, nach vergangenen Zeiten« raisonierte: »Wenn ich zum Reichstag gehe, oder Fragen, die mich nur mäßig interessieren, mit Menschen bespreche, die mich gar nicht interessieren, so denke ich, auf die Gefahr hin, mich gewagten Ablenkungen hinzugeben, an das Leben, das wir wie einst an jenem Strande führen könnten, den mir die Erinnerungen an die Vergangenheit teuer machen […] Sie wissen wohl, daß die Politik, so sehr sie sich andererorts überall einschleicht, mir in der Leuchtturmsgrotte und auf der Möwenklippe völlig aus dem Sinn gekommen war.«[139]

Bismarck betrat die Bühne der Politik als Mann des Parlaments. Zunächst war er als Stellvertreter in den Ersten Vereinigten Landtag berufen, dem Zweiten Vereinigten Landtag vom April 1848 gehörte er als Vollmitglied an. Die sich zuspitzende politische und soziale Lage und die Notwendigkeit, als Mann des gesprochenen Wortes, gewissermaßen in offener Feldschlacht, die Klingen zu kreuzen – beides entsprach Bismarcks Naturell und hat seinen Zugriff auf politische Entscheidungen geprägt, die er, wenn es darauf ankam, energisch und nachdrücklich zu begründen wusste. Konflikten ist er nie aus dem Weg gegangen.

Juli 1847: Dies war nicht nur der Beginn von Bismarcks politischer Laufbahn, es war auch das Jahr der Hochzeit mit Johanna von Puttkamer, seinem »Anker an der guten Seite des Ufers«, der er mit hinreißenden Brautbriefen auf immer einen festen Platz in der deutschen Liebeslyrik gesichert hat.[140] Dabei war Johanna von Puttkamer für ihn eigentlich zweite Wahl, denn die große Liebe seines Lebens ist zweifelsohne ihre Freundin Marie von Thadden gewesen, zudem Verlobte seines Freundes Moritz von Blanckenburg. Marie von Thadden, die aus einem pietistischen Elternhaus stammte, war 1843 zum ersten Mal in seinen Lebenskreis getreten und wollte, wie sie ihrem Verlobten erklärte, in Gesprächen »Bismarcks Seele retten«. Sie wurde damit zum ersten Menschen, der Bismarck Grenzen aufzeigte, und ihr früher Tod stürzte den jungen Bismarck in eine Lebens- und Glaubenskrise.

Bismarck war – und blieb es zeitlebens – eine vielschichtige Persönlichkeit, und genauso ambivalent ist sein Verhältnis zu Staat und Nation. Das Changierende seiner Person zeigt sich in seinem ausgeprägten politischen Instinkt, im Ergreifen von Gelegenheiten, in wiederholten Seitenwechseln, aber eben auch in der Fähigkeit, Grundsätze über Bord zu werfen, sich mit einstigen Gegnern zu arrangieren, Allianzen zu wechseln und überhaupt Bündnisse mit den Ideen der Zeit einzugehen. Dieser Punkt ist der vielleicht entscheidende Unterschied zwischen der Staatskunst Bismarcks und derjenigen Metternichs. Bismarck lässt sich nicht ohne weiteres zuordnen. Keine Partei kann ihn ganz für sich vereinnahmen. Er war skeptischer Realist, so sehr, dass er schon von den Zeitgenossen der Prinzipienlosigkeit bezichtigt wurde. Karl Scheffler hat diese Sicht in einer noch vor dem Ersten Weltkrieg verfassten, 1919 veröffentlichten Kritik dahingehend zusammengefasst, dass er Bismarck als »Genie des Gegenwärtigen«[141], als »König des Augenblicks«[142] bezeichnet, dem seine Zeit immer bald nachgekommen sei und der keine Tradition hinterlassen habe, »weil er keine Idee zu hinterlassen hatte«[143], als Staatsmann näher bei Pitt und Richelieu denn bei Cromwell und Napoleon.

Es wäre jedoch verfehlt, in Bismarck ausschließlich den Opportunisten, der er auch sein konnte, zu erblicken, vielmehr war die Wiederherstellung des Verhältnisses »von Freiheit und Bindung, von Überzeugung und Tat, von Idee und Macht« sein wesentliches Anliegen.[144] Bismarck verstand sich als altmärkischer Junker, als kurbrandenburgischer Vasall, der sich in einem Treue- und Abhängigkeitsverhältnis zu seinem Lehnsherrn befand. Bismarck dachte vom Staat, nicht von der Nation her, auch wenn er später mit der nationalen Bewegung eine temporäre Allianz – zu etwas anderem war er gar nicht fähig – eingehen sollte. Staat und Monarchie waren sein Fundament, und es besteht kein Zweifel, dass sein Staat Preußen war, der altpreußische Machtstaat auf militärischer und bürokratischer Grundlage. Diesem Staatsverständnis ist Bismarck auch dann treu geblieben, als er der erste Kanzler des 1871 gegründeten Deutschen Reiches war, und dabei traf es schon im Grunde nicht mehr die Verfassungswirklichkeit Preußens in den 1850er und 1860er Jahren.

Die für Bismarcks politisches Handeln so bezeichnende Verbindung zwischen aufgeklärtem Absolutismus und Moderne, wie sie insbesondere während seiner Zeit als preußischer Ministerpräsident und als Reichskanzler nicht selten auch seine Gegner verwirrte, kündigt sich hier an. Immer wieder hat Bismarck, auch in Momenten höchster Belastung, damit gedroht, den Bettel hinzuwerfen, sich auf das Leben eines einfachen Landedelmanns – das Ideal des Landrats von Schönhausen – zurückzuziehen. So häufig er davon auch sprach, eine echte Option war dies freilich nie, und immer war auch ein Gutteil Koketterie, bisweilen auch Kalkül dabei, um durch den bloßen Hinweis auf einen möglichen Abgang die eigene Unentbehrlichkeit zu unterstreichen: »Ich würde am liebsten von der Bühne in eine Zuschauerloge abtreten«, schrieb er im Dezember 1871 der Fürstin Orloff: »Ich werde aber schwerlich die Genehmigung dazu erhalten, selbst wenn ich das Publikum, das ich manchmal mit Erfolg unterhalten habe, zum Gähnen brächte. Der König ist zu alt, um in eine Veränderung einzuwilligen, die er für Eigensinn halten würde, wenn kein unabweisbarer Grund vorläge.«[145]

Bestimmend für Bismarck war zum einen seine Verwurzelung im Prinzip der adeligen Herrschaft – die Anfänge von Bismarcks Karriere liegen in der adeligen Selbstverwaltung –, der Ständestaat mit dem König als *primus inter pares*; und da war zum anderen die Tradition des friderizianischen Machtstaats. »Jeder deutsche Fürst, der vor dem 30jährigen Kriege dem Kaiser widerstrebte, ärgerte mich«, schrieb er in den *Gedanken und Erinnerungen*: »Vom Großen Kurfürsten an aber war ich parteiisch genug, antikaiserlich zu urtheilen und natürlich zu finden, daß der 7jährige Krieg sich vorbereitete.«[146] Das friderizianische Geschichtsbild hatte er gewissermaßen mit der Muttermilch aufgesogen. Der Staat der preußischen Könige, die Selbstbehauptung in den *à outrance* geführten Kriegen und Krisen, das machttaktische Kalkül von den ewigen Interessen und die ausschließlich den Interessen dienenden

Bündnisse, auch von der Unterordnung des Rechts unter die Macht – all dies findet sich früh schon in Bismarcks Denken angelegt. Bismarcks Verhalten im preußischen Heereskonflikt, seine Auffassung vom König als Kriegsherr und, davon abgeleitet, auch vom Volksheer als Königsheer, weil beim König die Kommandogewalt läge, ebenso wie die Positionierung in der Frage, ob die preußische Verfassung vom Grundsatz der Königsherrschaft oder von dem der Parlamentsherrschaft auszugehen habe, können nur vor diesem Hintergrund verstanden werden.

Und auch Preußens Verhältnis zu Österreich muss bei Bismarck immer vor diesem friderizianisch-machtstaatlichen Hintergrund betrachtet werden. Denn es war zunächst das Verhältnis zwischen der kleinsten Macht, dem Aufsteiger in die Pentarchie, eben dem noch immer um Selbstbehauptung und seinen Platz im Konzert der Mächte ringenden Preußen, und der mit damals 35 Millionen Einwohnern zahlenmäßig größten europäischen Macht, nämlich Habsburg. Und die im Deutschen Bund gefundene Lösung des scheinbaren Nebeneinander war eben keine dauerhaft belastbare Lösung, wie der erste Praxistest erwiesen hatte. Bismarck betrat die Bühne, als die deutsche Frage im Epochenjahr 1848 auf weite Sicht einer dauerhaften Lösung zugeführt werden sollte, und zwar in all ihren Bestandteilen der nationalen Frage – als machtstaatliche Begründung einer europäischen Großmacht –, der konstitutionellen Frage – der Schaffung eines liberalen Verfassungsstaats – und als soziale Frage, das heißt der Antwort auf die drängenden sozialen Probleme an der Schwelle vom vorindustriellen zum industriellen Zeitalter.

Für die nationale Bewegung war Bismarck zu jener Zeit noch gänzlich unempfänglich. Auch für ihn werden das träumerische Professoren und tolle Studenten gewesen sein. In den *Gedanken und Erinnerungen* heißt es: »Die Frage der deutschen Einheit war in den letzten beiden Jahrzehnten unter Friedrich Wilhelm III. nur in Gestalt der burschenschaftlichen Bestrebungen und deren strafrechtlicher Repression in die äußere Erscheinung getreten. Friedrich Wilhelm's IV. deutsches oder, wie er schrieb, ›teutsches‹ Nationalgefühl war gemütlich lebhafter wie das seines Vaters, aber durch mittelalterliche Verbrämung und durch Abneigung gegen klare und feste Entschlüsse in der praktischen Bethätigung gehemmt.«[147]

Noch deutlicher wurde Bismarck im geläuterten Blick zurück in den Memoiren, als er »die preußische Ehre« darin verwirklicht sah, »daß Preußen vor Allem sich von jeder schmachvollen Verbindung mit der Demokratie entfernt halte, daß Preußen in der vorliegenden wie in allen anderen Fragen nicht zugebe, daß Deutschland etwas geschehe ohne Preußens Einwilligung, daß dasjenige, was Preußen und Österreich nach gemeinschaftlicher unabhängiger Erwägung für vernünftig und politisch richtig halten, durch die beiden gleichberechtigten Schutzmächte Deutschlands gemeinschaftlich ausgeführt werde.«[148]

VI.

1848 war Bismarck in der Tat der rote Reaktionär, der Mann der Gegenrevolution, von dem sein Monarch zu Recht gesagt hatte: »Nur zu gebrauchen, wenn das Bajonett schrankenlos waltet.«[149] Die Erfahrung von 1848 war für Bismarck ein tiefgehender Einschnitt. Sein viel strapaziertes, wohl bekanntestes Zitat aus dem Jahr 1862 – »Nicht durch Reden und Majoritätsbeschlüsse werden die großen Fragen der Zeit entschieden – das ist der große Fehler von 1848/49 gewesen – sondern durch Eisen und Blut« – bringt die zentrale Lehre aus den Ereignissen des »tollen Jahres« auf den Punkt. Die seit den 1830er Jahren offenkundige Konfrontation zwischen den konservativen Mächten der Heiligen Allianz – Russland, Österreich und Preußen – und der Entente westeuropäischer Staaten war durch die Entwicklungen von 1848 auf die Probe gestellt. Russland sah seinen Führungsanspruch durch das aufstrebende Preußen gefährdet, Britannien, der Wächter der europäischen Balance, hätte sich grundsätzlich mit einer kleindeutschen Lösung der deutschen Frage akkommodieren können, wenn Preußen nicht am 10. April 1848 in Schleswig einmarschiert wäre. Die deutsche Einheit war nur zu haben, wenn sie nicht das europäische Gleichgewicht beeinträchtigte. Dabei wäre bei einer größeren staatsmännischen Begabung 1848 zumindest eine moderate Lösung der deutschen Frage möglich gewesen. Denn der preußisch-österreichische Dualismus war im Frühjahr 1848 praktisch nicht existent.[150]

Gescheitert ist die Paulskirche, und darauf zielte Bismarcks Wort von den Reden und Majoritätsbeschlüssen, auch an sich selbst, an Palavern und überzogenen Erwartungen, am Anspruch, alles zugleich und frei nach der Devise »Wünsch dir was« lösen zu wollen. Bismarcks Staatskunst hingegen bestand zuallererst in der Kunst der Bescheidung und der Fähigkeit zur klugen Einbettung des für die Nachbarn gerade Zumutbaren in den internationalen Rahmen, einen Rahmen, der durch duellartige Kriege und die kühle Ausnutzung des Wandels der Konstellationen erst geschaffen wurde. Die Größe des von Bismarck Geleisteten erschließt sich gerade in der Kontrastierung mit der Geschichte der gescheiterten Revolution von 1848.

Auch mit Blick auf das Duell zwischen Habsburg und Preußen wurde 1848 mehr entschieden, als es auf den ersten Blick ersichtlich war. Die warnenden Worte des bayerischen Ministerpräsidenten Ludwig Freiherr von der Pfordten vor den Konsequenzen einer kleindeutsch-preußischen Lösung bekommen vor dem Hintergrund des tatsächlichen Verlaufs der Geschichte eine geradezu seherische Bedeutung: »Sind Österreich und Deutschland einmal förmlich geschieden, so werden sie sich schwer tun, wohl niemals wieder vereinigen. Dann wird im österreichischen Staat das deutsche Element sehr in den Hintergrund gedrängt werden, wo nicht ganz unterliegen. In Deutschland aber wird die Zentralisierung unaufhaltsam vorwärtsgehen, und es ist dann, vielleicht in nicht sehr ferner Zeit, wahrscheinlich, daß dieser große reine deutsche Staat eine mächtige Attraktion auf die in Österreich unterliegenden deutschen Elemente ausübt.«[151]

Für Bismarck trennten sich von nun an die Wege Preußens und Österreichs, weil dies für die Verwirklichung der Ziele Preußens vorteilhafter erschien: die Konstellation hatte sich verändert, die Wiener Ordnung war ausgehöhlt, die Verfassungsfrage politisiert, das unglückliche Agieren Friedrich Wilhelms IV. sollte eine Warnung sein. Bismarcks Stärke lag immer darin, dass er über feste Vorstellungen verfügte und trotzdem ideologiefrei Politik gestaltete. Gut war, was den Interessen Preußens diente, und diese waren mit denjenigen Österreichs, das war seine in der Zeit als Gesandter Preußens beim Bundestag erworbene Erkenntnis, keinesfalls identisch, sondern entgegengesetzt. Als Wendepunkt für diese Erkenntnis, den Bismarck in seinen Memoiren anführt, nannte er eine Depesche des Fürsten Schwarzenberg vom 7. Dezember 1850 über die Olmützer Ergebnisse, die der österreichische Kanzler so darstellte, als ob es »von ihm abgehangen hätte, Preußen zu ›demüthigen‹ oder großmüthig zu pardonieren [...] Trotz der für preußisches Gefühl demüthigenden Inferiorität unseres Auftretens in Olmütz und Dresden war ich noch gut österreichisch nach Frankfurt gekommen; der Einblick in die Schwarzenbergsche Politik ›avilir, après démolir‹, den ich dort actenmäßig gewann, enttäuschte meine jugendlichen Illusionen.«[152]

Die Olmützer Punktation vom November 1850 ist in der Tat eine entscheidende Wegmarke, bei der Preußen nichts weniger als die nationale Führung preisgeben musste. Denn auch wenn Friedrich Wilhelm IV. 1848 die Kaiserkrone aus den Händen der Paulskirchenparlamentarier ablehnte, so blieb Preußen die einzige deutsche Macht, die in der Lage war, die nationalen Ziele der Zeit aufzugreifen. Otto Freiherr von Manteuffel hat in seinen *Denkwürdigkeiten* Preußens deutsche Berufung darin gesehen, dass sich Preußen mit Österreich verbinden solle, auch um der im südwestlichen Teil Deutschlands sich breitmachenden französischen Partei entgegenzutreten: »Das Streben nach deutscher Einheit ist bei dem tiefen Dualismus, der Deutschland spaltet, wenn auch ein schöner, doch ein bloßer Traum. Praktisch kann eine Verschmelzung nur im Inneren jeder der beiden großen Parteien, in die Deutschland zerfällt, angestrebt werden.«[153]

In Olmütz indes hat Österreich der preußischen Einigungspolitik von oben jene kalte Absage erteilt, die im preußischen Abgeordnetenhaus zu einem einmütigen Aufschrei der Empörung führte. Bismarck hat in seiner glanzvollen Olmütz-Rede vom 3. Dezember 1850 alle rhetorischen Register gezogen und in seinem Auftritt bereits die Konturen für sein politisches Programm der kommenden Jahrzehnte umrissen. Sein Standpunkt als Diener des preußischen Königs und leidenschaftlicher Verfechter der Abstützung von Preußens Macht durch ein intaktes Militärwesen hat ihm über die Parteigrenzen hinweg bereits damals flammenden Beifall beschert:

»Die preußische Ehre besteht nach meiner Überzeugung nicht darin, daß Preußen überall in Deutschland den Don Quichotte spiele für gekränkte Kammerzelebritäten, welche ihre lokale Verfassung für gefährdet halten. Ich suche die preußische Ehre darin, daß Preußen vor allem sich von jeder schmachvollen Verbindung mit der Demokratie entfernt halte, daß Preußen in der vorliegenden wie in allen Fragen nicht zugebe, daß in Deutschland etwas geschehe ohne Preußens Einwilligung (Heiterkeit), daß dasjenige, was Preußen und Österreich nach gemeinschaftlicher unabhängiger Erwägung für vernünftig und politisch richtig halten, durch die beiden gleichberechtigten Schutzmächte Deutschlands gemeinschaftlich ausgeführt werde.«

Die Hauptfrage von Krieg und Frieden sei »die Gestaltung Deutschlands, die Regelung der Verhältnisse zwischen Preußen und Österreich und der Verhältnisse von Preußen und Österreich zu den kleinen Staaten«. Und dies sei zunächst in freien Konferenzen und nicht auf dem Schlachtfeld zu klären. Österreich war für ihn Ausland, so wie er Hessen oder Holstein als Ausland bezeichnete. Er nannte es eine »seltsame Bescheidenheit«, dass man sich nicht entschließen könne, Österreich für eine deutsche Macht zu halten: »Ich kann in nichts anderem den Grund hiervon suchen, als daß Österreich das Glück hat, fremde Volksstämme zu beherrschen, welche in alter Zeit durch deutsche Waffen unterworfen wurden.«[154]

Den einmal eingeschlagenen Kurs als scheinbar unausweichlich darzustellen und die Schuld für etwaige Entwicklungen allein der gegnerischen Seite zuzuschieben, entsprach ganz Bismarcks Naturell, und darin ist auch ein Grund zu suchen, weshalb die oftmals teleologischen Betrachtungen der *Gedanken und Erinnerungen* mit Vorsicht zu genießen sind, jedenfalls immer nach Bismarcks Kalkül durchleuchtet werden sollten. Denn von Schuldzuweisungen an seine Gegner war Bismarck nie frei; weniger ausgeprägt freilich waren seine Neigungen, sein eigenes Handeln, seine Entscheidungen kritisch zu hinterfragen: »Der gordische Knoten deutscher Zustände ließ sich nicht in Liebe dualistisch lösen, nur militärisch zerhauen; es kam darauf an, den König von Preußen, bewußt oder unbewußt, und damit das preußische Heer für den Dienst der nationalen Sache zu gewinnen, mochte man vom borussischen Standpunkte die Führung Preußens oder auf dem nationalen die Einigung Deutschlands als die Hauptsache betrachten; beide Ziele deckten einander.«[155]

1848 hatte das europäische Mächtesystem Risse bekommen, und zudem waren Rechnungen offengeblieben. Die eigentliche Zäsur des internationalen Systems wurde dann der Krimkrieg 1856, weil er die Gewichte verschob und neue Konstellationen aufgrund des Bruchs zwischen Russland und England und der Entzweiung Russlands von Österreich brachte; zudem leitete er eine Phase ein, in der sich sowohl das Zarenreich als auch die Westmächte von Mitteleuropa abkehrten. Die »Krimkriegssituation«[156] ermöglichte in ihrer zumindest bis zur »Krieg-in-Sicht«-Krise des Jahres 1875 anhaltenden Verschiebung zwischen Zentrum und Peripherie jene Konstellation, die dann von Bismarck in den Kriegen von 1864, 1866 und 1870/71 genutzt werden konnte, an deren Ende die Gründung des Deutschen Reiches stand. Denn es war ohne Zweifel auf jene durch den Krimkrieg geschaffene Mächtekonstellation zurückzuführen, dass sich Bismarck in seinem Ziel des völligen Hinausdrängens Österreichs ermuntert fühlte. Bismarcks während des italienischen Krieges von 1859 angestellte Überlegungen, Großpreußen zu schaffen, indem Österreichs Notlage zum mit Frankreich und Russland abgestimmten Vorstoß nach Süden genutzt werden sollte, zeigen die in späteren Jahren wiederholt bewiesene Skrupellosigkeit, die sich wie ein roter Faden durch die preußische Politik in den 1860er Jahren zieht. Die Mitteleuropapläne Schwarzenbergs und später Rechbergs, die österreichischen Sondierungen um einen Beitritt zum Deutschen Zollverein, die Bemühungen Habsburgs um eine Annäherung an die süddeutschen Partikularstaaten, all dies wurde in Bismarcks Preußen ausschließlich unter machttaktischen Gesichtspunkten gesehen.

Was sich nach Bismarcks Berufung zum preußischen Ministerpräsidenten am 22. September 1862 bis zur Proklamation des Deutschen Reiches im Spiegelsaal von Versailles vollzog, stellt sich aus rückblickendem Urteil mit verblüffender Zielgerichtetheit dar, mit einer größeren Zielgerichtetheit, als sie Bismarcks ureigener Auffassung von *fert unda nec regitur* entsprach. »Man kann die politische Gestaltung in der Zeit, welche die Durchführung einer Maßregel bedarf, so wenig mit Sicherheit vorhersehen, wie das Wetter der nächsten Tage in unserem Klima, und muß doch seine Entschließungen fassen, als ob man es könnte, nicht selten im Kampfe gegen alle Einflüsse, deren Gewicht beizulegen man gewöhnt ist«, schrieb er kokett in seinen Memoiren.[157]

Die Schuld für Verwerfungen und fehlerhafte Entwicklungen war in Bismarcks Sicht ganz allein bei Österreich zu suchen. Den Habsburgern attestierte er einen Mangel an Augenmaß für politische Möglichkeiten, das deutsche Element in Österreich hatte in seinen Augen die Fühlung mit der Dynastie und allgemein die Direktion verloren. Bereits zuvor, als Gesandter beim Bundestag des Deutschen Bundes in Frankfurt, waren Bismarck mit Blick auf Österreich die Illusionen genommen. »Die gegenseitige Anlehnung von Österreich und Preußen« bezeichnete er in seinen Memoiren als einen Jugendtraum, »entstanden durch Nachwirkung der Freiheitskriege und der Schule«. Und weiter: »Nachdem ich mich überzeugt hatte, daß dasjenige Österreich, mit welchem ich bis dahin gerechnet, für Preußen nicht existierte, gewann ich die Überzeugung, daß auf der Basis der bundestäglichen Autorität nicht einmal die vormärzliche Stellung Preußens im Bunde zurückzugewinnen, geschweige denn eine Reform der Bundesverfassung möglich sein werde, durch welche das deutsche Volk der Verwirklichung seines Anspruchs auf völkerrechtliche Existenz als eine der großen europäischen Nationen Aussicht erhalten hätte.«[158]

In der Rückschau zeichnet sich auch noch klarer ab, dass das mit großer innerer Folgerichtigkeit von Bismarck in den 1850er Jahren Erdachte konsequent zum Ausschluss Österreichs führte. So wie Bismarck den preußischen Verfassungskonflikt verschärfte und auf die Machtfrage zulaufen ließ, so nutzte er die internationale Konstellation in den 1860er Jahren nun immer unverhohlener zum Kräftemessen und machte, etwa in seinem Gespräch mit dem österreichischen Gesandten Károlyi 1862 in Berlin, keinen Hehl daraus: Es ging ihm um die Errichtung eines von Preußen dominierten Gebildes, wie es dann in der Schaffung des Norddeutschen Bundes von 1867 auch seine territorialen Umrisse erhielt.

Dabei dachte Bismarck immer wieder auch in Alternativen, verwarf Optionen, suchte selbst dann noch in diplomatischen Gesprächen den Kontakt zu Österreich, als seine Entscheidung für den Waffengang bereits getroffen war. Die am 14. August 1865 in Bad Gastein abgeschlossene Konvention, die ein preußisch-österreichisches Kondominium – Österreich in Holstein, Preußen in Schleswig – vorsah, bedeutete nur vordergründig eine Lösung der Schleswig-Holstein-Frage, die ambivalente Übereinkunft war vielmehr geeignet, den Streit jederzeit verschärfen zu können. Die Vorgeschichte des Krieges von 1866 ist ein klassisches Lehrbeispiel dafür, wie öffentliche Meinung und Diplomatie geschickt instrumentalisiert werden, um der mit einer bestimmten Sicht, nämlich Bismarcks, verknüpften Schuldzuweisung an die Adresse Österreichs zum Durchbruch zu verhelfen, während zugleich zielstrebig Kriegsvorbereitungen getroffen werden.

Der außergewöhnliche Erfolg Bismarcks bestand nicht zuletzt in der Begrenzung des Duells, das geführt wurde, ohne dass andere europäische Mächte Partei ergreifen mussten. Moltkes Operationsplanung und die technische Überlegenheit der Preußen hatte den raschen Durchbruch ermöglicht, im Vorfrieden von Nikolsburg wurden insbesondere Österreichs Sekundanten glimpflich behandelt: Nikolsburg gilt seitdem als weißer Friede und Inbegriff der klugen Schonung von einstigen Kriegsgegnern und hat doch im Gleichgewicht der Kräfte mehr verschoben, als sich damals schon den Zeitgenossen erschloss. Österreich hatte mit dem Verlust Venetiens dauerhaft seine Stellung in Italien eingebüßt, im Grunde war die ganze Ordnung des Wiener Kongresses, das Werk Metternichs, von Bismarck mit einem Pinselstrich außer Kraft gesetzt.

VII.

Wer 1866 indes genau zu den Siegern und wer zu den Verlierern zählte, war damals noch nicht absehbar und fand seine Entsprechung auch im inneren Gefüge des 1867 geschaffenen Norddeutschen Bundes. Was damals nur wenige erahnen konnten, blieb dem Gang der Geschichte vorbehalten zu bestätigen: Die Scheidung, auf die Bismarck so kühl seit den 1850er Jahren hingearbeitet hatte, sollte von Dauer sein. Zu den klaren Verlierern zählte in jedem Fall der politische Katholizismus, der sich 1848 vergebens für die großdeutsche Sache ins Geschirr geworfen und vergebens auf Wien als das natürliche Erbe des Heiligen Römischen Reiches gesetzt hatte und sich nun – so wie Polen, Welfen und Sozialisten auch – als Reichsfeind in einem ganz und gar protestantisch geprägten und preußisch dominierten staatlichen Gebilde wiederfinden sollte. Jetzt war Österreich auf Dauer aus Deutschland herausgedrängt. Die Illusion vom »dritten Deutschland« flackerte bei Österreichs Sekundanten – bei den Königreichen Bayern und Württemberg genauso wie den Großherzogtümern Baden und Hessen-Darmstadt – für kurze Zeit auf, als noch einmal die Idee, den deutschen Zollverein von 1834 mit parlamentarischen Institutionen zu versehen, en vogue gekommen war. Doch die Schutz- und Trutzbündnisse, die die süddeutschen Staaten mit Preußen bald schon nach 1866 abschlossen, wiesen den Weg ins Reich.

Österreichs Diplomatie wusste zunächst aus der schonenden Niederlage keinen wirklichen Profit zu schlagen. Die Ernennung des ehemaligen sächsischen Ministerpräsidenten Freiherr von Beust zum Minister des Äußeren wurde in der Unterredung des österreichischen Ministerrates unter Vorsitz des Staatsministers Graf Belcredi mit Blick auf den großen Widerstand in der öffentlichen Meinung, insbesondere in Ungarn, kritisch diskutiert. Beusts Einlassung, »daß jede Provokation gegen Preußen sorgfältig unterlassen werden, daß man auf den Abschluß nützlicher Allianzen eventuell auch auf einer solchen mit Preußen bedacht sein und daher alles vermeiden müsse, was geeignet wäre, Preußen zu reizen«, entsprach ganz der vorsichtig taktierenden österreichischen Politik. Schon im Oktober 1866 warnte Beust, »daß die deutschen Sympathien nicht ganz verscherzt werden, da die österreichisch-deutschen Provinzen ein Preisgeben derselben nicht verwinden würden«.[159]

Es ist bezeichnend für den changierenden, im Grund eine Linie suchenden österreichischen Kurs, dass noch in der Nacht der Niederlage von Königgrätz Wien die Annäherung an Napoleon III. suchte. Bismarck hatte seinerzeit die Frankreich zukommende Rolle bei der Vermittlung des Vorfriedens als diplomatischen Wechsel auf die Zukunft bewusst in Kauf genommen. Der Druck der öffentlichen Meinung in Paris – *»revanche pour Sadowa«*, das Dorf bei Königgrätz, war damals der Schlachtruf der Irredentisten und ein geflügeltes Wort – ließ Napoleon III. die territorialen Forderungen gegenüber Bismarck hochschrauben. Der französische Appetit richtete sich auf Landau in der Pfalz, Teile des Saargebiets und Luxemburg. Die Angst vor einem Zweifrontenkrieg hat Bismarck dann zu größeren Zugeständnissen veranlasst. Die von ihm gespielte Karte der Unterstützung des ungarischen Nationalismus war ebenso sehr auf die Furcht vor französischen Ambitionen zurückzuführen, wie er damit Österreich-Ungarn empfindlich zu schwächen trachtete. Die Möglichkeit des Zusammengehens von Österreich und Frankreich war wohl das entscheidende Motiv dafür, dass Bismarck auf eine dauerhafte vertragliche Regelung der preußisch-österreichischen Scheidung drängte. Bismarcks Interesse lag in einer Status-quo-orientierten Mächtepolitik, in der Österreich an der Spitze einer Donaukonföderation durchaus seinen Platz finden konnte. Diesem Zweck folgte die Bestandsgarantie für die territoriale Unversehrtheit Österreich-Ungarns und die auf Einhegung der irredentistischen Bewegungen im Habsburgerreich zielende Südosteuropapolitik Bismarcks, die keine Sympathien etwa für die Serben oder Rumänen erkennen ließ.

In den Jahren zwischen 1866 und 1870 konnte Bismarck seine ganze Virtuosität zur Entfaltung bringen. Die Geheimnisse seines Erfolgs – sorgfältige Analyse gegnerischer Interessenlagen, Überrumpelung, überraschende Frontwechsel bei Preisgabe scheinbar unverrückbarer Positionen, ein schnelles *fait accompli*, dann Klugheit und Mäßigung im Moment des Triumphs – konnte er nun im vollen Umfang zur Geltung bringen. Der eigentliche Duellgegner Bismarcks in jenen Jahren war Frankreichs Napoleon III. und Luxemburg das Objekt, um das es ging. Die Ambitionen Napoleons III. waren auf den käuflichen Erwerb Luxemburgs gerichtet, zugleich war Luxemburg erklärtes Ziel der deutschen Nationalbewegung, auch wenn die dortige politische Klasse traditionell nach Paris orientiert war. Der Deutsche Bund war aufgelöst, Luxemburg nicht Mitglied des Norddeutschen Bundes, dafür standen noch immer preußische Truppen in der einstigen Bundesfestung, ohne dass es dafür eine Rechtsgrundlage gegeben hätte. Bismarck ließ sich zunächst auf die Anbahnung des Handels mit Napoleon III. ein, sprach gar davon, dass Preußen Frankreichs natürlicher Partner sei, und suchte die Vermittlung Britanniens. Auf dessen Initiative kam im Mai 1867 auf einer internationalen Konferenz der Kompromiss zustande, dass Luxemburgs Neutralität international garantiert wurde und das Land zugleich Mitglied des Deutschen Zollvereins bleiben konnte.

Bismarck hatte, wieder einmal, mit Diplomatie und Mäßigung einen Waffengang verhindert. In Paris indes waren von der Luxemburgkrise an die Aussichten auf ein preußisch-französisches Zusammengehen auf den Nullpunkt gesunken und die öffentliche Meinung antipreußisch aufgeladen, mitunter vergiftet. Zugleich aber war aufgrund des Ausgleichs mit Ungarn von 1867 der österreichische Handlungsspielraum mit dem Ziel, das Ergebnis von 1866 notfalls auf dem Schlachtfeld zu korrigieren, dahingehend eingegrenzt, als die ungarischen Ambitionen weniger gegen Preußen als gegen Russland gerichtet waren – ausgerechnet zu einem Zeitpunkt, als sich Russland und Preußen einander mehr und mehr annäherten. Die einfache Zuordnung, wer antiösterreichisch sein wollte, musste zugleich auch propreußisch sein, wurde außer Kraft gesetzt, und doch arbeitete die Zeit gegen Preußen: Vor allem in den süddeutschen Ländern war die antipreußische Stimmung im Aufwind.

Dies war die Stunde Bismarcks, der die Verwicklungen um die Ankunft eines Hohenzollernprinzen auf dem spanischen Thron im Frühjahr 1870 für seine eigenen Interessen zu nutzen verstand. Ein Hohenzollern auf dem spanischen Thron hätte Preußens übernationaler Machtstellung gut angestanden, wäre jedoch ohne Zweifel als Provokation der Habsburger und verspätete Antwort Preußens auf das Riesenreichs Kaiser Karls V. betrachtet worden. Bismarck musste seine ganze Kunst der Beredsamkeit in die Waagschale werfen, um Wilhelm I. davon zu überzeugen, und doch blieb der König zurückhaltend. Die spanische Thronfolge war ihm alles andere als ein Herzensanliegen. Und auch Bismarck hat den Plan wohl kaum aus reichsromantischen Überlegungen, sondern vorrangig aus machttaktischem Kalkül verfolgt, um die erwünschte Zuspitzung mit Frankreich zu erwirken.

Der Kunstgriff, mit dem Bismarck seinen Plänen nachhalf, ist legendär geworden. Das chiffrierte Telegramm, die Depesche aus Ems, mit der Wilhelm I. die Forderungen der Franzosen nach Verzicht auf die Kandidatur und die Verunmöglichung ähnlich gelagerter Fälle in der Zukunft beantwortete, war von Bismarck in voller Absicht redigiert worden. Die Botschaft von der nicht hinnehmbaren Niederlage, die Paris den Preußen bereiten wollte, war von Bismarck mit kräftigen Pinselstrichen gezeichnet worden, und sie verfehlte nicht ihr Ziel. Bismarck bekam 1870 den Krieg, den er wollte und der gewissermaßen zum Schlussstück seiner Reichseinigungspolitik werden sollte. Nur die Existenz eines äußeren Gegners der Reichseinigung, eben Frankreichs, bot Gewähr, dass die süddeutschen Staaten sich im Waffengang an der Seite von Preußen wiederfanden. Zugleich war Bismarck klug genug, auf Begrenzung der auslösenden, als überschaubar betrachteten Frage der Hohenzollernkandidatur für den spanischen Thron zu drängen, so dass die anderen europäischen Mächte nicht intervenieren mussten und der Konflikt begrenzt bleiben konnte.

War Bismarck mit der Gründung des Deutschen Reiches ans Ziel gelangt? Mit dem Gewinn der nationalen Einheit war für die Deutschen ein langersehnter Traum in Erfüllung gegangen. Das Deutsche Reich von 1871 war in seinem Charakter ein begrenzter, ein »amputierter Nationalstaat«[160], zu dem schon bei dessen Begründung im Jahr 1871 die Großdeutschen von 1848 keinen Zutritt erhalten hatten. Sie waren die eigentlichen Verlierer von Bismarcks Reichseinigungspolitik, und die

Stimmen derer, die auf der Vorläufigkeit der Reichsgründung bestanden, waren im Kaiserreich nie wirklich vernehmbar. Die Spannung zwischen Preußen und dem Reich hingegen, die auch in der Person Bismarcks angelegt war, konnte von Anfang an verspürt werden; und in der Historiographie ist das Misstrauen gegen die preußisch-machtstaatliche Prägung der Reichsgründung und ihre Einordnung in den inneren Zusammenhang preußischer Territorialerweiterung von Onno Klopp bis Franz Schnabel nie gänzlich verstummt.

Zu den bitteren Lehren von 1848 zählte für die Deutschen auch die Erfahrung, dass die nationale Einheit nicht gegen die europäischen Mächte zu haben war. In drei duellartig geführten Kriegen hatte Bismarck die Gunst der Stunde eines »Wellentals der Weltpolitik« (Dehio) genutzt. Unter dem Gewehranschlag Europas wurde das preußisch dominierte, kleindeutsche Kaiserreich am 18. Januar 1871 in Ludwigs XVI. Spiegelsaal des Versailler Schlosses proklamiert. Nicht nur mit dieser Demütigung machte sich das zweite deutsche Kaiserreich Frankreich von Anfang an zum unversöhnlichen Gegner. Mit der Annexion Elsass-Lothringens beging das Deutsche Reich eine der von Sebastian Haffner so bezeichneten »sieben Todsünden«.[161] Im Rückblick erkannte Bismarck die damals von der öffentlichen Meinung hartnäckig geforderte Annexion als Fehler. Elsass-Lothringen wurde Reichsland, eine verfassungsrechtliche Sonderkonstruktion, und blieb den Franzosen ein Stachel im Fleisch, der sie 1914 laut vernehmlich und einmütig nach Revanche schreien ließ.

Aber konnte man, um ein Wort Bismarcks abzuwandeln, Schach spielen, wenn 16 von 64 Feldern von vornherein nicht besetzt werden durften? Seine geographische Stellung als »halber Hegemon« wurde dem Deutschen Reich seitdem zum Dilemma, zu groß für das Gleichgewicht, zu klein für die Hegemonie. Die deutsche Frage stand von nun an im Zentrum der europäischen Politik. Nie war sie allein Eigentum der Deutschen, immer war sie auch und zuerst eine europäische Frage. Für Bismarck ergab sich aus dieser machtpolitischen Situation die Konsequenz, dass von den drei grundlegenden Optionen deutscher Außenpolitik, wie sie von Andreas Hillgruber prägnant herausgearbeitet wurden – nur eine übrigblieb: Konvenienzpolitik, das Abstecken von Einflusssphären auf Kosten der Klein- und Mittelstaaten, und die von Generalstabschef Moltke seit den 1860er Jahren vertretene Präventivkriegskonzeption hingegen schieden aus. So blieb als einzige Option lediglich das von Bismarck virtuos gehandhabte »diplomatisch-politische Spiel, die Interessen der übrigen Großmächte gegeneinander zu lenken und die Spannungen insgesamt vom Zentrum an die Peripherie zu dirigieren, in zunehmendem Maße auch die sich aus dem Ausgreifen der Großmächte nach Übersee ergebenden Gegensätze zwischen ihnen in Afrika und Asien auszunutzen«.[162]

Bismarcks Zauberformel der kommenden Jahre, in der Diplomatiegeschichte spricht man nun vom Zeitalter Bismarcks, wurde das Bekenntnis, Deutschland sei eine saturierte Macht. Der Alpdruck der Koalitionen bestimmte sein Spiel mit den fünf Kugeln, dessen Leitlinien er im berühmten Kissinger Diktat vom 15. Juni 1877 wie folgt umrissen hat: »Wenn ich arbeitsfähig wäre, könnte ich das Bild vervollständigen und feiner ausarbeiten, welches mir vorschwebt: nicht das irgendeines Ländererwerbes, sondern das einer politischen Gesamtsituation, in welcher alle Mächte außer Frankreich unser bedürfen und von Koalitionen gegen uns durch ihre Beziehungen zueinander nach Möglichkeit abgehalten werden.«[163]

Im Kissinger Diktat war gewissermaßen *in nuce* Bismarcks politisches Kalkül zusammengefasst, wie es sich als Folgerung aus der »Krieg-in-Sicht«-Krise des Jahres 1875 entwickelt hatte. Bismarck hatte die diplomatische Zuspitzung bewusst gesucht, wie sie durch den in der offiziösen *Post* am 8. April 1875 erschienenen Artikel des Publizisten Constantin Rößler »Ist Krieg in Sicht?« ausgelöst wurde, der als Reaktion auf ein französisches Kadergesetz die Forderung nach dessen Zurücknahme durch eine ernsthafte Kriegsdrohung in Aussicht stellte. Die als Reaktion auf Bismarcks Herausforderung provozierte Gemeinsamkeit der ansonsten einander kaum im herzlichen Einvernehmen verbundenen Mächte Großbritannien und Russland hatte Bismarck deutlich die Grenzen der Macht aufgezeigt und eine Klärung der internationalen Situation gebracht. Sosehr die Mächte sich in anderen zentralen Fragen uneins sein mochten, in einem Punkt hatten sie Übereinstimmung erzielt: in der Überzeugung, Deutschland, dem Parvenü im Staatensystem, keinen weiteren Machtzuwachs zu erlauben. Das von da an gebetsmühlenhaft erneuerte Bekenntnis der Saturiertheit war folglich eine politische Überlebensnotwendigkeit. Bismarcks Kunst, die Interessen der Mächte vom Zentrum an die Peripherie zu verlagern und gegeneinanderzulenken, folgte der Einsicht in die – begrenzten – Möglichkeiten der deutschen Politik. Es bestand nun kein Zweifel mehr, dass mit der Gründung des Deutschen Reiches 1871 in Europas Mitte ein politisches Gravitationszentrum entstanden war, das einen grundlegenden Wandel des europäischen Mächtesystems bedeutete.

Für Bismarck musste es deshalb in den folgenden Jahren vorrangig darum gehen, das Erreichte abzusichern, und zu dieser Absicherung gehörte auch, in Innen- und Außenpolitik nicht in den Gegensatz zu den konservativen Mächten in Europa zu geraten. Der Schock der Pariser Commune saß den auf Bewahrung des Status quo ausgerichteten Mächten noch in den Gliedern, und die Konsequenzen, die daraus zu ziehen waren, wurden in Berlin ähnlich beurteilt wie in Wien.

Bismarcks außenpolitische Option für Österreich-Ungarn ebenso wie die für Russland folgte auch der Erkenntnis, dass Ähnlichkeit in der Bewertung grundsätzlicher Fragen nicht als schlechteste Voraussetzung für ein engeres politisches Zusammengehen zu gelten hatte. Habsburg und Preußen-Deutschland zogen aus der durch die Reichsgründung ausgelösten politischen Konstellation im Grunde ähnliche Folgerungen, und sie bewegten sich – aus allerdings unterschiedlichen Motiven – aufeinander zu.

Die Annäherung an Österreich war Bismarcks erster außenpolitischer Zug nach der Reichsgründung. Und das vom österreichischen Außenminister Beust nach dem Frankfurter Frieden im Mai 1871 formulierte Programm – »faktisches Prädominieren Mitteleuropas in der Waagschale der europäischen Geschicke durch vorläufige Verständigung Österreich-Ungarns und Preußen-Deutschlands in allen brennenden Tagesfragen mit dem ausgesprochenen Zwecke der Erhaltung des Weltfriedens«[164] sollte in den kommenden Jahren für die österreichisch-ungarische Politik bestimmend bleiben. Damit war der sich als politisches Ziel am Horizont abzeichnende Zweibund zwischen den beiden so ungleichen Reichen von Anfang an auf zweifache Weise belastet: zum einen, indem sich das Deutsche Reich zu sehr in die mitteleuropäische Interessensphäre der Habsburgermonarchie hineinziehen ließ, und zum anderen, indem die für die politische Orientierung Wiens so entscheidende Frage nach Zerfall oder Erhaltung der Monarchie durch das Zusammengehen mit dem Deutschen Reich zugleich in den Bereich Allianzpolitik gehoben wurde und von da an bündnispolitische Entscheidungen beeinflussen sollte, die eigentlich ganz anderen Gesetzen unterlagen.

Dass Beusts Nachfolger Andrássy durchaus zum machttaktischen Spiel fähig war, zeigen seine Fühlungnahmen in Großbritannien in den Jahren 1872 und 1873, die dann aufgrund britischen Desinteresses nicht weiterverfolgt wurden. Jedenfalls belegen sie deutlich, dass es Wien zunächst und zuallererst aus einflusspolitischem Kalkül um die Formierung einer gegen Russland gerichteten Allianz ging. Österreich, der Besiegte von 1866, hatte sich mit der Reichsgründung abgefunden; was für Wien vor allem anderen zählte, war das von jeher verfolgte Ziel, einer für die Verwirklichung der eigenen Interessen möglichst vorteilhaften Konstellation zum Durchbruch zu verhelfen.

VIII.

Der Abschluss des deutsch-österreichischen Zweibunds 1879, im Moment seiner Entstehung lediglich als bedingte diplomatische Option konzipiert, sollte bis in die wilhelminische Ära das bestimmende Bündnis für das Deutsche Reich bleiben. Der Beistandsvertrag selbst wurde am 7. Oktober in Wien unterzeichnet. Zunächst war der Zweibund nur auf fünf Jahre datiert und der Bündnisfall auf Drängen des österreichischen Verhandlungsführers Andrássy ausdrücklich nur auf das Szenario eines russischen Angriffs ausgerichtet. Wenn damit die Möglichkeit eines französischen Angriffs nur implizit genannt wurde, so konnte daraus immerhin ein gewisses Zugeständnis Österreichs abgeleitet werden. Bismarck hatte den Zweibund seinem Monarchen Wilhelm I. abgetrotzt, der aus alter Verbundenheit mit Russland wenig Neigung zum Zusammengehen mit der Habsburgermonarchie verspürte. Neben den taktischen Überlegungen sollte der Zweibund eine Art Reservelösung für den an Bedeutungslosigkeit zugrunde gegangenen Deutschen Bund darstellen. Bismarcks weitausgreifende Überlegungen, das Bündnis zwischen Wien und Berlin auf ein staatsrechtliches Fundament zu stellen – weit über den Charakter einer Defensivallianz hinaus – und von den Parlamenten absegnen zu lassen, können nur so erklärt werden. Misst man den tatsächlichen Gehalt des Zweibundvertrages an Bismarcks ursprünglichen Vorstellungen von einem weite Bereiche des politischen Lebens umspannenden Zusammengehens, so ist in der Tat seine Bezeichnung als »ein Produkt der Verlegenheit«[165] zutreffend. Umso erstaunlicher ist, dass es Bismarck gelang, den Abschluss des Zweibundes in der öffentlichen Meinung als großen Erfolg zu stilisieren: Unisono wurde vor allem der antirussische Zug des Zweibundes begrüßt und als Schlussstrich unter den Dreikaiserbund begriffen.

Ganz ohne Zweifel wollte Bismarck einen Teil der bei der Würdigung des Zweibundes erfolgten Ruhmesbezeigungen auf sein eigenes Konto abzweigen. Doch ganz wesentlich war der Alpdruck der Koalitionen für Bismarck ausschlaggebend, den Bismarck immer wieder, wie in dem Schreiben an Kaiser Wilhelm I. aus Gastein am 31. August 1879, nach Unterredungen mit Andrássy, niedergeschrieben hat: »Es bedarf auch keines Beweises, daß wir, in der Mitte Europa's, uns keiner Isolirung [sic] aussetzen dürfen. Meiner Überzeugung nach *sind* [Hervorhebung i. O.] wir derselben aber ausgesetzt, wenn wir hier nicht durch eine Defensiv-Allianz mit Österreich vorbeugen.«[166]

Bismarck hatte die Interessen Österreichs scharf kalkuliert. Von der Annahme ausgehend, dass Britannien auf Dauer auf dem Kontinent keinen »hinreichenden Beistand« leisten werde, analysierte er, dass eine »österreichisch-französische Intimität« für Deutschland dieselben Gefahren in sich berge wie eine österreichisch-russische; und »wie die letztere durch Frankreich, so kann die erstere jederzeit durch die launenhaften Entschließungen der russischen Politik zu einer erdrückenden Triple-Alliance gegen Deutschland werden«.[167] Der Wert des österreichisch-deutschen Bündnisses lag für Bismarck in der Friedenssicherung, und er war von der Nützlichkeit und politischen Notwendigkeit dieser Defensivallianz so fest überzeugt, dass er, wie er seinem Monarchen schrieb, im Falle der Ablehnung des Abschlusses nicht mehr den Mut finden würde, »die auswärtige Politik Preußens und Deutschlands amtlich und als Verantw[ortlicher] Minister weiter zu führen«.[168] Eine Fortsetzung der Beziehungen zu Österreich ohne vertragsmäßige Grundlage hätte für Bismarck vor allem mit Blick auf mögliche kriegerische Verwicklungen mit Russland – die Pflege freundschaftlicher Beziehungen zu Russland stand für ihn ebenfalls ganz oben auf der politischen Agenda – negative Auswirkungen nach sich gezogen. In einem Schreiben an Bülow verstieg sich Bismarck sogar zu der Aussage, dass er für den Fall, dass der Kaiser die Einigung mit Österreich genehmige, bereit sei, »einige Verletzungen meines Anstandsgefühls in *dem* Sinne in den Kauf zu nehmen, daß Rußland damit eine goldene Brücke gebaut und die Möglichkeit ruchloser Corsarenkriege in die Ferne gerückt wird«.[169]

Der Zweibund war also am Anfang nicht mehr als eine begrenzte Option, erst im Laufe der Zeit, genauer gesagt nach Bismarcks Abgang 1890, hat er eine Qualität erreicht, die dann im Vorfeld des Ersten Weltkriegs zu jenen fatalen Folgen führen sollte, die Habsburg und Preußen in ihrer Existenz betrafen. Der Zweibund ist damit in Bismarcks flexiblem Bündnisgeflecht der einzige Vertrag, der nicht nur Dauer im Wandel verkörperte, sondern auch, ganz im Gegensatz zum Kalkül beim unmittelbaren Abschluss, eine immer engere Allianz heraufbeschwor und damit den diplomatischen Spielraum beengte, statt ihn zu vergrößern.

Für Österreich-Ungarn ergab sich das Hauptmotiv für den Abschluss des Zweibunds ebenfalls aus einer auf die eigenen Interessen bezogenen Lageanalyse. Österreich-Ungarn hatte zwar die geopolitische Verschiebung, die die Reichsgründung bedeutete, zur Kenntnis genommen, war dadurch jedoch kaum in seinen territorialen und machtpolitischen Ambitionen gezügelt. Sichtbar wurde dies insbesondere beim Blick auf die unterschiedliche Interessenlage beider Staaten auf dem Balkan. Für Habsburg besaß dieser eine zentrale Bedeutung für die Ausweitung und Festigung seiner Mitteleuropakonzeption; für Bismarck war er allenfalls Erprobungsfeld für taktische Züge und gezielte Nadelstiche, etwa wenn er die großserbische Bewegung förderte, nur um einen Kontrapunkt zu den Ambitionen der Habsburger zu setzen. Auf diese Weise gelangte die österreichische Politik mehr und mehr ins Fahrwasser Frankreichs, und es sollte sich in den folgenden Jahren der österreichisch-russische Gegensatz auf dem Balkan verschärfen. Mehr und mehr zeichnete sich eine Blockbildung ab zwischen Frankreich, Österreich und Großbritannien einerseits sowie Russland und Preußen andererseits. Der österreichisch-russische Gegensatz auf dem Balkan sollte dem sterbenden Staatensystem zum definitorischen Moment werden. Für Bismarck war der Balkan eine Art »Entlastungszone«[170], um mögliche Konflikte von Europas Mitte fernzuhalten, und genau so ist auch seine berühmt gewordene Einlassung im Reichstag am 5. Dezember 1876 zu verstehen: »Ich werde zu einer aktiven Beteiligung an diesen Dingen nicht raten, solange ich in dem Ganzen für Deutschland kein Interesse sehe, welches auch nur die gesunden Knochen eines einzigen pommerschen Musketiers wert wäre.«[171]

1876 hatte Bismarck guten Grund, Enthaltsamkeit in orientalischen Dingen zu predigen. Ein Jahr zuvor hatte der deutsche Reichskanzler zum ersten Mal erkennen müssen, dass das Reich die Grenzen seiner Möglichkeiten erreicht hatte. Im Vorfeld der »Krieg-in-Sicht«-Krise hatte der »eiserne Kanzler« noch einmal im Stil der Konvenienzpolitik einen großen machtpolitischen Ausgleich zwischen Deutschland und Russland in Südosteuropa gesucht. Doch als er seinen außenpolitischen Vertrauten von Radowitz mit einem Aufteilungsplan für Südosteuropa nach Sankt Petersburg schickte, zeigte man Bismarcks Emissär die kalte Schulter.

Nach der »Krieg-in-Sicht«-Krise kam Bismarck mit dem Aufstand in Bosnien und Herzegowina ein aufbrechender Balkankonflikt zu Hilfe. Russland, getragen von einer Woge panslawistischer Emotion, glaubte leichtes Spiel zu haben und das Erbe des zerfallenden Osmanischen Reiches antreten zu können. Scheinbar machte das Zarenreich die Sache der anti-türkischen Balkanvölker zu seiner eigenen. In Wirklichkeit ging es Russland um den Zugang zum Mittelmeer und die Kontrolle der Meerengen. Am Ende des Russisch-Türkischen Krieges 1877/78 stand die Armee des Zaren vor den Toren Konstantinopels. In San Stefano, März 1878, diktierten die Russen den Türken einen Frieden zu ihren Bedingungen: Der Sandschak von Novi-Pazar wurde zwischen Montenegro und Serbien aufgeteilt, Großbulgarien als russisches Protektorat errichtet, der russische Zugang zu den Meerengen damit gewährleistet. Allein Großbritannien, seit dem Frieden von Utrecht Hüter des europäischen Gleichgewichts, war nicht bereit, den russischen Machtzuwachs zu akzeptieren. Ein internationaler Kongress, in den heißen Julitagen des Jahres 1878 nach Berlin einberufen, sollte die empfindlich gestörte Balance wiederherstellen helfen. Es schlug die Stunde Bismarcks, der als »ehrlicher Makler« gemäß seiner im Kissinger Diktat formulierten Leitlinie zwischen den Großmächten zu vermitteln suchte. Doch auch Bismarcks diplomatische Finesse konnte nicht verhindern, dass das Gleichgewicht immer mehr aus den Fugen geriet.

Deutlich wird dies insbesondere auch beim Blick auf das preußisch-russische Verhältnis. Noch 1876 hatte Kaiser Wilhelm I. dem Russischen Reich Deutschlands nie versiegende Dankbarkeit für die wohlwollende Neutralität bei der Reichsgründung versichert. Doch Dankbarkeit ist keine Kategorie der internationalen Politik. Vorerst schien Bismarcks Rechnung aufzugehen. Noch war die deutsch-russische Entfremdung nach außen hin nicht sichtbar. Der Dreikaiserbund von 1881 – im Gegensatz zum Dreikaiserabkommen von 1873 mit Rücksicht auf die öffentliche Meinung von Russland als Geheimbündnis abgeschlossen – sollte noch einmal, ähnlich wie 1887 der geheime Rückversicherungsvertrag, signalisieren, dass das Deutsche Reich nach wie vor die russische Karte spielen konnte.

Der Aufstieg Preußen-Deutschlands, der kleinsten unter den europäischen Mächten, zum deutschen Nationalstaat war das Äußerste, was Bismarck den ohnehin misstrauischen Nachbarn zumuten konnte. Seine Entscheidung für das kleindeutsche Reich erfolgte aus staatspolitischer Klugheit: Niemals mehr Deutschland, so lautete Bismarcks Parole, als Europa vertragen könne. Der Albtraum der Koalitionen war seit der Jahrhundertwende zur Realität geworden, freilich ohne dass sich die verantwortlichen Politiker ihrer prekären Lage bewusst geworden wären. An die Stelle des Spiels mit den fünf Kugeln trat die Illusion der freien Hand. Das Gefühl des Umdrohtseins, der Einkreisung von auswärtigen Mächten ergab sich in Wirklichkeit aus der selbstgewählten Ausgrenzung, der Auskreisung durch eine aus dem Ruder gelaufene Diplomatie.

Die Weichen dafür waren freilich bereits unter Bismarck gestellt worden. Sein Bündnissystem war schon in den 1880er Jahren nur noch ein »System der Aushilfen« (Ulrich Noack). Dass Bismarcks Nachfolger mit dem kaum mehr überschaubaren Vertragssystem nicht mehr zurechtkamen, nimmt nicht wunder. So war die Nichtunterzeichnung des 1890 zur Verlängerung anstehenden geheimen deutsch-russischen Rückversicherungsvertrages durch General Caprivi nur logische Konsequenz, standen doch die Bestimmungen des Vertrages, der die geschichtlich erworbenen Rechte Russlands auf der Balkaninsel anerkannte, in offenem Widerspruch zu den bereits bestehenden Verträgen mit England und Österreich-Ungarn. Im Urteil Herbert von Bismarcks hätte der Rückversicherungsvertrag ohnehin »uns im Ernstfall die Russen doch nur 6–8 Wochen länger vom Halse gehalten als ohnedem«.[172]

Deutschland büßte immer mehr Handlungsspielraum ein. Die Politik des von Reichskanzler Caprivi bestimmten »neuen Kurses« ging – anders als Bismarcks kompliziertes Bündnisgeflecht – von der Unausweichlichkeit eines Krieges zwischen den Mittelmächten und den kontinentalen Flügelmächten Russland und Frankreich aus. Auf der einen Seite unterschätzte man Russland – dem »tönernen Koloss« glaubte man in der Wilhelmstraße nur den Todesstoß versetzen zu brauchen, um sein reiches Erbe antreten zu können. Auf der anderen Seite gab es den folgenschweren Irrtum des sogenannten Holstein-Axioms, dem zufolge russischer Bär und britischer Walfisch nie eine Allianz eingehen könnten. Dies führte zum Irrglauben, man brauche lediglich auf ein britisches Bündnisangebot zu warten, da London ohnedies »kommen würde«. Mit der Entscheidung zum Bau einer Risikoflotte forderte das Deutsche Reich ausgerechnet diejenige Macht zum Rüstungswettlauf zur See heraus, der das eigentliche deutsche Bündniswerben hätte gelten müssen: Großbritannien. Diese Fehlentscheidungen erfolgten nach Bismarcks Zeit, und es ist müßig, darüber zu spekulieren, ob der Eiserne Reichskanzler über die Kraft verfügt hätte, sie zu korrigieren; doch die den Fehlentscheidungen zugrunde liegenden Weichenstellungen waren großenteils noch in der Bismarckzeit getroffen worden.

Der Sturz Bismarcks, so wie er dann am 20. März 1890 kam, war schon länger nur noch eine Frage der Zeit gewesen: Zu verschieden waren die Charaktere des Reichskanzlers und des jungen Kaisers, der, als er zwei Jahre zuvor, im Dreikaiserjahr 1888, seinem Vater Kaiser Friedrich III. gefolgt war, noch Elogen auf den Reichskanzler ausgebracht hatte. Und zu deutlich auch hatte sich Bismarcks System in den letzten Jahren der Ära Bismarck selbst überlebt. Zum Ende hin war auch dem Reichsgründer das Schicksal beinahe aller Großen nicht erspart geblieben: Er war aus der Zeit gefallen.

Den Zeitgenossen war damals die Tiefe des Einschnitts durchaus bewusst: »Der Lotse geht von Bord!« – die Betitelung der damals im Londoner *Punch* veröffentlichten Karikatur traf dieses Zeitgefühl und Empfinden wohl am treffendsten. Bismarck selbst empfand seinen unfreiwilligen Abgang als Demütigung. Und auch die als Anerkennung ihm vom Kaiser zugedachte Ernennung zum Herzog von Lauenburg und zum Generalfeldmarschall der Kavallerie verfehlten ihre Wirkung, denn sie waren im Grunde gegen seinen Willen erfolgt. Verkraftet hat Bismarck den Sturz in Wirklichkeit nie. Die Verbitterung, Einsamkeit und Ruhelosigkeit der letzten Jahre bilden einen in die Länge gezogenen Epilog, der so scheinbar gar nicht zur Größe des von Bismarck in seinem politischen Lebenswerk Geleisteten passen will. Zu Lebzeiten hatte Bismarck seinen Frieden mit seinen Gegnern – und wohl auch mit den Konstellationen, wie sie sich aus seiner Schöpfung, dem kleindeutsch-preußischen Nationalstaat ergaben – nicht gemacht.

Die *Gedanken und Erinnerungen* sind ohne Zweifel ein großartiges Dokument der politischen Memoirenliteratur, pointiert, stilistisch brillant, mit dem Sinn für analytische Verdichtung und der Fähigkeit, den großen Bogen zu zeichnen. Doch zugleich sind sie auch ein erschütterndes Dokument des nicht Verwindenkönnens, der gnadenlosen Abrechnung mit Gegnern und Nachfolgern, denen weder mildernde Umstände in der Beurteilung, geschweige denn die Chance der Bewährung zuerkannt wurden. Und doch ist die Bismarcks langjährigem Mitarbeiter, dem Geheimrat Lothar Bucher, zu verdankende Schrift – immerhin auch er ein Schriftsteller von Rang und einst selbst, 1848, allerdings im linken Spektrum, Mitstreiter im Preußischen Landtag – ein letzter Versuch des »Alten im Sachsenwald«, mit seinen wohlplatzierten, nicht selten vergifteten Pfeilen einzugreifen ins politische Tagesgeschäft. Die Maßlosigkeit und Schärfe im Urteil etwa, wenn er die »Reichsfeinde«, etwa die Sozialdemokraten, mit »Reichsacht« belegen wollte, die Albträume, die nicht enden wollten – zu Recht hat Theodor Schieder in Abwandlung des berühmten Bismarck-Wortes vom »*cauchemar des coalitions*« vom

»cauchemar des révolutions« gesprochen[173] –, die Streit- und Kampfeslust, die Jähzornsausbrüche, maßloses Essen und Trinken, all das Unausgeglichene und Unaufgelöste seines Lebens, hing wie ein Schleier über seinen letzten Jahren und findet sich, so kraftvoll diese auch formuliert sein mögen, in den Notaten der *Gedanken und Erinnerungen*.

Nach dem Tod seiner Frau Johanna von Puttkamer 1894, der letzten und wohl tiefsten Zäsur seines Lebens, schlug das Gefühl des Alleingelassenseins in Lebensmüdigkeit um. Hildegard Baronin Spitzemberg, die kluge Chronistin des Kaiserreichs, die ihren Zugang zu Bismarck wohl vor allem Johannas Wunsch nach geistreicher Unterhaltung des Gatten verdankte, schrieb in ihrem Tagebuch, wie »herzzerreißend« sie beim Heimgang der Gemahlin nun den Gedanken an den greisen Fürsten fand, »der gewiß starr vor Jammer an der Bahre der treuesten, hingebendsten Frau steht, die er von Jugend auf geliebt, die ihm geistig nicht ebenbürtig und seine vaterländischen und politischen Bestrebungen nicht teilend, ja oft verwünschend, trotzdem die wahre und rechte Lebensgefährtin war, wie er sie sich wünschte, und ohne deren Fürsorge und Pflege diejenigen, welche das Haus kennen, ihn sich gar nicht vorstellen mögen«.[174]

Die Ruhelosigkeit, Unversöhnlichkeit, der tiefe Skeptizismus – auch darin war Bismarck näher beim Kulturpessimisten Jacob Burckhardt als bei der fortschrittsoptimistischen »Volldampf-voraus-Mentalität« des zweiten Kaiserreiches – galt auch und gerade seinem Geschöpf, dem preußisch-deutschen Nationalstaat.

Als er am 31. Juli 1898 das Zeitliche segnete, war seinen Zeitgenossen die Tiefe des Einschnitts bewusst. Auch hier erfasst das Zeugnis der Baronin Spitzemberg die Dimension des

Abschieds: »Bismarck heimgegangen, der letzte und größte der Großen aus der großen Zeit – es ist kaum auszudenken für uns, die wir unter seinem Zeichen jung gewesen und alt geworden; die Schauer der Vergänglichkeit überschatten einen, wenn ein solcher Titan dem Allbesieger Tod anheimfällt, und die Strahlen der Ewigkeit leuchten auf beim Gedanken an das Bild, das er für alle Zeiten seinem Volk hinterlassen wird.«[175] Ein Schleier indes lag über dem, was mit seiner Schöpfung, dem Reich der Deutschen, passieren würde.

War es eine Revanche der Geschichte, dass Bismarck schon im Augenblick des Heimgangs zum »großen Deutschen« stilisiert wurde? Mit dem fortschreitenden Abstand zu seiner Begründung wurde das preußisch-deutsche Kaiserreich immer mehr zum Bismarckreich. Mochte sich auch Bismarck selbst zu Lebzeiten gerne als »kurbrandenburgischer Vasall« bezeichnet und zur Grabinschrift »ein treuer Diener Kaiser Wilhelms I.« gewählt haben, die Tatsache, dass nicht der Monarch, sondern der erste Reichskanzler im Laufe der Zeit die Erinnerung an die Reichsgründung bestimmte, umschrieb einen Bewusstseinswandel. Es entsprach der Ambivalenz der Epoche, dass in den Bismarckdenkmälern Reichwärtsgewandtes und Modernes zugleich vereinigt waren. Bismarcktürme und Bismarcksäulen sollten nun im ganzen Land entstehen. Sie verrieten etwas von der Sehnsucht des wilhelminischen Deutschland nach Glanz und Größe, nach Sicherheit und Dauerhaftigkeit der Reichsgründung.

Die Vorstellung, dass das von Bismarck Geschaffene einst zerbrechen könnte, kam den Zeitgenossen lange Zeit nicht in den Sinn. Es war wohl eine Paradoxie, dass Bismarcks Welt schon 1914 versank, die staatliche Hülle indes auch das Ende der Monarchie, 1918, überlebte, jedenfalls der dauerhafte Fortbestand des Bismarckreiches nicht in Frage gestellt war. Auch galt weiterhin das Gesetz, dass derjenige, der in der Politik etwas auf sich hielt, sich gerne auf Bismarck berief. Auch Stresemann, der wohl begabteste unter den deutschen Außenministern, war nicht nur ein aufmerksamer Leser von Srbiks Metternichbiographie, die seine Schaukelpolitik zwischen Ost und West in den zwanziger Jahren nicht unbeeinflusst ließ. Er hat bereits 1916 in einem Festvortrag über »Bismarck und wir«[176] Parallelen zwischen dem damals andauernden »Weltkampf, in dem Völker gegeneinander streiten« und der Zeit Bismarcks gezogen. Und den »Neid und die Eifersucht Englands gegen Deutschland« hatte er als den eigentlichen Grund für die sich ins Globale ausweitende Auseinandersetzung gesehen.

Wer in der deutschen Politik etwas auf sich hielt, kam nicht umhin, sich auf Bismarck zu berufen. Darin machte auch Adolf Hitler keine Ausnahme, als er 1938 die Einweihung des Schlachtschiffes »Bismarck« zu einer Lobrede auf den Eisernen Reichskanzler und zu dessen Einverleibung in die nationalsozialistische Ideologie nutzte. Jede Generation hat sich seitdem ihr eigenes Bismarckbild geformt. Das der wilhelminischen Ära war vorwiegend in politischer Absicht modelliert. Es galt dem Staatsmann der Reichsgründung, dem Virtuosen der Gleichgewichtspolitik, dem Erzjunker und cäsaristischen *pater familias*. Und dieses Bismarckbild hat lange Zeit in die Gegenwart hineingeragt.

Mag Bismarcks Welt 1914 zugrunde gegangen sein, so hat erst der Bruch von 1945 die Bezüge zu Bismarcks Reich in seinen Grundfesten erschüttert. Der Blick auf Bismarck ist seitdem ein anderer, freierer geworden. Der Mensch Otto von Bismarck, »Urpreuße und Reichsgründer«, wie Ernst Engelberg den zweiten Band seiner großen Bismarck-Biographie im Untertitel genannt hat, in seinen Widersprüchen tritt deutlicher hervor. Und zu den Widersprüchen zählt auch, dass ausgerechnet der Mann, der in der machtpolitischen Fixierung auf die Durchsetzung der Interessen Preußens, als treuer Diener seines preußischen Königs, zum konservativen Revolutionär wurde, der seit früher Jugend die nationale Frage analysierte, begleitete und in seine Konzeption der Politik einzuordnen verstand, am Ende mit seinem Werk, dem preußisch-deutschen Nationalstaat, Preußen mehr geschadet als genützt hat. Dessen staatlichem Geschöpf konnte keine Dauer beschieden sein. 1914 ist Bismarcks Welt versunken, 1945 war sie unwiederbringlich verloren.

Bismarck war es, der das Duell zwischen Habsburg und Preußen zunächst entschieden hatte. Doch die Entscheidung war auf eine Art und Weise und zu einem Preis erfolgt, dass beide Seiten, Habsburg und Preußen, noch auf lange Zeit mit den Nachwirkungen zu kämpfen hatten. Ohne Bismarcks Spiel wäre nicht nur das Duell zwischen Habsburg und Preußen im 19. Jahrhundert anders ausgegangen; es bleibt die Fiktion, dass es gar nicht zu einer unmittelbaren Auseinandersetzung hätte kommen müssen. Der spekulative, kontrafaktische Charakter dieser Betrachtung würde dann in die logische Konsequenz münden, dass Habsburg und Preußen sowie deren Nachfolgern im 20. Jahrhundert auch das weitere Ringen und der Sturz in den Abgrund hätten erspart werden können. Wenn wir Deutschen erst im Blick auf die Ereignisse des Jahres 1871 wissen, dass wir Deutsche sind, so muss auch das Urteil über Bismarck bei aller Anerkennung der politischen Genialität auf dem Weg zur Gründung des Deutschen Reiches sich damit auseinandersetzen, dass genau dieses Scheitern bis heute wie eine Last auf der Geschichte Habsburgs und Preußens liegt.

Franz Joseph I. (1830–1916)

Wilhelm II. (1859–1941)

Dritter Akt

Im Niedergang: Franz Joseph I. und Wilhelm II.

I.

Die Bezeichnung Duell hätten die beiden Kaiserlichen Hoheiten Wilhelm II. und Franz Joseph I. als Beschreibung ihres persönlichen Verhältnisses wohl vehement abgelehnt. Sie waren gekrönte Häupter, einander auf vielfältige Weise, nicht zuletzt durch verwandtschaftliche Beziehungen verbunden; sie waren zudem Bündnispartner, die in ihrem jeweiligen Bündnisgeflecht auf gegenseitige Befindlichkeiten und Einflusssphären Rücksicht nahmen, und sie waren beide Repräsentanten des monarchischen Prinzips. Regelmäßig trafen sie einander zum Austausch, und doch waren sie auch schicksalhaft aneinandergekettet. Wie zwei Ertrinkende zogen sie sich gegenseitig in den Abgrund des Großen Krieges – jenen Abgrund, der über die Geschichte des Deutschen Reiches und des Habsburger Vielvölkerstaats im 20. Jahrhundert bestimmen sollte. Von diesem Schlag sollten sich beide Reiche nie wieder erholen, und Abschied von der Monarchie als Staatsform nehmen. Ein gutes Jahrhundert nach dem ruhmlosen Hinschied des Heiligen Römischen Reiches waren damit auch das deutsche Kaiserreich und das Habsburgerreich an ihr Ende gekommen.

Das Duell im Niedergang konnte dabei nur ein verdecktes sein. Bis 1866/1870 war das Ringen um Vormacht, der Ausgang der mitteleuropäischen Entscheidungen prinzipiell offen; die danach gefundenen Formen haben – und dieser Effekt war sicherlich nicht beabsichtigt – ganz wesentlich den Niedergang beschleunigt. Ist es Zufall, dass der Unterlegene von 1866 schon 1918 beides verlor, Staatsform und Staatsvölker zugleich, wohingegen der Sieger von Königgrätz zwar 1918 einen Gutteil seines Staatsgebietes und die Monarchie als Staatsform einbüßte, jedoch als staatliches Gebilde erst mit einer Verzögerung von knapp drei Jahrzehnten 1945 von der Bildfläche verschwand?

Ist es eine Laune der deutschen Geschichte, dass der Ausgang des 1866 auf dem Schlachtfeld von Königgrätz ausgetragenen Waffenganges am Ende das Siechtum beider Duellanten ausgelöst hat – oder zumindest nicht hatte aufhalten können? War Königgrätz doch ein Pyrrhussieg? Dankbarkeit und Gerechtigkeit sind keine Kategorien der Geschichte. Im Falle Preußen-Deutschlands kann dieses Schicksal durchaus als tragisch bezeichnet werden, denn Bismarck hatte nach dem erfolgreichen Duellausgang seinem Geschöpf, Preußen-Deutschland, eine Mäßigung auferlegt, die so gar nicht zu den zeitgenössischen Usancen passen wollte. Unweigerlich drängt sich hier wiederum die Frage auf, ob ein anderer Ausgang des Duells auch zu einem anderen Gesamtergebnis der Geschichte geführt hätte? Auch hier muss die rückblickende Betrachtung differenziert ansetzen. Auf das deutsche Kaiserreich bezogen, lautet die Frage: Wie lebensfähig war dieser zutiefst ambivalente Staat überhaupt, dessen parvenühafte Züge so auffällig hervortraten? Obrigkeitsfixierte Untertanengesellschaft, Pickelhaube und preußischer Militarismus, monarchisches Prinzip und persönliches Regiment, Fortschrittsgläubigkeit und zweite industrielle Revolution: Kaiser Wilhelm II. ist zum Repräsentanten dieser Zeit geworden, so sehr, dass er seiner Zeit den Namen gegeben hat und wir uns angewöhnt haben, von der wilhelminischen Ära zu sprechen. Und auch Kaiser Franz Joseph hat seine Zeit so nachhaltig geprägt, dass sie nach ihm benannt ist, und der Begriff der franzisko-josephinischen Epoche hat seine Lebzeit und sein Reich überdauert.

Auch diese Epoche ist eine ambivalente Zeit: Jahre der inneren Konsolidierung und der Selbstbehauptung nach außen einerseits, doch andererseits zugleich von den Keimen des Untergangs, von den Auflösungserscheinungen im Herrscherhaus, der Morbidität und der moralischen Abgründe gezeichnet. Einst, bei Regierungsantritt von Franz Joseph I., galt der Vielvölkerstaat als das China Europas, am Ende war die Doppelmonarchie eine selbstbehauptete Großmacht, die zwar auf internationalen Konferenzen Prestige und internationale Erfolge mehren konnte und doch den Experten immer noch als kranker Mann an der Donau galt.

Der Vergleich der beiden Staaten und Ären freilich hinkt. Hie – beim Deutschen Reich Wilhelms II. – 30 Jahre, da – Österreich-Ungarn unter Franz Joseph – 68 Jahre. Hinzu kam der signifikante Altersunterschied von drei Jahrzehnten, der zwischen beiden Monarchen bestand. Doch es gibt auch auffallende Parallelen. Beide bestiegen in jungen Jahren den Thron – beim 18-jährigen Franz Joseph ist man geneigt, von jugendlichem Alter zu sprechen, Wilhelm war 28. Beide knüpften in ihrer Regierungszeit an das Erbe der Großväter an; beide übersprangen, aus ganz unterschiedlichen Gründen, die Vatergeneration; auch bei beiden findet sich eine dominante Mutterfixierung – im Falle der positiven Bindung von Franz Joseph mit der Konsequenz, zumindest in der Frühphase der Regierungszeit, extremer Beeinflussung, im Falle der negativen Fixierung bei Wilhelm die Ausrichtung am Gegenbild. Sie hatten beide, für junge Männer eigentlich erstaunlich, als Hochkonservative, wenn nicht gar als Reaktionäre begonnen, und beide fanden bei Amtsantritt außenpolitische Konstellationen vor, die von den beiden größten Staatsmännern ihres Jahrhunderts, den Genies der Diplomatie und Meistern der Kunst des Gleichgewichts, Metternich und Bismarck, geprägt waren. Ein Doppelporträt kann sich jedoch nicht nur mit den Unterschieden und Gemeinsamkeiten aufhalten. Es wäre unvollständig, wenn es nicht zugleich auch ein Panorama der jeweiligen Zeit zu entwerfen versuchen würde. Die Betrachtung des Wechselspiels zwischen Prägen und Geprägt-Werden, zwischen Gestalten und Erleiden, das Spannungsfeld zwischen Personen und Strukturen, Gesetzesbuchstaben und gelebter Verfassungswirklichkeit bleibt dabei erkenntnisleitend. Inwieweit waren oder wurden die beiden Monarchen zu Gefangenen ihrer jeweiligen Staats- und Gesellschaftskonstrukte? Wann wurden sie zu Opfern, wann waren sie Täter?

Die Lebenslinien der beiden dann doch auch wieder so unterschiedlichen Monarchien kreuzten und berührten sich im Kriegsausbruch 1914, der großen Zäsur, die das Schicksal beider – über kurz oder lang – besiegeln sollte. Auch hier verbinden sich große Diplomatie, innerer Staatenwandel und die auf persönlichen Banden beruhenden Prinzipien der Solidarität der Monarchien zu einem Ganzen. Erst vor dessen ineinandergreifendem Hintergrund können die schicksalhaften Entscheidungen der *»seminal catastrophe«* (George Kennan)[177] in ihrer inneren Dependenz begriffen werden.

Die für beide Reiche so charakteristische Verbindung von Nationenbegriff und außenpolitischem Selbstbehauptungswillen findet ihre Entsprechung in verfassungsrechtlichen Rahmenbedingungen eigener Art – wie sie im Ausgleich von 1867, der den österreichisch-ungarischen Dualismus begründete, und in der Bismarck'schen Reichsverfassung, insbesondere vor dem Hintergrund des persönlichen Regiments Kaiser Wilhelms II., festgehalten sind. Beide Reiche haben sich nach 1867 beziehungsweise 1871 in ihrer inneren Entwicklung grundlegend verändert und nicht zuletzt durch diesen Wandlungsprozess zunächst ihre Stellung im Konzert der europäischen Mächte scheinbar behauptet, auch wenn sich die Gewichte im Binnenverhältnis beider Monarchien immer deutlicher zugunsten des Deutschen Reiches verschieben sollten. Mit der Entscheidung von Königgrätz und der Reichsgründung waren beinahe alle bis dahin gültigen Ziele der österreichischen Deutschlandpolitik außer Kraft gesetzt. Dies änderte jedoch nichts daran, dass Österreich-Ungarn auch unter den ganz gewandelten Bedingungen die Anlehnung an das Deutsche Reich suchte, um das strategische Ziel der Dominanz Mitteleuropas und einer Interessenteilung auf dem Balkan zu verwirklichen. Von allen Bündnissen des Deutschen Reiches erwies sich der Zweibund, ein Überbleibsel von Bismarcks Staatskunst, mit den dadurch ineinander verklammerten außenpolitischen Wirkungsbereichen, durch seinen scheinbar defensiven Charakter und dem ihm zugrunde liegenden Motiv der Stärkung des Prinzips der monarchischen Solidarität als die für den Lauf der deutschen Geschichte entscheidende Verpflichtung zur gegenseitigen Unterstützung und damit auch zur wechselseitigen Abhängigkeit.

Eine schnappschussartige Betrachtung der ersten Begegnung der beiden späteren Monarchen ist aufschlussreich: An und für sich verlief das erste Zusammentreffen des damaligen Kronprinzen Wilhelm mit dem österreichischen Kaiser am 27. September 1882 in Wien und Mürzsteg harmlos. Es hätte sogar der Auftakt zu einer vielversprechenden Allianz werden können, auch wenn in den Gesprächen mit dem Habsburger Kronprinzen Rudolf – er war in Wirklichkeit Wilhelms Altersgenosse, der seit 1848 regierende Kaiser gehörte hingegen in vielem mehr der Generation seines Großvaters Wilhelm I. an – bereits der düstere Schatten einer möglichen Verwicklung mit Russland am Horizont auftauchte. Den 24-seitigen Brief, den Wilhelm am 17. Oktober 1882 über die Zusammenkunft an seine Großmutter verfasste, atmet noch ganz die Begeisterung über die geglückte Erstbegegnung: »In Schönbrunn angelangt, probierte ich rasch die verschiedenen Theile der Steyerschen Bergtoilette durch, welche mir des Kaisers eigener Schneider zurechtgemacht und warf mich dann ins dortige Jagdreisecostüm, welches das einzige Civil ist, das außer dem Jagdrock getragen wird – bestehend in einem grauen Anzug mit einer grünen Weste, grün-ausgeschlagener Joppe mit kleinem grünen Stehkragen und lang davon herabhängenden Schnüren; diese Joppe wird offen getragen. Nach pünktlich angefangenem Luncheon in dem Costüm mit der Jagdgesellschaft ward bald aufgebrochen und nach Besichtigung von ganz enormen Geweihen, welche der Kaiser in Ungarn erlegt hatte, nach der Bahn gefahren.«[178]

Äußerlichkeiten bestimmten das Bild, und auch die Verabschiedung war herzlich. »Der Kaiser brachte mich persönlich auf die Bahn, nachdem er mich dringend zum nächsten Jahre eingeladen, und schied mit herzlicher Umarmung und innigsten Grüßen an Dich und Großpapa. Ich kann wohl sagen, dass ich mit schwerem Herzen Wien verließ, wo ich soviel Freundlichkeit und warme Freundschaft gefunden. Auch die ganzen Umgebungen und die Leute in Wien überhaupt haben auf mich einen stets sympathischen Eindruck ausgeübt.«[179]

Ganz offensichtlich hatte sich Wilhelm in Wien wohl gefühlt. Schon im April 1883 ging es erneut an die Donau zur Auerhahnjagd, wo er von S. M. dem Kaiser »mit unendlicher Huld und Herzlichkeit« begrüßt wurde. Auf den jungen Wilhelm haben die Wiener Erlebnisse durchaus Eindruck gemacht, wovon auch ein Brief an seine Großmutter, Queen Victoria, Zeugnis ablegt.[180] Wilhelms Eltern indes waren von den offenkundigen Wiener Erfolgen ihres Ältesten weniger angetan, interpretiert man die mit ironischen Kommentaren durchsetzte Korrespondenz zwischen Sohn und Eltern richtig. Es war ihnen jedenfalls nicht entgangen, dass Kaiser Franz Joseph persönliches Wohlgefallen an Wilhelm gefunden hatte, und es sieht so aus, als ob das schwierige Mutter-Sohn-Verhältnis mit seinen changierenden Ingredienzien Misstrauen, Neid, Brüskierung und Abwendung wieder einmal Stein des Anstoßes gewesen war. »Ein Brief von Dir«, schrieb die Mutter damals, »ist wegen seiner Seltenheit ein Museum-Stück!! Ich bin aber sehr froh, dass Dir die Reise nach Wien so gut gefallen hat.«[181]

Es sollte nicht länger als September 1883 dauern, bis sich Wilhelm wiederum zur Jagd mit Kronprinz Rudolf ins österreichische Mürzsteg begab. Auch der Gegenbesuch des Kronprinzenpaares Rudolf und Stephanie im darauffolgenden November verlief harmonisch, und von Franz Joseph war in den Briefen nur in wärmsten Tönen die Rede. Der Kronprinz selbst schien seine neugewonnenen Wiener Kontakte ähnlich positiv eingeschätzt zu haben, denn 1884 bot er dem Reichskanzler Otto von Bismarck vor seinem nächsten Österreichaufenthalt seine guten Dienste als Botengänger zur Übermittlung von Staatsgeheimnissen an.

Kontrastiert man diesen scheinbar vielversprechenden Auftakt der Beziehungen mit den verbitterten Äußerungen Wilhelms in der dunkelsten Stunde des Niedergangs und Endes der Monarchie, Oktober 1918, unmittelbar vor seiner Abdankung im November, so könnte der Gegensatz nicht größer sein. Als er in einem Brief von Franz Josephs Nachfolger, Kaiser Karl, den er als »treuesten Freund« anzureden pflegte, darüber unterrichtet wurde, dass die Verhältnisse jenen gezwungen hätten, »mit den Feinden auf Gnade und Ungnade Frieden zu schließen«, ist von Wilhelm der erschütterte Ausruf notiert: »Nun stehen wir allein gegen die ganze Welt! Um Österreich nicht im Stich zu lassen, haben wir den Krieg über uns ergehen lassen müssen, jetzt läßt es uns im Stich!«[182]

Mit dem einst »treuesten Freund« war Wilhelm innerlich fertig. In weniger als einem halben Jahrhundert hatte sich Wilhelms Blick auf die Doppelmonarchie von zunächst wohlwollend-nachbarschaftlicher Verbundenheit in das genaue Gegenteil verkehrt. Die Ursachen für die Schuld am eigenen Machtzerfall, von hier bietet sich eine Parallele zu den Hirngespinsten von Hitler in seiner Bunkerwelt im Frühjahr 1945 an, werden bei ihm ganz wesentlich auch in Wien verortet. Habsburg und Preußen waren, im Guten wie im Schlechten, auch dann noch Bezugspunkte der deutschen Geschichte, als der Ausgang des Duells längst entschieden war.

II.

Eine vergleichende Betrachtung der beiden Kaiser und ihrer Zeiten muss mit zwei Charakterbildern beginnen. Beide waren Persönlichkeiten, die ihre jeweilige Zeit so sehr prägten, dass sie Epoche gemacht haben; und beide können als Monarchen zu Recht in der Geschichte ihrer jeweiligen Dynastien – dies gilt für das Haus Habsburg wie für das Haus Hohenzollern – eine herausgehobene Stellung beanspruchen, schon deshalb, weil mit ihnen mehr oder weniger die Dynastie an das Ende ihrer Herrschaft gelangt war. Da ist zunächst Franz Joseph. Die Wirkung, die einst allein die Nennung des Namens »Kaiser Franz Joseph« hervorrufen konnte, hat Otto von Habsburg einmal treffend beschrieben, als er meinte: »Zum Kaiser zu gehen, war so etwas, wie eine Kirche zu betreten.«[183]

Franz Joseph und die Doppelmonarchie fließen in der rückblickenden Betrachtung ineinander. Für seine Zeitgenossen wurde er mehr und mehr zum Garanten für den Bestand der Monarchie. War es da nicht konsequent, dass die Monarchie nicht einmal zwei Jahre nach seinem Ableben untergehen sollte? Seine Regierungszeit dauerte ganze 68 Jahre. Länger als damals ein Menschenalter währte, führte er sein Land. Gewissermaßen katapultierte er es aus der beschaulichen Welt des 18. Jahrhunderts ins unruhige 20. Jahrhundert hinein. Manche gar meinen in pointierter Formulierung, dass das Mittelalter in Österreich erst im Jahr 1848 zu Ende gegangen sei. Er bestieg den Thron als Jüngling – die Bezeichnung »Fratz Joseph« lässt erahnen, wie sehr die Jugend des Kaisers damals Thema war – zu einer Zeit, als in seinem Staat gerade der Zunftzwang aufgehoben war, das Ständewesen zu Ende ging, die Gewerbefreiheit eingeführt und eine moderne Staatsverwaltung an die Stelle der noch in die theresianische und josephinische Epoche zurückreichenden Hofstellen getreten war. Als er im Dezember 1848 auf den Thron kam, war er der Hoffnungsträger seiner Dynastie und zugleich weithin ein unbeschriebenes Blatt. Graf Vitzthum von Eckstädt brachte die Skepsis der Mehrheit der Beobachter auf den Punkt, als er die Kühnheit der Entscheidung zugunsten der Jugend des Kaisers – »einem Cäsar von 18 Jahren« – zum Vabanque erklärte.[184]

In der fünfzigjährigen Regierungszeit seines Großvaters Franz I. war der Staat Maria Theresias weitgehend zerbrochen. Auch der jugendliche Kaiser begann als Reaktionär. Diese innere Einstellung war unmittelbare Konsequenz aus Habsburgs Lehren von 1848, auf den kurzen Frühling der Demokratie und das Aufflackern gesamtdeutscher Einigungspläne. Franz Joseph hingegen verstand sich als konstitutioneller Monarch. Der Anspruch, den er erhob, war weit davon entfernt, bescheiden zu sein, und ließ an Eindeutigkeit nichts zu wünschen übrig. In seinem Manifest zum Regierungsantritt verkündete er nichts Geringeres als das Ziel, »alle Länder und Stämme der Monarchie zu einem großen Staatskörper zu vereinen«.[185] Zu den geerbten Problemen, die der junge Kaiser in Wien nach 1848 vorfand, zählten zuvörderst der in der Paulskirche ungelöst gebliebene Dualismus zwischen Habsburg und Preußen und die immer drängendere Nationalitätenfrage im Habsburgischen Vielvölkerstaat.

Die Anfänge Franz Josephs sind noch eng mit dem Wirken seiner eigentlichen politischen Mentoren – den Fürsten Schwarzenberg und Metternich – verbunden. Und zunächst schien es so, als ob diese mit dem pedantischen, verschlossenen, antiintellektuellen und seit früher Kindheit an militärischem Zeremoniell und Gepränge sich erfreuenden Kaiser durchaus zufrieden sein konnten. »Sein Verstand ist scharf, sein Fleiß in den Geschäften besonders in seinem Alter bewunderungswürdig. Er arbeitet ernstlich wenigstens zehn Stunden am Tage, und wie viele Vorträge der Minister, von ihm selbst bemängelt, unerledigt zurückkommen, weiß niemand besser als ich«, schrieb Schwarzenberg an Metternich: »Sein Anstand ist würdevoll, sein Benehmen gegen alle Leute überaus höflich, aber etwas trocken [...] Von der gewissen warmen und flachen Gutherzigkeit mancher Erzherzöge findet man bei ihm keine Spur.«[186] Doch das gemeinsame Wirken mit Schwarzenberg an seiner Seite war nur von kurzer Dauer. Bereits 1852 starb dieser Hochbegabte der Diplomatie, ohne dass seine weitreichenden Pläne auch nur im Ansatz verwirklicht worden wären. Mit gerade 22 Jahren hatte Franz Joseph die Regierungsgeschäfte selbst übernommen; er sollte sie bis zu seinem Tode nicht mehr wirklich aus der Hand geben. Einen Ministerpräsidenten vom Format Metternichs sollte er danach nicht mehr berufen.

Hatte der Kaiser in der Politik eine glückliche Hand? Diese Frage lässt sich kaum positiv beantworten, wenn die Niederlage von Königgrätz und der Kriegseintritt 1914 als die beiden Eck- und Referenzpunkte seines politischen Handelns betrachtet werden. Seine Popularität verdankt er seiner Erscheinung, der Begründung eines bis in die Gegenwart reichenden Mythos, allenfalls vergleichbar mit demjenigen Maria Theresias. Noch heute sind im Stadtbild von Wien die Spuren Franz Josephs, seine überragende Bautätigkeit, sein Gestaltungsanspruch und die damit verbundene kulturelle Blüte unübersehbar. Dies freilich darf nicht darüber hinwegtäuschen, dass Franz Joseph ein Bewahrer war, der in revolutionären Zeiten das Staatsschiff zu lenken versuchte und am Ende die große Havarie nicht verhindern konnte.

Den nachhaltigsten Einfluss auf die Entwicklung seiner Persönlichkeit hat sicherlich seine militärische Erziehung gehabt. Schon im Frühjahr 1848, als Achtzehnjähriger, nahm Franz Joseph an den Kämpfen in Italien teil, und das Amt des Oberkommandierenden hat er zeitlebens mit einem Eifer versehen, der auch für eine so pflichtbewusste Persönlichkeit wie Franz Joseph bemerkenswert war. Wer dafür eine Erklärung sucht, findet sie am ehesten in den Ereignissen des Jahres 1848. Das Heer und die Monarchie waren eins, ja der Aufstieg des österreichischen Kaisertums unter Franz Joseph ist untrennbar an die Politisierung der Militärs und eine zielbewusste militärische Führung durch den Kaiser-Oberbefehlshaber geknüpft. Die zentralistische Funktion des Kaisertums war die konsequente Antwort auf die zentrifugalen Kräfte des Nationalitätenkonflikts, der durch das ganze 19. Jahrhundert hindurch die zentrale Herausforderung für den Donaustaat gewesen ist. Lothar Höbelts zugespitzte Formulierung, das Ideal der Habsburgermonarchie sei »die wohltemperierte Unzufriedenheit, die kein gemeinsames Agieren der Liberalen ermöglichte, aber auch keinen unwiderruflichen Zerfall der gemeinsamen Institutionen heraufbeschwor«[187], galt *grosso modo* in der ganzen franzisko-josephinischen Epoche, und zwar nach innen und außen zugleich.

Die hervortretenden Züge Franz Josephs werden von vielen, die bei Hofe mit ihm verkehrten, übereinstimmend beschrieben. Er war nüchtern, ein leidenschaftlicher Jäger, am liebsten im Steirer Gwand, pedantisch-langweilig, ein kirchentreuer Katholik. Die lange Zeit verschollenen Jugendtagebücher Franz Josephs[188], seine Briefe an die Mutter[189] oder auch die vertrauliche Korrespondenz mit der Burgschauspielerin Katharina Schratt[190], seiner zweiten großen Liebe und wohl der Person, die ihm nach Elisabeths frühem Tod am nächsten stand, zeigen die mangelnde geistige Beweglichkeit und die Unfähigkeit zu tieferen philosophisch-politischen Gedanken. Am auffälligsten erscheint bei dieser in sich ruhenden, ganz sich selbst genügenden Persönlichkeit die innere Geschlossenheit – man kann zu Recht von Abgekapseltheit sprechen –, die ihn auch die großen privaten Katastrophen seines Lebens überstehen ließ: den Doppelselbstmord seines ältesten Sohnes, des Kronprinzen Rudolf mit dessen Gespielin, der 17-jährigen Baroness Mary Vetsera, in Mayerling 1889; die Ermordung seiner über alles geliebten Ehefrau, der Wittelsbacher Prinzessin Elisabeth, durch einen ungarischen Anarchisten im Jahr 1898, unmittelbar bevor sie in Genf das Schiff für den Kuraufenthalt in Caux besteigen wollte, und das tödliche Attentat auf den – freilich aus seiner Sicht ebenfalls wie Rudolf zur Nachfolge ungeeigneten – Thronfolger Franz Ferdinand durch serbische Nationalisten am 28. Juni 1914 in Sarajewo.

Von allen Schicksalsschlägen muss für ihn der Verlust von Elisabeth wohl der schwerste gewesen sein. Denn Elisabeth war ganz ohne Zweifel die Liebe seines Lebens. Schon zu Lebzeiten wurde sie zur entrückten Idealgestalt, die aufgrund ihrer unkonventionellen Lebensführung, ihres impulsiven Temperaments und ihrer bilderbuchartigen Schönheit die Phantasie, auch Faszination der Menschen in ihrer Zeit und seitdem beflügelt hat. Franz Josephs Kammerdiener Eugen Ketterl hingegen sah die Kaiserin nüchterner. Franz Joseph war für ihn ein »Wirklichkeitsmensch«, Elisabeth hingegen »eine weltflüchtige Träumerin«.[191] Doch auch Ketterl entging nicht, wie sehr Elisabeth Teil von Franz Joseph gewesen ist, auch wenn in der öffentlichen Wirkung das im Grunde so gegensätzliche Paar sich in seinen gegenseitigen Aspekten bisweilen nicht nur ergänzte, sondern auch den Blick auf den jeweils anderen in der öffentlichen Wahrnehmung verzerrte. »Franz Joseph war für das Volk die Verkörperung restloser Pflichterfüllung, Elisabeth das Sinnbild königlicher, fast überirdischer Schönheit und Würde […] Je mehr man Kaiser Franz Joseph verunglimpfte, je mehr man ihm Herzlosigkeit, Kälte, Gleichgültigkeit vorwarf, desto liebevoller wurde Kaiserin Elisabeth behandelt. Fast scheint es, als wollte man mit den Steinen, mit denen man Franz Joseph bewarf, der Kaiserin ein Denkmal errichten.«[192]

Was hat die Ehe dieser so ungleichen Persönlichkeiten im Innersten zusammengehalten? Die zahlreichen Zeugnisse Franz Josephs, die seine Liebe und Hingabe dokumentieren, sind echt, der Ton für den ansonsten zurückhaltenden Monarchen von ernstem Pathos geprägt. Waren es die fortgesetzten privaten Tragödien, die diesen unablässig nach Halt suchenden, penibel auf die Einhaltung von Konventionen und äußerliche Formen achtenden Monarchen so sehr an die angebetete Traumprinzessin klammern ließ? Elisabeth scheint in ihrer Ehe wenig glücklich gewesen zu sein. Sie litt erkennbar, den Schilderungen zufolge, unter dem strengen spanischen Zeremoniell, das auf der Hofburg und in Schönbrunn alle Abläufe *par le menu* regelte. Berühmt sind auch ihre fortgesetzten Regelverstöße: Etwa wenn sie die in der Umgebung von Schönbrunn lagernden Zigeuner ins Schloss einlud und dort bewirtete. Franz Joseph war über die Gegenwart des von ihm als »Gesindel« bezeichneten fahrenden Volkes wenig amüsiert. Oder wenn sie sich ihre kleineren und größeren Fluchten mit den dazugehörigen Freiheiten gönnte, wie etwa an jenem Faschingsdienstag des Jahres 1874, als sie die Abwesenheit des Gatten dazu nutzte, bei einem Maskenball den zehn Jahre jüngeren, gutaussehenden Beamten Fritz Pacher zu entführen und anschließend ihr Abenteuer in eine von ihr unter Pseudonym geführte Korrespondenz zu verstricken – sie unterzeichnete mit »Gabriele«, ihre Schwester fungierte als *postillon d'amour*.

Franz Joseph hat davon nie erfahren. Er, der Pflichtbewusste, der Bescheidenheit und Sparsamkeit in der persönlichen Lebensführung bis zum Verdruss seiner Entourage vorlebte, war bei Elisabeth nachsichtig und liebend bis zum Schluss. Als er im Juli 1898 die Nachricht erhielt, dass sie den Folgen des Attentats erlegen sei, ist der Ausspruch überliefert, festgehalten von seinem *Major domus* Ketterl in Gegenwart des Grafen Paar: »Niemand weiß, was diese Frau mir gewesen ist.«[193]

Der Staat und das Erzhaus waren für Franz Joseph eins. Dies mag erklären, weshalb das große Thema der staatlichen Neuordnung der Donaumonarchie trotz wiederholter Anläufe immer wieder versandete. Schmerling, Hohenwarth, Badeni, Koerber, Beck – die Reihe der Ministerpräsidenten, die es versucht hatten, ist lang. Im entscheidenden Moment fehlte vor allem eines: der Rückhalt beim zaudernden Kaiser, der lieber einen Ministerpräsidenten opferte, ihn entließ, als zur durchgreifenden Staatsreform anzusetzen. Es fehlte ihm, dem Urteil eines k. u. k. Diplomaten zufolge, »jeder schöpferische staatsmännische Geist«, und er war zudem, wenn auch »mitunter eigensinnig, ein wankelmütiger Charakter«.[194]

Zugespitzt formuliert: Der Kaiser, der nach außen hin sein Reich auf so vortreffliche Weise zu repräsentieren verstand, der in seiner Person die einende Klammer in der Nationalitätenfrage bildete und der für seine Untertanen zum Symbol der Monarchie geworden war, vermochte es aus innerer Schwäche nicht, die immer drängenderen Fragen seines Staatswesens einer Lösung zuzuführen. War es letztlich seine Fixiertheit auf das monarchische Prinzip, sein Einssein mit der Habsburgermonarchie, die ihm die Suche nach Wegen aus der Gefahr versperrte? Zur Auffassung der göttlichen Erwähltheit trat bei ihm als Konstante über alle Jahre hinweg der Anspruch, Rang und Rolle des Staates, der in den Gegensätzen seiner Völker durch die Monarchie – mit der Kaiserstadt Wien als Zentrum – zusammengehalten wurde, über militärische Erfolge und kluge Diplomatie im Konzert der Mächte behaupten und ausbauen zu wollen. Der axiomatische Gegensatz zu Russland, die feste Überzeugung vom unabwendbaren Niedergang Russlands und die auch durch die Freundschaft der Dynastien und die Zugehörigkeit zum gleichen Sprach- und Kulturraum begünstigte Bündnisoption für das Deutsche Reich zählten zu seinem politischen Programm. Franz Joseph ist auf seine Weise wie Wilhelm die bestimmende Gestalt seines Zeitalters, eines Zeitalters, das er ganz maßgeblich geprägt hat und dass dann doch am Ende über ihn hinweggegangen ist. Parallel zum einsetzenden körperlichen Verfall und zur Altersschwäche Franz Josephs hat an dessen Lebensende die einst so prachtvolle Fassade der Monarchie sichtbar tiefe Risse bekommen, der Putz bröckelte unablässig, Niedergang war unaufhaltsam, Untergang folglich nur noch eine Frage des Zeitablaufs. Franz Joseph trat von der Bühne ab, und bald darauf sollte sich der Vorhang senken.

III

Hätte es einen größeren Kontrast als den zwischen Franz Joseph und dem beinahe drei Jahrzehnte lebensjüngeren Hohenzollern geben können? Der hervortretende Charakterzug Wilhelms II. war seine Widersprüchlichkeit. »Der Kaiser gefällt mir nicht. Er hat etwas Aufgesetztes, wie eine grüne Nelke, etwas, was mich in Erstaunen versetzt, mir aber nicht wahnsinnig gefällt, etwas, von dem es erstaunlich ist, daß es gemacht wurde, aber von dem ich finde, es wäre besser gewesen, man hätte es nicht gemacht«, so hatte einst Marcel Proust in einer kleinen Vignette der Duchesse de Guermantes seine Worte in den Mund gelegt.[195] Es ist jene Widersprüchlichkeit, im Charakter bei Wilhelm II. angelegt, die es so schwer macht, ihn zu fassen und die auch nicht wenige seiner Biographen in die Irre der Deutungen geführt hat: Einerseits Impressionist und *homme du fin de siècle*, andererseits Reaktionär und Antisemit; hier Inbegriff des preußischen Militarismus, der nicht nur seine Rolle als militärischer Vorgesetzter ernst nahm, sondern auch geneigt war, das militärische Zeremoniell auf das allgemeine gesellschaftliche Leben zu übertragen – das Reserveoffizierspatent war in Preußen-Deutschland das Entrée in die gute Gesellschaft, dort moderner Wissenschaftspolitiker, der die technischen Hochschulen und außeruniversitäre Forschungseinrichtungen, allen voran die Kaiser-Wilhelm-Gesellschaft, ins Leben rief und mit seiner Begeisterungsfähigkeit vor allem der Archäologie und Ethnologie zu großen Sprüngen nach vorn verhalf; verbaler Haudrauf, der seine Untertanen »herrlichen Tagen« entgegenführen wollte und auch für das Deutsche Reich mehr als nur einen Platz an der Sonne beanspruchte, Verkünder der Doktrin der Weltpolitik und Friedensfreund zugleich; ein rastloser Reisender, der Ausgrabungen aus prähellenistischen Matriarchatskulten persönlich leitete und aus Lust am Schabernack seinem Chef des Militärkabinetts beim Vortrag in den Allerwertesten zwickte.

Walther Rathenau hat in seiner 1919 erschienenen Betrachtung über den Kaiser diese Widersprüchlichkeit wohl am treffendsten zum Ausdruck gebracht. Etwa zwanzig Mal war er dem Monarchen in der Zeit zwischen 1901 und 1914 persönlich begegnet, und das Bild, das er dabei studieren konnte, hatte so gar nichts gemein mit den schneidigen Jugendbildern mit aufgezwirbeltem Schnurrbart, die die zeitgenössische Presse wie fortgesetzte Kriegserklärungen mit kräftigem Pinselstrich zu zeichnen pflegte. Wilhelm II. war für Rathenau stattdessen »ein Bezauberer und ein Gezeichneter«, »eine zerrissene Natur, die den Riß nicht spürt«. Er ging, so Rathenau, seinem Verhängnis unaufhaltsam entgegen: »Da saß ein jugendlicher Mann in bunter Uniform, mit seltsamen Würdenzeichen, die weißen Hände voll farbiger Ringe, Armbänder an den Handgelenken; zarte Haut, weiches Haar, kleine, weiße Zähne. Ein rechter Prinz; auf den Eindruck bedacht, dauernd mit sich selbst kämpfend, seine Natur bezwingend, um ihr Haltung, Kraft, Beherrschung abzugewinnen. Kaum ein unbewußter Moment; unbewußt nur – und hier beginnt das menschlich Rührende – der Kampf mit sich selbst; eine ahnungslos gegen sich selbst gerichtete Natur.«[196]

Kampf als Lebensprinzip? Krieg und Frieden, die großen Themen des Deutschen Reiches, sie waren auch die in der Persönlichkeit des Kaisers angelegten Spannungsfelder. Durch seine fortwährenden Stegreifreden, durch Äußeres und Auftritt hat er selbst am Ende die Deutschen in seinem Reich und noch mehr das Bild davon nach außen nachhaltig geprägt. Zeitlebens hat sich Wilhelm betont schneidig gegeben. Seine Vorliebe für Uniformen, Kostüme, Schmuck und Juwelen war notorisch. Hinzu trat ein ausgesprochen skurriler Humor, der die Grenzen zum Bizarren häufig überschritt und auch vor Geschmacklosigkeiten nicht haltmachte. Die Exzellenzen und Würdenträger, die den Kaiser auf seinen alljährlichen Nordlandreisen begleiteten, waren gegen keinen Schabernack gefeit, etwa wenn der Kaiser bei den morgendlichen Leibesübungen mit dem Taschenmesser die Hosenträger seiner Entourage durchschnitt. 1908 verstarb der General und Chef des Militärkabinetts Dietrich von Hülsen, als er, mit einem Ballettröckchen und großem Federhut bekleidet, beim Tanz vor dem Kaiser einen Herzanfall erlitt.

Wilhelm war eine zutiefst gespaltene, ruhelose, bramarbasierende Persönlichkeit von rascher Auffassungsgabe, großer rhetorischer Begabung und der Unfähigkeit zu kritischer Selbstreflexion. Reden und Meinen gingen bei ihm häufig auseinander. Dies wurde mehr als einmal zur Quelle von Missverständnissen und hat ganz erheblich zur ambivalenten Sicht des deutschen Kaisers beigetragen. Der Historiker Michael Freund brachte die gegensätzlichen Züge der Persönlichkeit und ihre geschichtliche Auswirkung auf den Punkt: »Wilhelm II. war für einen durchschnittlichen Landesvater zu bedeutend, und für einen wahren Herrscher zu unbedeutend.«[197]

War Wilhelm ein schwacher Kaiser? Über kaum eine Herrscherfigur waren sich die Historiker so uneins. Vor allem das System des persönlichen Regiments stand im Widerstreit der Meinungen: Konnte es einen Wilhelminismus ohne Wilhelm geben? Die Werke von Fritz Fischer über die Kriegszielpolitik des kaiserlichen Deutschlands und die nach dem Hamburger Historiker benannte Kontroverse haben für lange Zeit den Blick auf die strukturellen Bedingungen des kaiserlichen Deutschlands gelenkt.[198] Die damit verbundene Unterschätzung ist erst in jüngerer Zeit – insbesondere durch die Arbeiten von Isabel Hull, Cecil Lamar und Christopher Clark, auch in Aufnahme von und in Auseinandersetzung mit den Forschungsergebnissen von John Röhl – relativiert worden.[199] Sie ist genauso falsch wie die Überzeichnung Wilhelms als Vorläufer und Wegbereiter Adolf Hitlers in der unmittelbaren Nachkriegszeit insbesondere durch eine Wilhelm-kritische anglo-amerikanische Historiographie.

Wilhelm hat es seinen vielen Biographen nie leicht gemacht. Das Oszillieren zwischen »Hosiannah« und »Kreuziget ihn« erfolgte innerhalb kürzester Frist. Er wurde zum Fabeltier, und die alliierte Kriegspropaganda hat mit ihren eingehämmerten Parolen von »The Kaiser's war« ihren Anteil daran, dass dieses Zerrbild in der öffentlichen Wahrnehmung lange fortbestehen konnte. An die Begeisterung, die viele Deutsche einst für Wilhelm II. empfanden, wollten sich die meisten nach dem verlorenen Krieg und der Abdankung nicht mehr so recht erinnern. Die Parallele zu den mit Persilscheinen weißgewaschenen einstigen Parteigenossen nach 1945 liegt nahe. Schon Rathenau fragte in seiner Kaiser-Betrachtung im Jahr 1919 zutreffend, woher all die Bewunderer Wilhelms gekommen seien: »Wer waren die Leute, die sich um jeden königlichen Aufzug drängten und ›vivat!‹ schrien? Es mögen manche dabei gewesen sein, die sich heute mit roten Bändern schmücken [...] Wer waren die, die zweimal wöchentlich flaggten, auf den Untergang der ›Lusitania‹ tranken, dem Unterseekrieg zustimmten, über jede Kriegserklärung scherzten? Es waren manche guten Sozialisten darunter.«[200]

Im Frühjahr 1894 erschien Ludwig Quiddes auf den Kaiser gemünzte »Studie über römischen Cäsarenwahnsinn« *Caligula*. Bereits kurze Zeit später hatte Friedrich von Holstein, die graue Eminenz, dem Kaiserintimus Philipp Fürst zu Eulenburg und Hertefeld am Neujahrstag 1895 anvertraut, dass er an die Dynastie denke und sich nicht verhehle, »daß Seine Majestät von royalistischem *Kapitale* lebt und daß das, was er heute achtlos vergeudet, einstmals seinem Sohne, ja, wahrscheinlich in wenigen Jahren schon ihm selber, empfindlich fehlen wird«.[201] Bereits in den frühen Jahren häuften sich die Stimmen derjenigen, die Wilhelms Regiment der unverantwortlichen Rede als Belastung und Entfernung von der Bismarck'schen Staatskunst und den Hohenzollern'schen Idealen kritisierten. So führte der liberale Abgeordnete Eugen Richter am 18. Mai 1897 im Reichstag aus: »Wo ist denn heute ein einheitlicher, zielbewußter Wille, der nicht von plötzlichen Impulsen getragen wird, sondern der mit Umsicht und Einsicht ein Ziel zu verfolgen weiß? (Sehr gut! Links) [...] Deutschland ist ein monarchisch-konstitutionelles Land, aber nach dem Programm: ›Sic volo sic iubeo – regis voluntas suprema rex‹ mag man vielleicht in Rußland noch eine Zeit regieren können, das deutsche Volk läßt sich auf die Dauer nicht danach regieren.«[202]

Im Soldatisch-Schneidigen fand das wilhelminische Deutschland sein Idealbild. Heinrich Mann hat mit seinem Roman *Der Untertan*[203] die wohl beißendste Kritik der wilhelminischen Untertanengesellschaft gezeichnet. Es ist ein impressionistisches Porträt, das zahlreiche Klischees bedient, jedoch gerade in der bewussten Überzeichnung ein Licht auf die Zerrissenheit, tiefe Verunsicherung und die permanente Suche nach Anerkennung, äußerem Dekorum und Weltgeltung des wilhelminischen Deutschlands wirft. Wilhelm II. ist der erste Repräsentant dieses Zeitalters gewesen, er hat es entscheidend geprägt, und er ist in seiner ambivalenten Persönlichkeit zugleich auch ihr glänzender Spiegel. Er konnte sich an seiner eigenen vollmundigen Rhetorik berauschen, doch hinter der Fassade von Arroganz verbarg sich oftmals Unsicherheit und Suche, wie Michael Stürmer geschrieben hat: »Wilhelm war ein Mann für alle Jahreszeiten, mit vielen Gesichtern, aber ohne Dienstethos und Arbeitswillen, neun Monate des Jahres auf

Reisen, ohne die Einsicht in die eigenen Begrenzungen, in der öffentlichen Bewunderung tänzelnd wie ein Rokoko-Kavalier in einem Spiegelkabinett.«[204]

Das widersprüchliche Bild, wie es sich auch im gespaltenen Urteil der deutschen Geschichtswissenschaft über Wilhelm spiegelt, ist von etlichen Biographen zunächst auf widrige Startbedingungen der frühen Jahre zurückgeführt worden. Wilhelms Natur, das waren zunächst die Erfahrungen der freudlosen Jugend: die spät erkannte körperliche Behinderung – der verkrüppelte linke Arm war die Folge einer Steißgeburt, bei der die Kronprinzessin Victoria beinahe gestorben wäre, die Nachrufe in den Organen der Hauptstadtpresse waren schon im Satz –; die spartanisch-harte Erziehung durch den Gymnasiallehrer Georg Ernst Hinzpeter; die wiederkehrenden Konflikte mit der Mutter, deren unbarmherzige Urteile immer wieder auch den eigenen Sohn bis ins Mark trafen, etwa wenn sie ihn für einen hoffnungslosen Fall hielt und ihm gänzlich die Fähigkeit absprach, später einmal die Regierungsgeschäfte zu übernehmen. Beinahe Wilhelms ganze frühe Entwicklung ist mit Gewalt der Natur abgetrotzt, und diese Gewalt, die er sich in den folgenden Jahren angetan hat und die ihm abverlangt wurde, ist zugleich etwas, das sich auf vielfältige Weise in seinem Reich widerspiegeln sollte, eines der Deutungsmuster für die Doppelgesichtigkeit des Zweiten Kaiserreichs. So wurde Wilhelm trotz seines körperlichen Gebrechens zu Reitstunden gezwungen. Er fiel unzählige Male vom Pferd, doch er überwand seinen Makel, lernte die Balance zu wahren und entwickelte sich zu einem leidenschaftlichen Reiter. Das Laute und Exzentrische, der Drang nach Bewegung, Reisen, Spektakel, die beinahe schreiende Rede, die ständige Neigung, sich zu exponieren, mitzuteilen, die Freude am schönen Schein, das

Überdimensionierte, Maßlose, die Gier nach Beifall und Anerkennung: die ganze Person des Kaisers scheint, psychologisch betrachtet, eine Antwort auf Drill, Unfreiheit, Freudlosigkeit, auf die Geringschätzung der Mutter und die erzieherischen Demütigungen der frühen Jahre zu sein.

Im Grunde war und blieb der Kaiser eine weiche, einsame Persönlichkeit, der seine Unsicherheit nach außen durch umso markigeres Auftreten überspielen wollte. Kindliche Züge legte er auch dann nicht ab, als er längst im Mannesalter stand. Noch aus den späten Exiljahren in Doorn ist von seiner zweiten Frau Hermine, geborene Prinzessin Reuss, der Ausspruch überliefert, was doch für ein großes Kind der Kaiser sei.[205] Knabenhaft konnte er sich am Schlachtflottenbau der Kriegsmarine begeistern, und die Entourage seiner alljährlichen Nordlandfahrten examinierte er mit Daten der Ozeankreuzer. Wilhelm war kein Menschenfischer, aber er verstand es mit einem ausgeklügelten System, ganz nach Gutdünken Gunst zu gewähren oder zu entziehen, durch Geschenke und Belohnungen Menschen gefügig zu machen. Sein Hofmarschall hatte dieses auf größtmögliche Botmäßigkeit angelegte System mit kritischer Distanz durchschaut: »Er war immer gern und mit innerlicher Freude bereit«, schrieb Zedlitz-Trützschler in seinen Memoiren über Wilhelm II., »alle diejenigen mit Auszeichnungen zu überschütten, die er dessen für würdig hielt. Die Übertreibungen dieses Systems haben demoralisierend gewirkt, aber die persönliche Macht des Kaisers ganz außerordentlich gestärkt.«[206]

Gerne auch redete sich Wilhelm um Kopf und Kragen. Am Ende war dann alles nicht so gemeint. Resigniert urteilte einmal sein Staatssekretär des Auswärtigen Amtes, Marschall von Bieberstein: »Ein Monarch muß das letzte Wort sprechen, S. M.

will aber immer das erste haben, das ist ein Kardinalfehler.«[207] Der Kaiser sprach oft und gern aus dem Stegreif, und zwar so, dass ihm das Wasser auf die Stirn trat.[208] Die vom Zivilkabinett vorbereitete Rede wurde dann gänzlich beiseitegelegt. Er wollte Beifall haben. Als nach einem Vortrag vor Arbeiterführern im September 1918 – der Kaiser hatte sich wieder einmal in Rage geredet – der von ihm erfragte (und erhoffte) Zuspruch seiner Entourage ausblieb, folgte die Rüge auf dem Fuße: »Ja, ich weiß ja, ich kann reden, was ich will, euch paßt es ja doch nie.«[209] Diese charakterliche Veranlagung war, in Verbindung mit dem von der Verfassung nicht gedeckten Anspruch auf quasi-absolutistische Herrschaftsausübung, Selbstregierung und Gottesgnadentum, eine der großen Bürden der wilhelminischen Ära. Franz Joseph hat diese fatale Neigung Wilhelms durchschaut und die unberechenbaren außenpolitischen Konsequenzen unverantwortlicher Reden. »Wenn nur dem Deutschen Kaiser nicht noch einmal sein Temperament durchgeht!«, soll er im Dezember 1910 gesagt haben – eine Äußerung, die als Bestätigung für das damals von beiden Herrschern empfundene Band monarchischer Solidarität interpretiert werden kann: »Er ist zwar genauso wie ich auf die Erhaltung des Friedens bedacht, aber in dieser ostentativen Hervorhebung der Schärfe des deutschen Schwertes sehe ich eine Gefahr!«[210]

Nicht überall im Ausland wurden die Beweggründe für den Kurs, der dann zum unvorteilhaften Schlagwort des wilhelminischen Imperialismus gewertet wurde, ähnlich milde beurteilt. Häufiger wurde Wilhelm II. im Ausland missverstanden, ja er musste als Beweis dafür herhalten, dass das Deutsche Reich ein autokratisches Regime sei. Auf lange Zeit hat die Diskrepanz zwischen Auftritt, Anspruch und Absicht das Urteil der Historiker über Wilhelm II. und seine Zeit so schwer gemacht. Sie ermöglichte den Aufstieg einer großbürgerlich-industriell geprägten wilhelminischen Führungsschicht, die den Kurs des »Mit Volldampf voraus« allzu wörtlich als Fanfare zu einer munter exportorientiert-hegemonialen Politik begriff, der Maß und Mitte fehlte. Das war das eigentliche Problem der wilhelminischen Weltpolitik, dass das unterstellte Gesamtkonzept nicht existierte und folglich die einzelnen Phasen und Schritte des Kurses nicht aufeinander abgestimmt waren.

Nirgendwo war dieser Widerspruch deutlicher greifbar als in der Person Wilhelms II. Die Verfassung sah für ihn als Staatsoberhaupt weitreichende Kompetenzen vor. Er hätte durchaus die führende und die Gegensätze zusammenführende Gestalt sein können, doch in Wirklichkeit begnügte er sich aufgrund der in seiner Persönlichkeit angelegten Eigenschaften damit, nur tonangebend zu sein. Und der Ton, den er immer wieder anstimmte, stiftete nicht nur im In- und Ausland Verwirrung, er war auch dafür verantwortlich, dass am Ende die Direktion verlorengegangen ist. Wilhelm verkörperte in seiner Person die Ambivalenz des kaiserlichen Deutschlands: ruheloses Vorwärtsstreben, geschichtslose, weil rein museale Vergangenheitsbezogenheit, verwundbare Kraftfülle. Die Denkmaler, die Wilhelm seiner Nachwelt überlassen hat, erzählen von diesen scheinbaren Widersprüchen. Einerseits sind sie geprägt von unverkennbarem Streben, die Kontinuitätslinie zu einer mythischen Vergangenheit aufrechtzuerhalten. Wilhelm orientierte sich im Verständnis seines Kaisertums an den vermeintlich ruhmreichen Zeiten der Salier und Hohenstaufen. Vor allem seinen Großvater, Wilhelm I., den spartanischen, einfallslosen ersten Kaiser, ließ er aufs Denkmal heben, zumeist zu Pferde sitzend, um ihn seinen Untertanen wie einst »den Weltgeist zu Pferde«, um ein berühmtes Hegel-Wort abzuwandeln, dauerhaft ins Gedächtnis einzuprägen. Zum anderen weisen die Denkmäler jener Zeit in ihrer kraftvollen Monstrosität, in den noch ungewohnten Formen einer von Technik und Fortschritt geprägten Gegenwart in die ungewisse Zukunft. Beide Züge waren in der Person dieses so widersprüchlichen Kaisers angelegt.

Niemand hat dieses problematische Charakterbild des Monarchen treffender auf den Punkt gebracht als einer der besten Kenner des Kaisers, sein zur Mitteilsamkeit neigender Vertrauter Philipp Fürst zu Eulenburg-Hertefeld, in einem an den Reichskanzler Bernhard von Bülow gerichteten Schreiben: »Wilhelm II. nimmt alles persönlich. Nur persönliche Argumente machen ihm Eindruck. Er will andere belehren, läßt sich aber ungern belehren. Er verträgt keine Langeweile; schwerfällige, steife, allzu gründliche Menschen gehen ihm auf die Nerven und erreichen nichts bei ihm. Wilhelm II. will glänzen und alles selbst machen und entscheiden. Was er selbst machen will, geht leider oft schief aus. Er ist ruhmliebend, ehrgeizig und eifersüchtig. Um einen Gedanken bei ihm durchzusetzen, muß man tun, als ob der Gedanke von ihm käme. Man muß Wilhelm II. alles bequem machen. Er ermutigt andere gern zu forschem Vorgehen, läßt sie aber im Graben liegen, wenn sie dabei hereinfallen. Vergiß niemals, daß S. M. ein Lob hin und wieder braucht. Er gehört zu den Naturen, die ohne eine Anerkennung hin und wieder, aus bedeutendem Munde, mißmutig werden. Du wirst immer Zugang zu allen Deinen Wünschen haben, wenn Du nicht versäumst, Anerkennung zu äußern, wo S. M. sie verdient. Er ist dankbar dafür wie ein gutes, kluges Kind. Bei fortgesetztem Schweigen, wo er Anerkennung verdient, sucht er schließlich Übelwollen. Die Grenze zum Schmeicheln werden wir beide immer genau einhalten.«[211]

Sprunghaftigkeit, Unklarheit, Oberflächlichkeit, dies waren die bestimmenden Züge des Monarchen und seines persönlichen Regiments. Es war die Tragik des Deutschen Reiches, der Schöpfung Bismarcks, dass es in seiner Verfassungswirklichkeit mit einer zu großen Reihe von unaufgelösten Widersprüchen, in der Reichsverfassung von 1871 angelegten Schieflagen, gewissermaßen mit zahlreichen innen- wie außenpolitischen Geburtsfehlern behaftet war, dass es die auch in den menschlichen Unzulänglichkeiten und Schwächen seines Monarchen begründeten Fehler und verhängnisvollen Missverständnisse des Auslands nicht kompensieren konnte und sich das Ganze am Ende auf unaufhaltsam schiefe Bahn bewegte.[212]

IV.

Das Deutsche Reich war ein Bundesstaat. Preußen besaß mit seinen siebzehn Bundesratsstimmen ein absolutes Veto gegen jede Verfassungsänderung. Die Reichsgewalt war nach außen hin durch den Kaiser und den allein von ihm ernannten Reichskanzler repräsentiert. Der Kaiser als oberster Kriegsherr, Vertreter des Reiches nach außen und oberste Spitze der kaiserlichen Behörden, war mehr als eine verfassungsrechtliche Klammer: Er verkörperte die Einheit des Reiches und übte zudem im Reichsland Elsass-Lothringen die Staatsgewalt aus. In der konstitutionellen Monarchie verwirklichte sich ein eigener Verfassungstyp. Die Verfassung war Begrenzung, nicht Grundlage der monarchischen Herrschaft. Wilhelm hingegen rühmte sich, die Verfassung nie gelesen zu haben.

Die Struktur der Reichsregierung, dies war das eigentliche Makel der Bismarck'schen Reichsverfassung, war auf eine überragende Figur zugeschnitten. Hartungs Urteil, dass das Wesen des Kaisers diesen Mangel der Verfassung verschärft habe, berührt den zentralen Punkt des »persönlichen Regiments«. Er wird jedoch gemildert durch den Umstand, dass es bis in die Jahre des Ersten Weltkriegs dauern sollte, dass ein verfassungsändernder Vorstoß unternommen wurde, der diesen Konstruktionsfehler ins Visier nahm.[213]

Es sind zwei große Themen, die beim Blick auf die Probleme der verfassungsrechtlichen Strukturen des Deutschen Reiches und der Habsburgermonarchie ins Auge fallen, und die zugleich in der Verfassungswirklichkeit beider Staaten fatale Konsequenzen nach sich ziehen sollten. Zum einen der Umstand, dass die Einheit der beiden Reiche de facto durch die Person des Kaisers zusammengehalten wurde; dass aber zugleich diese in der Wahrnehmung der Zeit vorherrschende Wirklichkeit streng genommen nicht vom Buchstaben der Verfassung gedeckt war. Deutlich wird dies – mit Blick auf das Deutsche Reich –, wenn man den Anteil des deutschen Kaisers an der Gesetzgebung des Reiches – sie lag bei Reichstag und Bundesrat – mit derjenigen Wilhelms als König von Preußen – hier hatte er ein absolutes Veto – vergleicht. Damit ist zugleich die Sonderstellung Preußens im Reich – die siebzehn Stimmen Preußens waren eine Sperrminorität – berührt, und diese ungleiche Stellung Preußens war eines jener Probleme, die das Deutsche Reich von Anfang an in eine Schieflage brachten. Mit der Dominanz beziehungsweise Sonderstellung Preußens im Reich sind in der Doppelmonarchie die durch den österreichisch-ungarischen Ausgleich von 1867 nur vordergründig gelösten Nationalitätenprobleme vergleichbar. Der Drang nach nationalstaatlichen Verfassungsforderungen ließ sich nicht aufhalten, allenfalls temporär anhalten.

Der österreichisch-ungarische Ausgleich von 1867 hat die verfassungsrechtliche Grundlage und damit auch die Politik des von da an als Doppelmonarchie bezeichneten Habsburgerstaats bestimmt. Es handelt sich dabei um den ungarischen Gesetzesartikel XII vom 12. Juni 1867 und die für die »übrigen Länder« geltenden Gesetze des Wiener Reichsrates vom Dezember 1867. Die im Ausgleich festgelegten »gemeinsamen Angelegenheiten«, wie sie vom Kaiser als König von Ungarn, dem am 20. Februar 1867 ernannten »verantwortlichen« ungarischen Ministerium unter Julius Graf Andrássy und dem ungarischen Reichstag ausgehandelt wurden, bezogen sich auf die dauernd gemeinsamen, die »pragmatischen« sowie die paktierten Angelegenheiten.

Der Ausgleich mit Ungarn war auch unmittelbares Ergebnis der durch die Niederlage bei Königgrätz geschaffenen neuen politischen Konstellation. Seit 1859 hatte es wiederholt Anläufe gegeben, das Verhältnis zu Ungarn verfassungsrechtlich zu klären. Es war dann ein Geflecht von verschiedenen Motiven, die Kaiser Franz Joseph bewogen hatten, die durch den Krieg unterbrochenen Ausgleichsverhandlungen mit Ungarn zu einem Ende zu führen. Der Einfluss seiner den ritterlichen Magyaren besonders gewogenen Ehefrau Elisabeth, aber auch der zur Mäßigung neigende Kurs des ungarischen Führers Franz Deák sowie die durch den verlustreichen Ausgang der Schlacht von Königgrätz ausgelöste depressive Phase haben ihren Anteil am Zustandekommen der Entscheidung. Durch den mit Ungarn geschlossenen Vertrag wurde aus dem Kaiserreich Österreich die Doppelmonarchie Österreich-Ungarn. Klammern waren der Kaiser und König, das Haus Habsburg als herrschende Dynastie und drei gemeinsame »kaiserliche und königliche« Reichsministerien für Außenpolitik, Kriegswesen und Finanzen. Jede Reichshälfte verfügte über eine eigene Regierung, beide Parlamente waren in jeweils zwei Kammern, den cisleithanischen Reichsrat und den ungarischen Reichstag sowie das in Wien tagende Abgeordnetenhaus und das ungarische Repräsentantenhaus, unterteilt.

Der Ausgleich ist vielfach als der Beginn des inneren Zerfalls der Donaumonarchie betrachtet worden, da er sowohl von den gesamtstaatlich und großdeutsch orientierten Österreichern als auch insbesondere von den Angehörigen der slawischen Nationalitäten als eine ungerechtfertigte Bevorzugung der Ungarn betrachtet wurde. Dabei darf allerdings nicht übersehen werden, dass erst mit dem Ausgleich eine verfassungsrechtliche Ausgangslage geschaffen wurde, die eine Phase der inneren Liberalisierung einleitete und zugleich eine Abkehr von der konservativen Politik des »Grafenministeriums« Belcredi ermöglichte. Mit der Entlassung des Außenministers Graf Mensdorff-Pouilly und des außenpolitischen Beraters Moritz Graf Esterházy sowie der Ersetzung des Grafen Belcredi als Regierungschef durch den einstigen sächsischen Ministerpräsidenten Beust wurde eine Phase eingeleitet, die weitreichende Reformen ermöglichte – insbesondere das Reichsvolksschulgesetz vom 14. Mai 1869, das die interkonfessionelle achtjährige staatliche Schulpflicht begründete sowie die Einführung der allgemeinen Wehrpflicht. Mit der Aufkündigung des Konkordats im Sommer 1870 wurde jedoch auch der von beiden Seiten leidenschaftlich geführte Kulturkampf eingeleitet. Bemerkenswert erscheint dabei die hohe Flexibilität Franz Josephs, der nun nicht nur endgültig mit der erzreaktionären Phase der Gegenrevolution brach, sondern in der Konkordatsfrage auch seine persönliche Glaubensüberzeugung hintanstellte.

Jene Phase wird zu Recht als die »sieben fetten Jahre« bezeichnet. Damals setzte eine rasante wirtschaftliche Entwicklung ein, die zu wachsendem Wohlstand in der Hauptstadt führte und jene Bautätigkeit ermöglichte, die mit ihren Prunkbauten an der Ringstraße bis heute das Bild der Kaiserstadt prägt. Der Niedergang des politischen Liberalismus in Österreich-Ungarn setzte erst ein, als mit dem Börsenkrach von 1873 der wirtschaftliche Aufschwung beendet war. Auch rasch wechselnde Regierungen konnten den sich mehr und mehr verschärfenden Nationalitätenproblemen nicht mehr Herr werden. Die »Geburt des Massenmarktes« und auch die Vermassung der politischen Kultur bildeten einen zunehmenden Gegensatz zu Staatsverständnis und Regierungsstil, den der mehr und mehr auf sich bezogene und zugleich zurückgezogene Kaiser Franz Joseph pflegte.

Der politische und gesellschaftliche Wandel, der das deutsche Kaiserreich von 1871 erfasste, hatte vielfältige Ursachen. Wie so oft in der Geschichte lässt er sich nicht mit einer Jahreszahl datieren. Das Dreikaiserjahr 1888, auch Bismarcks Abgang 1890, sind häufig genannte Einschnitte. Doch der Gang der Geschichte hält sich in seinem Wandel selten an die schein bar einleuchtenden Daten von Regierungswechseln, wo nicht einmal Jahrhunderte in ihrem Lauf sich in das Prokrustesbett von hundert Jahren spannen lassen wollen. Auch im Inneren hatte sich Deutschland im letzten Viertel des 19. Jahrhunderts deutlich verändert. Das wilhelminische Deutschland war ein anderer Staat als derjenige, der mit der Reichsgründung 1871 aus dem Norddeutschen Bund hervorgegangen war. Das Deutsche Reich um die Wende zum 20. Jahrhundert war von tiefer Doppelgesichtigkeit geprägt: Fortschrittsoptimismus, Technikgläubigkeit, zur Schau gestellter Nationalstolz einerseits, Selbstzweifel, *fin de siècle*-Stimmung, Brüchigkeit der Welt von gestern andererseits. Es war wohl Wilhelms Tragik, dass in den drei Jahrzehnten der wilhelminischen Zeit die Belastungen, Begrenzungen, Widersprüche, die durch Verfassung und Konvenienz vorgegebenen Bürden des Kaiserreiches von 1871 deutlicher hervortreten als in den ersten achtzehn Jahren, die mit Bismarck verbunden werden. Es wäre indes unangemessen, für alles die Schuld bei Kaiser Wilhelm suchen zu wollen. Das Kaiserreich von 1871 war nicht Wilhelms Schöpfung. Denn als er sich anschickte, den Thron zu besteigen, war vieles bereits auf schiefer Bahn. Die Geschichte des Kaiserreichs ist nicht losgelöst von der deutschen Katastrophe des Jahres 1945 zu sehen, und doch greift die Betrachtung zu kurz, wenn der Weg in den Abgrund als Einbahnstraße von Bismarck über Bethmann Hollweg zu Hitler geschildert wird.

Bismarck blieb indes der Bezugspunkt, und der Blick auf die abschüssige Bahn blieb auch dann noch als Referenzpunkt erhalten. Der Eiserne Kanzler war der politische Erzieher zweier ganzer Generationen. Die Kunst der außenpolitischen Beschränkung, die virtuose Absicherung des den misstrauischen europäischen Nachbarn abgerungenen Reiches, die Indienstnahme des politischen Liberalismus, der Ausgleich nach Innen – Sozialistengesetz und Sozialversicherung –, all dies galt schon den Zeitgenossen als Inbegriff politischer Klugheit. Zu diesen Einflüssen der späten Bismarckzeit gehörte ebenso der weltpolitische Anspruch Deutschlands wie zugleich das Misstrauen gegen die europäischen Mitstreiter; und Weltgeltung hieß, dass Deutschland zwischen den großen Weltmächten nicht geistig und materiell verkümmern dürfe. Den herrschenden Hohenzollern wurde Reverenz erwiesen, aber der eigentliche Orientierungspunkt war Bismarck. Ulrich von Hassell, im Zweiten Weltkrieg einer der führenden Köpfe der deutschen Opposition gegen Hitler, hat diese Sichtweise unmittelbar nach der militärischen Niederlage 1918 in einem Aufruf »Wir jungen Konservativen« auf den Punkt gebracht und die Prägungen seiner Generation benannt: »Unsere Väter sind die Männer von 1870, die Schmiede des neuen Reiches, durch deren Taten uns die Zeiten deutscher Ohnmacht zur verklungenen Sage wurde. Sie ließen uns aufwachen als stolze Söhne eines großen, einigen, zukunftsfrohen Deutschlands, sie pflanzten in uns aus der Saat des unvergeßlichen Kaisers das monarchische Gefühl als einen mächtigen Stamm, um den sich das staatliche Bewußtsein rankte. Das Bismarcksche Werk ward unser Vermächtnis.«[214]

Für Wilhelm bedeutet dies von Anfang an den Spagat zwischen politischer Einvernahme und, wo notwendig, Abgrenzung vom Überkanzler. »Sechs Monate will ich den Alten verschnaufen lassen, dann regiere ich selbst«, hatte Wilhelm im Vorgriff auf die Zeit seines persönlichen Regiments bei Thronbesteigung den Sturz Bismarcks angekündigt.[215] Als Reichskanzler hatte Wilhelm den Eisernen Kanzler nicht behalten können. 1890 trennte er sich von ihm, um in der Folge eine lange Reihe erfahrener Politiker zu verschleißen. Mit keinem von ihnen war er richtig zufrieden. Mit dem Gentleman-General Leopold von Caprivi nicht, einem Mann ohne »Ar und Halm«, dem Bismarck in seinen Erinnerungen das Leben schwermachte, mit dem greisen Grandseigneur Chlodwig von Hohenlohe-Schillingsfürst auch nicht, und mit Bernhard von Bülow, den er einst zu seinem Bismarck machen wollte, entzweite er sich nach der *Daily-Telegraph*-Affäre. Der zaudernde, zutiefst pessimistische Theobald von Bethmann Hollweg war in beinahe allem der Gegenentwurf zu Wilhelm, und von seinen Nachfolgern hatte keiner das Format oder hinreichend Gelegenheit, um eine tiefe Furche zu ziehen. Es war nicht nur der Gegensatz des jugendlichen Monarchen zu den älteren, erfahrenen Staatsmännern und der eigene politische Gestaltungsanspruch, der Wilhelm dabei leitete.

Es zählt zu den Paradoxien der Geschichte, dass ausgerechnet Wilhelm, der von Bismarcks System der Aushilfen so viele Probleme auf den Tisch gelegt bekam, gehörig zur Verfestigung einer Bismarck-Legende beigetragen hat. Seit 1895 wurden im ganzen Land Bismarcktürme gebaut, die dessen Bild in der Geschichte nachhaltig beeinflusst, bisweilen auch eine freie und unvoreingenommene Sicht darauf versperrt haben: Wilhelm verordnete seinen Untertanen Bismarck als Beruhigungspille und Orientierungshilfe in einem.[216] Der erste Reichskanzler sollte Kontinuität verkörpern, die Fragen nach der nationalen Identität beantworten, in der Verehrung seiner Person als »Reichsgründer« über den Tod, über Klassen-, Konfessions- und Parteigrenzen hinweg Burgfrieden herstellen. In Wirklichkeit war der Bismarckkult auch »Abwehrfront gegen den Industriestaat«[217], Projektion von Wunschvorstellungen und Weigerung, die wirkliche Lage des Deutschen Reiches zur Kenntnis zu nehmen. Mochte bei den Bismarck-Denkmälern am Anfang der Anstoß vom Hohenzollernmonarchen ausgegangen sein – das Lebensgefühl ist nirgendwo besser zusammengefasst worden, als es der Soziologe Max Weber in seiner Freiburger Antrittsvorlesung 1895 unter großem Beifall getan hatte: »Wir müssen begreifen, daß die Einigung Deutschlands ein Jugendstreich war, den die Nation auf ihre alten Tage beging und seiner Kostspieligkeit halber besser unterlassen hätte, wenn sie der Abschluß und nicht der Ausgangspunkt einer deutschen Weltmachtpolitik sein sollte.«[218]

Weltmacht oder Niedergang, diese Alternative war das große politische Leitmotiv, das für die ganze wilhelminische Zeit bestimmend blieb. Es spricht für die Aufnahmebereitschaft des wilhelminischen Publikums, dass im Jahr 1912 das Buch des Militärschriftstellers Friedrich von Bernhardi, in dem er seinen Landsleuten »Deutschland und den nächsten Krieg«[219] als Alternativszenario in Aussicht gestellt hatte, zum Bestseller aufstieg. Ein anderes populäres Buch in dieser Zeit verhieß, nicht minder programmatisch, »Weltpolitik und kein Krieg.«[220] »Mit Volldampf voraus« war zum inoffiziellen Motto der wilhelminischen Ära geworden. Fast schien es so, als ob das friderizianische »Alles oder Nichts« in die deutsche Politik zurückgekehrt war, eine Alternative, die als falsche Kontinuitätslinie bis ins Dritte Reich fortbestand mit der von Hitler dann in beispielloser Menschenverachtung übersteigerten Alternative »Weltmacht oder Niedergang«.

Leopold von Caprivi, der als gewesener Soldat an und für sich zum Gehorsam neigte, hatte in der ihm eigenen, etwas umständlichen Weise immer wieder versucht, bei Wilhelm eigene Positionen durchzusetzen. Durchgedrungen ist er freilich damit selten, und dies hing auch nicht zuletzt damit zusammen, dass Wilhelm im Reichskanzler am Anfang eine Art persönlichen Adjutanten gesucht hatte und der Kaiser sich bald schon von dem »etwas ungeschickten Handlanger und einen langweiligen Gesellschafter, den er nicht allzu häufig in seiner Nähe wünschte«, abwandte.[221]

Der Begriff der Weltmacht war diffus. Er weckte, je nach Standort, ganz unterschiedliche Erwartungen, ohne dass es eine verbindliche nationale Definition gegeben hätte. Der verspätete Griff nach Kolonien, als die Aufteilung der überseeischen Welt bereits längst zwischen Großbritannien und Frankreich gelaufen war, wird genauso darunter verstanden wie der mit dem neuen Kurs verbundene Versuch der informellen wirtschaftspolitischen Durchdringung, wie er als große Linie bis 1914 in der einflusspolitisch motivierten Orientpolitik – insbesondere das Bagdadbahn-Projekt steht dafür – Niederschlag gefunden hatte. Die größte Last, die Wilhelm bei seiner Thronbesteigung vorfand, war die internationale Konstellation. Die Frage, wann sich Bismarcks System überlebt hatte, lässt sich nicht ohne weiteres beantworten. Nicht wenige argumentieren, dass es schon zu Lebzeiten des Eisernen Kanzlers überholt war, Bismarck am Ende dem Zauberlehrling glich und das Spiel mit den fünf Kugeln, Synonym für die Gleichgewichtspolitik, seinem virtuosen Erfinder am Ende selbst zu kompliziert gewesen ist.

Das Vermächtnis Bismarcks war in Wirklichkeit eine Hypothek, die seine Nachfolger vom Eintritt in die Orient- und Kolonialpolitik bis zu der dann in den 1890er Jahren auch so genannten Weltpolitik eine abschüssige Bahn beschreiten ließ. Als man bemerkte, dass die zum Teil jahrhundertealten Gegensätze der Kolonialmächte in Übersee und im Vorderen Orient doch überwunden werden konnten, war es zu spät. Schon am Ausgang von Bismarcks Amtszeit war dessen kompliziertes Bündnissystem nicht mehr als das erwähnte »System der Aushilfen«. Dass Bismarcks Nachfolger mit dem kaum mehr überschaubaren Vertragssystem nicht zurechtkamen, überrascht wenig. Ein Blick auf die Außenpolitik des kaiserlichen Deutschland lehrt jedenfalls, dass die Lektionen der Geschichte, die den Aufstieg Preußen-Deutschlands, der kleinsten unter den europäischen Mächten, zum deutschen Nationalstaat erst möglich gemacht hatten, mit größer werdendem Abstand zur Reichsgründung in Vergessenheit gerieten. Noch zwei Jahre vor seinem Sturz hatte Bismarck einen Kolonialschwärmer, der ihm den Erwerb weiterer Kolonien nahelegte, abgekanzelt: »Ihre Karte von Afrika ist ja sehr schön, aber meine Karte von Afrika liegt in Europa. Hier liegt Rußland und hier [...] liegt Frankreich, und wir sind in der Mitte; das ist meine Karte von Afrika.«[222]

In den achtziger Jahren des 19. Jahrhunderts wurde die europäische Staatenwelt von einem tiefgreifenden Wandel erschüttert. Der »Wettlauf um Afrika« begann. Wie Bismarck es bei der Reichsgründung, zehn Jahre früher, vorhergesehen hatte, setzte nun das Ausgreifen der europäischen Mächte nach Übersee ein. 1882 errichtete Großbritannien sein Protektorat über Ägypten, 1889 wurde der Sudan für Großbritannien von General Kitchener zurückerobert. Beinahe wäre es dabei zum Krieg zwischen England und Frankreich gekommen. Aber auch das Deutschland der 1890er Jahre blieb von der Woge des Kolonialismus nicht verschont. Es war die Zeit, als Kolonialwarenläden die Düfte und Genüsse der weiten Welt ins dörfliche Idyll brachten und die Knaben in den Matrosenanzügen die Sehnsucht des bürgerlichen Wilhelminien nach der Ferne verrieten. Ein neues Zeitalter, das des Imperialismus, brach an. Und in Deutschland ging die Angst um, zu kurz zu kommen. 1897 forderte der damalige Staatssekretär des Äußeren, Bernhard von Bülow, auch für Deutschland einen Platz an der Sonne.

Die im zeitgenössischen Bewusstsein vorherrschende Auffassung, dass das Bismarckreich ein ungeheurer Erfolg, gewissermaßen »das vorbestimmte Happy-End der deutschen Geschichte« gewesen sei, wich allmählich der historischen Beurteilung, wie Sebastian Haffner einst treffend formuliert hat, dass es eine »Kunst-Schöpfung« gewesen sei und so, »wie es

1870/71 gegründet wurde, wenig Dauerhaftigkeit bewiesen [habe]«.[223] Es sollte zu den das internationale System belastenden Faktoren zählen, dass in dem Maße, in dem sich das Deutsche Reich an die Donaumonarchie band und seine mehr oder weniger unbeteiligte Position aufgab, keine Großmacht mehr vorhanden war, die den vermittelnden Part hätte übernehmen können.

Die erste außenpolitische Richtungsentscheidung des »Neuen Kurses«, die Nichterneuerung des Rückversicherungsvertrages mit Russland, wird gemeinhin als Abwendung von der Bismarck'schen Bündnispolitik und Einleitung der wilhelminischen Ära verstanden. Der auf die Graue Eminenz des Auswärtigen Amtes, den Geheimen Rat Friedrich von Holstein, zurückgehende Entscheidung lag die Überlegung zugrunde, dass die noch im Kissinger Diktat formulierte Maxime deutscher Außenpolitik, eine politische Gesamtsituation in Europa zu schaffen, in welcher alle Mächte außer Frankreich Deutschlands bedürfen und von Koalitionen gegen das Reich durch ihre Beziehungen zueinander abgehalten werden, überholt und *à la longue* eine kriegerische Auseinandersetzung zwischen dem Deutschen Reich und Russland unvermeidbar sei. Damit wurde dem 1879 noch unter Bismarck abgeschlossenen Zweibund – er wurde 1881 durch die Verbindung mit Italien zum Dreibund erweitert – eine axiomatische Bedeutung beigemessen, die ihm in dieser Form von Bismarck zunächst so nicht zugedacht gewesen war. Der Zweibund war immer mehr als ein normales Bündnis. Denn über den Gedanken der Sicherheitspartnerschaft hinaus wurde er, wie Isabel Pantenburg herausgearbeitet hat, noch zusätzlich von der allgemeinen Empfindung getragen, dass »die Allianz die logische und angemessene Konsequenz der Geschichte war«.[224]

Dies änderte freilich nichts daran, dass innerhalb des Bündnisses der Anspruch des Deutschen Reiches auf Dominanz und die an Wien adressierte Forderung unbedingter Gefolgschaft wiederholt zu Dissonanzen im Binnenverhältnis geführt haben. Pantenburg unterstreicht zu Recht, dass es sich bei der Habsburgermonarchie und dem Deutschen Reich eben um ungleiche Partner gehandelt habe, und dies bezog sich nicht nur auf die unterschiedliche wirtschaftliche Entwicklung, sondern vor allem auch auf die Nationalitätenproblematik: hie ein alles in allem in sich gefestigter Nationalstaat, dort ein Vielvölkerstaat, immer auf der Suche nach Konsens und am Rande des Abgrundes. In der Julikrise 1914 und im Ersten Weltkrieg sollte diese enge Bindung des Deutschen Reiches an die Donaumonarchie zum kardinalen Problem werden, da für diese die Verletzung des Großmachtstatus zur Existenzfrage werden konnte.

So war die Nichtunterzeichnung des 1890 zur Verlängerung anstehenden geheimen deutsch-russischen Rückversicherungsvertrages durch General Caprivi nur logische Konsequenz, standen doch die Bestimmungen des Vertrages, der die »geschichtlich erworbenen Rechte Russlands auf der Balkaninsel anerkannte«, in offenem Widerspruch zu den bereits bestehenden Verträgen mit England und Österreich-Ungarn. Caprivis »neuer Kurs« ging von der Unausweichlichkeit eines Krieges zwischen den Mittelmächten und den kontinentalen Flügelmächten Russland und Frankreich aus. Die Unterschätzung Russlands als »tönernen Koloss« und der Irrtum, Britannien und Russland könnten nie zusammengehen, sollten sich als die folgenschwersten Irrtümer erweisen.

Im Dezember 1891 schloss Caprivi einen Handelsvertrag mit Österreich ab, der zugleich eines der ersten Reichsgesetze war, bei dem die sozialdemokratische Fraktion im Reichstag zugestimmt hatte. Dies lag ganz auf der Linie von Caprivis auf Aussöhnung im Inneren gerichteten Parole des »Schutzes der nationalen Arbeit«, die unter Handelsminister Freiherr von Berlepsch zur Novelle der Gewerbeordnung geführt hat. Mit ihr wurde die Sonntagsruhe zur gesetzlichen Pflicht erklärt und die Arbeitszeit der Frauen auf maximal zehn Stunden festgelegt. Einer der schärfsten Kritiker des neuen Kurses freilich war Bismarck, weil er als außenpolitische Konsequenz eine Kapitulation vor den Bündnisverstrickungen Österreich-Ungarns vorhersah und das seinem außenpolitischen Programm zugrunde liegende Kalkül, die Ansprüche der Doppelmonarchie einzuhegen, aufgegeben sah. Mit Caprivis Politik der durch die Handelsverträge eingeleiteten Wirtschaftspolitik wurde ein außenpolitischer Preis bezahlt, der in der Verfestigung der Zweifrontenkriegssituation eine fatale politische Weichenstellung vornahm. Die gegen den erklärten Willen der *pressure group* des Bundes der Landwirte vollzogene Einbeziehung Russlands in das System der Handelsverträge im Februar 1894 war ein zum Scheitern verurteilter Versuch, dieses politische Geflecht aufzulösen. Er konnte schon deshalb nicht gelingen, weil der Gegensatz zwischen den Mittelmächten und den kontinentalen Hauptgegnern Russland und Frankreich als ebenso axiomatisch betrachtet wurde wie die zwischen »Bär« und »Walfisch« vermutete Dichotomie zwischen Russland und Britannien.

Die Machtverhältnisse in Europa an der Jahrhundertwende hatten sich gegenüber der Konstellation der Reichsgründungszeit grundlegend verändert. Deutschlands Einfluss war durch Bevölkerungsentwicklung, Wirtschaftswachstum und Handelsexplosion größer geworden. Das Exportgeschäft florierte.

Made in Germany wurde zu einem Gütesiegel, das bald in aller Welt bekannt sein sollte. »Entweder wir exportieren Waren oder wir exportieren Menschen«, hatte Bismarcks Nachfolger Caprivi zum Grundsatz seiner dynamischen Wirtschaftspolitik gemacht. Das Deutschland der Jahrhundertwende drängte nach neuen Märkten, und die unterentwickelte südosteuropäische Peripherie bot sich dabei geradezu an. Einen wirtschaftlichen Großraum in Mitteleuropa zu schaffen, war logisches Ziel eines politischen und wirtschaftlichen Dynamismus, der an der überseeischen Expansion seiner Zeit nicht teilhaben konnte.

Doch genau dies verfestigte auch bestehende Spannungen. Bismarcks *ultima ratio*, den Balkan Russland zu überlassen, war unter diesen Umständen hinfällig. Mit der Wirtschaftsexpansion nach Südosten hatte sich das Reich ohne ausreichende militärstrategische Absicherung zwischen die russische und die englische Einflusssphäre in Südosteuropa vorgeschoben. Aus österreichischer Sicht war der Balkan die Region, die am ehesten einen Machtzuwachs in Aussicht stellte. Dies brachte jedoch – unter der Prämisse, dass das Wiedererstarken Russlands auch mit Machtverschiebungen im Balkan verbunden sein würde – zunächst eine Verschärfung des österreichisch-ungarischen Gegensatzes zum Dreibundpartner Italien. Immer mehr geriet das Reich dadurch in eine Zweifrontensituation. Mit der Option für Österreich waren indes die Chancen auf eine Annäherung an Russland vertan. Eine weitere Konsequenz der engen Bindung an Österreich-Ungarn war, dass das Deutsche Reich in einem bis dahin nicht gekannten Umfang in die Balkanfrage hineingezogen wurde. Seit dem späten 18. Jahrhundert war das Balkanproblem zu einer zentralen Frage der Großmächte in den Beziehungen untereinander geworden. In die Position des »ehrlichen Maklers«, in der sich Großbritannien trotz eigener Interessen im östlichen Mittelmeerraum bis zum Beginn des 19. Jahrhunderts befand, rückte 1815 Österreich-Ungarn nach, verlor aber im Zuge des Ausgangs des Krimkriegs aufgrund seines nun zunehmend sichtbaren Gegensatzes zu Russland diese Stellung an das Deutsche Reich.[225]

Als folgenschwer entpuppte sich die Entfremdung von Großbritannien, hervorgerufen durch die »sprunghafte Unruhe« (Hermann Oncken) einer Politik, die vom Prinzip der Enthaltsamkeit, nicht nur in orientalischen Dingen, Abschied genommen hatte. Interessengegensätze, die sich beim Kampf um das Erbe des Osmanischen Reiches auftaten, bezeichneten künftige Felder der deutsch-britischen Rivalität. Dies war der Hintergrund, vor dem jene Verstimmungen zu sehen sind, die mit dem Glückwunschtelegramm von Kaiser Wilhelm II. am 3. Januar 1896 einsetzten, das er nach dem Ende des Jameson-Raid in Transvaal an den Burenpräsidenten Ohm Krüger zu dessen – gegen Großbritannien errungenen – Erfolg gerichtet hatte. Für diese Politik der fortgesetzten verbalen Faustschläge, die frei von jedweden diplomatischen Erwägungen war, entrichtete das Deutsche Reich einen hohen Preis, und mehr als einmal brachte sie den urteilsfreudigen Monarchen in Kalamitäten.

Denkwürdig und von bleibendem Nachhall blieb auch seine berühmte sogenannte Hunnen-Rede am 27. Juli 1900 bei der Verabschiedung des Expeditionskorps zur Niederschlagung des chinesischen Boxeraufstandes unter Führung des »Weltmarschalls« Waldersee. Wie so oft ließ sich Wilhelm vom Schwall seiner Worte davontragen und verstieg sich zu den vielzitierten Worten, die immer wieder angeführt werden, wenn der durch das Regiment der unverantwortlichen Rede hervorgerufene außenpolitische Flurschaden beschrieben werden soll: »Pardon wird nicht gegeben. Wie vor 1000 Jahren die Hunnen unter ihrem König Etzel sich einen Namen gemacht, der sie noch jetzt in der Überlieferung gewaltig erscheinen läßt, so möge der Name Deutschland in China in einer solchen Weise bekannt werden, daß niemals wieder ein Chinese es wagt, einen Deutschen auch nur scheel anzusehen.«[226] Was half es da, dass nicht alles, was im Eifer des Gefechts an zugespitzter Formulierung fiel, auch tatsächlich so gemeint war?

Die Zurückweisung des Chamberlain'schen Bündnisses 1897 und die Entscheidung zum Flottenbau im gleichen Jahr mussten in London als Provokation empfunden werden. Mit der hasardierenden Politik wurden dabei gerade jene ausgleichsgeneigten Kreise in Großbritannien geschwächt, die vor allem in der herrschenden konservativen Oberschicht zu jener Zeit immer noch maßgeblich waren. Zu viel wurde es den Briten endgültig, als Kaiser Wilhelm II. in einem Interview mit der britischen Zeitung *Daily Telegraph* die Grenzen des guten Geschmacks überschritt. Nicht nur, dass er den Briten Ratschläge erteilte, vielmehr stilisierte er sich selbst zum größten und aufrichtigsten Freund Englands und beteuerte, Deutschland werde es nie zum Streit mit Großbritannien kommen lassen. Auch werde die deutsche Flotte gar nicht gegen England gebaut, sondern sei vielmehr für den Fernen Osten bestimmt. In der bitteren Stunde des südafrikanischen Krieges habe Wilhelm II. die Briten durch wohlmeinendes Zuraten aus der prekären Situation befreit. Die Engländer seien verrückt wie »Märzhasen«, wenn sie die wahren Absichten Deutschlands verkennen würden. Das *Daily-Telegraph*-Interview löste zwischen Kaiser und Reichskanzler eine ernste Vertrauenskrise aus. Denn Reichskanzler Bülow hatte es versäumt, jedenfalls gab er das vor, den Text des Kaiserinterviews vor der Veröffentlichung durchzulesen. Er hatte sich ganz auf die routinemäßige Prüfung durch die Beamten des Auswärtigen Dienstes verlassen. Nachträglich distanzierte er sich im Reichstag von den Früchten der folgenschweren Redseligkeit des Monarchen. Von da an war das Vertrauensverhältnis zwischen Monarch und Kanzler gestört. Die durch das Interview ausgelöste verdeckte Staatskrise leitete das Ende von Bülows Blockpolitik ein und führte schließlich zu dessen Rücktritt.

Zu der allmählich eintretenden Entfremdung zwischen dem Deutschen Reich und den anderen europäischen Mächten trug die zweite außenpolitische Grundentscheidung der wilhelminischen Ära ganz erheblich bei: der Bau einer Schlachtflotte. In den 1890er Jahren setzte sie das bereits durch zunehmende koloniale Spannungen beeinträchtigte Verhältnis zum Vereinigten Königreich weiteren Belastungen aus. Mit der Entscheidung zum Bau einer Risikoflotte forderte das Deutsche Reich ausgerechnet diejenige Macht zum Rüstungswettlauf zur See heraus, der das eigentliche deutsche Bündniswerben hätte gelten müssen: Großbritannien. Die mit den Flottengesetzen von 1898 und 1900 verbundenen Entscheidungen zum Flottenbau im großen Umfang gehen maßgeblich auf das von Admiral von Tirpitz entwickelte Kalkül zurück, der Bau einer Risikoflotte müsse auf Großbritannien abschreckend wirken. So wie der Entschluss zur Nicht-Verlängerung des Rückversicherungsvertrages ganz wesentlich die französisch-russische Annäherung gefördert hat, so war der spätestens mit der britischen Entscheidung zum Bau des *Dreadnought*-Schlachtschifftyps verlorene Rüstungswettlauf zur See das entscheidende Moment, das Großbritannien an Frankreich und Russland als potentielle Verbündete im ersten Jahrzehnt des 20. Jahrhunderts annähern ließ. Als im Gefolge des russisch-japanischen Krieges von 1904/05 die an die Peripherie gelenkten Spannungen der Großmächte ins europäische Zentrum zurückstrahlten, war Deutschlands diplomatische Isolation vollzogen. Die *entente cordiale* zwischen England und Frankreich (1904) sowie das russisch-britische Bündnis (1907) bildeten den Schlussstein eines gegen Deutschland gerichteten Bündnissystems. Deutschland hatte sich selbst ausgegrenzt.

Die Marokkokrise des Jahres 1905 hatte die diplomatische Blamage des Deutschen Reiches offenkundig gemacht; Deutschland war gänzlich isoliert. Mit Ausnahme Österreich-Ungarns mochte sich keine der Großmächte der von Deutschland angestrebten Verurteilung Frankreichs anschließen. Die mit der Rückwendung der Spannungen der Großmächte aus der überseeischen Peripherie ins europäische Zentrum verbundenen Verschiebungen legten zugleich die Schwächen der geostrategischen Lage offen, insbesondere das Ungleichgewicht zwischen wirtschaftspolitischer Weltmachtstellung und der nicht damit einhergehenden militärstrategischen Bedeutung als mittlerer Macht. Das Deutsche Reich war im Konzert der europäischen Mächte wohl diejenige, die den höchsten Preis für die Rückorientierung der Mächte von Übersee nach Europa bezahlte.

War dem Kaiser Deutschlands prekäre Lage bewusst? Es sind erhebliche Zweifel angebracht. Vielmehr wird gerade in der sich verändernden außenpolitischen Konstellation ein Zug offenkundig, der die Unterschiede zwischen Wilhelm und Franz Joseph deutlich werden lässt. So verfiel Wilhelm II. tatsächlich auf die aberwitzige Idee, den beiden gegnerischen Oberbefehlshabern in den Kämpfen um Port Arthur im Russisch-Japanischen Krieg 1905 den Orden »Pour le Mérite« zu verleihen. Als Franz Joseph vorgeschlagen wurde, die beiden Oberbefehlshaber ebenfalls auszuzeichnen, erweckte dies nur Kopfschütteln. »Die zwei Generale unterstehen mir doch nicht«, ist sein Einspruch überliefert: »Wie komme ich dazu, sie auszuzeichnen? Sie haben nur ihren eigenen Vaterländern ihre Dienste geleistet und nicht mir, es ist die Sache Russlands und Japans, sie dafür zu ehren. Dass Kaiser Wilhelm sich durch diese Dekorierung der Welt gegenüber eine Art Oberhoheit über die zwei kriegführenden Mächte anmaßt, mag er mit sich selbst austragen. Ich mache das nicht nach, fällt mir gar nicht ein.«[227]

Vor dem Hintergrund dieser Entwicklungen nimmt es nicht wunder, dass sich der Blick Britanniens auf das Deutsche Reich in jenen Jahren allmählich zu ändern begann, insbesondere nachdem 1905 die unerwartete Niederlage Russlands im Krieg gegen Japan die Schwäche des Riesenreichs im Osten vor Augen geführt hatte und vermehrt die Einschätzung kursierte, dass Russland auf absehbare Zeit als Machtfaktor ausschied. Eine günstige Ausgangslage für einen Ausgleich mit Großbritannien – das zentrale politische Ziel des seit 1909 verantwortlichen Reichskanzlers Bethmann Hollweg – war das kaum zu nennen. Prinzipiell boten sich dabei dem »Kanzler ohne Eigenschaften« (Klaus Hildebrand) zwei Möglichkeiten: über ein deutsch-britisches Flottenabkommen oder auf dem mühsamen Weg der Verständigung via Teilabkommen über periphere Fragen der Kolonial- und außereuropäischen Wirtschaftspolitik.

Zuerst suchte Bethmann den Ring der gegen Deutschland gerichteten Mächtekonstellation durch ein großangelegtes Flottenabkommen zu durchbrechen, geriet dabei jedoch zwischen die Fronten innenpolitischer Machtkämpfe. 1912 wurde der britische Marineminister Lord Haldane zu Verhandlungen über Rüstungsbeschränkungen zur See in Berlin erwartet. Doch anstatt den hochrangigen Unterhändler Seiner Majestät mit versöhnlichen Gesten zu empfangen, zog der Kaiser die Brüskierung vor. Am Vorabend von Haldanes Ankunft ließ der Monarch eine neue Flottennovelle verkünden. Es braucht kaum hinzugefügt zu werden, dass die Verhandlungen scheiterten. Entmutigt notierte Haldane im Februar 1912 nach seiner Deutschlandvisite, dass in Berlin die eine Hand nicht wisse, was die andere gerade mache. Mit der Haldane-Mission war der letzte Versuch gescheitert, das wahnwitzige Wettrüsten zu bremsen.

Zum angestrebten Patt sollte es nicht kommen. Am Ende blieb Bethmann Hollweg nur ein Weg: über die Verständigung in Fragen zweiter Ordnung, sollte der Ausgleich mit Großbritannien erreicht werden. Als Vorbild schwebte dem deutschen Auswärtigen Amt die französisch-britische *entente cordiale* aus dem Jahre 1904 vor. Der dabei eingeschlagene Weg, über die Verständigung in Fragen zweiter Ordnung – portugiesische Kolonien und Fragen im Zusammenhang mit dem Bagdadbahnbau waren die Themen – zu einem deutsch-britischen Ausgleich zu gelangen, erwies sich zwar als grundsätzlich aussichtsreich, kam jedoch mit dem Scheitern der Mission Lord Haldanes im Februar 1912 auch an seine vorläufigen Grenzen. Als Wilhelm auf die von der britischen Seite angekündigte Verstärkung der Nordseeflotte mit einer Kriegsdrohung an Großbritannien antwortete, hatte er den Bogen so sehr überspannt, dass Bethmann drohte, seinen Abschied als Reichskanzler darüber nehmen zu wollen. Dies löste ein vollständiges Umschwenken des Monarchen aus, doch als es darauf ankam, im Juli 1914, erwies sich das über periphere Fragen geknüpfte Band als zu dünn, um den erwünschten deutsch-britischen Ausgleich zustande zu bringen. Der deutschen Politik, die in den Jahren

1910 bis 1913 zusehends an Gestaltungsmöglichkeit gewonnen hatte, gelang es nicht, ihre ursprüngliche Optionsfreiheit aus den Tagen Bismarcks zurückzuerlangen. Die zunehmende Unübersichtlichkeit, die Ausweitung des Staatensystems ins Globale zeigte deutlich die Grenzen der Macht auf. Wenn Bethmann Hollweg in seinen Nachkriegsmemoiren schrieb, der Weg der Detailabkommen sei gangbar gewesen, so trägt diese Feststellung in erster Linie deutliche Züge einer Rechtfertigung seines Handelns *ex post*.[228]

V.

Die eigentliche Vorgeschichte des Ersten Weltkrieges führt indes zurück auf den Balkan, wo die Annexion Bosniens und Herzegowinas im Oktober 1908 eine folgenreiche Verschiebung des europäischen Kräftegleichgewichts markiert. Beide Länder gehörten zwar schon seit längerem zum Einflussbereich der Donaumonarchie, und angeblich war die Einverleibung mit dem russischen Außenminister abgesprochen, doch die offizielle russische Reaktion nach erfolgter Annexion ließ Zweifel an der von Österreich-Ungarn in die Welt gesetzten Lesart. Die Bosnische Annexionskrise 1908, als Österreich zur formellen Annexion der de facto schon 1878 von ihm besetzten Gebiete Bosnien und Herzegowina schritt, nahm die Konstellation von 1914 vorweg. Serbien drängte wegen Österreichs Schritt zum großen Krieg und wurde dabei von Russland nach Kräften unterstützt, Deutschland hingegen verlangte vom Zarenreich, dass es, noch einmal, die Serben zurückpfiff. Das durch die vernichtende Niederlage im Krieg gegen Japan geschwächte Russland musste klein beigeben. Nach außen hin trug das um sein Prestige bedachte Deutsche Reich einen Punktsieg davon. In Wirklichkeit hatte sich Deutschland mit der Bosnischen Annexionskrise endgültig von Bismarcks *ultima ratio* verabschiedet, im Ernstfall den Balkan als Verhandlungsmasse den Russen zu überlassen. Seit der Jahrhundertwende drängte die deutsche Wirtschaft immer stärker in den Orient hinein. Mit der deutschen Wirtschaftsexpansion nach Südosten hatte das Reich sich gleichsam zwischen die russische und die englische Einflusssphäre in Südosteuropa vorgeschoben, freilich ohne dass dafür militärstrategische Absicherungen getroffen worden wären.

Die Annexionskrise war nicht nur Testfall für die Bündnistreue des Deutschen Reiches gegenüber seinem Zweibundpartner, der k. u. k. Monarchie, sie hat vielmehr wesentlich dazu beigetragen, den nicht mehr mit den Methoden der klassischen Diplomatie zu überbrückenden, über balkanische Fragen verursachten Gegensatz zwischen Wien und St. Petersburg zu vertiefen. Nachrichten von einer sich abzeichnenden britisch-russischen Verständigung – das Treffen des Zaren Nikolaus II. mit Eduard VII. in Reval im gleichen Jahr hat dieser vorsichtigen Annäherung ein Symbol gegeben – wurden in Berlin unterschätzt, das Deutsche Reich stützte seinen österreichisch-ungarischen Bündnispartner selbst um den Preis, in eine kriegerische Auseinandersetzung verwickelt zu werden.

Was in der bosnischen Annexionskrise 1908/09, in den beiden Marokkokrisen der Jahre 1909 und 1911 und in der Balkankrise 1912/13 noch einmal gelungen war – die Lokalisierung des Konflikts und die Lösung mit den herkömmlichen Methoden der Diplomatie –, war in der Julikrise 1914 nicht möglich. Die Gründe, weshalb dieses Mal die Kunst der Diplomatie versagte, waren vielschichtig. Allen voran waren Österreich-

Ungarn und Russland – auch wegen der für beide enttäuschenden Erfahrungen in der Balkankrise 1913 – zum Waffengang entschlossen. Die Position des Deutschen Reiches war einerseits diplomatisch nicht stark genug, um den von Teilen der Regierung angestrebten Ausgleich mit Großbritannien auf den Weg zu bringen; andererseits aber als Resultat der immer engeren Bindung an einen Bündnispartner, der selbst durch seinen zunehmenden Gegensatz zu Russland um seine außenpolitische Manövrierfähigkeit gebracht war, nämlich Österreich-Ungarn, im Spiel der Kräfte stark eingeschränkt. Als fatal erwies sich, dass Einsicht in die tatsächliche Lage und Selbstbild nicht mehr zueinander passten. Das war die Illusion der freien Hand. Und was Berlin als Einkreisung empfand, war in Wirklichkeit eine selbstgewählte Auskreisung.

So stellte sich die Ausgangslage dar, in der sich die deutsche Diplomatie dazu entschied, mit einer gewagten Strategie des Bluffs Vabanque zu spielen, um aus der gefühlten Position der Defensive auszubrechen. Wilhelm II. hat als Kaiser diese Politik des *brinkmanship* mitgetragen, erfunden hat er sie nicht. Seit 1904/05 wurden seine Reden außenpolitisch erkennbar maßvoller – sieht man einmal vom verunfallten *Daily-Telegraph*-Interview ab. Fast keine Rede ging zu Ende, ohne dass er nicht in ihr seine Sorge um den Frieden ausgedrückt hätte. Der tatsächliche Verlauf der Julikrise 1914 bestätigt, dass diese Sorge mehr als begründet war.

Die Situation vor dem Ersten Weltkrieg kann gemeinhin als »europäisches Sicherheitsdilemma«[229] bezeichnet werden; ein unbewegliches Allianzsystem, ein ideologisch aufgeladenes Wettrüsten, ein verhängnisvoller Primat militärischer Mobilmachungspläne. Insgesamt war die Direktion verlorengegangen. Als der österreichische Thronfolger Franz Ferdinand am

28. Juni 1914 von serbischen Attentätern ermordet wurde, entschloss sich die deutsche Reichsleitung zur Initiative, um aus der vermeintlich günstigen Situation diplomatischen Nutzen zu ziehen. Das Kriegskalkül sollte durch die moderne Rüstung zum eigenen Vorteil verschoben werden. Dies war der Kern von Kurt Riezlers »Theorie des kalkulierten Risikos«.[230] Die eigentliche Gefahrenquelle lag im Bluff, der für die Durchsetzung der ins Visier genommenen Ziele notwendig erschien, jedoch auch jederzeit ins Gegenteil des Beabsichtigten umschlagen konnte. Die häufig wiederholte Auffassung, dass eine militärische Auseinandersetzung über kurz oder lang unvermeidbar sei, wirkte zudem beschleunigend. Kurt Riezler, Bethmann Hollwegs außenpolitischer Berater, hat die damit verbundenen Gefahren bewusst ins Kalkül gezogen, indem er die Ententemächte herausforderte. »Hat eine Regierung sich durch die Methode des Bluffs verleitet, zu weit vorgewagt, oder, wie man sagt, festgeblufft, so ist sie vielleicht nicht mehr imstande, einen Rückzug, auch wenn er sachlich richtig wäre, anzutreten – die Rücksicht auf persönliche Interessen, den Ehrgeiz der Regierenden oder der zu erwartende Entrüstungssturm der Nationalisten kann einen Krieg herbeiführen, den das sachliche Interesse allein nie gerechtfertigt hätte«[231], schrieb Riezler unter Pseudonym im Jahre 1914.

Reichskanzler Bethmann Hollweg, im Berliner Volksmund als »Buß- und Bethmann« apostrophiert, war seinem ganzen Naturell nach ein zutiefst pessimistischer Mensch, ein Cunctator mit philosophischen Neigungen, eher der »Philosoph von Hohenfinow« als der »Hitler des Jahres 1914« (Michael Freund). In der Julikrise von 1914 schwankte er, folgt man den Tagebüchern Kurt Riezlers, zwischen *brinkmanship* und resignativer Einsicht ins Unabänderliche. »Vielleicht entschliesst sich der alte Kaiser doch nicht, meint der Kanzler. Kommt der Krieg aus dem Osten, so dass wir also für Oesterreich-Ungarn und nicht Oest[erreich]-Ungarn für uns zu Felde zieht, so haben wir Aussicht, ihn zu gewinnen. Kommt der Krieg nicht, will der Zar nicht oder rät das bestürzte Frankreich zum Frieden, so haben wir doch noch Aussicht, die Entente über diese Aktion auseinanderzumanövrieren.«[232]

Die Strategie des »kalkulierten Risikos« war freilich eine Rechnung mit mehreren Unbekannten. Die enge, auch emotionale Bindung zwischen den beiden Monarchen, die ihre Entsprechung in der auf Gedeih und Verderb einander ausgelieferten Bündnispolitik der Habsburgermonarchie und des Deutschen Reiches fand, zählten genauso dazu wie der Umstand, dass die militärischen Mobilmachungspläne nicht dazu passen wollten. Seit 1905 war der Schlieffenplan maßgebliche Militärdoktrin, die im Resultat als Konsequenz der Verletzung der belgischen Neutralität einen britischen Kriegseintritt vorsah. Der Brief, den Franz Joseph an Wilhelm II. am 2. Juli 1914 geschickt hatte, verriet die österreichische Entschlossenheit, die serbische Angelegenheit nicht auf die leichte Schulter zu nehmen. Franz Joseph kündigte darin an, »daß an eine Versöhnung des Gegensatzes, der Serbien von Österreich-Ungarn« trenne, nicht mehr zu denken sei, und »daß die erhaltende Friedenspolitik aller europäischen Monarchen bedroht sein wird, solange dieser Herd von verbrecherischer Agitation in Belgrad ungestraft fortlebt«.[233] Wilhelm wollte sich in seinem Ratschlag an den österreichisch-ungarischen Bundesgenossen nach der Bluttat von Sarajewo bewusst nicht festlegen, ließ aber an der Bereitschaft zur Erfüllung allfälliger Bündnispflichten keinen Zweifel: »Kaiser Franz Joseph aber müsse wissen, daß wir auch in ernster Stunde Österreich-Ungarn nicht verlassen würden. Unser eigenes Lebensinteresse erfordere die unversehrte Haltung Österreichs.«[234]

Noch immer herrschte in Berlin die Auffassung vor, die militärische Auseinandersetzung auf Österreich und Serbien begrenzen und so den Brand lokalisieren zu können.[235] Der entscheidende Zug war am 5. und 6. Juli erfolgt, als Reichskanzler Bethmann Hollweg dem österreichischen Emissär, Graf Hoyos, in Berlin versicherte, dass das Reich an der Seite Österreich-Ungarns stünde. Dies war der verhängnisvolle »Blankoscheck«, der zwar ganz in der Vertragslogik des Zweibundes von 1879 stand, jedoch die beiden Reiche auf eine Art und Weise aneinanderkettete, die das angestrebte Spiel der Kräfte – gegen Russland wurde im diplomatischen Verkehr ausdrücklich auf alles verzichtet, was auf Kriegsabsichten hätte schließen können – letztlich zum Scheitern verurteilte. Bestimmend war dabei auch das Kalkül, schnell zuschlagen zu müssen, weil man sich den gegnerischen Kräften nach Fertigstellung der russischen Aufmarschbahnen nicht mehr gewachsen glaubte.

Die Theorie des kalkulierten Risikos konnte nicht aufgehen. Der Konflikt war unter diesen Umständen nicht lokalisierbar. Die Bündnisüberlegungen waren im Zweifrontendenken blockiert. Enttäuscht über den Ausgang der geheimen britisch-russischen Verhandlungen über eine Marinekonvention entschloss sich Berlin für eine noch engere Bindung an die Doppelmonarchie, auch aus der Sorge heraus, die auf sich gestellte Donaumonarchie könne mit einer plötzlichen Hinwendung zu Russland ein *renversement des alliances* zuungunsten des Deutschen Reiches zustande bringen. Das deutsche Kalkül war so wagemutig wie bestechend: »Ein schnelles *fait accompli*, und dann freundlich gegen die Entente, dann kann der Choc ausgehalten werden«.[236] Wie sehr die Reichsleitung in Berlin mit einer Lokalisierung des Konfliktes rechnete, zeigt Bethmanns Bitte an den Kaiser vom 20. Juli 1914, mit der er um außenpolitische Zurückhaltung des Kronprinzen warb, da sonst die Lokalisierung des Konflikts gefährdet sei.[237]

Welche Rolle hat Kaiser Franz Joseph bei der Entscheidung zum Kriegsausbruch gespielt? Sein vorsichtig-taktisches Kalkül sprach dafür, dass er – anders als der 1912 abgesetzte und zum Präventivschlag gegen Russland drängende Generalstabschef Conrad von Hötzendorff – auch 1914 nicht zu den treibenden Kräften zählte. Hinzu kam die Erfahrung der Niederlagen zu Beginn seiner Regierungszeit, insbesondere Königgrätz, das wie ein Stachel im Fleisch der Monarchie saß. Das Attentat von Sarajewo freilich hatte bei Franz Joseph einen Umschwung erwirkt, da es Dynastie, Heer und Ehre in ihren Grundfesten erschütterte. Der Zweibund war das Instrument, mit dem Russland gezwungen werden sollte, Belgrad zum Einlenken zu bringen. Zwischen dem Kaiser und dem risikobereiten Grafen Hoyos bestand kein wesentlicher Unterschied. Es kann also nicht davon die Rede sein, dass Franz Joseph von seinen Beratern in den Krieg gedrängt wurde. Der Botschafter in Konstantinopel Pallavicini berichtete seinem Militärattaché von einer Äußerung des Kaisers bei der letzten Audienz im Juni 1914, wonach Krieg die einzige Möglichkeit sei, um aus der so schwierigen gegenwärtigen Lage Österreich-Ungarns herauszukommen.[238]

Sosehr das politische Kalkül auf einen begrenzten militärischen Schlag abzielte, so waren doch die militärischen Planungen in der k. u. k. Armee von Anfang an auch auf einen größeren Krieg eingestellt. Der Wiener Generalstab rechnete mit 400 000 Mann und 260 000 Gewehren auf serbischer Seite. Die Operationsplanung für den Maximalfall B war auf einen massiven Schlag gegen die militärischen Ressourcen Serbiens und zugleich den Schutz des Annexionsgebietes ausgerichtet. Man wollte, solange Serbiens Kräfte nicht vollständig zerschlagen waren, den großen Krieg vermeiden. Dies war die eigentliche Überlegung, die die österreichische politische und militärische Führung dazu veranlasste, Russland nicht herauszufordern. Das Vertrauen in die eigene Stärke war in der Führungsschicht durchaus ungebrochen, auch wenn dies aufgrund des inneren Zustands der Streitkräfte nicht unbedingt gerechtfertigt war. Zwischen 1889 und 1912 war das Rekrutenkontingent nicht erhöht worden und nur ein geringer Teil der gezogenen Jahrgänge konnte tatsächlich ausgebildet werden. Es fehlte zudem an Kader für Reservedivisionen. 1912 war zwar ein zweijähriger Militärdienst eingeführt worden, doch der Infanterie mangelte es an modernem Gerät, insbesondere an Maschinengewehren. Lediglich die traditionell starke Kavallerie und die schwere Artillerie waren auf der Höhe der Anforderungen ihrer Zeit.

Als am 23. Juli um 18 Uhr der österreichische Gesandte Giesl das auf 48 Stunden befristete Wiener Ultimatum an die serbische Regierung übergab, waren die Hoffnungen auf Verständigung geschwunden. Fürst Lichnowski, des Kaisers Botschafter in London, schrieb zutreffend, dass damals bis auf Berlin und Wien die ganze Welt verstanden habe, dass dies den Weltkrieg bedeutete.[239]

Wie sehr der deutsche Kaiser auf Frieden setzte, wird aus seiner Marginalie zur Antwortnote der serbischen Regierung auf das österreichisch-ungarische Ultimatum vom 27. Juli 1914 deutlich. »Eine brillante Leistung für eine Frist von bloß 48 Stunden! Das ist mehr, als man erwarten konnte! Ein großer moralischer Erfolg für Wien; aber damit fällt jeder Kriegsgrund fort [...] Daraufhin hätte ich nie Mobilmachung befohlen!«[240] Erst am 27. Juli war Wilhelm von seiner Nordlandfahrt zurückgekehrt. Die Planungen für den jährlichen Sommeraufenthalt auf Schloß Wilhelmshöhe in Kassel waren weder sistiert noch in Frage gestellt. Die kriegsbereite Entourage, allen voran der preußische Kriegsminister Falkenhayn, waren nunmehr sogar darüber besorgt, der Kaiser könnte zum Hindernis bei dem bevorstehenden chirurgischen Eingriff werden, als den man den begrenzten militärischen Schlag verstand. »[Der Kaiser] hält wirre Reden, aus denen nur klar hervorgeht, daß er den Krieg jetzt nicht mehr will und entschlossen ist, um diesen Preis selbst Österreich sitzenzulassen«[241], trug Falkenhayn in sein Tagebuch am 28. Juli ein. Reichskanzler Bethmann Hollweg jedoch setzte weiter auf die *brinkmanship*-Politik des Spiels mit einem lokalisierten Eingriff. Prestigedenken – man wollte Österreich-Ungarn die friedlich-schiedliche Beilegung der serbischen Angelegenheit vor einem internationalen Gericht ersparen – gab bei Bethmann den Ausschlag. Er unterschätzte indes, wie schwerfällig die Entscheidungsabläufe in Wien waren und dass es für die Kriegspartei und Außenminister Graf Bechtold kein Zurück mehr gab. Der Beschuss Belgrads durch österreichische Artillerie am 29. Juli 1914, das Scheitern der diplomatischen Bemühungen, die Zwangsautomatik der nach der russischen Teilmobilmachung anlaufenden Militärplanungen: all dies zusammen ergab eine Situation, bei der die Direktive abhanden gekommen war. Den Krieg, so wie er dann kam, hatte keiner gewollt, am wenigsten der Kaiser, der in den über 25 Friedensjahren seiner Regentschaft so gerne martialische Reden gehalten hat.

Wien freilich sah die serbische Antwort als unbefriedigend an. Am 28. Juli marschierten die Truppen des Kaisers in Belgrad ein. Es war Gesamtmobilmachung befohlen. Der Sprung ins Dunkle, zu dem beide Kaiserreiche im Juli 1914 ansetzten, hatte auch etwas mit dem morosen inneren gesellschaftlichen Zustand der beiden Reiche zu tun, mit dem Verlust an Führung und Steuerung. Wolfgang J. Mommsens erkenntnisleitende Fragestellung »War der Kaiser an allem schuld?«[242] bringt die lange Zeit von der Wissenschaft unbeantwortet gebliebene Kontroverse über das persönliche Regiment auf ihren zentralen Punkt. Sie lässt sich, vor einem anderen verfassungsrechtlichen und gesamtgesellschaftlichen Hintergrund, auch auf die Doppelmonarchie unter Franz Joseph übertragen. In den beiden großen politischen Entscheidungssituationen, die mit der Julikrise und den Kriegszielen – beziehungsweise den Bemühungen um einen Friedensschluss – verknüpft sind, traten die beiden Monarchen nach außen viel sichtbarer in Erscheinung, als es der jeweiligen Regierungspraxis in beiden Staaten bis dahin entsprach.

Auch wenn es Reichskanzler Bethmann Hollweg gelang, der deutschen Politik in den letzten Vorkriegsjahren neue Gestaltungsmöglichkeiten zu eröffnen, die ursprüngliche Optionsfreiheit aus den Tagen Bismarcks vermochte sie nicht zurückzugewinnen. In der Julikrise 1914 versuchte die deutsche Reichsleitung durch ihre Politik des *brinkmanship* einen diplomatischen Gewinn zu erzielen, doch was am Anfang noch kalkuliertes Risiko war, geriet am Ende aus den Fugen. Die Zwangsautomatik der Teilmobilmachungsverordnungen ließ den Großen Krieg, den in dieser Form keiner der Beteiligten wollte, zum unabwendbaren Ereignis werden. Dies alles darf freilich nicht darüber hinwegtäuschen, dass der große Kladderadatsch, der am Anfang des letzten Jahrhunderts stand, nicht aus heiterem Himmel gekommen war. Krieg lag seit Jahren in der Luft. Als er dann 1914 einsetzte, heftig wie ein Platzregen im Sommer, herrschten zunächst Jubel, verbunden mit der Gewissheit über ein baldiges Ende, dann Zweifel und Verzweiflung, und am Ende im Deutschen Reich wie in der Doppelmonarchie Trauer, Erschöpfung und Zorn.

Es ist bezeichnend, dass Wilhelm seine letzte große Rede am 1. August 1914 hielt, wie auch schon am Vortag, vom Balkon des Stadtschlosses herab. In der ihm eigenen Kunst der Verdichtung als »Einiger des Reiches« erfand er die Burgfriedensparole, die für das Deutsche Reich im Großen Krieg zur einenden Klammer, aber auch zum großen Beschleuniger und Vorgriff auf die von Hitler dann schamlos missbrauchte Idee der Volksgemeinschaft werden sollte: »In dem jetzt bevorstehenden Kampfe kenne Ich in Meinem Volk keine Parteien mehr. Es gibt unter uns nur noch Deutsche.«[243] Dann verstummte der so wortgewaltige Kaiser. Er wurde zum Komparsen. Dem Farbenspiel der täglich wechselnden Uniformen dieses Meisters der Maskerade folgte das Einerlei des Feldgraus. Der Glanz der Kaiserwürde war verblasst, es gab keine Siege mehr zu verkünden. Wilhelm, der in Friedenszeiten wie kein zweiter das martialische Auftreten gesucht und seiner Neigung zum Säbelrasseln ungeachtet des bewirkten Schadens freien Lauf gelassen hatte, war nun, im Ernstfall, auf nie für möglich gehaltene Weise sprachlos. Riezler berichtete nach einem Gespräch Bethmann Hollwegs mit dem Kaiser die Einschätzung des Reichskanzlers: »Der Kanzler sprach vom Kaiser. Er sei innerlich gebrochen, schwelge in der Vorstellung eines Deutschland als Waffenlager, weil sein Lebensinhalt der Friede ihm entzogen.«[244]

VI.

Mit zunehmendem Kriegsverlauf wurde das Deutsche Kaiserreich zum Kriegsreich, zu einer Art Militärdiktatur, der Kaiser ein Schatten seiner selbst, besser gesagt: Schattenkaiser und Schachfigur im Großen Felderspiel seiner Generäle. Dass diese nun tonangebend waren, kann als die eigentliche Tragödie dessen, was als preußischer Militarismus in die Geschichte eingegangen ist, bezeichnet werden.

Die Oberste Militärische Führung hatte die kriegsstrategischen Weichen gestellt. Der Schlieffen-Plan, der auch 1914 die deutschen Operationsplanungen bestimmte, sah eine Konzentration der Kräfte an der Westfront bei Vernachlässigung der Sicherung der Ostfront vor. Bereits in der Schlacht an der Marne war deutlich geworden, dass er sein eigentliches Ziel verfehlt hatte. Die Gründe dafür waren vielgestaltig. Nicht zuletzt hatte der jüngere Moltke 1914 im Bewegungskrieg den Plan nicht mit der von seinem Erfinder vorgesehenen Konsequenz angewandt. Mit dem unentschiedenen Ausgang der Marneschlacht waren indes auch die gegenläufigen Offensivpläne General Joffres vereitelt.

Durchbruch oder Abnutzung lauteten von da an die strategischen Ziele, um den Krieg siegreich zu beenden. Beides erwies sich als schwierig. Zum Signum des Ersten Weltkriegs wurden jene Materialschlachten der nachfolgenden Jahre, als an der Somme riesige, einander feindlich gegenüberstehende Massenheere im Stellungskrieg verharrten. Die modernen Waffen der schweren Artillerie und der Infanterie erwiesen sich als ungeeignet, um einen raschen Durchbruch in die feindlichen Reihen zustande zu bringen. Die Strategie der Abnutzung entpuppte sich als Bumerang: Das Heer blutete aus, die erlittenen

Verluste waren unwiederbringlich, die Moral der Truppe beschädigt; die zahlenmäßige Unterlegenheit der Mittelmächte machte sich nun immer deutlicher bemerkbar. Zur strategischen Überlegenheit der Alliierten trug am Ende wesentlich auch die Stärke ihrer Luftwaffe und der gezielte Einsatz motorisierter Verbände bei. Eisenbahn und Pferdewagen, auf die vor allem die Deutschen gesetzt hatten, konnten den wendigeren Panzern und Lastwagen nicht Paroli bieten. Und auch der Seekrieg, für dessen Vorbereitung das wilhelminische Deutschland mit dem Bau einer Risikoflotte einen hohen politischen Preis entrichtet hatte, erwies sich am Ende als Fiasko. Bis 1916 lag die deutsche Flotte in den Seehäfen der Nord- und Ostsee vor Anker, ohne dass sie auf das Kriegsgeschehen irgendeinen Einfluss ausgeübt hätte. Es nimmt deshalb nicht wunder, dass der erste große Kriegseinsatz, die Skagerrakschlacht von 1916, im Nachhinein von deutscher Seite als die größte Seeschlacht aller Zeiten, als Sieg glorifiziert wurde. Diese Auffassung freilich gehört genauso ins Reich der Legende wie die Behauptung, Skagerrak sei der letzte Vorstoß der kaiserlichen Flotte gewesen. Denn noch im November 1917 kam es zu einem deutsch-britischen Gefecht beider Flotten vor Helgoland, und im April 1918 erfolgte ein Vorstoß der deutschen Hochseeflotte nach Südnorwegen.

Dem Bedürfnis nach Führung wurde im Deutschen Kaiserreich zwar grundsätzlich entsprochen, aber diese Führung übten nun andere als der Kaiser aus. Im August 1916 wurde Hindenburg zum Chef des Generalstabs, und auch die politische Führung ging mehr und mehr auf die Militärs über. Wenn Kriege große Beschleuniger sind, dann wurde das kaiserliche Deutschland im Ersten Weltkrieg mit hoher Geschwindigkeit ins 21. Jahrhundert katapultiert. Vieles an Unaufgelöstem, an

Widersprüchlichem und Disharmonischem – die Parallelen zwischen der Person des Kaisers sowie dem Außenbild und der inneren Zerrissenheit der Ära, der er seinen Namen gegeben hatte, sind bestechend – löste sich im Kriege auf, doch fast immer behielten die negativen Züge die Oberhand. Am belastendsten wirkten dabei Maßlosigkeit und Selbstüberschätzung, auch die Unfähigkeit, sich in die Lage des anderen zu versetzen, die Welt mit den Augen des Gegners zu betrachten. Das ist die eigentliche Geschichte des Niedergangs des Deutschen Reiches, die Geschichte seiner »sieben Todsünden«[245], die zur Niederlage in der globalstrategischen Auseinandersetzung, zu langsamem Siechtum und, am Ende, zum Exodus führten.

Die weit ausgreifenden territorialen Kriegsziele, wie sie in der Septemberdenkschrift 1914 formuliert worden waren, erwiesen sich als fatal. Der Norden Frankreichs wäre ganz in deutsche Hand gefallen, dazu große Teile Belgiens als eine Art Vasallenstaat in ein dauerhaftes Abhängigkeitsverhältnis gebracht, Luxemburg wäre annektiert und die Niederlande eng ans Reich gebunden worden. Schemenhaft tauchte die Idee eines Kolonialreichs Mittelafrika auf, und ein mitteleuropäischer Wirtschaftsverband unter deutscher Führung hätte an ältere Donauföderations- und Mitteleuropa-Pläne zur wirtschaftlichen Dominanz aus den Vorkriegsjahren angeknüpft. Waren dies auch die Ziele des Kaisers? In jedem Fall war es, mit Fritz Fischer zu sprechen, ein »Krieg der Illusionen«.[246] Denn Wunschdenken und die Wirklichkeit der Kriegführung und Strategie waren schon lange nicht mehr im Einklang.

Mit dem Scheitern des Schlieffen-Plans, zu dieser Schlussfolgerung war Generalstabschef Erich von Falkenhayn bereits im November 1914 gelangt, war auch die Chance auf einen Totalsieg über die Entente verbaut. Falkenhayns politische Forderungen nach einem Separatfrieden mit Russland führten dann im Januar 1915 zur großen Krise, die jenem einen Verbleib im Amt ermöglichte. Als wertvolle Stütze für den angeschlagenen Generalstabschef erwies sich Wilhelm selbst. Dies freilich kann nicht darüber hinwegtäuschen, dass die Entfaltungsmöglichkeiten und die Durchsetzungsfähigkeit des Monarchen mit fortschreitendem Kriegsverlauf immer weiter abnahmen.[247] Gewiss, er blieb ein Machtfaktor, es gab kaum einen Diplomatenbericht, den er nicht mit meinungsstarken Marginalien versah. Und es gab eine Kontinuität des Irrtums. Noch im September 1918 konnte Ludendorff, der böse Geist der Kriegspartei, in maßloser Überschätzung der eigenen Kräfte verlangen: »Ein Friede, der nur den territorialen Status quo gewährleistet, würde bedeuten, daß wir den Krieg verloren hätten.«[248]

In Österreich-Ungarn hingegen war die Orientierung am Status quo das auch im Weltkrieg übergeordnete politische Motiv, und die Person des Monarchen wirkte dabei, ganz anders als im Verhältnis von Wilhelm II. und Deutschem Reich, zunächst stabilisierend. Lange Zeit konnte die fortschreitende innere Dekomposition durch halbautoritäre Regierungsformen verdeckt werden, und auch der Ausbruch des Krieges hatte nicht als großer Beschleuniger bei der Auflösung der österreichisch-ungarischen Monarchie gewirkt. Gerade in den ersten Kriegsjahren erwies sich die Armee als Systemstütze der Monarchie. Dabei war vor allem das überwiegend aus dem deutschsprachigen Raum der Doppelmonarchie kommende Offizierskorps der k. u. k. Armee tragender Pfeiler. Jetzt zeigte sich, dass die Verbindungen vor allem zwischen dem reichsdeutschen Heer und der k. u. k. Armee exzellent waren, auch dies eine Folge der durch den Zweibund nochmals gefestigten engen Beziehungen zwischen beiden Ländern. Die militärischen Beziehungen beider Armeen waren eng und vertrauensvoll, die nachrichtendienstliche Zusammenarbeit hatte insbesondere in den unmittelbaren Vorkriegsjahren sogar noch zugenommen. Die Erinnerungen an die gemeinsame Waffenbrüderschaft 1870/71 waren, obwohl in der Zeit schon ein gutes Stück zurückliegend, noch immer gegenwärtig. Die vom Zentrumspolitiker Matthias Erzberger 1913 in der Sitzung der Haushaltskommission gewählte Formulierung, Österreich sei ein »Schutzbefohlener« des Deutschen Reiches, entsprach einer landläufigen Auffassung.[249] Ein Kriegsfall mit Deutschland stand außerhalb des Kalküls. Wer etwa die Memoiren Karl von Bardolffs[250] oder anderer hoher österreichischer Offiziere liest, findet durchgängig eine deutschfreundliche Haltung, die nach Kriegsausbruch durch die Entscheidung für das gemeinsame Bündnis gestärkt wurde.

Das eigentliche Problem Österreich-Ungarns war jedoch, dass die Führung der Doppelmonarchie mehr und mehr durch das Macht- und Ränkespiel der heimischen Politiker und Militärs blockiert war. Franz Joseph suchte zwar Tag für Tag in den frühen Morgenstunden sein Arbeitszimmer auf, um sich in pflichtbewusster Schreibtischarbeit zu verzehren, doch die eigentliche Führung war ihm entglitten. Schon in den Vorkriegsjahren hatte sich der Kaiser in dem offen ausgetragenen Konflikt zwischen Generalstab und Außenministerium ambivalent verhalten, ja mit seiner ausdrücklichen Ermächtigung an Generalstabschef Conrad von Hötzendorff, auch zu politischen Fragen Stellung zu nehmen, verschärfte er den seit langem schwelenden Dissens zwischen Politik und Militär. Es war dann im Juli 1914 wiederum der 1912 auf Intervention des Außenministeriums abgesetzte, bald darauf jedoch wiederernannte Generalstabschef, der, seinem alten Präventivkriegsgedanken folgend, zum Schlag gegen Serbien drängte. Die in der Verfassung vorgesehenen Institutionen wurden nicht gefragt und zunehmend marginalisiert. Der Reichsrat, der im Frühjahr 1914 vertagt worden war, sollte zu Lebzeiten Franz Josephs nicht mehr zusammengerufen werden.

Zunächst war es jedoch Geschlossenheit, Disziplin und militärische Widerstandskraft der Armee, die diese Entwicklungen überdeckten und den Status quo aufrechterhielten. Dieser Selbstbehauptungswille hatte in Österreich-Ungarn eine seit längerem nicht mehr gekannte Welle des Patriotismus ausgelöst. Die Kräfte der kaiserlichen Armee waren auf dem Balkan, in der Ukraine und, nach dem italienischen Seitenwechsel 1915, vor allem auch an der italienischen Front gebunden. Ihre Mischform zwischen Berufsheer und Volksarmee hat der Moral der Truppe nicht geschadet. Die 1868 eingeführte allgemeine Wehrpflicht und die durchlässige Grenze zwischen den Einjährigfreiwilligen und dem Reserveoffizierskorps haben ganz wesentlich zur inneren Festigung der k. u. k. Armee beigetragen. Vor allem bei den verlustreichen Stellungskämpfen in Galizien und Istrien hat das k. u. k. Offizierskorps für seine militärische Tapferkeit einen hohen Blutzoll entrichtet. Die auf vielfache Weise auf die Spaltungsbestrebungen setzende Propaganda der Ententemächte griff ins Leere.

Im Inneren jedoch wurde ein hoher Preis für den autoritären Kriegsabsolutismus bezahlt. Eine zunehmende Radikalisierung und Spaltung der Gesellschaft sowie eine fortschreitende Entfremdung der sich zunehmend als Gegensatz begreifenden Reichshälften waren die Folge. Die Ermordung des österreichischen Ministerpräsidenten Karl Graf Stürgkh durch den sozialistischen Abgeordneten Friedrich Adler in einem Wiener Hotel am 21. Oktober 1916 wurde zum Fanal für die bevorstehenden revolutionären Umwälzungen. Vier Wochen später, am Abend des 21. November 1916, verstarb Kaiser Franz Joseph im hohen Alter von 86 Jahren. Weithin herrschte die Auffassung, dass mit ihm eine Epoche zu Grabe getragen würde. Als die beim Hinschied von Monarchen übliche Formel »Der Kaiser ist tot, es lebe der Kaiser« ausgegeben wurde, konnten und wollten die Soldaten des alten Österreich nicht ohne weiteres zur Tagesordnung übergehen. Karl von Bardolff – einst Flügeladjutant des Thronfolgers, des Erzherzogs Franz Ferdinand, und nun Generalstabschef der Zweiten Armee Böhm-Ermolli – schrieb in seinen Memoiren, dass die »innerliche Erschütterung«, die die Nachricht ausgelöst hatte, im Kreise des zweiten Armeekommandos und wohl auch in der gesamten Wehrmacht noch lange angehalten habe: »Wir waren mit dem alten Herrn zu sehr bis ins Innerste verwoben, als daß wir so rasch dem neuen zujubeln konnten.«[251]

Auf den ersten Blick hatte sich die Kriegslage damals, Ende November 1916, im Vergleich zum vorangehenden Sommer verbessert. Noch am Todestag von Franz Joseph war die westliche Walachei erobert worden. Das änderte aber nichts an der militärstrategischen Situation der Doppelmonarchie. Die Chancen, dass es gelang, in absehbarer Zeit entscheidende Erfolge zu erzielen, gar das Blatt zu wenden, waren alles andere als günstig. Auf den jungen Kaiser Karl, Franz Josephs Großneffen, warteten Aufgaben, um die er nicht zu beneiden war. Ende 1917, als die militärische Niederlage der Mittelmächte unabwendbar schien, sollte sich der innere Zerfall der Donaumonarchie mit ungebremster Geschwindigkeit fortsetzen. Die Generalamnestie und das Friedensmanifest Kaiser Karls im Jahr 1918 haben diesen Prozess nicht aufhalten können. Es waren nun vor allem soziale Unruhen – für den Januarstreik 1918 hatte die klamme Versorgungslage den Ausschlag gegeben –, die den Niedergang beschleunigten.

Anders als das Deutsche Reich, das trotz des Endes der Monarchie und der mit der Kapitulation besiegelten militärischen Niederlage seinen territorialen Kernbestand behielt, wurde die Habsburgermonarchie in genau die nationalen Bestandteile, die einst den Vielvölkerstaat begründet hatten, aufgelöst – ein tiefgehender, an Radikalität nicht zu überbietender Einschnitt. Die Donaumonarchie hat damit für den Zusammenbruch des europäischen Staatensystems und die zum Scheitern verurteilte Ordnung der Pariser Vorortverträge einen unverhältnismäßig höheren Preis als ihre Verbündeten bezahlt. Otto Bauer, der österreichisch-sozialdemokratische Revolutionär, der mit Nachdruck für den Anschluss an Deutschland eintrat, hatte diese prekäre Lage zutreffend erfasst, als er in seiner Rede am 29. Juli 1919 ausführte: »Wenn wir allein bleiben, wird dieser Staat nichts anderes sein als eine sehr lose Föderation dieser kleinen Länder, und wir werden ein Zwergenstaatenleben führen, ein Leben der Kleinheit und Kleinlichkeit, in dem nichts Großes gedeihen kann, am allerwenigsten das Größte, was wir kennen, der Sozialismus.«[252] Anders als das Zarenreich 1917 oder das Deutsche Reich 1918 war mit dem Ende der Monarchie auch der Vielvölkerstaat in seine ursprünglichen Bestandteile zerbrochen.

Das Kriegsende 1918, so wie es dann gekommen ist, hatte niemand vorhergesehen. Das Überraschende des Ersten Weltkrieges war seine Dauer und der von ihm ausgelöste Wandel. Sir Edward Greys Zitat von 1914, dass über Europa die Lichter ausgehen werden, erwies sich von prophetischer Hellsichtigkeit.[253] Die verheerende Bilanz des Großen Krieges ist bekannt: unter anderem eine Million Tote aus dem britischen Empire,

1,5 Millionen aus dem Habsburgerreich, zwei Millionen Deutsche, 1,7 Millionen Russen, 460 000 Italiener und mehrere Hunderttausend Türken. Die Ursachen des Krieges bleiben kontrovers. John Keegans treffend formulierte Frage, warum sich »ein wohlhabender Kontinent – auf dem Gipfel seines Erfolges, seines globalen Reichtums, seiner globalen Macht und seiner geistigen, kulturellen Errungenschaften« auf die »Lotterie eines bösartigen und mörderischen regionalen Konflikts« eingelassen hat, beschäftigt die Historiker bis heute.[254]

Der Erste Weltkrieg wurde indes nicht vorrangig militärstrategisch, sondern vor allem anderen politisch entschieden. Das ganze Ausmaß des Ersten Weltkriegs kann nur begriffen werden, wenn man sich den Katarakt vergegenwärtigt, der zwei Riesenreiche – die Donaumonarchie und das Osmanische Reich – zum Einsturz brachte, und die Erschütterungen des Krieges bedenkt, in dessen Schatten sich die russische Oktoberrevolution sowie die Hinwendung der Vereinigten Staaten nach Europa vollzogen. Insbesondere der amerikanische Kriegseintritt 1917 sollte die strategische Lage Europas und der Europäer nachhaltig verändern.

Wilhelm II. ließen die kataklystischen Ereignisse des Herbstes 1918 auf merkwürdige Weise unberührt. Fast schien es so, als sei er zum Gefangenen der von außen auferlegten Umbrüche geworden. Auch als die Einschläge immer näher kamen, zeigte er sich unfähig zum Handeln. Für Kaiser Karl sah er nur die Wahl, »entweder als König mit Deutsch-Österreich sich unter das Deutsche Reich zu stellen, oder die Krone nach Aachen zurückzuschicken«.[255] Diese lakonische Betrachtungsweise lässt tief blicken. So wie ihn einige Jahre später, im November 1939, der Gang seiner eigenen Gastgeberin, der niederländischen Königin Wilhelmina, ins alliierte Exil nach London kaum zu kümmern und in jenem Moment die jahrhundertealten Verbindungen der Häuser Hohenzollern und Oranien vergessen zu sein schienen, so wenig berührte ihn im Jahr 1918 das Schicksal des Hauses Habsburg im Augenblick der endgültigen Auflösung der Doppelmonarchie. Niedergang und persönliche Schwäche, diesen Zusammenhang vermochte er durchaus bei anderen zu erkennen, Folgerungen für die eigene Lage indes ergaben sich für ihn daraus keine. »Die Folgen der Regentschaft eines schlappen Kaisers sehen wir in Rußland und jetzt auch in Österreich«, notierte sein Flügeladjutant Ilsemann nach einem Gespräch mit dem Kaiser im Oktober 1918: »Dieses einst so stolze Reich ist in völligem Zerfall, der Bolschewismus gewinnt an Boden, und jammervoll ist das Verhalten des Kaisers Karl.«[256]

Wenn sich Größe im Moment der Krisis, im Ergreifen des rechten Augenblicks erweist, dann freilich hat Wilhelm II. vor der Geschichte kläglich versagt. Auffällig ist die Parallele in Wilhelms Verhalten zwischen Juli 1914 und Herbst 1918, die sich darin äußerte, dass der Kaiser, sosehr ihm die Entwicklung der großen Politik missfiel, gegen den Gang der Geschichte nur scheinbar aufbegehrte, um sich schon bald darauf ins Unabänderliche zu fügen. »Furchtbar, wohin wir kommen«, notierte sein Flügeladjutant am 22. Oktober 1918: »Dem Kaiser wird alles genommen. Er müßte sich zur Wehr setzen, statt dessen gibt er in allem nach, meidet die Unannehmlichkeiten des Augenblicks und sieht nicht die Folgen für die Zukunft. Er hat eine Natur, die sich mit allem rasch abfindet. Er will energisch sein, aber wenn es darauf ankommt, ist er es doch nicht.«[257]

In den letzten beiden Kriegsjahren wurde dies besonders deutlich. Am 30. März 1917 hatte der Reichstag mit großer Mehrheit einen Verfassungsausschuss eingesetzt, der die für eine stärkere Stellung des Reichstages und die Einführung einer parlamentarischen Monarchie notwendigen Änderungen der Verfassung auf den Weg bringen sollte. Erst mit den Gesetzen vom 28. Oktober 1918 indes wurde verfassungsrechtlich die konstitutionelle Monarchie in eine parlamentarische Monarchie verwandelt. Die Abdankung des Kaisers zugunsten einer dem Reichstag verantwortlichen Reichsregierung war damit *de facto* vollzogen, am tatsächlichen vollständigen Ende der Monarchie hat diese Verfassungskorrektur freilich wenig ändern können. Eine bezeichnende Koinzidenz zu dieser Entwicklung besteht in der zeitgleichen Verlegung des Kaisers ins Hauptquartier des Heeres nach Spa. Wilhelm als moderner Soldatenkaiser, diesem Bild hatte er in Friedenszeiten vorgearbeitet, und dieses Bild entsprach nun genau den tatsächlichen Machtverhältnissen. Der Kaiser war »zu einer Art ›Schattenfigur‹ des Großen Hauptquartiers«[258] geworden. Nach allen Volten des persönlichen Regiments wurde dieser scheinbar geordnete Rückzug zu seinen Soldaten der ihm gemäße letzte Rückzug vor der Abdankung. Ein halbes Jahrhundert, nachdem er feierlich im Spiegelsaal zu Versailles bekräftigt wurde, war der ewige Fürstenbund gelöst, das Kaiserreich ans Ende gelangt.

Bis zu den letzten Zuckungen des Reiches hielt Wilhelm sich an die Illusion, er selbst sei die Klammer, die alles zusammenhalte: »Ich gehe nicht; tue ich es, dann zerfällt das Reich, also ist es meine Pflicht, zu bleiben, wo ich stehe und, wenn es so sein muß, mit dem Volk unterzugehen«, phantasierte der Kaiser. Von Einsicht keine Spur: »Die Truppen haben sich in der letzten Zeit glänzend gehalten. Der Kanzler ist den Verhältnissen nicht gewachsen, das Auswärtige Amt hat die Hosen bereits wieder gestrichen voll.«[259] Und noch am 1. November 1918 sprach er davon, bei seiner Armee bleiben zu wollen, um,

»wenn zu Hause der Bolschewismus kommt«, an der Spitze einiger Divisionen nach Berlin vorzurücken.[260]

Diese Vorstellungen bleiben ebenso fern der Wirklichkeit wie seine späteren Überlegungen, nur als Kaiser abzudanken, preußischer König aber verbleiben zu können. Kapitulation und Ende der Monarchie waren auch im Deutschen Reich eins. Das Gedankenexperiment, ob die Monarchie in Deutschland das Kriegsende hätte überleben können, muss wohl auch bei Abwägung aller möglichen Faktoren mit einem klaren Nein beantwortet werden. Eine Überlebenschance als Staatsform hatte sie damals ebenso wenig, wie die in den Kreisen des konservativen deutschen Widerstands während des Zweiten Weltkriegs kursierenden Erwägungen, die Hohenzollernmonarchie mit Kaiserenkel Louis Ferdinand von Preußen oder ein Wahlkaisertum mit dem Wittelsbacher Kronprinzen Rupprecht einzuführen, über das Stadium von Gedankenspielen nicht hinauskam. Wo Franz Joseph in seinen letzten Jahren zur einzig noch tragenden Klammer seiner auseinanderstrebenden Völker geworden war, dachte sich Wilhelm ebenfalls als eins mit der Monarchie. Die – theoretische – Überlegung, die Monarchie retten zu können, indem er sie von seiner Person gelöst hätte, kam ihm nicht einmal in den Sinn. Ein heroisches Ende, der Fronttod an der Spitze der Truppen – Wilhelm fehlte dazu die innere Kraft. So endete die Monarchie in Deutschland ruhmlos. Der Parteivorstand der Sozialdemokraten forderte schon am 30. Oktober den Rücktritt des Kaisers. Am 9. November verkündete Prinz Max von Baden eigenmächtig die Abdankung Wilhelms von beiden Thronen, dann bestieg der ehemalige Kaiser den Sonderzug nach Den Haag. Erst am 28. November unterschrieb er, bereits im Exil, die formlose Abdankungsurkunde, die den entscheidenden Satz enthielt: »Ich verzichte hierdurch für alle Zukunft auf die Rechte an der Krone Preußens und die damit verbundenen Rechte an der deutschen Kaiserkrone.»[261]

VII.

Als verheerend wirkten sich im Laufe des Jahres 1918 vor allem die Wirtschaftsblockade, der Produktionsrückgang und die kriegsbedingte innere Inflation aus, die auch der immer größere Summen verschlingenden Finanzierung der Kriegsanleihen geschuldet war. Nach dem Sonderfrieden von Brest-Litowsk war zwar die russische Front aus der großen Strategie herausgefallen, doch mehr und mehr entglitt den kaiserlichen Kräften die Initiative. Im September 1918 brach die bulgarische Front zusammen, die österreichischen Zeitungen versuchten, dies noch eine Zeitlang zu verschleiern. Doch die Geschichte in ihrem Lauf lässt sich durch Pressemanipulationen nicht aufhalten. Bulgarien schied durch Waffenstillstand aus. Im Oktober folgte das Osmanische Reich nach, und auch Rumänien hatte bereits im September die Seiten gewechselt. Die allmählich ins Katastrophale abgleitende militärische Situation und die sich fortsetzenden Auflösungserscheinungen an der Heimatfront kündigten den totalen Zusammenbruch Österreich-Ungarns an. Im Mai 1918 gab es in Spa den letzten und bezeichnenden Versuch der beiden am Abgrund stehenden Monarchen, dem gemeinsam dräuenden Schicksal durch einen engeren Zusammenschluss beider Monarchien zu entgehen. Es war zu spät. Danach gingen beide Seiten ihre eigenen Wege. Es war der letzte Gang. Kaiser Karls Völker-Manifest vom 16. Oktober 1918, das den Völkern der Monarchie eine Föderation als neues staatliches Modell in Aussicht stellte, kam zu spät, um eine ernste Option für staatliches Überleben zu beschreiben und die Monarchie als Staatsform zu retten. Die Nationalitäten gründeten nun ihre eigenen Staaten. Dies war der Moment, als der Zerfall des Habsburgerreiches in den Untergang überging.

Die Auflösung der Habsburgermonarchie war ein »eher stiller Tod«, wie Manfred Rauchensteiner in seiner Monographie *Der Tod des Doppeladlers* ausgeführt hat. Sie »hat daher nichts vom Beigeschmack des ›Großen Finales‹ an sich«.[262] Am 9. November 1918 war im Deutschen Reich die Monarchie zusammengebrochen und der Kaiser nach Holland geflüchtet. Kaiser Karl verblieb zwar in Wien und erklärte am 11. November, auf die Staatsgeschäfte verzichten zu wollen. Bereits am Tag danach wurde die Republik proklamiert. Hätte es eine größere Bestätigung dafür geben können, wie sehr das Schicksal beider Reiche miteinander verkettet war, als den Umstand, dass das Ende der Monarchie in Deutschland fast auf den Tag genau zeitgleich erfolgte? Ganze zwei Jahre sollte Franz Josephs Großneffe und Nachfolger-Kaiser Karl auf dem Thron verbleiben. Nach dem Verzicht auf den österreichischen Thron am 11. November 1918, dem zwei Tage später der Verzicht auf den ungarischen Thron folgte, zog sich Kaiser Karl auf das Habsburger-Schloss Eckartsau im Marchfeld zurück. 1919 ging er ins Exil in die Schweiz, dann auf die Insel Madeira, wo er 1922 verstarb. Zwei erfolglose Versuche der Rückkehr bestätigten die Erkenntnis, dass sich die Geschichte in ihrem Gang nicht anhalten lässt wie der Zeiger einer Wanduhr. Der Erste Weltkrieg war eine Zäsur von welthistorischem Ausmaß; der Begriff der *seminal catastrophe* sollte sich erst vollumfänglich durch die Ereignisse der folgenden zwei Jahrzehnte erschließen.

Die Nachgeschichte des Exils Wilhelms II. ist rasch erzählt. Die Jahre in Amerongen und Doorn bilden kaum mehr als eine Fußnote in der Geschichte der Liaison der Hohenzollernmonarchie mit dem deutschen Nationalstaat. Doch auch sie gehören zur Geschichte der gescheiterten Großmacht Deutsches Reich dazu. Als Kaiser ohne Amt ist sich Wilhelm II. treu geblieben: in seiner Unberechenbarkeit, seiner Egozentrik genauso wie seiner selbstzentrierten Weltsicht. Wie wenig er seinen Rückzug ins Privatleben akzeptiert hat, mag daran erkennbar sein, dass er noch bis ins hohe Alter gerne Uniform trug, am liebsten wohl die ordengeschmückte Galauniform des Offiziers.

Der Hofstaat war nun sichtbar verkleinert, der Tagesablauf weiterhin streng geregelt. Neben dem Empfang kaisertreuer Besucher und der Niederschrift rechtfertigender Erinnerungswerke war vor allem das selbstauferlegte Regime der Holzarbeit und Gartenpflege bestimmend. Immer wieder bemerkten Vertraute und Weggefährten, wie wenig sich der Kaiser verändert habe. »Im innersten Grunde ist der Kaiser eben immer noch so wie früher«, lautete Graf Zedlitz-Trützschlers Resümee nach einem Besuch beim Kaiser in Doorn: »Am liebsten spricht er davon, wie schlecht alles im Auslande ist und wie großartig sich alles bei uns entwickelt hat. So sprach er neulich wieder in der alten Art von dem nahen Bankrott Rußlands und von der unglaublich schlechten und demoralisierenden Verwaltung dieses Landes [...] An unseren stillen Abenden, wo er öfters solche Berichte vor den Damen und Adjutanten vorliest, liebt er es besonders, humoristisch gehaltene Berichte, in denen irgend etwas im Auslande schlecht oder lächerlich gemacht wird, mit ›sehr gut‹ oder ›sehr richtig‹ usw. zu bezeichnen. Kommt aber etwas vor, das einen für uns ungünstigen Rückschluß gestattet, oder ihm sonst nicht zusagt, dann schreibt er ›wie töricht‹ oder etwas ähnliches.«[263] Die Eigenschaften, die einst Zedlitz-Trützschler am Kaiserhof beobachten konnte, zeigten sich nun in ihrem ganzen Ausmaß: »Die innere Weltfremdheit und die Unfähigkeit, Menschen richtig zu beurteilen, der Hochmut und Starrsinn, eine ausgeprägte Eitelkeit, wie auch die Neigung, geschickten Schmeichlern das Ohr zu leihen, das ewige ›Kindbleiben‹ auf manchen Gebieten.«[264]

In Gesprächen und Veröffentlichungen – 1922 erschien die erste Auflage der *Ereignisse und Gestalten*[265] – ging es Wilhelm ausschließlich um Rechtfertigung der eigenen Lebensleistung, Wehklage über erlittenes Unrecht und wortreiche Angriffe auf die Ententemächte. Wer in Wilhelms Veröffentlichungen nach kritischer Reflexion, gar dem Eingeständnis eigener Fehler sucht, wird hingegen enttäuscht. Wilhelm betrachtete sich, daran konnte kein Zweifel bestehen, als Opfer. Wenn einfache Erklärungen versagten, wurden höhere Mächte, schicksalhafte Fügungen bemüht. Die Geschichte kenne kein Beispiel, so schrieb Wilhelm 1922, »für die Verwirrung, die über die Ursachen entstanden ist, die zum Weltkriege führten«.[266]

Es mag auch Wilhelms Egozentrik geschuldet gewesen sein, dass sich etwa sein Mitleid mit dem Zerfall der Habsburgermonarchie in Grenzen hielt, jedenfalls gemessen an dem Ausmaß des von ihm selbst empfundenen schmerzenden Verlusts der Monarchie. Wilhelms Erklärung für den Zerfall des Habsburgerreiches war monokausal und vergleichsweise schlicht. Nachdem Österreich aus dem Reichsverband ausgeschieden sei, habe es sich »der bunt zusammengesetzten Ländergruppen widmen [müssen], die einst die ›Hausmacht‹ ausmachten, um einen neuen, selbständigen Staat aus ihnen zu formen«. Diese Aufgabe sei dadurch erschwert worden, dass »das römischdeutsche Reich, dessen Kräfte einst dem Hause Habsburg beim Erwerb der Hausmachtländer mit zur Verfügung gestanden, nicht mehr existierte und zwischen dem in Neubildung begriffenen neuen Deutschland und Österreich ein Schranken aufgerichtet worden war«.[267] Bezugspunkt für Wilhelms Beurteilung der historischen Zeitabläufe blieb der von ihm selbst nie verwundene Verlust der Kaiserwürde und die als persönliche Demütigung empfundene Abdankung.

Ganz dem Geist der Zeit der 1930er Jahre entsprechend, wurden nun antisemitische Töne bei Wilhelm immer vernehmbarer. Wilhelm II. hatte zweifelsohne an Hitlers Machtergreifung im Januar 1933 und an die Herrschaft der Nationalsozialisten große Hoffnungen geknüpft. Das Verhältnis des Kaisers zu Hitler und dem Dritten Reich ist das letzte Kapitel seiner Biographie und ein unrühmliches zugleich. Das überschwängliche Glückwunschtelegramm, das der einstige Kaiser nach dem Einmarsch deutscher Truppen in Paris am 10. Mai 1940 an Hitler sandte, wird dafür häufig als Beleg herangezogen. Darin reihte er, die Worte seines Großvaters, »Kaiser Wilhelms des Großen«, »welche Wendung durch Gottes Fügung« zitierend, Hitlers Feldzug in die preußisch-deutsche Siegesgeschichte ein.[268] Die Bilder vom Kaisersohn August Wilhelm (»Auwi«) in SA-Uniform unterstreichen diese Aussage.

Doch es war vor allem seine Entourage, allen voran Wilhelms zweite Frau Hermine, geb. Prinzessin Reuss, die den alternden Kaiser zur sichtbaren Unterstützung der Nationalsozialisten drängten. In den Aufzeichnungen von Ilsemann finden sich immer wieder Passagen über Gespräche mit dem Exilkaiser, die wie Blitze am Himmel eine glasklare Beurteilung der nationalsozialistischen Machthaber und deren durchsichtige Absichten der Indienstnahme der preußisch-deutschen Geschichte erkennen lassen, etwa wenn sich Wilhelm kurz nach Hitlers Geburtstag am 22. April 1936 darüber beklagte, dass sein Geburtstag imitiert werde: »Nicht das Volk hat Hitler durch Anbetung verrückt gemacht, sondern umgekehrt, Hitler hat das ganze Volk verrückt gemacht. Unfaßbar ist mir, dass die alten Offiziere mitmachen, und das werde ich auch nie überwinden.«[269] Wilhelm II. war am Ende aus der Zeit gefallen: Seine Zeit, die er so lange und so nachhaltig geprägt hatte, war unwiederbringlich verlorengegangen. Am 6. Juni 1941 verstarb Wilhelm II. in Haus Doorn, das ihm fast 23 Jahre als Domizil im Exil gedient hatte. Sein Leichnam ist in Doorn in einem eigens für ihn errichteten Mausoleum beigesetzt.

Adolf Hitler (1889–1945)

Kurt von Schuschnigg (1897–1977)

Vierter Akt

Die Katastrophe: Hitler gegen Schuschnigg

I.

Der Kampf Schuschniggs gegen Hitler kann nur sehr eingeschränkt als Duell bezeichnet werden. Es war in erster Linie eine Auseinandersetzung zweier sehr ungleicher Österreicher, und diese Auseinandersetzung wurde unter Einsatz aller Waffen ausgetragen, legaler wie illegaler. Noch dazu waren die Kräfteverhältnisse in diesem Duell alles andere als ausgewogen. Der Ausgang stand von vornherein fest. Und anders als beim biblischen Kampf Davids gegen Goliath konnte Schuschnigg auch nicht auf höheren Beistand zählen. Seine Möglichkeiten, das Blatt zu wenden, waren sehr begrenzt. Auf seine Sekundanten aus der freien Welt konnte sich Schuschnigg am wenigsten verlassen. Lord Halifax, seinerzeit britischer Außenminister, hatte den Ton gesetzt und als Parole ausgegeben, dass man nicht in den Krieg ziehen werde, wenn sich zwei deutsche Staaten zusammenschließen würden. Auch hat der Anschluss Österreichs einmal mehr ein Prinzip der nationalsozialistischen Außenpolitik bestätigt: Wenn Ziele auf friedlichem Wege nicht erreicht werden konnten, dann wurden sie unter Androhung – und wo dies nicht den erwünschten Erfolg erzielte, mit dem Einsatz – von Gewalt erzwungen.

Das Jahr 1938 schließt die Friedensperiode des »Dritten Reiches« ab, es ist zugleich das Jahr der größten außenpolitischen Erfolge Hitlers: Erfolge, die die nationalsozialistische Außenpolitik vor allem mit den Methoden Bluff, Überrumpelung und Einschüchterung erreicht hat. München 1938 steht dafür als Symbol, und zugleich – in der Rückschau erscheint dies klarer, als es den Zeitgenossen vor Augen stand – markiert es das Scheitern der westlichen Appeasementpolitik gegenüber dem deutschen Diktator. Was der Röhm-Putsch im Juni 1934 in der Herrschaftsausübung nach innen bedeutete, war die Annexion Österreichs im März 1938 nach außen. Hitler hatte die Maske fallenlassen und sein wahres Gesicht gezeigt. Wer Augen hatte zu sehen, dem blieb nicht mehr verborgen, dass es eine hässliche, verbrecherische Fratze des Brandstifters war, die sich hinter dem »Heim-ins-Reich«-Biedermann verbarg.

Der Anschluss 1938 hat darüber hinaus in der deutschen und österreichischen Geschichte eine weit über den Nationalsozialismus hinausgehende Bedeutung: Er steht auf halber Strecke des Wegs vom Ende der Habsburgermonarchie zum Schlusspunkt des hinausgezögerten Untergangs Preußens: Er verbindet beide Ereignisse miteinander. Der Anschluss – in der Sprache der österreichischen Nationalsozialisten der Zeit war überwiegend von »Wiedervereinigung« die Rede – ist nicht erklärbar ohne ein Verständnis für die geistige und politische Situation Österreichs in der damaligen Zwischenkriegszeit. Das Ende des Habsburgerreiches, die Anfänge der Ersten Republik, der Übergang zum Ständestaat, Dollfußmord und gescheiterter Putschversuch der österreichischen Nationalsozialisten, schließlich der vergebliche Abwehrkampf: Dies alles gehört in der Perspektive des Historikers untrennbar zusammen, all diese Ereignisse sind unmittelbare Vorgeschichte des Anschlusses. Der Aufstieg des Nationalsozialismus in Deutschland und sein Siegeszug in Österreich im Jahr 1938 sind damit, mittelbar betrachtet, auch Konsequenz des Erbes Habsburgs und Preußens, der ungelösten Fragen dieses deutschen Zweikampfs. Und beide, Habsburg wie Preußen, wurden auf ganz unterschiedliche Weise für die nationalsozialistische Hybris und den Untergang 1945 in Haft genommen: Wiederkehr war von da an ausgeschlossen. Dies galt für Habsburg wie von nun auch für Preußen uneingeschränkt.

War der Anschluss zwangsläufig? In welchem inneren Zusammenhang stehen die Ereignisse vom Februar/März 1938 mit dem – gescheiterten – Versuch, im Ständestaat einen eigenen Weg des Österreichbewusstseins, einen österreichisch-nationalen Kurs zu verfolgen, der zugleich auch eine konsequente Absage an den Nationalsozialismus war? Diese Frage steht im Zentrum der Beschäftigung mit der Ära Dollfuß-Schuschnigg. Hatte der Ständestaat überhaupt eine Chance? Gewiss, der Anschluss lag seinerzeit im politischen Mainstream, und für viele Österreicher der damaligen Zeit war er logische Konsequenz des Ziels, die Katastrophe von 1918 ein Stück weit rückgängig zu machen. Doch so sehr der Anschluss auch das von der Mehrheit angestrebte politische Ziel gewesen ist: Wurde er dadurch schon zum unausweichlichen Ereignis?

Es zählt zu den Paradoxien der Geschichte, dass der Anschluss von 1938 im Resultat die Trennung Österreichs von Deutschland besiegelt hat. Und er hat lange dafür gesorgt, dass der Blick der Österreicher auf die Jahre des Bürgerkriegs, auf die Zeit unter den Bundeskanzlern Dollfuß und Schuschnigg verstellt war. Eine vertiefte Auseinandersetzung mit jener Zeit blieb über Jahre hinweg aus, die Erinnerungen an die 1930er Jahre waren für lange Zeit wie eingefroren. Emotionen erschwerten den Zugang, nicht selten waren Familien geteilt. Die Ereignisse des Frühjahrs 1938 fassen, wie im Brennglas, die früheren Entwicklungen zusammen, und sie bilden eine Wegscheide: Nichts war danach mehr so, wie es vorher war.

Der Kampf Hitlers gegen Schuschnigg war nicht nur ein ungleiches Waffengefecht, es war gewissermaßen der zweite Durchgang eines ungleichen Duells. Bereits die erste Runde, der Putsch gegen Bundeskanzler Engelbert Dollfuß vom 25. Juli 1934, war nach heutiger Erkenntnis von Hitlers Helfern von Berlin aus gesteuert.[270] Schuschnigg war nicht nur Dollfuß' Nachfolger, er fühlte sich auch als dessen Nachlassverwalter. Er stand an der Bahre des ermordeten Dollfuß, dem er als Unterrichtsminister gedient hatte, und er fühlte sich ihm verpflichtet. »So einen Augenblick vergißt man nicht«[271], hatte er mit Blick auf die Totenwache in einer seiner entscheidenden Reden gesagt, und dies war nicht nur dem rhetorischen Motiv geschuldet, sich in ein Kontinuum zu stellen und auf eine höhere Weihe zu spekulieren. Schuschnigg als Politiker, sein Ethos, sein Aufstieg, sein Agieren in den entscheidenden Wochen des Jahres 1938 kann nur aus dem inneren Zusammenhang mit den politischen Ereignissen der Jahre 1934 bis 1938 gedeutet werden, der Erfahrung der Bedrohung des Ständestaats durch den übermächtigen nationalsozialistischen Nachbarn.

Diese Geschichte in ihrem Verlauf bildet die Folie, vor der das Zusammentreffen zwischen Hitler und Schuschnigg in Berchtesgaden am 12. Februar 1938 gesehen werden muss. Ihre Vorgeschichte reicht in den langgestreckten Niedergang des Habsburgerreiches, in das vorvergangene Jahrhundert zurück, im engeren Sinne indes fängt diese Geschichte mit der Abdankung des letzten Habsburgerkaisers und den politischen Wirren des Novembers 1918 an. Die Angst vor der Revolution blieb das große Trauma der Ersten Republik, und sie hat sich in Spuren noch bis in die Anfänge der zweiten erhalten. Die Ausnahmesituation der unmittelbaren Nachkriegszeit ist auch für Kurt Schuschnigg die prägende Erfahrung gewesen. Als hochdekorierter Kriegsheimkehrer kam er in die geschlagene Heimat zurück. Er war finanziell so klamm, dass er die Uniform des Frontsoldaten weitertragen musste; aus Furcht vor Anfeindungen und Pöbeleien trennte er den farbigen Kragenspiegel, der ihn als Offizier auswies, vom Mantel ab. Die Prägung durch den Großen Krieg – dies war das einende Band fast aller österreichischen Politiker, die in der Ersten Republik eine maßgebliche Rolle gespielt haben. Sie verband auch so unterschiedliche Lebensläufe wie selbst diejenigen von Adolf Hitler, Engelbert Dollfuß und Kurt Schuschnigg, die sich in diesem Punkt überschnitten.

II.

Kurt Schuschnigg war ein Geschöpf der k. u. k. Monarchie. Seine Identität als Österreicher und sein enger biographischer Bezug zur Habsburgermonarchie sind unbestritten. Er teilt dies mit Adolf Hitler, der auf eine ganz andere Weise ein Produkt des zerfallenden österreichischen Kaiserreiches war. Schuschnigg und Hitler trennten nicht ganz zehn Jahre voneinander, und doch hätten ihre prägenden Erfahrungen der frühen Jahre unterschiedlicher nicht sein können. Kurt Schuschnigg kam als Spross einer angesehenen Offiziersfamilie am 14. Dezember 1897 in Welschtirol, dem heutigen Trentino, in Riva am Gardasee zur Welt. Sein Vater, als Generalmajor im Jahr darauf geadelt, hatte als Soldat des Gendarmeriekorps schon 1866 bei Königgrätz gegen die Preußen gekämpft. Bald nach Kurts Geburt wurde er von seinem Garnisonsort Riva nach Wien versetzt. In seiner militärischen Laufbahn im Ersten Weltkrieg diente er unter anderem als Festungskommandant in Pola. Kurt Schuschnigg wurde als Internatsschüler an der renommierten Jesuitenschule Stella Matutina in Feldkirch erzogen, wo er im Jahr 1915 seine Matura ablegte.

Homer, Vergil und Cicero wurden dem humanistisch gebildeten, ehrgeizigen und begabten Jungen, der sich auch in Theateraufführungen hervortat, zu lebenslangen Begleitern. Der junge Schuschnigg, in späteren Jahren selbst ein geschliffener, wenn auch immer etwas steifer Redner, wurde wiederholt als Intellektueller geschildert, und dies war nicht immer freundlich gemeint. In der Tat scheint er sich zeit seines Lebens eine gewisse Distanz bewahrt zu haben, die als Unnahbarkeit ausgelegt wurde und die er nur gegenüber einigen wenigen ablegte. Diese aber ließ er umso mehr auf humorvolle, ganz zugewandte Weise an seinem Innersten teilhaben. Die scharfe, bisweilen auch verletzende Rhetorik des jungen Parlamentsabgeordneten ebenso wie des späteren Kanzlers fügte sich ein in die aufgepeitschte, beladene Bürgerkriegsatmosphäre der 1930er Jahre; zur Überwindung der scheinbar unversöhnlichen Gegensätze im Lagerdenken der Ersten Republik konnte sie wenig beitragen. Schuschnigg war kein Mann des Volkes, und er hat, anders als sein Vorgänger Engelbert Dollfuß, es auch nicht verstanden, mit den Massen als Volkstribun zu kommunizieren. Er war indes Pflichtmensch vom Scheitel bis zur Sohle, Ehrenmann und Patriot. Nach bestandener Matura – das Abschlusszeugnis der 8. Klasse (Unterprima) ersetzte die Prüfung – trat er als Einjährig-Freiwilliger seinen Dienst fürs Vaterland an. Als Offiziersanwärter nahm er im Großen Krieg mit Auszeichnung an den Stellungskämpfen der Isonzofront teil. Die dabei gewonnenen Eindrücke haben sich ihm lebenslang eingeprägt. Den Zusammenbruch 1918, den Untergang der Monarchie, erlebte Schuschnigg in Gefangenschaft in Montecassino. Erst im Jahr darauf kehrte er in die Heimat zurück.

Die Republik Deutschösterreich war ein Kind der Niederlage, und sie teilte ihr Schicksal mit ihrer deutschen Schwester, der Republik von Weimar: sie war ein ungeliebtes Kind. Als sich Kanzler Karl Renner mit seiner Delegation nach Saint Germain-en-Laye begab, wurde ihm dort der mindere Rang des noch jungen Staates schonungslos vor Augen geführt. Eine Teilnahme an den Verhandlungen war untersagt, er musste sich auf schriftliche Vorschläge beschränken. Auch ein anderer Beschluss der deutsch-österreichischen Nationalversammlung – einstimmig und mit der Erklärung der Republik am 12. November 1918 gefasst – wurde mit dem Friedensvertrag von Saint-Germain im April 1919 kassiert. Dort hieß es in Artikel 18 des Friedensvertrags: »Die Unabhängigkeit Österreichs ist unabänderlich, es sei denn, daß der Rat des Völkerbundes [für dessen Beschlüsse Einstimmigkeit erforderlich war, U. S.] einer Abänderung zustimmt.«

Das Selbstbestimmungsrecht der Völker galt offenkundig nicht für die Deutschen Österreichs, und dies wurde über alle Parteigrenzen hinweg als Diskriminierung empfunden. Nicht alle, die sich damals zum Anschluss bekannten, waren indes innerlich dem Nationalsozialismus zugewandt. Die Frage nach der Lebensfähigkeit Österreichs war zunächst eine Frage, wie man sich mit dem Erbe des zerfallenen Habsburgerreiches in einem Kleinstaat zurechtfinden konnte, wie ein unscharf formuliertes Österreichbewusstsein sich mit dem älteren Gedanken an das Heilige Römische Reich ebenso wie mit dem großdeutschen Traum verbinden konnte.

Der deutsche Weg, den Dollfuß und Schuschnigg beschritten, hat in seiner unklaren Konturierung auf der Suche nach dem Heiligen Reich nicht wenig dazu beigetragen, dass die Grenzen zu der aufstrebenden Bewegung der Nationalsozialisten verschwammen, obwohl die Absetzung von dieser gerade das erklärte Ziel der Ständestaatler war. Der Versuch, den Glauben an Österreich als deutsches Volk in der Konfrontation mit der aufstrebenden nationalsozialistischen Ideologie zu definieren, konnte nicht aufgehen. Wer Kurt Schuschniggs Rede auf dem Wiener Katholikentag vom September 1933 »Die Sendung des deutschen Volkes im Abendlande« liest, der begreift, was der Wiener Kardinal Innitzer mit seinem Aufruf »zum »Heiligen Jahr der Deutschen« am 1. Januar 1933 gemeint hatte. Zugleich wird deutlich, weshalb Schuschnigg der Auffassung anhing, dass die »deutsche Sendung« zur »Wiedergeburt des wahren Heiligen Reiches« berufen und diese nur mit einem katholischen Österreich möglich war.[272]

In seinem zuerst 1937 erschienenen Buch *Dreimal Österreich* führt Schuschnigg aus, dass »Österreichs geschichtlich begründete Erbpflicht«[273] darin bestehe, den Gedanken des Reiches lebendig zu halten und in das Gebiet des Geistigen und Kulturellen zu transportieren. »Unser neuer Staat wäre nicht Österreich und nicht wert zu bestehen, wenn nicht in neuem, modernem Gewand die alte Sendung sich durchzusetzen vermochte.«[274] Wie man die jahrhundertealte Reichstradition und den Kaisergedanken mit dem auf 84000 Quadratkilometer begrenzten Kleinstaat zusammenbringen sollte, diese Frage blieb eines der Grunddilemmata der ungeliebten Ersten Republik. Gerade die Existenz als Kleinstaat – das damals in der Publizistik häufig bemühte Wort von der drohenden »Verschweizerung« beschrieb keine positive Perspektive – musste zum Handicap werden, wenn in der Gegenwart des immer übermächtiger werdenden Deutschen Reiches am kulturell verstandenen Ziel von Österreichs deutscher Sendung festgehalten werden sollte. Ein Teil träumte von der Wiedervereinigung mit dem Deutschen Reich, ein anderer hing den scheinbar besseren Zeiten des Habsburgerreiches nach, und nicht wenige meinten, das eine im anderen wiederfinden zu können.

Die Niederlage im Jahr 1918 war unvermittelt gekommen, Zeit zur Gewöhnung gab es keine, und viele wollten sich auch gar nicht an den neuen Staat, der über Nacht entstanden war und als kaum lebensfähig eingeschätzt wurde, so recht gewöhnen. Diese spezifische Ausprägung des sogenannten Habsburg-Komplexes, die sich im Glauben an die Lebensunfähigkeit Deutschösterreichs manifestierte, fand ihr Korrelat in einem irrationalen Glauben an Deutschland. Friedrich Heer ist so weit gegangen, der Ersten Republik zu attestieren, dass sie an jenem zwiespältigen Glauben zugrunde gegangen sei.[275] Die Frage, ob Deutschösterreich von 1918 in seiner selbstgewählten historischen Mission überhaupt lebensfähig gewesen ist, hat jedenfalls ihre Berechtigung. Das Dilemma der zunehmend eingeschränkten Lebensbedingungen des Kleinstaats verband wie ein roter Faden das politische Handeln der Bundeskanzler Dollfuß und Schuschnigg, und von Anfang an war diese Frage, über die Parteigrenzen hinweg, mit der Haltung zum Deutschen Reich verbunden.

Otto Bauer, am Marxismus geschulter Theoretiker und Vordenker der deutschösterreichischen Sozialdemokraten, einer der vehementesten Befürworter des Anschlusses, trat im Juli

1919 aus Protest gegen den Friedensvertrag von seinem Posten als Außenminister zurück. Für die Sozialisten war die Vereinigung Deutschösterreichs mit der Republik von Weimar politisches Programm. In diesem Punkt stimmten sie mit der nationalliberalen Rechten und einem Großteil der Katholiken überein. Der Anschluss war das große Thema der öffentlichen Diskussion in Österreich nach dem Ersten Weltkrieg. Die Bestimmungen des Friedensvertrags von Saint-Germain haben dies nicht verhindern können, sie haben vielmehr dieses politische Ziel gefördert. Dabei war das Nationalbewusstsein alles andere als einheitlich. Die amtierende Koalitionsregierung, seit Juni 1920 in der Form eines Proporzkabinetts zwischen Sozialdemokraten und Christlichsozialen, war wenig populär. Zu offenkundig war, dass das Miteinander bestenfalls ein Nebeneinander, häufig aber ein Gegeneinander war.

Auch einer der prägendsten Figuren, mehrfach Kanzler und Außenminister und Führer der Christlichsozialen, Prälat Ignaz Seipel, gelang es nicht, die von Nachkriegselend und sozialen Spannungen zerrissene Republik in ihrem Inneren aufzurichten und in ihrer nationalen Identität zu stärken. Seipel, noch im letzten kaiserlichen Kabinett Lammasch als Minister für soziale Fürsorge berufen, hatte bereits 1914 als junger Salzburger Theologieprofessor seine Auffassungen über Vaterland, Nationalismus und Religion – später in dem Buch *Nation und Staat* zusammengefasst[275] – vorgetragen, die er seitdem variierte. Sie können auf die Formel gebracht werden, dass Kirche, Staat und Nation Gottes Werk seien und es folglich auch keinen Widerspruch zwischen Religion und patriotischem Bekenntnis gebe. Seipels Bekenntnis zu Österreich war immer auch ein theologisches Credo, das um die Begriffe Freiheit, Sinn und Schuld kreiste. Den Gedanken vom »neuen Adam«, wie er in der Osterliturgie in dem durch den freiwilligen Kreuzestod Jesu Christi an das Kreuz gehefteten »Schuldschein« ermöglicht wurde, übertrug der Kanzler-Prälat auf sein Land Österreich. Wenn für Dollfuß und Schuschnigg Augustins Gottesstaat Modell für die ständestaatliche Verfassung vom 1. Mai 1934 stand, dann war dies ganz wesentlich auch Seipels Einfluss und Vermächtnis.

1927 bildeten Seipels Christlichsoziale mit den Großdeutschen eine Einheitsliste. Wiederkehrende Zusammenstöße mit den Heimwehrverbänden hatten tumultartige Straßenkämpfe ausgelöst und 1927 zu einer Krise des parlamentarischen Systems geführt, von der sich die junge österreichische Demokratie nie mehr wirklich erholen sollte. In Wien ging der Justizpalast – als »Symbol der Klassenjustiz«[277] zum Ziel ausgerufen – in Flammen auf. Vergleiche mit den Zuständen des Jahres 1848 wurden in der zeitgenössischen Presse immer häufiger gezogen: Es war das Fanal eines kommenden Bürgerkriegs. Die Radikalisierung des öffentlichen Lebens vergiftete mehr und mehr die politische Kultur. Nach dem Rücktritt der von den Großdeutschen, dem einstigen Koalitionspartner, nur noch tolerierten Minderheitsregierung des Christlichsozialen Buresch übernahm am 20. Mai 1932 der bisherige Landwirtschaftsminister Engelbert Dollfuß die Geschäfte einer nur mit hauchdünner Mehrheit im Nationalrat ausgestatteten Regierung aus Christlichsozialen, Landbund und Heimatblock. Beinahe zeitgleich zur nationalsozialistischen Machtergreifung in Deutschland gelang es Bundeskanzler Dollfuß am 4. März 1933, den Nationalrat – gerade waren dessen drei Präsidenten zurückgetreten – auszuschalten und auf der Basis von Verordnungen im Zusammenhang mit dem kriegswirtschaftlichen Ermächtigungsgesetz von 1917 zu regieren.

Dollfuß war der Mann in seiner Zeit. 1892 als uneheliches Kind einer niederösterreichischen Bauerntochter geboren, beim Ziehvater, dem geehelichten Mann seiner Mutter in Texing bei Kirnberg an der Mank aufgewachsen – den leiblichen Vater, einen landlosen Dorfarbeiter, hat er nie kennengelernt –, kleinwüchsig, hochbegabt und von Kirchenmännern gefördert. Zunächst studierte er Theologie, dann sattelte er auf Jura um. Sein Aufstieg vollzog sich in der katholischen Welt – in der katholischen Kirche, der Studentenverbindung Franco-Bavaria, im katholischen Cartellverband, sodann in Seipels Christlichsozialen – und in der organisierten Landwirtschaft: Bauernbundsekretär, Amtsdirektor der niederösterreichischen Landes-Landwirtschaftskammer, Agrarexperte beim Völkerbund, Vertreter der österreichischen Landwirtschaft in der Verwaltungskommission der österreichischen Bundesbahn, dann schließlich Bundesminister für Land- und Forstwirtschaft. Dieses Amt behielt er auch bei, als er 1932 zum Bundeskanzler und Bundesminister für Auswärtiges ernannt wurde.

Auch Dollfuß hatte sich im Weltkrieg zunächst als Freiwilliger bei den Tiroler Kaiserschützen an der Südtiroler Front glänzend bewährt und war, mehrfach ausgezeichnet, 1918 als Oberleutnant in die Heimat zurückgekehrt. Er war ein Mann des Volkes, dessen politisches Credo von seiner tief empfundenen Katholizität und dem Glauben an das deutsche Volk geprägt war. In den so unterschiedlichen Persönlichkeiten von Kurt Schuschnigg und Engelbert Dollfuß zeigt sich die Breite des konservativ-katholischen Österreichs, das in seinem aus ganz anderen Schichten gespeisten Glauben an Deutschland den Großdeutschen – nach den Christlichsozialen und den Sozialisten die dritte große politische Kraft – nicht nachstand.

Freilich, und dies ist der entscheidende Gegensatz zu dem

im antisemitischen und deutschvölkischen Nationalismus des Wiens von Lueger und Schönerer wurzelnden Großdeutschen und Katholiken Adolf Hitler, war es bei Schuschnigg und Dollfuß ein gegen niemanden gerichtetes, auf jeden Revisionismus verzichtendes Verständnis, von der Einsicht geleitet, dass eine Wiederkehr des Alten Reiches ausgeschlossen war: »Wir wollen den sozialen, christlichen, deutschen Staat Österreich. Wir sind so deutsch, so selbstverständlich deutsch, daß es uns überflüssig vorkommt, dies eigens zu betonen. Daß wir diesem deutschen Volke ehrlich und treu dienen wollen, das erklären wir hier. Wir wollen die guten Charaktereigenschaften des deutschen Volkes pflegen und hüten, wir wollen die dem Deutschtum eigene Mannigfaltigkeit zur Einheit führen und wollen die Tugenden der Ehrlichkeit und der deutschen Treue in unserer Heimat pflegen. Wir wollen uns auch davon nicht abbringen lassen, wenn man uns auch unser wirklich ehrliches Deutschtum abzusprechen versucht. Wir glauben, daß wir ehrliche deutsche Kultur in diesem christlichen Teile Mitteleuropas zu erhalten und zu hüten und in österreichischer Form die christlich-deutsche Kultur in diesem Lande zu gestalten haben.«[278]

Der aus heutiger Sicht in seinem nationalen Pathos befremdliche Duktus ist nur aus dem geistigen Klima seiner Zeit und der Persönlichkeit des Redners erklärbar. Der Dollfuß-Schuschnigg-Staat hat weder eine eigene Massenideologie hervorgebracht, noch hat er den entstehenden Massenstaat und die damit verbundenen Möglichkeiten der Massenkommunikation je wirklich verstanden. Er war in erster Linie katholisch und in zweiter Linie antikommunistisch und antiliberal. Die mit ihm verbundene Radikalisierung des politischen Lebens war wohl vor allem Reflex auf die geistige Situation seiner Zeit. Freilich hat das geistige Klima des Ständestaats, der mit ihm verbundene permanente Ausnahmezustand, auch fließende Übergänge der katholischen Welt ins Dritte Reich ermöglicht, so etwa im »Bund Katholischer Deutscher – Kreuz und Adler«. Doch weder für Dollfuß noch für Schuschnigg hat diese Brücke je bestanden. Dollfuß ist in seinem Staatsverständnis bisweilen mit der »unpolitischen Politik« (Karl Dietrich Bracher) des katholischen Zentrumsmanns und deutschen Reichskanzlers Heinrich Brüning verglichen worden, auch wenn es keinen größeren Gegensatz der politischen Charismen hätte geben können. Viel näher indes liegt es, Dollfuß – und hier lässt sich Schuschnigg in einem Zug mit nennen – mit dem ebenfalls kurz als Reichskanzler der Weimarer Republik amtierenden Kurt von Schleicher zu vergleichen, denn auch Schleichers politisches Sinnen und Trachten war auf eine Spaltung der NSdAP (und die Abtrennung des linken Strasser-Flügels) gerichtet.

Der Ständestaat der Ära Dollfuß-Schuschnigg befand sich in einer Art permanentem Ausnahmezustand. Da war zum einen die Krise des parlamentarischen Systems in Europa in den frühen 1930er Jahren – der Aufstieg autoritärer und faschistischer Bewegungen in einer Reihe von Ländern sowie die Regierungsübernahme durch Mussolini in Italien und Hitler in Deutschland. Und es gab die zunehmende Bedrohung durch eine erstarkende nationalsozialistische Bewegung im Inneren. Der Nationalsozialismus, der nach der Machtergreifung Hitlers im Januar 1933 auch zunehmend Sympathisanten in Deutschösterreich fand, war immer auch eine Bewegung der Jugend: Er verkörperte mit seiner Technikbegeisterung, der erlebnisorientierten, kollektiven Freizeitgestaltung und dem Schlachtruf »Macht Platz, ihr Alten!«, trotz »Blubo«, sektiererischen Narreteien und völkischem Gedankengut, eine moderne Bewegung, die als »braune Revolution« (David Schoenbaum) bezeichnet worden ist. Verführung und Gewalt lagen im Dritten Reich nahe beieinander. Modernes wechselte sich mit Antimodernistischem ab. Fortschrittlich war das NS-Regime in der Indienstnahme der Technik – Wahlreisen im Flugzeug, Volksempfänger und Volkswagen. Doch der Modernisierungsschub, den das nationalsozialistische Deutschland auslöste, war zwiespältig. Die Ereignisse im Nachbarland ließen die innere Entwicklung nicht unberührt, zumal die »Heimholung« Österreichs qua fortgesetzter Unterwanderung und Pression eines der ersten Ziele der nationalsozialistischen Außenpolitik war.

Seit der Machtergreifung Hitlers war das Dollfuß-Regime in Österreich mit einem propagandistischen Dauerfeuer und einer fortgesetzten Unterwanderung in den Zangengriff des nationalsozialistischen Nachbarn genommen. Die Einführung der Tausend-Mark-Sperre im Mai 1933 – für Reisen von Reichsangehörigen nach Österreich war bei Grenzübertritt eine Gebühr von 1000 Reichsmark zu errichten – traf die dortige Wirtschaft, insbesondere den Fremdenverkehr, empfindlich. Das Österreich-Bekenntnis der Dollfuß-Regierung war vor diesem Hintergrund auch zur Abgrenzung gegen die nationalsozialistische Herausforderung zu sehen und den immer deutlicher durchscheinenden nationalsozialistischen Anspruch auf Machtergreifung auch in Österreich. Das waren alles andere als gute Voraussetzungen für souveränes politisches Handeln und die Festigung einer weithin umstrittenen nationalen Identität.

Das Dollfuß-Regime war antiliberal, antikommunistisch und antinationalsozialistisch. Wie alle autoritären Staaten plädierte es für einen starken Staat und nationale Sammlung, ohne indes Identität und Nationalbewusstsein in ausreichendem Maße definieren zu können. Mit der Verfassung vom Mai 1934 knüpfte es an das von Othmar Spann Anfang der 1920er Jahre geprägte Ideal vom »wahren Staat«[279] an und setzte den liberalen Demokratien westlicher Prägung ein klerikales ständestaatliches Staatsideal entgegen, »in seiner bürgernahen zwangspolitischen Zwischenstellung zwischen Faschismus und Nationalsozialismus«[280]. Aussetzung der Grundrechte, Zensur, Versammlungsverbot, Einrichtung sogenannter Anhaltelager – die österreichische Form der Konfination politischer Gegner –, Parteienverbot: Zur nationalen Versöhnung, zum Ausgleich zwischen den sich befehdenden Lagern waren diese Maßnahmen kaum geeignet. Das prekäre Gleichgewicht zwischen Sozialisten, Christlichsozialen und Großdeutschen drohte zu zerbrechen. In der Außenpolitik war die Ausgangslage nicht wesentlich besser. Die Anlehnung an Mussolinis Italien war zwar im Verständnis eines Gegenmachtdenkens konsequent und hat zumindest beim Treffen Hitlers mit Mussolini in Venedig am 14. Juni 1934 geholfen, die nationalsozialistische Forderung nach einer deutschen Regierungsbeteiligung in Österreich abzuwenden. Doch die Zusammenkunft von Venedig brachte nur einen Aufschub. Ulrich von Hassell, als deutscher Botschafter in Rom Ohrenzeuge und maßgeblich am Zustandekommen der *entrevue* beteiligt, musste sich bald darauf eingestehen, dass Venedig nur nach außen hin das Verständnis vertieft, in Wirklichkeit aber keineswegs die österreichischen Nationalsozialisten um Theodor Habicht gemäßigt hatte, sondern dass vielmehr Habichts Reden danach häufiger und noch schärfer wurden.[281]

Im Gedächtnisprotokoll des Reichsministers des Auswärtigen, Konstantin Freiherr von Neurath, freilich lasen sich die Vereinbarungen von Venedig eindeutig: »1. Der Anschluß Österreichs an Deutschland steht außer Diskussion. 2. Der österreichische Bundeskanzler muß eine unabhängige Persönlichkeit sein, die keiner der heute streitenden Parteien angehört. 3. Es sollen die Wahlen angeordnet werden, damit das österreichische Volk freiwillig seinen Willen ausdrücken mag. 4. Die Nazis sollen an der Regierung teilnehmen, im Verhältnis zum Ergebnisse der Wahlen. 5. Die Österreich anbelangenden Angelegenheiten sollen im Einvernehmen zwischen Deutschland und Italien entschieden werden.«[282]

In Berlin wurde dies als *carte blanche* für den Putsch vom 25. Juli 1934 gegen Engelbert Dollfuß aufgefasst. Goebbels' Tagebucheintragung vom 22. Juli 1934 kann vor diesem Hintergrund als eindeutiges Indiz bewertet werden, dass die Aktion von Berlin aus geplant und gesteuert und der gesamte Umsturzversuch mit Hitler abgesprochen war. Erst nach dem Scheitern des Putsches, dem dilettantischen Ablauf und der Ermordung von Engelbert Dollfuß an jenem 25. Juli unter nie restlos geklärten Umständen, wurde die nationalsozialistische Lesart, der »Führer« habe nichts von der Aktion gewusst, in den Umlauf gebracht. Dies mag vor dem Hintergrund des um sein internationales Renommee besorgten nationalsozialistischen Deutschlands verständlich gewesen sein; es folgt zudem dem Modell von Hitlers nachträglicher Distanzierung von fehlgeschlagenen außenpolitischen Kommandounternehmungen. Die Geschichte des gescheiterten Juliputsches, knapp vier Wochen nach der »Nacht der langen Messer«, der Abrechnung Hitlers mit seinen konservativen und parteiinternen Gegnern im sogenannten Röhmputsch, weist – worauf schon früh Konrad Heiden aufmerksam gemacht hat – Parallelen zur Gleichschaltung der Parteien in Deutschland, März 1933, und zum ebenfalls gescheiterten Putsch vom 8./9. November 1923 auf.[283]

Schon im Sommer 1933 war unter den österreichischen Nationalsozialisten der Plan entstanden, Dollfuß in einem Handstreich zu stürzen und durch eine nationalsozialistische Regierung zu ersetzen.[284] Landesleiter Habicht scheint dessen Ausführung jedoch durch seine zunächst zurückhaltende Einstellung verzögert zu haben. Dies änderte nichts daran, dass von Anfang an alle Schritte mit der Parteileitung in Berlin abgestimmt gewesen waren. Zu Recht erkannte man in Wien, dass die eigentliche Gefährdung durch den österreichischen Nationalsozialismus darin bestand, dass »er eine reichsdeutsch gelenkte Marionette« war.[285] Die daraus abgeleitete Folgerung freilich, dass es gelingen müsse, die deutschen Beeinflussungsmöglichkeiten auszuschalten, war ebenso illusorisch wie die Überschätzung der außenpolitischen Bündnisoptionen, insbesondere durch das Zusammengehen mit Mussolinis Italien, um von Wien aus ein Gegengewicht zu den nationalsozialistischen Dominanzbestrebungen zu bilden.

Die Rolle paramilitärischer Verbände und die wiederkehrenden Bürgerkriegsszenarien haben im Jahr 1933/34 zu einer Staatskrise geführt. Mit der Vaterländischen Front war eine Art Staatspartei geschaffen worden, und die immer deutlichere außenpolitische Anlehnung der Dollfuß-Regierung an Mussolinis Italien wurde von den österreichischen Nationalsozialisten nicht nur als Distanzierung vom nationalsozialistischen Deutschland, sondern zunehmend auch als Bedrohung empfunden. Die Militarisierung des öffentlichen Lebens, die Februarkämpfe des Jahres 1934 mit Aufständen unter anderem in Wien, Linz und Steyr, sowie die blutige Gegenreaktion von Heeressoldaten im oberösterreichischen Kohlerevier in Holzleiten, schließlich der Kampf um das Ottakringer Arbeiterheim waren Manifestationen eines blutigen Bürgerkrieges.

Nach dem Juliputsch 1934 und der Ermordung von Bundeskanzler Dollfuß übernahm Schuschnigg dessen Amt. Im Juli 1936 schloss Österreich mit Deutschland ein Abkommen, das unter anderem die Aufhebung der Tausend-Mark-Sperre vorsah. Die nationalsozialistische Bewegung zielte nun immer offener darauf ab, Österreich für den Anschluss vorzubereiten. Obwohl Schuschnigg Hitlers Forderungen in großen Teilen erfüllt hatte – etwa in der Frage der Amnestierung der am Putsch gegen Dollfuß vom Juli 1934 festgesetzten österreichischen Nationalsozialisten –, blieben die Beziehungen angespannt. Göring, der Beauftragte für den Vierjahresplan, hatte in seinen Gesprächen mit dem österreichischen Außenminister Guido Schmidt ganz unumwunden seine territorialen Ambitionen ausgesprochen. Mit den österreichischen Nationalsozialisten verfügte die NSdAP über eine zum Äußersten entschlossene fünfte Kolonne, die mit den Methoden des Bürgerkriegs und der psychologischen Kriegführung nichts unversucht ließ, um die politischen Verhältnisse in ihrem Land zu destabilisieren.

Das im Abkommen von 1936 verbriefte Zugeständnis der Einbindung der »nationalen Opposition« in die Regierungsverantwortung erwies sich als fataler Fehler, da damit den Nationalsozialisten ein politisches Druckmittel an die Hand gegeben wurde, um die Regierung Schuschnigg gefügig zu machen.

Die Motive für die als »Beschwichtigungspolitik« in die Geschichte eingegangene Haltung des Schuschnigg-Regimes gegenüber Hitler-Deutschland waren vielfältig. Im Vordergrund stand auf beiden Seiten das Motiv des Zeitgewinns. Die Zielsetzungen, die sich hinter diesem Ansatz verbargen, hätten unterschiedlicher nicht sein können. Hitler ging es mit seiner salamitaktikartigen Revisionspolitik zunächst um die Täuschung der Westmächte, vor denen er seine expansionistischen

Absichten noch zumindest so lange verbergen wollte, bis er mit seinen innenpolitischen Vorbereitungen – insbesondere der Aufrüstung – vorangeschritten war. Schuschnigg spielte aus ganz anderen Gründen auf Zeit. Denn bei seiner außenpolitischen Analyse des Mächtesystems ging es ihm zuvörderst um Verbreiterung des ohnehin sehr geringen Handlungsspielraums für seinen Staat, der nur in einem austarierten Balancesystem der kollektiven Sicherheit in der Nachbarschaft des scheinbar erdrückenden nationalsozialistischen Deutschlands fortbestehen konnte.

III.

Die beiden Kontrahenten, Hitler und Schuschnigg, trafen überhaupt nur einmal unmittelbar aufeinander – am 12. Februar 1938 auf dem Obersalzberg, auf Hitlers eigenem Territorium. Lange hatte Schuschnigg gezögert, der Einladung Hitlers zu folgen. War es nicht zu riskant, sich in die Höhle des Löwen zu begeben, wo keine Waffengleichheit herrschte? Die Lageeinschätzung am Ballhausplatz war illusionslos. Schuschniggs erster Berater, sein Außenminister, Staatssekretär Guido Schmidt, scheint dies auch so verspürt zu haben, denn nach dem Krieg hielt er im gegen ihn gerichteten Hochverratsprozess vor dem Wiener Volksgericht fest: »Ich war persönlich der Meinung, Schuschnigg sei vielleicht nicht das ganz geeignete Gegenüber für Hitler, es würden seine feine Kultiviertheit und Hitlers nackte Brutalität einander gegenüberstehen.«[286]

Dennoch war es Schmidt gewesen, der nach einem Gespräch mit dem deutschen Botschafter Franz von Papen am 7. Januar 1938 in der Erörterung mit Schuschnigg, und wohl nicht ganz ohne auf das Ergebnis Einfluss zu nehmen, zu der Folgerung gelangt war, dass eine Begegnung zwischen dem Herrn Bundeskanzler und dem Herrn Reichskanzler nützlich erschiene.[287] Papen hatte sich bereits 1935 und 1937 mehrmals für eine persönliche Aussprache eingesetzt, ohne allerdings damit durchzudringen. Der deutsche Botschafter verstand seinen Auftrag darin, »die österreichische Regierung zu einer loyalen Erfüllung ihrer Verpflichtungen zu veranlassen [und] die Entwicklung des deutsch-österreichischen Verhältnisses auf evolutionärem Wege zu fördern«, wie er in einem Schreiben an Adolf Hitler nach einer Unterredung mit Bundeskanzler Schuschnigg am 26. Mai 1937 ausführte.[288] Stock und Karotte zählten dabei, und dies war nicht nur ein Zugeständnis an den Empfänger des Berichtes, durchaus zu Papens Repertoire. Den Bemühungen um eine positive Entwicklung des deutsch-österreichischen Verhältnisses sei eine Grenze gesetzt, so ließ sich Papen ein, »weil der Führer nicht zugeben könne, daß in Österreich eine deutschfremde Minderheit Schindluder treibe mit allem, was dem gesamten Deutschtum heilig sei.« Der entscheidende Schritt, auch daran bestand für Papen kein Zweifel, müsse von Schuschnigg ausgehen, »damit endlich der ernsthafte Wille sichtbar werde, das Verhältnis zum Reiche zu verbessern und der nationalen Opposition eine Mitwirkung zu ermöglichen«.

Mit seiner Idee von der Zusammenkunft zwischen dem deutschen Reichskanzler und dem österreichischen Bundeskanzler bewegte sich Papen ganz auf der Linie des für die nationalsozialistische Außenpolitik so typischen Ansatzes der kaltblütigen Erpressung, die zumeist mit den einander abwechselnden Elementen von Einschüchtern, Umwerben und, als Letztes, Bedrohen einherging. Wie die Beziehungen zwischen dem »Dritten Reich« und Österreich auszusehen hätten und wo diese Sichtweise festgelegt würde, stand für Papen wohl außer Diskussion – er war gewieft genug, um zu wissen, dass er auch in dieser Frage über keinen diplomatischen Spielraum verfügte.

Hitler hatte Schuschnigg Ort und Zeitpunkt diktiert. Er zog alle Register und schien genau zu wissen, womit sein Gegenüber auf besondere Weise verletzt werden konnte. Konsequent sprach er den österreichischen Bundeskanzler als »Herr Schuschnigg« an. Es führt die Ungleichheit der Verhältnisse vor Augen, wenn Schuschnigg daraufhin seinen deutschen Amtskollegen durchgehend in formal-respektvoller Anrede als »Herr Reichskanzler« adressierte. Schuschnigg hatte von Anfang an das schlechtere Blatt. Hinzu kam: Er war kein besonders guter Spieler, und schon gar nicht war er dem Bluff, der skrupellosen Erpressung des Diktators gewachsen. Als Schuschnigg an jenem Samstagabend mit seiner Delegation abreiste, trennten sich beider Wege für immer. Die Geschichte des Duells nahm seinen weiteren Lauf. Der äußere Rahmen der Zusammenkunft, die psychologische Kriegführung und der Inhalt der Gespräche, wie sie aus verschiedenen Gedächtnisprotokollen, insbesondere Schuschniggs, rekonstruiert werden können, verdienen es, an dieser Stelle wiedergegeben zu werden, weil sie unmittelbare Aufschlüsse zu Hitlers Zielen und Methoden geben.

Die Ausgangslage führt zurück zu den Motiven Franz von Papens, der die Zeit für gekommen hielt, um eine persönliche Unterredung zwischen Hitler und Schuschnigg zustande zu bringen. Papens Kalkül war dabei klar: er wollte, dass die Initiative zum Anschluss von österreichischer Seite ausging. Umso mehr da er selbst, wie er in seinen Memoiren zugab, »in der Gestaltung österreichisch-deutscher Angelegenheiten« seit

Sommer 1937 vor allem an Hermann Göring Terrain verloren hatte.[289] Für Papen war deshalb die Vermittlung der Unterredung zwischen Hitler und Schuschnigg auch eine willkommene Möglichkeit, um sich selbst wieder mehr ins diplomatische Spiel zu bringen. Er war zur Berichterstattung nach Berlin gerufen worden, und nicht wenige rechneten damals in Wien mit seiner Absetzung. Stattdessen kehrte er zwei Tage später als mit neuer Prokura ausgestatteter Botschafter in die Kaiserstadt zurück. Die in Aussicht gestellte Zusammenkunft der beiden Kanzler war zustande gebracht. Es ist mehr als eine Laune der Geschichte, dass die nach langem Zögern gegebene Zusage Schuschniggs in gewisser Hinsicht Papen den Posten in Wien rettete.

Für die Vorbereitung der Unterredung verblieb vergleichsweise wenig Zeit. Die Motive und Erwartungen auf beiden Seiten hätten unterschiedlicher nicht sein können. Hätte Schuschnigg ablehnen sollen? Schon um sich nicht dem Vorwurf auszusetzen, nicht alle Mittel ausgeschöpft zu haben, kam dies für ihn nicht in Frage. Sein Ziel war klar. Am prägnantesten hat es der österreichische Bundeskanzler selbst in seiner schriftlichen Zeugenaussage im Hochverratsprozess gegen Guido Schmidt zum Ausdruck gebracht: »Die unversehrte Erhaltung Österreichs und die Abschirmung des Nazismus, der in unlösbarem Widerspruch dazu stand. Zweitens meine Auffassung über den Weg, der am besten – nach meiner Meinung – zu diesem Ziel führen würde.«[290] Und es entsprach Schuschniggs Politikstil, dass er vorher mit seinen Mitstreitern im Kabinett, Staatsrat Arthur Seyß-Inquart und Staatssekretär Guido Zernatto, eine Punktation mit der Festlegung roter Linien vorbereitete. Es mag als Indiz für das aufgepeitschte politische Klima jener Jahre gewertet werden, dass diese Punktation durch Verrat Hitler noch rechtzeitig vor dem Treffen zugespielt werden konnte.

Als politischer Typus waren Schuschnigg und Hitler höchst gegensätzlich, und diese Gegensätzlichkeit erklärt auch, weshalb Schuschnigg für Hitlers Charisma gänzlich unempfänglich blieb. Hitler habe magische Gewalt auf die Menschen, schrieb Schuschnigg. Er ziehe sie entweder mit magnetischer Kraft an sich und lasse sie nicht mehr los aus dem Banne, oder aber er stoße sie »vom ersten Moment an ebenso heftig ab, so dass sich ein Abgrund auftut, der nie mehr Brücken tragen kann«.[291] Sich selbst, daran bestand kein Zweifel, sah Schuschnigg in der zweiten Kategorie, aber er hatte Verständnis dafür, dass sich nicht wenige seiner Landsleute von Hitler angezogen fühlten. Es ist mehr als eine beiläufige Beobachtung, wenn man Schuschniggs innere Ablehnung des Nationalsozialismus auch mit einem katholischen und antipreußischen Reflex in Verbindung bringt. Schuschnigg konnte sich dabei auf jenes berühmte Schema von Hugo von Hofmannsthal berufen, das im Gegensatzpaar Preußen-Österreich den »Mangel an historischem Sinn […] Selbstgerechtigkeit; Anmaßung; unbezähmbarer Hang zum Schulmeistern; Hindrängen zu Krisen; Unfähigkeit, sich in andere hineinzudenken; härteste Übertreibung« den preußischen Eigenschaften zuordnete. Und wie Schuschnigg einmal schrieb, habe es manches für sich, nationalsozialistisch mit preußisch gleichzusetzen.[292] Die einzige persönliche Begegnung mit Hitler in Berchtesgaden, in der Rückschau gewissermaßen der Moment der großen historischen Verdichtung, ist in ihrem ganzen Verlauf wenig geeignet gewesen, dieses Urteil zu revidieren.

Ort und Zeit dieser Zusammenkunft folgten dem Diktat der Nationalsozialisten. Die innenpolitischen Erschütterungen der Blomberg-Fritsch-Krise hatten im Deutschen Reich dazu geführt, dass die Zusammenkunft zunächst verschoben werden musste. Auch Hitler war in Zugzwang. Er brauchte außenpolitische Erfolge, und die Annexion Österreichs erschien ihm als mit dem europäischen Gleichgewichtsdenken für die Westmächte noch am ehesten verdaulich. Sein Treffen mit Schuschnigg sollte auf dem Obersalzberg stattfinden.

Der Obersalzberg als Ort der Zusammenkunft war beziehungsreich. Hier, oberhalb von Berchtesgaden, hatte Hitler 1935 das noch von ihm in der Kampfzeit erworbene Haus Wachenfeld nach seinen eigenen Plänen zum repräsentativen Berghof erweitern lassen. Das alte Haus blieb im neuen erhalten, die Treppe mündete in den Eingangsraum zu Hitlers Wohnhalle, was beim Empfang offizieller Gäste jedes Mal dazu führte, dass deren Begleitung sich »mit einem unfreundlichen Eingangsraum begnügen [mußte], der gleichzeitig die Verbindung von Toilettentreppenhaus und großem Eßzimmer herstellte«.[293] Die Trennung zwischen Privatem und Offiziellem war auf dem Berghof kaum gegeben. Das Haus war für Hitler zudem mehr als ein sommerliches Refugium. Hier entstanden viele der großen Reden, und der Chef der Parteikanzlei, Martin Bormann, sorgte immer dafür, dass auch auf dem Berghof die Staatsgeschäfte nicht stillstanden. Im Unterschied zum Berliner und Münchner Betrieb waren auf dem Berghof zumeist in den von Bormann nach und nach erworbenen Nebengebäuden und Nachbarhöfen auch die Frauen der Angehörigen von Hitlers Entourage zugegen, und wenn mittags zu Tisch in den großen, holzgetäfelten, rustikalen Speisesaal gebeten wurde, dann waren auch Hitlers Sekretärinnen geladen. Und zumeist war es Martin Bormann, der Eva Braun, Hitlers Mätresse, zu Tisch führte.

Schuschnigg war mit dem Nachtzug aus Wien in Salzburg eingetroffen. Er hatte eigens Nebelkerzen geworfen, um das Ziel seines nächtlichen Ausflugs zu camouflieren. Der Sportanzug sollte den Eindruck erwecken, es gehe in die Ferien. Das Ziel des Zuges hieß Innsbruck, in Salzburg wurde sein Wagen abgekoppelt und bis zum Morgen auf ein Nebengleis rangiert. Das Auto, mit dem die Fahrt dann zum Berghof weiterging, war eigens aus Wien herbeigeschafft worden. Zu seiner kleinen Delegation gehörte sein Außenminister, Staatssekretär Guido Schmidt, dessen Sekretär Otto Pirkham, ein Kriminalbeamter und ein Gardeoffizier. An der Grenze schloss sich ihm Botschafter von Papen an. Das Eintreffen war ganz auf Hitlers spät beginnenden Tagesrhythmus abgestimmt und für 11 Uhr avisiert.

Auch auf dem Berghof waren inzwischen Vorbereitungen getroffen worden. Der frisch ernannte Außenminister Joachim von Ribbentrop war mit seinem Gefolge aus Berlin angereist und im Grandhotel Berchtesgadener Hof abgestiegen. Ribbentrop war nur schlecht auf das Treffen vorbereitet. In seinen Nürnberger Gefängniserinnerungen räumte er freimütig ein, in der Österreichfrage zum damaligen Zeitpunkt über keine tiefere Kenntnis verfügt zu haben.[294] Zwei in Österreich illegal operierende Nationalsozialisten, Odilo Globocnik und der Kunsthistoriker Kajetan Mühlmann, in Knickerbockern und weißen Strümpfen, sollten die Delegation verstärken. Sie markierten sichtbar den Anspruch, dass Hitler auch der Führer der österreichischen Nationalsozialisten war und deren politische Stärkung eines der vorrangigen Ziele der Zusammenkunft war.

Hitlers Luftwaffenadjutant, Nicolaus von Below, hatte auftragsgemäß nicht nur General Keitel, sondern auch zwei weitere Generale bestellt, die besonders martialisch wirken sollten.[295] Seine Wahl war dabei auf Walter von Reichenau und Hugo Sperrle, die beiden Kommandierenden Generale von Heer und Luftwaffe in München, gefallen. Keitel hat bei seiner Befragung im Nürnberger Prozess ausgesagt, damals keine Ahnung gehabt zu haben, warum er bestellt worden sei, und erst im Laufe des Tages sei ihm klar geworden, dass die Anwesenheit von drei Repräsentanten der Wehrmacht »zumindest eine militärische Demonstration – so darf ich es ruhig nennen – in gewisser Beziehung darstellte«.[296] Von Below wissen wir auch, dass Hitler der Zusammenkunft mit Schuschnigg voller Spannung entgegensah: »Österreich war seine Heimat, und wir fanden es verständlich, daß er hoffte, durch das Gespräch mit Schuschnigg die beiden Länder zu einer Union zu verbinden, die 1918 am Widerstand der Alliierten gescheitert war.«[297]

Der Empfang war höflich. Der »Führer« trug den braunen SA-Rock mit Hakenkreuzbinde, dazu schwarze Salonhosen. Schuschnigg sah, einem Augenzeugen aus dem Kreis der begleitenden Adjutanten und Sekretäre zufolge, »bleich, übernächtigt und etwas unrasiert«[298] aus: »Jedem von uns nannte er bei der Vorstellung seinen Namen, wiederholte immer wieder Schuschnigg, Schuschnigg, Schuschnigg und verbeugte sich leicht.« Die Begegnung später fand unter Ausschluss der Entourage als Vieraugengespräch in Hitlers Arbeitszimmer statt, und Schuschnigg wurde von Anfang an keine Chance gelassen, den Gang des Gespräches zu bestimmen.[299] Schon Schuschniggs Eingangsbemerkung, dass in diesem wundervoll gelegenen Raum wohl so manche Entscheidung gereift sei, quittierte Hitler brüsk: »Ja; – hier reifen meine Gedanken – aber wir sind ja nicht zusammengekommen, um von der schönen Aussicht und vom Wetter zu reden.« Und auch Schuschniggs anfängliche Versicherung, alles getan zu haben, um »dem Sinn und

Wortlaut des Abkommens [von 1936] gemäß eine deutsche Politik zu führen«, wurde von Hitler mit einem Frontalangriff pariert. »So, das nennen Sie eine deutsche Politik, Herr Schuschnigg? Sie haben im Gegenteil alles dazu getan, um eine deutsche Politik zu vermeiden. Sie sind zum Beispiel ruhig im Völkerbund geblieben, obwohl das Reich austrat.«

Von einem Gespräch von Gleich zu Gleich konnte gar keine Rede sein. Die Aussagen im Stakkato, die auf Schuschnigg niederprasselten, waren eine einzige Anklage. »Übrigens hat Österreich überhaupt nie irgendetwas getan, was dem Deutschen Reich genützt hat. Seine ganze Geschichte ist ein ununterbrochener Volksverrat. Das war früher nicht anders wie heute. Aber dieser geschichtliche Widerstand muß endlich sein längst fälliges Ende finden.«

Die Drohung war unverhüllt. »Und das sage ich Ihnen, Herr Schuschnigg: Ich bin fest entschlossen, mit dem allen ein Ende zu machen. Das deutsche Reich ist eine Großmacht, und es kann und wird ihm niemand dreinreden wollen, wenn es an seinen Grenzen Ordnung macht.« Schuschniggs Hinweise auf eine eigene »österreichische nationale Leistung« und darauf, dass die österreichische Geschichte ein »sehr wesentliches und wertvolles Stück deutscher Geschichte« sei, blieben ungehört. Hitler war festgelegt, in seinem Weltbild wie in seinen territorialen Zielen. »Von Österreich aus bekam jede nationale Regierung seit je nur Prügel zwischen die Füße; das war ja auch die Haupttätigkeit der Habsburger und der katholischen Kirche.« Und er sprach von seinem geschichtlichen Auftrag: »Ich bin felsenfest davon durchdrungen, und ich glaube daran. Ich bin gottesgläubig und religiös, wenn auch nicht in einem kirchlich-gebundenen Sinne.« Seine Methode war einfach und klar: »Wer nicht mittut, kommt unter die Räder.« – »Ich brauche nur einen Befehl zu geben, und über Nacht ist der ganze lächerliche Spuk an der Grenze zerstoben. Sie werden doch nicht glauben, daß Sie mich auch nur eine halbe Stunde aufhalten können? Wer weiß – vielleicht bin ich über Nacht einmal in Wien; wie der Frühlingssturm! [...] Wollen Sie aus Österreich ein zweites Spanien machen? Das alles möchte ich, wenn es angeht, vermeiden.«

Mit dem rhetorischen Kunstgriff des Angriffs an überraschender Stelle versuchte er sein Gegenüber zu erschüttern, indem er ihm die Kompetenz, sein eigenes Land zu kennen, streitig machte. »Ich kenne die Lage in Österreich besser als Sie.« Und es besteht kein Zweifel daran, daß er, der Reichskanzler des Deutschen Reiches, sich noch immer als Österreicher empfand. »Ich könnte mit dem gleichen und noch mit viel mehr Recht mich als Österreicher bezeichnen, als Sie, Herr Schuschnigg!« Zugleich ließ er erkennen, dass seine Beziehung zu Österreich vor allem auch eine emotionale Bindung war. Noch quittierte er Schuschniggs hingeworfenen Satz »Sie kennen ja Wien« mit dem Eingeständnis »Das ist sehr lange her«.

Hitler gab sich als großer Unverstandener. »Einmal war ich vor Jahren noch nachts in Wien – und dann heimlich am Grab meiner Eltern; so behandelt man mich.« Mit dem für ihn typischen Drohen und Werben zugleich wollte er Schuschnigg auf Kurs bringen. Doch der Katholik und österreichische Patriot Schuschnigg und der deutsche Reichskanzler sprachen auf unterschiedlichen Ebenen. Für Schuschniggs »Wir müssen nun einmal miteinander leben« hatte Hitler kein Verständnis. Sein Ziel war klar: Er wollte Österreich seine Eigenständigkeit nehmen. Schuschnigg war für ihn nicht der legitimierte Repräsentant des österreichischen Volkes, er war nicht mehr als eine Schachfigur auf dem Spielbrett, dessen Regeln Hitler bestimmte: »Ich habe noch alles erreicht, was ich wollte, und bin dadurch vielleicht zum größten Deutschen der Geschichte geworden.« Auch Schuschnigg habe die einmalige Gelegenheit, seinen Namen »in die Reihen der großen Deutschen« einzutragen, er bräuchte sich eben nur in Hitlers Willen zu fügen. Die Reihe der großen Deutschen, auch dies war für Hitler klar definiert: »Wir haben einen Göring, einen Heß, einen Frick, einen Epp und zahllose andere.«Und in ebendiese Reihe hätte sich Schuschnigg einfügen können, wenn er bereit gewesen wäre, sich auf das Maß einer von Berlin geführten Marionette herabstutzen zu lassen.

Nach diesem ergebnisoffenen ersten Akt, gewissermaßen der Exposition, wurde das Mittagessen im großen Rahmen – mit den Außenministern, den Militärs und Botschafter Papen, die Adjutanten und persönlichen Referenten saßen am Katzentisch – eingenommen.[300] Was Schuschnigg im Rückblick als »belanglose Geleise der Konversation« bezeichnete, war, den übereinstimmenden Schilderungen zufolge, in der Tat ein konventionelles Tischgespräch, in dem sich Hitler in der ihm eigenen weitschweifigen Art über architektonische Pläne, insbesondere die projektierte riesige Elbbrücke in Hamburg und den Autobahnbau verbreitete, politische Aussagen indes vermied. Politik war nicht erwünscht. Ganz deutlich bekam dies Franz von Papen zu spüren, als seine vermutlich der atmosphärischen Auflockerung geschuldete Bemerkung, die Lob und Wertschätzung der Leistungen der Habsburger zum Gegenstand hatte, Hitlers Zorn erregte.[301]

Nach dem Essen zogen sich die beiden Kanzler mit ihren jeweiligen Delegationen zurück. Gegen 14 Uhr wurde Schuschnigg von Ribbentrop mit dem Entwurf eines zweiseitigen Kommuniqués konfrontiert, das in seinen sieben Punkten sehr weitgehende Forderungen enthielt. Es sah unter anderem die Ernennung des Nationalsozialisten Arthur Seyß-Inquart zum Sicherheitsminister mit unbeschränkter Polizeikompetenz, die Berufung Hans Fischböcks zum Regierungsmitglied mit der Zuständigkeit für den österreichisch-deutschen Wirtschaftsverkehr, die Amnestierung sämtlicher am Juli-Putsch beteiligter Nationalsozialisten binnen dreier Tage und die Gleichberechtigung der österreichischen Nationalsozialisten mit den übrigen Gruppen der Vaterländischen Front vor. Ribbentrop, ganz treuer Diener seines Herrn, hatte die in Papens ursprünglichem Text enthaltenen zugespitzten Bedingungen noch weiter verschärft und Schuschnigg mit dem Hinweis ausgehändigt, daß weitere Zugeständnisse des Führers nicht möglich seien. In Ribbentrops eigenen Erinnerungen erhält diese erste persönliche Zusammenkunft mit Schuschnigg eine mildere, nahezu freundschaftliche Note. »Die ganze Atmosphäre bei den Unterredungen auf dem Berghof war durchaus vertrauensvoll, und alle Abmachungen mit Schuschnigg wurden im beiderseitigen Einvernehmen und ohne Druck geschlossen.«[302]

Was sich in Ribbentrops Rückblick als »harmonisches Miteinander« präsentierte, war in Wirklichkeit ein zähes Ringen, das von Hitler, noch dazu in dieser Form, gar nicht vorgesehen war. Als es Schuschnigg und Schmidt gelang, in einigen Punkten – Fischböcks Ernennung und den Offiziersaustausch betreffend – Änderungen zu erreichen, fühlte sich Hitler veranlasst, verbal die Tür ins Schloss fallen zu lassen. »Hier ist der Entwurf. Verhandelt wird nicht. Ich ändere keinen Beistrich. Sie haben entweder zu unterschreiben, oder alles weitere ist zwecklos.« Es spricht für Schuschniggs diplomatische Zähigkeit, dass er sich auch unter diesen schwierigsten Bedingungen nicht von seinem Kurs abbringen, geschweige denn einschüchtern ließ. Er weigerte sich auch beharrlich, die vorgeschriebene Dreitagesfrist zur Erfüllung der Bedingungen zu akzeptieren, und verwies auf die ihm von der Verfassung gesetzten Schranken der Zuständigkeit und auf die Rolle des Staatsoberhauptes. Hitlers Rückzieher allerdings klang drohend. »Ich habe mich entschlossen – zum ersten Mal in meinem Leben – von einem gefaßten Entschluß noch einmal abzugehen [...] Es ist der allerletzte Versuch. Innerhalb von drei Tagen erwarte ich die Durchführung.« Das Gespräch wurde in allgemeinere Bahnen gelenkt. Hitlers Blick streifte zum Horizont. »Wenn wir uns somit geeinigt haben, ist die Frage Österreich für uns alle bereinigt [...] Dabei kann es bleiben für die nächsten fünf Jahre. Bis dort ist es lange hin. Dann sieht die Welt ohnedies wieder anders aus.«[303]

Hitler sah sich unter Zeitdruck, seine ehrgeizigen und weitausgreifenden territorialen Revisionspläne voranzutreiben und hoffte sie noch zu Lebzeiten abschließen zu können. Wenn er Schuschnigg gegenüber enthüllte: »Ich hätte der Welt gerne einen neuen Weltkrieg erspart; ich weiß nicht, wenn mir nicht geglaubt wird, ob er vermieden werden kann«, dann war dies auch ein Selbstgespräch, das vor dem Hintergrund des tatsächlichen Gangs der Geschichte beklemmende Züge erhält.

Am Abend war das Kommuniqué mit den von Schuschnigg erwirkten Änderungen unterschrieben. Schuschnigg und seine Begleiter zogen erschöpft davon. Die Einladung, zum Abendessen zu bleiben, hatten sie verständlicherweise ausgeschlagen. Nach kurzer Verabschiedung ging es im Raupenschlepper bergab, und dann gen Salzburg. Botschafter Franz von Papens lakonischer Kommentar: »Ja, so kann der Führer sein, nun haben Sie es selber erlebt. – Aber wenn Sie das nächste Mal kommen, werden Sie sicher sehr viel leichter sprechen«, war das Tüpfelchen auf dem i. Papens als Beschwichtigung gemeinte

Beteuerung »Der Führer kann ausgesprochen charmant sein« konnten Schuschnigg und seine Begleiter vor dem Hintergrund des tatsächlichen Gesprächsverlaufs wohl nur als zynische Drohperspektive empfunden haben.[304] Das Duell nahm seinen vorgezeichneten Lauf. Noch waren Zeitpunkt und Umstände nicht bestimmbar, allenfalls der Ausgang absehbar. Der 12. Februar 1938 hatte Spiel, Satz und Sieg für Hitler gebracht. Einzig die Forderung militärischer Maßnahmen als Konsequenz hatte Hitler fallengelassen, doch genau jene militärischen Maßnahmen waren es, die in den folgenden Wochen den Anschluss Österreichs ans Deutsche Reich begleiten sollten.

Bei der Heimreise ins düster-graue Salzburg war für Schuschnigg und seine Begleiter klar, »daß nunmehr das Urteil über uns endgültig gefällt war.«[305] Berchtesgaden war ein Kapitel aus dem Lehrstück über räuberische Erpressung. Die interne nationalsozialistische Betrachtung, wie sie Joseph Goebbels in seinen Tagebuchnotizen festgehalten hat, gestand dies mehr oder weniger ein. »Österreichfrage nun geregelt. Schuschnigg hat die Forderungen des Führers angenommen. Abends spät kommt das Communiqué. Der Führer ist sehr froh. Er hatte Schuschnigg sehr unter Druck gesetzt. Mit Kanonen gedroht. Und kein Paris oder London würde ihm helfen. Da ist Schuschnigg ganz zusammengeknickt. Kleines Format. $^1/_3$ Brüning. So was hält das Rad der Geschichte auf.«[306]

IV.

Als Kanzler Schuschnigg nach Wien zurückgekehrt war, besprach er sich mit seinen engen Mitarbeitern Schmidt und Zernatto beim Frühstück in seiner Wohnung im Belvedere.

Zernattos nüchternes Resumee war schonungslos. Die Besprechungen in Berchtesgaden seien in der Summe nichts gewesen »als die Bekanntgabe und Endformulierung der Bedingungen, unter denen Hitler bereit war, nicht in Österreich einzumarschieren.«[307] Der letzte Akt konnte beginnen. Am 16. Februar wurde die Kabinettsumbildung verkündet: der Nationalsozialist Seyß-Inquart wurde zum Sicherheitsminister ernannt. Eigentlich waren die Würfel gefallen, allein die Art und Weise der nationalsozialistischen Durchdringung Österreichs war noch ungewiss. Aufschluss wurde von Hitlers Rede am 20. Februar erwartet, in der der »Führer« seine Sichtweise der *entrevue* von Berchtesgaden und den weiteren Weg Österreichs »heim ins Reich« skizzieren wollte. In dieser auf vielfache Weise aufgeladenen, surrealen Situation brachte sich der im belgischen Exil lebende Thronprätendent Otto von Habsburg am 19. Februar mit einem Brief an Bundeskanzler Schuschnigg, der in mehrfacher Hinsicht bemerkenswert ist, ins Gespräch. In dem über einen Mittelsmann überbrachten Schreiben – nicht ohne Sinn für Zuspitzung und Realismus hatte es der Sohn des letzten Habsburgerkaisers mit »Otto, in der Fremde« gezeichnet – schlug er Schuschnigg vor, ihn zu seinem Nachfolger zu bestellen und mit dem Amt des Bundeskanzlers in dieser schwierigen Situation zu betrauen: »So unerwartet Ihnen Nachstehendes vorkommen wird, so reiflich ist es in jenen schweren Stunden, in äußerster Gefahr erwogen: Sollten Sie dem Druck von deutscher oder betont-nationaler Seite nicht widerstehen zu können glauben, so bitte ich Sie, mir, wie immer die Lage auch sei, das Amt des Kanzlers zu übergeben. Ich bin fest entschlossen, zum Schutz von Volk und Staat bis zum Äußersten zu gehen, und ich bin überzeugt, dabei Widerhall beim Volke zu finden.«[308]

Otto von Habsburg hatte zum damaligen Zeitpunkt dem Thron noch nicht entsagt. Er war ein unentwegt in Europa hin- und herreisender Patriot, der über ein exzellentes Netzwerk verfügte und sich mit seinem Schicksal, österreichische Entwicklungen aus der Fremde verfolgen zu müssen, nicht abfinden wollte. Es mag aus heutiger Sicht seltsam anmuten, dass Schuschnigg in den Jahren 1935 bis 1938 zum Kaisersohn in dessen belgischem Exil Schloss Steenokkerzeel engen Kontakt pflegte, ja mehr noch, dass Otto von Habsburg in all den Jahren politisch auf dem Laufenden gehalten wurde. Schuschniggs Antwort an den Kaisersohn ist aus Schuschniggs Charakter, seinem Selbstverständnis als kaisertreuer Legitimist und als Nachlassverwalter von Dollfuß heraus zu verstehen. Aus heutiger Sicht mag diese Kombination ungewöhnlich, ganz aus der Zeit gefallen erscheinen, damals indes war sie so ungewöhnlich nicht. Der vermeintliche Zwiespalt zwischen Kaisertreue und Ständestaatsbekenntnis war es, der den politischen Neuanfang in der ungeliebten Republik so schwer gemacht hat. Es kam hinzu, dass die Habsburger nach dem Ende der Monarchie 1918 ihren Anspruch auf die Krone, zumindest aber auf politische Gestaltung, nie aufgegeben hatten. Präziser müsste es heißen, Otto von Habsburg hatte diesen Anspruch nicht aufgegeben. Überhaupt war Otto von Habsburg für die abgedankte Dynastie ein Glücksfall: ein ausgesprochen politischer Kopf, analytisch klar, in Europa und Amerika bestens vernetzt und gänzlich unempfänglich gegenüber den Verführungsversuchen der Nationalsozialisten. Eine Ergebenheitsadresse an Hitler war von ihm nicht zu erwarten, und Hitler hätte sie wohl auch nicht entgegengenommen. Beide waren einander in abgrundtiefer Abneigung des jeweils anderen zugetan.

Auch Otto von Habsburg war sich im Klaren, dass er sich in

seinem Brief an Schuschnigg für ein Himmelfahrtskommando vorgeschlagen hatte. Er wusste um den Vorbehalt der Mächte gegen eine Restauration der Habsburgermonarchie, wie sie etwa in der Formel der französischen Österreichpolitik in der Zwischenkriegszeit – »ni Anschluss, ni Habsbourg« – zum Ausdruck kam. Als Kompromiss hatte er deshalb Schuschnigg angeboten, zunächst auf die Wiederherstellung der Monarchie verzichten zu wollen. Im Rückblick lässt die Analyse Otto von Habsburgs nichts zu wünschen übrig: »Die falsche Einschätzung der Lage von Seiten des Bundeskanzlers war nicht zuletzt auf sein Vertrauen gegenüber Personen zurückzuführen, die in Wahrheit im Lager des Gegners standen und bezüglich derer bei ihm alle Warnungen nichts fruchteten. Das galt besonders für seinen Bundesbruder Seyß-Inquart, aber auch für Herrn von Glaise-Horstenau. Letzterer war trotz seiner Intelligenz nicht fähig zu erkennen, dass Hitlers Reich gar nichts mit dem großen, historischen Reich zu tun hatte, dessen Wiederherstellung Glaise-Horstenau wünschte.«

Die Tage, die auf das Gespräch auf dem Obersalzberg folgten, zeigten das Ausmaß des psychologischen Zusammenbruchs des Kanzlers. »Schuschnigg, der immer eine idealistische Sicht der internationalen Beziehungen, entgegen allen praktischen Erfahrungen, bewahrt hatte, war durch das Vorgehen nicht nur Hitlers, sondern auch von dessen Botschafter Franz von Papen zutiefst erschüttert. Allerdings hatte ihn dies nicht zu einer Verhärtung des Widerstandswillens veranlaßt, sondern ihn nur in seiner zögernden Haltung bestärkt.«[309] Und Otto von Habsburg wird wohl insgeheim auch damit gerechnet haben, dass Schuschnigg das Angebot nicht akzeptieren konnte. Die Absage, die Otto von Habsburg vierzehn Tage später erreichte, war dann auch höflich, aber konsequent und ohne Hintertüren. Jeder Versuch einer Restauration würde den Untergang Österreichs bringen. Schuschnigg war nicht bereit, sich schon zu jenem Zeitpunkt seine eigene Niederlage einzugestehen, und er war wohl auch realistisch genug, die Chancen einer Übernahme der Regierung durch den Habsburger zum damaligen Zeitpunkt zu bewerten. Was-wäre-gewesen-wenn-Fragen, eine kontrafaktische Geschichtsbetrachtung, ist manchmal hilfreich, um die Wegscheiden der Geschichte zu erhellen. Februar 1938, nach Berchtesgaden, war indes ein Zeitpunkt, zu dem der schwarz-weiß-rote Abwehrkampf gegen Hitler mehr und mehr zu einem aussichtslosen Unternehmen geworden war.

Den Untergang Österreichs hätte Schuschnigg damals nicht mehr verhindern können. Allenfalls für ein paar Tage aufhalten, und diesen kleinen Spielraum hat er in den darauffolgenden Tagen und Wochen konsequent genutzt. Hitlers Reichstagsrede vom 20. Februar 1938 gab den Ton an. Und sie hat bei vielen den Eindruck bestärkt, dass es mit Hitler gar nicht so schlimm kommen müsse.

Schuschnigg indes hat sich durch Hitlers Rhetorik in seinem Abwehrkampf nicht beirren lassen. Das Duell, das mit dem Gefecht mit ungleichen Waffen auf dem Berghof in Berchtesgaden am 12. Februar scheinbar entschieden war, hatte in den darauffolgenden knapp vier Wochen seinen Fortgang, ja seinen dramaturgischen Höhepunkt erfahren. Gemessen daran, dass der Kampf für Schuschnigg eigentlich ein aussichtsloser war, kann dem österreichischen Bundeskanzler eine bemerkenswerte Haltung nicht abgesprochen werden. Schuschniggs Antwort an Hitler, die er am 24. Februar 1938 vor der Bundesversammlung in Wien im alten Sitzungssaal des Reichsrates gab, fiel für seine Verhältnisse geradezu leidenschaftlich aus;

sie hat ihm einen festen Platz im Buch der Geschichte gesichert.[310] Von vielen wurde sie als beste Rede Schuschniggs bewertet. Kein rhetorischer Kunstgriff fehlte. Die *invocatio dei*, die Anrufung des Allmächtigen – Schuschnigg sprach vom Vertrauen auf den Herrgott, »der unser Land nicht verlassen wird« –, und die Folgerung, dass »der Herrgott nur denen hilft, die selbst bis zum äußersten Einsatz all ihrer Kräfte und zur Zusammenballung all ihres Willens entschlossen sind«, mit dem Sieg belohnen werde. Dies entsprach Schuschniggs Credo und war ganz der politischen Kultur des Ständestaats geschuldet; die Rede wurde aber auch als dem Ernst der Lage angemessen empfunden, und in ihr gelang es ihm, einen patriotischen Ton zu treffen, den viele bis dahin vermisst hatten.

Einziger Punkt der Tagesordnung der Aussprache im Bundestag im Sitzungssaal des Abgeordnetenhauses der alten Monarchie lautete: »Österreich«. Der Bundeskanzler gab seine Deutung der Berchtesgadener Zusammenkunft als »Friedensschluss nach fünfjährigem Bruderkampf«, und er erinnerte an die letzten Sätze seines sterbenden Vorgängers Engelbert Dollfuß: »Ich habe ja nur den Frieden haben wollen.« Damit war auch klar, bei wem die Schuld für die Jahre des Bürgerkriegs und der Zerrüttung lagen. Schuschniggs Rede war ein allerletztes Aufbegehren, bei dem der Kanzler auch rhetorisch über sich hinauswuchs. Sie gipfelte in der Zurückweisung von Hitlers Reichstagsrede vom 20. Februar mit der mit stehenden Ovationen aufgenommenen Schlussformel: »Bis in den Tod – rot-weiß-rot! Österreich!« Das Österreich-Bekenntnis und der Abwehrkampf hatten einen bleibenden Ausdruck gefunden.

Die Nationalsozialisten konnten nicht anders, als die Ansprache als Kampfansage zu begreifen. »Schuschniggs Rede ist wirklich gemein. So mit ›Grüß Gott, Landsleute!‹ und so«, wütete Goebbels in seinem Tagebuch.[311] Waren die Schwarzen für die Nationalsozialisten nun doch ein Gegner, von dem Schwierigkeiten drohen sollten? Zum vollständigen Bild gehört indes auch, dass in Graz am 24. Februar die Übertragung der Rede Schuschniggs aufgrund fortgesetzter Störungen durch Nationalsozialisten gar nicht möglich war. Für die steirischen Nationalsozialisten lautete das Ziel, eine »Wiener Lösung« für einen Ausgleich zwischen den Nationalsozialisten und dem Regime unmöglich zu machen. Hans Dichand, der langjährige Herausgeber der *Kronen-Zeitung*, erinnerte sich, wie in jenen aufgepeitschten Tagen in Graz am 24. Februar das Erzherzog-Johann-Denkmal in der Mitte des Hauptplatzes von Hitleranhängern besetzt war und die Worte des Kanzlers von den Klängen des Horst-Wessel-Liedes übertönt wurden. Vom Balkon des Rathauses wurde ein großes Hakenkreuzbanner entrollt als Ersatz für die rot-weiß-rote Fahne, die unter dem Beifall der Nationalsozialisten zerrissen wurde.[312]

Schuschnigg versuchte vergebens, in Graz Herr der Lage zu werden, indem er Polizeieinheiten aus Wien in gepanzerten Fahrzeugen patrouillieren ließ. Auch war es zu spät, um die Arbeiterschaft für eine gemeinsame Abwehrfront gegen den Nationalsozialismus zu gewinnen. Dichand erinnerte sich, wie sich in Graz die Kundgebungen der »Vaterländischen« auf dem Franzensplatz und der »Braunen« auf dem Hauptplatz unterschieden: »Hie bei den ›Vaterländischen‹ viele österreichische Offiziere darunter, Strammheit von gestern, ein Hauch von Monarchie, wenig Jugend, sterbendes Alt-Österreich.« Dort, bei den »Braunen« auf dem Hauptplatz »brodelte es indessen, hier spürt man die Revolution, und hier ist die Jugend – überschäumend, nicht mehr aufzuhalten. ›Schuschnigg abtreten!‹ – ›Ein Volk, ein Reich, ein Führer!‹ – ›Sieg Heil!‹«[313]

Die Herrschaft in Graz ging bereits Anfang März an die Nationalsozialisten verloren, das ganze Land folgte gut zehn Tage später. Die am 9. März von Schuschnigg auf den 13. März angesetzte Volksabstimmung war nicht mehr als ein vergeblicher, allerletzter Versuch, das Blatt zu wenden. Mit dem Plebiszit für ein »freies und deutsches, unabhängiges und soziales, für ein christliches und einiges Österreich«, das der Kanzler unter die nicht ungeschickt formulierte patriotische Formel »Österreich: Rot-Weiß-Rot! Bis in den Tod!« stellte, wollte Schuschnigg eine Alternative zum Anschluss an das nationalsozialistische Deutschland aufzeigen. »Mander 's isch Zeit«, die Worte des Tiroler Freiheitskämpfers Andreas Hofer hatte Schuschnigg am 9. März seiner Zuhörerschaft zugerufen. Doch seine eigene Zeit war da schon abgelaufen. Seine Bitte, »Sagt ja zu Österreich!«, wurde nicht mehr erhört. Es scheint so, als ob Schuschnigg mit seinen überraschenden Schachzügen Anfang März die Ereignisse, die dann zum Anschluss Österreichs führten, beschleunigt hat. Denn lange hatte Hitler tatsächlich auf eine evolutionäre Entwicklung in der Österreichfrage gesetzt. Diese Strategie wurde durch Schuschniggs plebiszitären Kunstgriff durchkreuzt. Gegenüber dem jungen österreichischen Nationalsozialisten Reinhard Spitzy – Attaché im Büro des Reichsaußenministers Ribbentrop – hatte Hitler noch am 9. März seine persönliche Enttäuschung ausgesprochen und daraufhin Spitzy mit einer Sondermission als Kurier zu Ribbentrop geschickt. Bei dieser Gelegenheit weihte er den außenpolitischen Novizen in seine Österreich-Überlegungen ein. »Dieser Schoschnik, der will mich betrügen. Nach all meinen großzügigen Abmachungen mit ihm bereitet er heimlich, wie wir rechtzeitig erfahren haben, eine Überrumpelungs-Volksabstimmung vor, die über die österreichische Unabhängigkeit bestimmen soll.«[314]

Als am 12. März 1938 die Verbände der Deutschen Wehrmacht und der SS in Österreich einmarschierten, war mit dem Anschluss auch das Duell Hitlers mit den Repräsentanten der Ära Dollfuß/Schuschnigg beendet, das Österreich-Problem für Hitler scheinbar dauerhaft und befriedigend gelöst und Schuschniggs politisches Schicksal besiegelt. Für den ehemaligen Bundeskanzler begann nun eine leidvolle Odyssee. Bereits am Morgen des 12. März war sein Privathaus von einer großen Zahl nichtuniformierter Nationalsozialisten umstellt, das gesamte Gelände bei Tag und Nacht von grellen Scheinwerfern erleuchtet. Am 26. März erfolgte die erste Hausdurchsuchung und Einvernahme. SS und Polizei übernahmen die Bewachung. Am 28. Mai wurde der Hausarrest aufgehoben und Schuschnigg nunmehr in Einzelhaft ins Wiener Gestapogefängnis im Hotel Metropol überstellt. Die fortgesetzten Schikanen des Wachpersonals, die unzureichende Versorgung, vor allem aber die Ungewissheit setzten ihm zu. Der tägliche Häftlingsspaziergang wurde ihm verwehrt, die Zelle war Tag und Nacht erleuchtet. Schlaflosigkeit und Depressionen waren die Folge, aus ärztlichen Gründen wurde die tägliche Zigarettenration des Kettenrauchers limitiert. Zeitweise hatte er das Sprechvermögen verloren, seine Nerven waren zerrüttet. Noch in einem Brief vom Februar 1967, aus dem Abstand von über 30 Jahren, beschrieb er die beklemmende Wirkung jener für ihn strangulierenden Verhörmethoden: »Wer je in Gestapo-Einzelhaft war, weiß um deren Technik. Ziel war das Brechen inneren Widerstands, Lähmung der physischen und psychischen Spannkraft und Ausschaltung des Willens.«[315]

Eine allmähliche Erleichterung seiner Haft-Leiden konnte sich erst einstellen, nachdem ihm erlaubt worden war, Vera Gräfin Tschernin-Morzin von und zu Chudenitz, die Enkelin des letzten kaiserlichen Außenministers, zu ehelichen. Das Paar hatte sich bald nach dem Unfalltod von Schuschniggs erster Frau im Jahr 1935 kennengelernt, jedoch von einer Heirat zu den Zeiten seiner Kanzlerschaft abgesehen und war miteinander die Ehe am 1. Juni 1938 eingegangen. Seit dem 1. Juli 1938 wurde seiner Frau ein wöchentlich einmaliger Besuch gewährt, ihr dabei allerdings nur sechs Minuten Redezeit zugestanden. Auch wenn ab September 1938 die Schikanen zurückgingen, hat die Haft Schuschnigg stark zugesetzt. In einem Jahr verlor er über 26 Kilogramm Gewicht. Als im Oktober 1938 sein Vater verstarb, wurde ihm die Teilnahme an der Beisetzung verwehrt. Nach Kriegsausbruch wurde er im Oktober 1939 nach München ins Gestapo-Gefängnis im Wittelsbacher Palais verbracht. Schließlich, seit dem 8. Dezember 1941, lebte er als Sonderhäftling im Konzentrationslager Sachsenhausen. Dort waren die Haftbedingungen für ihn einigermaßen erträglich, soweit der Aufenthalt in einem Konzentrationslager überhaupt als erträglich bezeichnet werden kann: Es gab ausreichend zu essen, und eine Haushälterin sorgte für Ordnung. Vera Schuschnigg konnte ihren Mann, wann immer sie wollte, besuchen. Zeitweise hat sie mit ihm und der 1941 geborenen Tochter des Ehepaars in der mehrere Räume umfassenden Wohnung auf dem Gelände des Konzentrationslagers gelebt.

Kurt Schuschnigg muss indes mehr von seiner barbarischen Umgebung mitbekommen haben, als er in seinen Nachkriegsschriften zugab. Sein Sohn Kurt aus erster Ehe, damals als Schüler auf einem Münchner Privatgymnasium und später noch als Marinesoldat im Kriegseinsatz, bemerkte bei einem seiner Besuche, wie der Kapo einer hilflos daliegenden Gestalt, einem Mithäftling, mit seinem ganzen Gewicht auf die Brust trat, bis die Knochen splitterten und die letzten Zuckungen die Agonie vor dem Exitus verrieten. Die Karren, die abends von den Häftlingskolonnen bei der Rückkehr von der Zwangsarbeit an Schuschniggs Haus zum Lagerhof vorbeigeschoben wurden, enthielten häufig auch die Leichen.[316]

Dennoch schien sich der ehemalige österreichische Bundeskanzler im KZ, gemeinsam mit Frau und Haushälterin, wie auf einer geschützten Insel gefühlt zu haben. In dem ihm zugeteilten Gartenanteil züchtete er Chrysanthemen und zog Kohlrabi. Schuschnigg hat die Zeit im Konzentrationslager zu ausgiebiger literarischer Lektüre genutzt. Seine nach dem Krieg unter dem Titel *Ein Requiem für Rot-Weiß-Rot* publizierten Aufzeichnungen aus der Haft geben die Spannbreite seiner geistigen Interessen wieder. Die Ereignisse des Jahres 1938 standen dabei im Zentrum. Vieles, was in jenen Jahren niedergeschrieben wurde, diente erkennbar auch der eigenen Rechtfertigung. Die umfangreiche Vortrags- und Publikationstätigkeit, die er nach seiner Entlassung entfalten sollte, zeigt auch, dass der praktizierende Katholik, der Schuschnigg war, vor allem darunter litt, seinen Glauben nicht ausüben zu dürfen und auf das regelmäßige Sakrament der Heiligen Kommunion verzichten zu müssen.

Das Nachdenken über die politische Neugestaltung, die Vorbereitungen für eine Zeit nach Hitler, vor allem aber die Rechtfertigung der eigenen Rolle in der Geschichte, das waren die den Rest seines Lebens bestimmenden Themen. Im Februar 1945, als das tausendjährige Reich unaufhaltsam seinem Ende entgegenging, wurde Schuschnigg mit anderen prominenten Häftlingen auf eine Reise mit ungewissem Ausgang geschickt, die ihn zunächst ins Konzentrationslager Flossenbürg, noch Ende April 1945 ins Konzentrationslager Dachau und zuletzt an den Pragser Wildsee führte. Dort erlebte er, zusammen mit anderen prominenten Gefangenen, das Kriegsende, das für ihn ganz wortwörtlich eine Befreiung war.[317] Es ist bezeichnend für Schuschnigg, dass er das Angebot italienischer Partisanen, die ihn Anfang Mai 1945 aus dem Pulk der Sonderhäftlinge im Hotel am Pragser Wildsee herauslösen wollten, um seinen Schutz und den raschen Gang in die Freiheit zu ermöglichen, mit dem Hinweis auf die Solidarität der Gefangenengemeinschaft ausschlug, genauso wie er seinerzeit im Sommer 1938 die Möglichkeit, sich mit dem Segen der nationalsozialistischen Machthaber ins Ausland abzusetzen, nicht aufgegriffen hatte.

Nach der Befreiung durch die Amerikaner und einem nachsorgenden Aufenthalt auf Capri, wo die einstigen Gefangenen nicht nur Gelegenheit zur physischen Erholung finden sollten, sondern auch den Vernehmungsoffizieren Rede und Antwort standen, nahm Schuschnigg mit Familie vorübergehend in Rom bei Ordensschwestern Asyl. Er erhielt eine finanzielle Zuwendung in Höhe von 50 000 Lira aus der Privatschatulle von Papst Pius XII., abgesehen davon waren die finanziellen Möglichkeiten bescheiden. Schuschnigg und seine Familie, die bald darauf an den Comer See zogen, lebten von der Hand in den Mund. Seine umfangreiche Vortragstätigkeit, die ihn zu wiederholten Reisen ins Nachkriegseuropa führte, steht auch im Zusammenhang mit dem Zwang zum Broterwerb. Das eigentlich Naheliegende, eine Rückkehr in die österreichische Heimat, kam für ihn ganz offenkundig nicht in Frage. Zu frisch waren die Wunden, zu kontrovers die Beurteilung seiner Kanzlerschaft, für einen politischen Neuanfang in Österreich schien er der Falsche zu sein. Er verzichtete sogar auf eine persönliche Zeugenaussage beim angestrengten Hochverratsprozess gegen seinen Außenminister, Dr. Guido Schmidt, und beschränkte sich darauf, eine entlastende umfangreiche schriftliche Stellungnahme zu Protokoll zu geben. Die damals von offizieller Seite gegebene Zusicherung freien Geleits hatte ihn erbost, legte dies doch für ihn die Schlussfolgerung nahe, in seiner alten Heimat noch immer *persona non grata* zu sein. Ein Bekannter vermittelte dann 1947 eine Lehrtätigkeit an der University of Saint Louis im Bundesstaat Missouri, wo er bald darauf, beginnend im Wintersemester 1948/49, Vorlesungen halten konnte.

Mit der wiederbegründeten Republik Österreich tat sich Schuschnigg erkennbar schwer. Erst im Jahre 1957 kehrte er vorübergehend zurück, um einer Vortragseinladung zu den Salzburger Hochschulwochen nachzukommen. Zum Lebensabend schließlich siedelte er im März 1967 – er war inzwischen zum zweiten Mal verwitwet – nach Mutters in Tirol um. Dort bezog er eine kleine Wohnung, wo er die letzten Jahre bis zu seinem Tod im November 1977 lesend und schreibend, weithin zurückgezogen, verbrachte. In seinem letzten Werk *Im Kampf gegen Hitler*[318] finden sich, gewissermaßen als Summe seines politischen Wirkens, die großen Themen seines Lebens und Leidens an Österreich zusammengefasst. Nicht mehr verwirklichte Buchprojekte, Vorträge, Briefwechsel: Kurt Schuschnigg blieb der Mann des Vor-Anschluss-Österreichs und des Ständestaates, Nachfolger, und, trotz aller Gegensätzlichkeit, Erbe des ermordeten Engelbert Dollfuß. Gemeinsam mit Dollfuß steht er für eine unvollendet gebliebene politische Ausrichtung der Ersten Republik: Hitler und dessen Dämonie der Macht war er so wenig gewachsen, wie ein politisch eigenständiges Österreich des Ständestaats jemals eine lebensfähige Alternative zum Anschluss an den Nationalsozialismus gewesen ist. Schuschniggs Biographie bleibt mit dieser Entscheidungssituation in auswegloser Lage verknüpft. Für seinen Einsatz hat er einen hohen Preis bezahlt: eine politische Wiederkehr in der Zweiten Republik blieb ihm verwehrt.

V.

Hitler in erster Linie als Österreicher zu definieren, wird dem »Phänomen Hitler« nicht gerecht. Und doch wäre der Politiker Hitler, sein Aufstieg, seine Ideologie, sein politisches Programm nicht denkbar ohne seine Prägungen in der Doppelmonarchie. Ohne die politischen Rahmenbedingungen, die dem Deutschen Reich und Österreich-Ungarn 1919 in den Pariser Vorortverträgen von Versailles und Saint-Germain auferlegt worden waren, hätte Hitler nie die politische Bühne betreten. Hitlers eigentliche Politisierung begann in München und mit dem Ersten Weltkrieg. Die Zufallsaufnahme, die Hitler in der kriegsbegeisterten Menge im August 1914 auf dem Münchner Odeonsplatz zeigt, fasst diesen Moment in ein bleibendes Bild.

Doch es war bereits in seiner Linzer und Wiener Zeit, als sich zeitgenössische Clichés, autodidaktisch aufgesogene Halbbildung und Kaffeehausliteratentum bei Hitler zu einem Gedankengebräu verbanden, das von da an zu einer Art Weltanschauung zusammengefügt war. Auf seltene Weise sind bei Adolf Hitler persönliche Geschichte, Nationalgeschichte und Weltgeschichte miteinander verwoben. Hinter der Maske scheinbarer bürgerlicher Wohlanständigkeit verbarg sich die revolutionäre Kraft des sozialen *Declassé*, der in seinem Größenwahn und seiner grenzenlosen Ichbezogenheit geradezu vom Willen besessen war, die Fesseln der persönlichen Biographie zu sprengen und den Gang der Weltgeschichte seinen eigenen Lebensgesetzen zu unterwerfen.

Hitler ist einer der ganz wenigen Fälle, wo mit Bestimmtheit die Aussage zutrifft, dass ohne den Lebensweg dieses einen Individuums die Weltgeschichte anders verlaufen wäre. Auch mit dem sicheren Abstand eines Menschenlebens, das uns heute von seinem Ende im Jahr 1945 trennt, bleibt die Erkenntnis, dass Hitler wohl die zentrale Persönlichkeit des 20. Jahrhunderts gewesen ist. Aus der Distanz tritt seine weltgeschichtliche Bedeutung noch stärker hervor. Hitlers Biographie ist aufs engste mit der deutschen Geschichte, mit der Geschichte von Habsburg und Preußen verbunden. Ohne Hitler wäre nicht nur die Geschichte des deutschen Nationalstaats von 1871 im Jahr 1945 nicht zu einem vorläufigen Ende gekommen; Hitler trägt auch die Hauptverantwortung für das Ende Preußens. Und Österreichs Zweite Republik hätte es ohne ihn ebenfalls nicht, zumindest nicht zu diesem Zeitpunkt gegeben. Hitlers Geschichte muss deshalb von seinem Ende her erzählt werden, mit Schutt und Scherben beginnen, dem riesigen Trümmerhaufen, in den er das Deutsche Reich im Frühjahr 1945 verwandelt hatte. Noch nach tausend Jahren sollten die Prachtbauten des Dritten Reiches von dessen Glanz und Größe künden. Heute sind diese Ruinen zu den stummen Zeugen eines kaum mehr zu überbietenden Größenwahns verkommen.

In fast allem, was Hitler angestrebt hat, hat er das Gegenteil seiner ursprünglichen Planungen bewirkt. Die Lebendigkeit des Dritten Reiches ist durch und durch negativ. Zu keinem Zeitpunkt haben Spuren nationalsozialistischen Gedankenguts die deutsche Nachkriegspolitik beeinflusst. Hitler hat indes Orientierung gegeben, indem er die Folie bildete, vor der sich der Neuanfang vollzog. Auf diese Weise ist von ihm viel und wenig zugleich geblieben. Aus Schaden wird man klug: Diese Lehre aus der Geschichte könnte über dem Umgang der Bundesrepublik mit Hitlers Erbe stehen. Das Grundgesetz mit seinem in den Artikeln Eins bis Zwanzig vorangestellten Grundrechtsteil versteht sich als konsequenter Gegenentwurf. Aus Schaden wird man klug – diese Devise stand auch über den Beratungen der Verfassungsväter 1948/49, die die Lehren aus den Mängeln der Weimarer Reichsverfassung gezogen hatten, und diese Devise hat die Rechtsprechung des Bundesverfassungsgerichts seit je begleitet. Hitler ist dabei mehr und mehr zum Mythos geworden, der sperrig in unsere Gegenwart hineinragt, für viele der Inbegriff des Bösen schlechthin. Wer heute mit Hilfe des Internets oder alter Grammophonplatten der gutturalen, sich in Zorn und Verdammung hineinsteigernden Sprechweise lauscht, das nationale Pathos und die wiederkehrenden Floskeln erlebt, ihn von der Vorsehung sprechen hört, die ihn erwählt habe, von seinem unabänderlichen Willen, der ihn dieses oder jenes veranlasse, zu Ende zu führen, der wird nur schwerlich die Faszination begreifen, die Hitler auf so viele seiner Zeitgenossen ausgeübt hat.

Zur Bilanz von Hitlers Erbe an die Gegenwart gehört zunächst die Feststellung, dass mit dem zeitlichen Abstand das Interesse an Hitler und dem Dritten Reich eher noch zugenommen hat. Trotz einer weit verzweigten Forschung, die eine Fülle von für den Einzelnen kaum mehr überschaubaren Detailstudien hervorgebracht hat, trotz unaufhaltsamer Fernseh- und Presseberichterstattung sind Hitler und seine Helfer immer noch bestürzend aktuell. In regelrechten »Hitler-Wellen« wurde die deutsche Öffentlichkeit mit einer Flut von Vergangenheitsliteratur überschwemmt. Es gibt keinen vergleichbaren Abschnitt der deutschen Geschichte, über den wir ähnlich gut Bescheid wissen wie über die zwölf Jahre von Hitlers Herrschaft. Es mag mit jener herausgehobenen Bedeutung zu tun haben, dass Hitler trotz wiederholter biographischer Versuche kein gewöhnlicher Gegenstand für historische Betrachtungen geworden ist, dass er im Grunde immer ein Fremder geblieben ist.[319]

Der Gegensatz zwischen dem Politiker und dem Privatmann Hitler, die scheinbar gleichwohl unauflösbar miteinander verbunden waren, spielt dabei durchaus eine Rolle, und es ist bezeichnend, dass diejenigen, die Hitler am Nächsten standen, ihn vor allem als Österreicher erlebten. Wenn Albert Speer in seinem ersten Interview nach der Haftentlassung aus Spandau 1966 davon sprach, dass Hitler »österreichischen Charme«[320] versprühen konnte und sich bei längeren Bergtouren der Mitglieder seiner Entourage auf dem Berghof in Sorgen erging, so bewegt sich dies genau auf einer Linie mit der Schilderung von Hitlers Österreichertum, wie sie Reichspressechef Otto Dietrich in seinen Erinnerungen prägnant formuliert hat: »In zwei Eigenschaften trat Hitlers Österreichertum ganz unverkennbar zutage: Erstens in der unverbindlich liebenswürdigen, jovialen Art, die seine im Grundsätzlichen unerbittliche politische Härte im privaten Leben fast bis zur Unkenntlichkeit übertünchte und mit der er sich insbesondere Künstlern und Frauen gegenüber in fast übertriebener Höflichkeit zu geben wusste. Und zweitens in dem geradezu phänomenalen Mangel an Zeiteinteilung, durch den sich seine Lebens- und Arbeitsweise auszeichnete.«[321]

Die Zeugnisse aus dem Kreis der Sekretärinnen, Adjutanten und Kammerdiener variieren das Thema dieser Aussagen. Hitlers süddeutscher Tonfall, seine Jovialität, auch seine Fürsorge und Aufmerksamkeit, die er den Angehörigen seines Hofstaats angedeihen ließ, wollten so gar nicht zu jener »eiskalten«, menschenverachtenden, brutalen Konsequenz passen, mit der Hitler das deutsche Volk in den Beinahe-Untergang führte und die Welt mit unsäglichem Leid überzog.

Hitlers Geheimnis bestand darin, dass es keines gab. Hitler war weder homophil noch promiskuitiv. Es gab keine Frauen, mit denen er sich in gefährliche Liebschaften gestürzt hätte. Seine langjährige Geliebte Eva Braun, eher wohl zutreffend in Funktion einer Hausdame am Hofe Hitlers, heiratete er am vorletzten Tag seines Lebens, um am letzten gemeinsam mit ihr Selbstmord zu begehen. Der Lebenswandel des Diktators wies keine größeren Auffälligkeiten auf. Alles, was ein Leben lebenswert macht, schien Hitlers Leben abgegangen zu sein. Er hatte keine Familie. Leidenschaften fehlen ebenso wie Freundschaften. Dem Mann, dem bis in die letzten Tage im Bunker die Fähigkeit zugesprochen wurde, auf unwiderstehliche Weise andere Menschen in seinen Bann zu ziehen, schien unfähig zu einer menschlichen Bindung. Adolf Hitler blieb selbst dann noch ganz Staatsmann und »Führer«, wenn er im Kreis seiner Getreuen die wenigen freien Stunden auf dem Berghof verbrachte. Aus der Nähe betrachtet, entpuppte sich der Diktator als Kleinbürger. Auf dem Berghof schien die Welt auch dann noch in Ordnung zu sein, als längst ringsherum alles aus den Fugen geraten war. Die Zuflucht zur Illusion folgte der für Hitler charakteristischen Methode der Realitätsverweigerung. So verschloss der Diktator stets ganz bewusst die Augen vor den Verbrechen, die er noch kurz zuvor befohlen hatte, wollte er sich dem Blick auf die grausamen Konsequenzen seines Handelns entziehen. Ein Besuch Hitlers in den Konzentrations- und Vernichtungslagern ist nicht bekannt. Stattdessen zog er die heile Welt der Heimatfilme vor und liebte es, zu vorgerückter Stunde bei Apfelkuchen und Schlagsahne am Kaminfeuer über seine Weltanschauung und die gigantischen Bauvorhaben für die Zeit nach dem gewonnenen Krieg zu monologisieren. Die Umgebung, die der Diktator dafür gewählt hatte, war weder spektakulär noch verwerflich. Es waren ganz gewöhnliche Deutsche: Sekretärinnen, alte Weggefährten, Adjutanten, sein Leibarzt, die Köchin, sein Architekt.

Die Zusammensetzung von Hitlers Hof folgte den Gesetzen, nach denen er schon in der Kampfzeit seine Weggefährten – etwa Heß, Wiedemann und Hanfstaengl – ausgesucht hatte. Albert Speer, »Hitlers unglückliche Liebe« (Karl Maria Hettlage), ist dabei eine nur scheinbar abweichende Ausnahme von der Regel. Albert Speer war zu dem Zeitpunkt, als er in Hitlers Blickfeld trat, gerade 32 Jahre alt. Er war damals, jedenfalls in den Augen Hitlers, eine noch formbare Persönlichkeit, der gegenüber Hitler, der sich selbst als Künstler verstand, keine Minderwertigkeitsgefühle zu hegen brauchte. Die bevorzugte Behandlung, die Speer am Hof des Diktators genoss, folgte dem besonderen Stellenwert, die der Architektur in Hitlers politischer Vorstellungswelt zukam. Als Einzigem aus Hitlers innerem Kreis war es Speer gelungen, eine persönliche Beziehung zum Diktator aufzubauen, die in ihrer Ambivalenz auf schwer zu bestimmende Weise Elemente von Freundschaft, gegenseitiger Bewunderung, auch Geistesverwandtschaft enthielt und die Speer selbst als »magischen Bann« charakterisiert hat.

Baupläne waren beinahe das einzige Thema, das der »Führer« zu jeder Tages- und Nachtzeit zu erörtern bereit war. Wenn Speer auf den Berghof kam, passierte es oft, dass sich Hitler gemeinsam mit ihm für Stunden zurückzog, um über Skizzen zu brüten und städtebauliche Zukunftspläne zu besprechen.

Hitler war ein Geschöpf des 20. Jahrhunderts, den der politische Umbruch nach der militärischen Niederlage von 1918 nach oben und in die Politik gespült hatte. Die Kampfansage an die »Schmach von Versailles« wurde zum wichtigsten Punkt seines Programms, das trotz aller rhetorischen Bekenntnisse mehrdeutig und unkonturiert blieb. In der Ablehnung des so bezeichneten Diktatfriedens konnte sich Hitler der Zustimmung der Deutschen sicher sein. Der eklektische Umgang mit Traditionen – einerseits das Bekenntnis zum nationalen Erbe, andererseits die Verheißung einer neuen Zeit – bildeten den Schlüssel zum Erfolg Adolf Hitlers. Die Verschwommenheit der politischen Aussagen war gewollt, Hitlers Programm bewusst vage gehalten. Über den eigentlichen Charakter des nationalsozialistischen Regimes sollten die Deutschen mit Absicht im unklaren gelassen werden. Vor allem kam Hitler ein Anfang der 1930er Jahre weitverbreiteter, diffuser Wunsch nach Veränderung entgegen. Denn die nationale Erhebung, die Hitler an die Macht trug, erwuchs in erster Linie aus der Sehnsucht nach etwas wirklich Neuem, nach politischer Ordnung und einem Schnitt, der mit den wechselvollen, unsicheren Zuständen des ungeliebten Weimarer Parteienstaats abschloss.

Es zählt zu den Paradoxien der Geschichte, dass sich die tatsächliche wirtschaftliche und politische Situation Deutschlands genau zu jenem Zeitpunkt zu entspannen begann, als Hitler nach der Macht griff. Das drückende Reparationsproblem war auf der Lausanner Schuldenkonferenz im Juli 1932 mit der Vereinbarung der Zahlung einer Restschuld durch das Deutsche Reich gelöst worden; der strikte Sparkurs der Regierung Brüning zeigte erste Wirkungen bei der Haushaltssanierung und auf dem Arbeitsmarkt; das Projekt einer Zollunion mit Österreich, das Außenminister Curtius so beharrlich verfolgt hatte, musste zwar vorerst zu den Akten gelegt werden, doch gerade im Verhältnis zu Frankreich und Britannien wurde deutlich, dass sich Deutschlands außenpolitischer Spielraum vergrößert hatte.

Adolf Hitler war es in relativ kurzer Zeit gelungen, alle politischen Erwartungen und Vorstellungen seiner Zeit zu bündeln und auf seine Person zu konzentrieren. Es kam seinem Aufstieg zupass, dass dem autoritären Staat in der Endphase der Weimarer Republik nachhaltig vorgearbeitet worden war. Was Hitlers Herrschaft verhieß, war im Deutschland der frühen dreißiger Jahre durchaus populär: autoritärer Staat, Ende der Parteien, Überwindung der Klassengegensätze, Mobilisierung der Massen, diffuse Modernität, nationales Pathos, charismatische Führung. Die Sehnsucht nach Überwindung des nationalen Traumas war die alle politischen Kräfte einende Klammer und damit Voraussetzung, dass Hitlers Täuschung gelingen konnte. Denn die Zustimmung der alten Eliten zum Nationalsozialismus gründete wesentlich auf dem Missverständnis, den neuen Machthabern gehe es vorrangig darum, in einer aus den Fugen geratenen Welt die staatliche Ordnung und Deutschlands Ehre wiederherzustellen.

Dieses folgenschwere Missverständnis hatte seine tieferen Gründe auch in Hitlers Persönlichkeit, deren politische Verortung sich seinen Zeitgenossen mit Eindeutigkeit entzog. Hitlers politischer Horizont war tief im 19. Jahrhundert verhaftet. Seine prägenden Jahre hatte er in Männerwohnheimen und Kaffeehäusern im Wien der kleinen Leute nach der Jahrhundertwende verbracht. In jenen Jahren muss sich Angelesenes und Erlebtes zu einem festen Ganzen zusammengefügt haben, das von der tiefen Ablehnung der Welt vor 1914, vom Unverständnis der Moderne, vom Hass auf Judentum und Bolschewismus sowie vom Glauben an die eigene Sendung geprägt war und im Nachhinein als Hitlers Weltanschauung bezeichnet wird. Hitler selbst hat wiederholt darauf hingewiesen, dass seine politische Vorstellungswelt in der Zeit vor seinem dreißigsten Lebensjahr entstanden war. Die innere Geschlossenheit dieses Gedankengebäudes ist bemerkenswert. Noch die letzten Phrasen im Bunker der Reichskanzlei, anno 1945, bilden einen authentischen Aufguss dessen, was Hitler seit seinen Wiener Jahren immer wieder deklamiert und in seinem Kampf-Buch, dem Produkt seiner Landsberger Festungshaft 1923, millionenfach unter die Deutschen gebracht hatte. Nichts ist dabei, was nicht schon vorher gedacht, gesagt oder geschrieben wurde. Originär ist lediglich die Konsequenz in der Durchführung, die technisch perfekte Planung des Mords an den Juden, die Dimension des Verbrechens, die ein für allemal das Urteil über ihn gefällt hat.

Hitler war Revolutionär gegen die Revolution. Der Nationalsozialismus vereinte in sich moderne und zukunftsweisende Elemente – die Überwindung der Klassengesellschaft, »Kraft durch Freude« und Ansätze zu einer arbeitnehmerfreundlichen Sozialpolitik – mit einem antimodernistischen, rückwärtsgewandten und menschenverachtenden Menschenbild, mit Blut-und-Boden-Ideologie und Rassenwahn, eine zivilisationsfeindliche Ideologie mit technikgläubiger Industriestaatlichkeit. Was hochtrabend als nationalsozialistische Weltanschauung daherkam, war ein buntes, pseudoreligiöses und pseudowissenschaftliches Konglomerat, das vor allem anderen dazu diente, den bedingungslosen Führungsanspruch Adolf Hitlers und seiner Partei zu untermauern, getreu dem von Hitlers Propagandisten, Joseph Goebbels, bereits 1932 formulierten Programm: »Wir werden die Macht niemals wieder aus der Hand geben. Man muß uns als Leichen heraustragen.«[322] Von daher versteht sich, dass die kühl kalkulierte Inszenierung, der Appell an die Emotion, auch der Missbrauch der nationalen Symbolik ganz wesentlich zur Herrschaftsausübung, zur Festigung der erworbenen Macht beigetragen hat. Die Konsequenz, mit der von Anfang an Vergangenheit in den Dienst der nationalsozialistischen Sache gestellt wurde, ist nur vor dem Hintergrund begreifbar, dass die nationalsozialistische Ideologie zum Zeitpunkt der Machtergreifung wenigstens – und dies war entscheidend – in Hitlers Kopf abgeschlossen war und sich als geschlossene, scheinbar stimmige Welterklärungslehre präsentieren konnte.

Besondere Skrupel bei der Instrumentalisierung der Geschichte können den Nationalsozialisten nicht nachgesagt werden. Unter dem Vorwand der Traditionspflege wurde die deutsche Geschichte auf die den Nationalsozialisten genehmen Teile zusammengestrichen. Cäsar und Augustus wurden eingedeutscht und in den Rang von Vorläufern erhoben, Widukind und Heinrich der Löwe der nationalsozialistischen Ahnengalerie einverleibt. Die Auswahl der Traditionsstränge erfolgte allein unter dem Gesichtspunkt der politischen Verwertbarkeit in der Gegenwart. Ein tausendjähriges Reich brauchte auch eine tausendjährige Vergangenheit. Was partout nicht in das Raster der Vorgeschichte des Dritten Reiches hineinpassen wollte, wurde einfach aus dem Zusammenhang der deutschen Geschichte ausgeklammert. Friedrich II. von Hohenstaufen galt als undeutscher Italienschwärmer, von den Habsburgern war so gut wie nie die Rede, und dass am Hofe Friedrichs des Großen vor allem Französisch gesprochen wurde, wurde von den Nationalsozialisten geflissentlich verschwiegen. Literatur, Kunst und allem voran die Architektur standen ganz im Dienst der sogenannten völkischen Erneuerung. Die Indienstnahme war zweifach. Zum einen bildete sie eine Brücke in die Vergangenheit, stellte sie das Dritte Reich in die Kontinuität von Antike, mittelalterlichen Ursprüngen und dem Heiligen Römischen Reich Deutscher Nation. Zum anderen diente die Anlehnung an eine mythische Vergangenheit der pseudoreligiösen Weihe der Gegenwart, sie half den Machtanspruch zu legitimieren und dauernde Herrschaft zu begründen.

Zu den Propagandacoups der nationalsozialistischen Machtergreifung, denen eine gewisse Chuzpe nicht abgesprochen werden kann, zählt die Stilisierung der legalen Revolution zur nationalen Erhebung. Am »Tag von Potsdam«, dem 21. März 1933, wurden in der dortigen Garnisonkirche über dem Grab Friedrichs des Großen die Insignien des Reiches vom Reichspräsidenten in die Hände des »böhmischen Gefreiten« gelegt. Hindenburg verweilte einen Augenblick vor dem leeren Stuhl des Kaisers und hob grüßend den Marschallstab. Hitler war zum Zeremoniell ganz als Bürger im schwarzen Cutaway und mit Zylinder erschienen. Er war ein Meister der Camouflage und verstand sich trefflich darauf, die rechte Geste zum geeigneten Zeitpunkt zu finden. Die Geschichte des Nationalsozialismus ist auch die Geschichte seiner Unterschätzung. Hitlers Vita lehrt, dass innere Geschlossenheit und Flexibilität bei der Wahl der Mittel keine Gegensätze sein müssen. Die Attraktivität des Nationalsozialismus beruhte gerade auf seiner Unschärfe, mit der es gelang, weite Kreise der deutschen Gesellschaft zu täuschen und Nicht-Zusammengehöriges zusammenzubringen. Das alte Preußen ist auf diese Weise zu Hitlers wohl prominentestem Geschichtsopfer geworden. Preußen wurde von Hitler bedenkenlos vereinnahmt, weil es dem Ausbau und der Zementierung von Hitlers Herrschaft diente, und es hat sich seitdem von dieser Instrumentalisierung nie mehr erholt.

Stand Hitler Preußen ebenso fern wie Habsburg? Die gleiche schroffe Ablehnung, ja Verachtung, die er der Doppelmonarchie angedeihen ließ, ist bei ihm gegenüber Preußen nicht überliefert. Hitlers Hass auf Habsburg hat seine nachverfolgbaren Wurzeln in den tatsächlichen und vermeintlichen Verletzungen der frühen Jahre; er brach bei vielen Gelegenheiten, zuletzt noch im Bunker der Reichskanzlei, immer wieder durch. Doch in der Lebenswelt war Preußen näher, nicht nur wegen der Porträts Bismarcks und Friedrichs in der Reichskanzlei, wegen der vielfältigen Berührungen mit Preußens Gegenwart in Berlin sowie der skrupellosen Indienstnahme der preußischen Disziplin und militärischen Tugenden für eine verbrecherische Politik. Wer hingegen auf den persönlichen Geschmack, insbesondere auf die Rolle von Musik und Architektur bei Adolf Hitler schaut, der wird kaum eine wirklich preußische Orientierung erkennen.

Die zentrale Bedeutung der Architektur bei der Ergreifung und dem Ausbau der nationalsozialistischen Macht hat ihre wesentlichen Gründe in der Person und im Politikverständnis Adolf Hitlers. Denn Hitler, einst Postkartenmaler und von der Wiener Kunstakademie wegen Mangels an Talent als Student abgewiesen, verstand sich selbst als Künstler und glaubte, bei einer anderen Gestaltung seines Lebens, »ein guter und bekannter Architekt geworden« zu sein.[323] Architektur und politische Ziele bildeten bei Hitler eine Einheit. Leitend war für ihn die Auffassung, dass sich die Größe einer Zeit nicht nur nach den politischen Ereignissen bemessen ließe.

Auch Hitlers Begeisterung für Wagners Musik nahm in jenen frühen Wiener Jahren seinen Anfang. Musik wurde zu seinem Religionsersatz, Wagner zum lebenslangen Vorbild.[324] Unzählige Male besuchte er in Linz und Wien die Aufführungen von *Tristan und Isolde, Rienzi, Die Meistersinger von Nürnberg, Der Ring des Nibelungen, Parsifal* – Hitler lebte in der Welt von Wagners Opern, und seine Kunst der Inszenierung bei seiner Parteitagsarchitektur orientierte sich an den Klängen und Kunstgriffen seines Lieblingskomponisten.

Vergangenheit und politische Gegenwart sollten ebenso zu einer Einheit verschmelzen, wie der Anspruch der Identität von Staat und Partei im wiederkehrenden Ritual bekräftigt wurde. Die Interessen der Partei sollten von denen des Staates nicht mehr unterschieden werden. Unterstrichen wurde diese Auffassung dadurch, dass die beiden Ehrentempel auf dem Königsplatz in München zwei Gebäude umgaben, die das persönliche Büro Adolf Hitlers und die Zentrale der NSdAP beheimateten. Die Mythisierung durch Beschwörung vormoderner Lebensformen und die Überhöhung des Leitbildes des lebenslangen Kampfes gehörten zum nationalsozialistischen Daseinsprinzip. Albert Speer hat zutreffend darauf verwiesen, dass die »fast religiös-mystische Funktion, die Hitler der Partei übertrug [...], die praktische Voraussetzung zur Schaffung seiner nationalsozialistischen Volksgemeinschaft« gewesen sei.[325] Hitler benutzte die Formel von der Volksgemeinschaft, um damit den Mythos von der klassenlosen Gesellschaft zu schaffen und seine Vorstellung von der Herrschaftsausübung besser durchsetzen zu können. Die Partei wurde dabei für ihn Mittel zum Zweck, ein willfähriges Instrument, das er in den Dienst seiner politischen Ziele stellte. Und diese, daran bestand sehr früh kein Zweifel, waren auf absolute Herrschaft ausgerichtet.

Im politischen Alltag des Dritten Reiches freilich waren Staat und Partei weit von wirklicher Einheit entfernt. Denn mit dem Primat der Partei war es oftmals nicht weit her. Vielmehr waren persönliche Rivalitäten und Kompetenzstreitigkeiten

Charakteristika des Hitlerstaates. Gerade innerhalb der einzelnen Parteigruppierungen waren sie besonders ausgeprägt. Eine unklare Aufgabenverteilung, Ämterchaos und sich befehdende Organisationen förderten den von Hitler gewollten Dauerclinch, denn dies war der beste Garant, damit Hitler seine eigene, auf absolute Macht zielende Stellung ausbauen konnte. Die Polarität von politischer Bewegung und staatlicher Bürokratie wurde von Hitler als verbrämende Formel für die dichotome Herrschaftsausübung ausgerufen. Die NSdAP wurde zur alleinigen Trägerin der Staatsgewalt erhoben, ohne diese je zu besitzen. Die wirkliche Klammer zwischen Staat und Partei war Adolf Hitler selbst.

Das Führerprinzip legitimierte die absolute Befehlsgewalt des Führers und begründete damit eine Machtfülle, der keine Grenzen gesetzt waren: Staat, Partei und Wehrmacht waren dem Willen des »Führers« untertan. Die blutige Abrechnung mit seinen innerparteilichen Gegnern, unter dem irreführenden Namen »Röhmputsch« in die Geschichte eingegangen, nutzte Hitler, um sich von zeitgenössischen Staatsrechtslehrern als »höchster Gerichtsherr« salvieren zu lassen. Den Worten des »Führers« wurde rechtsetzender Charakter zuerkannt. Hitler war schon sehr bald nach der Machtergreifung mehr als der plebiszitär akklamierte Führer einer populären Massenbewegung. Zweifel an seiner Politik waren nicht erlaubt. Die Inszenierung des Hitler-Mythos, die pseudoreligiöse Weihe der aus der Ordnung herausgelösten Führergestalt wurde von den Deutschen mit Glauben und Hingabe beantwortet. »Führer der Nation« – durch diesen Titel umgab sich Hitler mit dem Nimbus der Unfehlbarkeit. Unzulänglichkeiten, Verfehlungen, auch Verbrechen wurden mit der salvatorischen Formel »Wenn das der Führer wüsste« aus dem Verantwortungsbereich Hitlers herausgehalten. Der Widerspruch, in dem dies dazu stand, dass im Dritten Reich fast alles – nicht zuletzt Entscheidungen über Krieg und Frieden – als »persönliche Entscheidungen des Führers« deklariert wurden, schien wenig auszumachen. Zu den feinsinnigen Registern der Inszenierung gehörte, dass sich Hitler bei seinen Auftritten gerne in schlichter, brauner Uniform präsentierte. Die Montur des »alten Kämpfers« war dabei für den Diktator indes nur Mittel, sich von seiner prunksüchtigen Entourage abzusetzen und als Mann des Volkes zu stilisieren, auf Nähe und Distanz zugleich kalkulierend.

Hitlers Verhältnis zur katholischen Kirche, ja zur katholischen Welt insgesamt, war zeitlebens schwierig; zu den Elementen, die es bestimmte, zählten Respekt und Anerkennung für die straffe Führungsleistung und den engen Zusammenhalt genauso wie wiederkehrende Ausfälle gegen das »Pfaffentum«. Hitler ist indes nie aus der katholischen Kirche ausgetreten. Dem Zeugnis eines Weggefährten aus der Frühphase der NSdAP zufolge hat sich Hitler in seiner innerparteilichen Organisation und in der Formulierung seines Führungsanspruches maßgeblich von katholischen Ordnungsprinzipien leiten lassen: »Die NSdAP sollte nach dem Vorbild der katholischen Kirche aufgebaut werden. Auf einem breiten Sockel von im Volke stehenden und wirkenden Predigern und ›politischen Seelsorgern‹ sollte die Führungspyramide der Partei über die Stockwerke der Kreisleiter und Gauleiter zur Senatorenschaft und schließlich zu ihrem Führer-Papst aufsteigen. Hitler scheute den Vergleich zwischen Gauleitern und Bischöfen, zwischen zukünftigen Senatoren und Kardinälen nicht, so wie er auch unbedenklich die Begriffe Autorität, Gehorsam, Glauben aus dem geistlichen in den weltlichen Bereich übertrug, ohne eine Begriffswandlung auch nur anzudeuten.«[326]

VI.

Krieg war für Hitler die stärkste und klassischste Ausprägung des Lebens, Kampf das Grundprinzip der politischen Wirklichkeit im nationalsozialistischen Deutschland. Auch hier findet bei Hitler eine Übertragung der persönlichen Lebensgesetze auf den Staat statt, sowohl mit Blick auf das innere Gefüge als auch auf seine Großmacht- und Weltpolitik. Es zählt zu den Eigentümlichkeiten von Hitlers Biographie, dass sich seine Persönlichkeit erst in kriegerischen Auseinandersetzungen entfalten konnte. Ganz offenkundig war Hitler zu einem normalen Leben unfähig. Die Perioden von Krieg und Frieden, Krieg im Frieden und Frieden im Krieg, verschoben sich, genauso wie er den gewöhnlichen Tagesrhythmus durchbrach, die Grenze zum Privaten hin nahezu völlig auflöste. In den Führerhauptquartieren in Winniza, in Rastenburg und, ganz am Ende, in Bad Nauheim, genauso wie auf dem Berghof und, zuletzt, im Bunker unter der Reichskanzlei wurde für Hitler die Nacht zum Tag. Die Lagevorträge seiner Militärs begannen oftmals erst nach Mitternacht, und sein den Tag (besser: sein Tagwerk mitten in der Nacht) beschließendes belangloses Geplauder im Kreis der Getreuen endete nicht selten im Morgengrauen.

In den Ersten Weltkrieg fällt Hitlers politisches Erwachen, und am Ende des von ihm entfesselten Zweiten Weltkriegs war für ihn – immer aus seiner Sicht betrachtet – nach den von ihm definierten Gesetzen Überleben nicht mehr möglich. Seine eigene Höllenfahrt und *Finis Germaniae* setzte er parallel. Thomas Mann hat in seinem Alterswerk *Doktor Faustus* diese synchronen Untergänge im physischen Verfall des Tonsetzers Adrian Leverkühn, der für den Pakt mit dem Teufel mit seinem Leben bezahlen muss, literarisch in eine dauerhafte Form gebracht.[327] Soll Faust der Repräsentant der Deutschen sein, so hat Thomas Mann nach dem Krieg ausgeführt, so müsse er musikalisch sein, denn abstrakt und mystisch sei das Verhältnis der Deutschen zur Welt.[328] Erster und Zweiter Weltkrieg verschmelzen bei Hitler zu einer Einheit, werden zu den zwei Akten ein und desselben Dramas. In seiner Rede im Berliner Sportpalast am 30. Januar 1942, also noch mitten im Ringen mit scheinbar offenem Ausgang, hat Hitler diesen Zusammenhang freimütig eingeräumt: »Wir hören heute sehr oft die Bemerkung, dass dieser Krieg eigentlich der Zweite Weltkrieg sei, das heißt also, man identifiziert diesen Kampf mit dem ersten, den wir selbst noch zum großen Teil als Soldaten miterlebt haben.«[329]

Von früh auf findet sich bei Hitler die Kriegsbejahung als eine Selbstverständlichkeit. Die *Lingua Terti Imperii* strotzt nur so von Anlehnungen an eine martialische Kampfrhetorik. Es gab eine Front der Arbeit, ein Nationalsozialistisches Kraftfahrerkorps und selbst die Freizeitorganisation der Nationalsozialisten hieß Kraft durch Freude. Die militärische Organisationsform war das Strukturprinzip der Führerdiktatur. Von der Wiege bis zur Bahre war das Leben im Nationalsozialismus paramilitärisch organisiert. Nichts wurde dem Zufall überlassen. Deutschland glich einem Kasernenhof. Das deutsche Volk wurde als des Regierens unmündig erachtet, der Staatsbürger entmündigt. Willkür, Zwang und Terror wurden zu alltäglichen Begleiterscheinungen der nationalsozialistischen Herrschaft.

Die dominierende Rolle des militärischen Zeremoniells in der nationalsozialistischen Ideologie wird besonders deutlich in der Aufmarscharchitektur der Nürnberger Reichsparteitage. War München als Hauptstadt der Bewegung in der nationalsozialistischen Ideologie eine besondere Rolle zugedacht, so bewies Hitler auch bei der Wahl Nürnbergs zur »Stadt der Reichsparteitage« ein untrügliches Gespür für Inszenierung. Die Charakteristika der nationalsozialistischen Denkmalpolitik – das ambivalente Verhältnis zur Tradition, die Auslöschung des Individuums durch den Staat, die Monumentalität der Architektur, politisch instrumentalisierter Heroismus, der Missbrauch von Tradition und Geschichte, das kultische Zeremoniell – all dies lässt sich in der räumlichen Verdichtung von sechzehn Quadratkilometern auf dem Nürnberger Reichsparteitagsareal geradezu exemplarisch studieren. Zu den wiederkehrenden Elementen zählte der Rückgriff auf religiös-kultische Elemente und die Indienstnahme mittelalterlicher Versatzstücke der deutschen Vergangenheit, die das Dritte Reich in die Kontinuität der deutschen Geschichte rücken sollten. Die mit den Bauten verbundene politische Absicht weist der nationalsozialistischen Architektur ihre Bedeutung bei der Auseinandersetzung mit Herrschaftspraxis, politischem Programm und Weltanschauung Hitlers zu, da sie – vermutlich unverstellter als andere Bereiche – Auskunft gibt über Adolf Hitlers letzte Ziele.

Der immense Zeitdruck, unter den Hitler seine Helfer setzte und der auch die Weltkriegsplanungen des deutschen Diktators entscheidend bestimmte, hat seine unmittelbare Ursache in Hitlers Biographie. Er hängt vor allem mit Hitlers Angst zusammen, nicht alt und mit der Verwirklichung seiner Vorhaben nicht fertig zu werden. Es ist deshalb auch mehr als ein zufälliges zeitliches Zusammentreffen, wenn Hitler seine Entscheidung zum Ausbau Berlins zur Welthauptstadt Germania 1937 verkündete, im selben Jahr, als der Diktator zum ersten Mal in dem von Oberst Hoßbach protokollierten Gespräch gegenüber führenden Militärs seine weitreichenden Pläne einer »Weltblitzkriegsstrategie« (Andreas Hillgruber) offenbarte.[330] Ein Gegensatz zwischen Politik und Krieg hat für ihn nie bestanden. Der Friede war kein positives Ziel, stets nur ein Ausgangspunkt für neue Kämpfe. Keine Frage: Hitler wollte »seinen« Krieg. Bis zum Jahr 1937 war Hitler auf seinem Weg, zunächst eine Hegemonialstellung auf dem europäischen Kontinent durch stückweise Revision des Versailler Vertrages zu erlangen, gut vorangekommen. Mittel und Zweck vermischten sich dabei: Austritt aus dem Völkerbund (1933), Nichtangriffspakt mit Polen (1934), deutsch-britisches Flottenabkommen (1935), Einmarsch in die entmilitarisierte Zone des Rheinlandes (1936), »Achsenbündnis« mit Italien (1936). 1937 sprach er dann erstmals von einer möglichen Auseinandersetzung mit den europäischen Kontinentalmächten. Seine Wunschkonstellation war dies nicht.

Spätestens seit dem Besuch des britischen Lordsiegelbewahrers Lord Halifax im November 1937 hätte Hitler klar sein müssen, dass die auf eine Einbindung Deutschlands zielende britische Appeasementpolitik und sein auf Hegemonie ausgerichtetes Programm unvereinbar waren. Doch er hat nie die Hoffnung aufgegeben, Großbritannien könne sich vielleicht doch noch mit Deutschland arrangieren, auch nach Kriegsausbruch nicht. Der Wunsch mag hier Vater des Gedankens gewesen sein, doch es war auch Kalkül dabei, dass die natürlichen Gegensätze zwischen den beiden Kontinentalmächten Frankreich und Großbritannien stärker seien als die gemeinsamen Ziele. Russland war Dreh- und Angelpunkt in Hitlers Lebensraumdenken. Sein Rassenwahn und sein Antibolschewismus verbanden sich in seinem kruden Gedankengebräu. Der Bolschewismus habe die Ablösung der germanischen durch die jüdische Herrschaftsschicht bewirkt, und deshalb sei das Riesenreich im Osten reif für den Zusammenbruch. In einer Klarheit, die nichts zu wünschen übriglässt, hat Hitler dies am 11. August 1939 gegenüber einem Besucher, dem Schweizer Carl Jacob Burckhardt, damals Hochkommissar des Völkerbundes in Danzig, offen ausgesprochen: »Alles, was ich unternehme, ist gegen Russland gerichtet; wenn der Westen zu dumm und zu blind ist, um dies zu begreifen, werde ich gezwungen sein, mich mit dem Russen zu verständigen, den Westen zu schlagen und danach mich mit meinen versammelten Kräften gegen die Sowjetunion zu wenden.«[331]

Der am Morgen des 24. August 1939 zwischen Deutschland und der Sowjetunion von Stalin und dem mit Generalvollmacht ausgestatteten Außenminister Ribbentrop unterzeichnete Nichtangriffspakt zwischen Deutschland und der Sowjetunion, auf den 23. August datiert, entsprach vollständig dem gegenüber Burckhardt offengelegten Kalkül. Der Pakt wurde sogleich veröffentlicht und schlug ein wie eine Bombe. Goebbels sollte die Unterzeichnung in seinem Tagebuch einen »genialen Schachzug« nennen.[332]

Der Hitler-Stalin-Pakt hatte eine subjektive und eine objektive Bedeutung. Hitler hatte jetzt freie Hand, Polen auszulöschen. Die strategische Lage Deutschlands hatte sich dramatisch verbessert. Das alte Problem eines Zweifrontenkriegs war über Nacht verschwunden. Und auch Stalins Sowjetunion hatte aus dem Vertragsabschluss zunächst nur strategische Vorteile. In einem geheimen Zusatzprotokoll, das erst nach dem Krieg im Nürnberger Hauptkriegsverbrecherprozess bekannt wurde, wurden Lettland, Estland und Finnland mit einem Federstrich dem sowjetischen Einflussbereich zugesprochen. »Freiheit der Besitznahme« nannte man dies in der beschönigenden Sprache der Vertragsdiplomatie. Eine kriegerische Zerschlagung Polens war die unausgesprochene Annahme dieser Absprachen.

Der Ausbruch des Zweiten Weltkriegs war mit Abschluss des Hitler-Stalin-Pakts nur noch eine Frage der Zeit. Auch die Sowjetunion hat dies so gesehen, wie Molotow in einer öffentlichen Rede am 31. August 1939 ohne Umschweife eingestanden hat. Skrupel kannte auch Stalin nicht. Als sich nach dem deutschen Angriff auf Polen am 1. September gegen Monatsmitte der militärische Zusammenbruch Polens abzeichnete, nahm sich Stalin seinen Teil. Die Rote Armee rückte am 17. September nach Ostpolen ein. Als Begründung wurde noch nachgeschoben, der polnische Staat habe aufgehört zu existieren. Den ersten Zug überließ Stalin stets Hitler, und dieser hatte nun seinen Freibrief zum Krieg. Hektische diplomatische Aktivitäten selbsternannter und neutraler Mittelsmänner in der letzten Augustwoche vor Kriegsausbruch hätten Hitler die Chance eröffnet, getreu dem bis dahin bewährten Rezept die mit dem Pakt deutlich verbesserte strategische Lage zu nutzen, um politische und territoriale Zugeständnisse einzuheimsen. Hitler aber schlug dies aus. Er wollte »seinen« Krieg, und er bekam ihn im September 1939.

Die Fehleinschätzung, Großbritannien würde wegen Polen nicht kämpfen, die Unterschätzung der sich immer mehr zu einem auf Intervention gerichteten Faktor entwickelnden Vereinigten Staaten und die Überschätzung der eigenen Kräfte haben dazu beigetragen, dass die ursprüngliche »Weltblitzkriegsstrategie« nicht griff. Hitlers Idee, in kurzen, duellartigen Gefechten den Gegner zum Frieden zu zwingen, ging nicht auf. Aus dem *phoney war* des Winters 1939/40, als das Pulver im Westen weithin trocken blieb, wurde mit dem Beginn der

»Operation Weserübung« am 7. April 1940, die zwei Tage später zur Besetzung Dänemarks und Norwegens durch deutsche Truppen führte, und am 10. Mai 1940 mit der Eröffnung der Westoffensive von der Nordsee bis zur Südgrenze Luxemburgs unter Verletzung der Neutralität der Niederlande, Belgiens und Luxemburgs (»Fall Gelb«) ein heißer Krieg.

Großbritannien verhielt sich – aus Hitlers Sicht – nicht programmgemäß. Auch scheinbar »großzügige« Friedensangebote wie der Appell Hitlers an Britannien in seiner Reichstagsrede vom 19. Juli 1940, England möge klein beigeben und sich »auf der Basis der Teilung der Welt«[333] arrangieren, beeindruckten die Regierung Churchill-Halifax nicht. Britannien trotzte der nationalsozialistischen Herausforderung zu einem Zeitpunkt, als beinahe ganz Europa vom Nordkap bis zur Biskaya zu Hitlers Einflussbereich gehörte. Für diesen Fall hatte Hitler nicht vorgesorgt. Es ist deshalb, wiederum aus Hitlers Sicht, nachvollziehbar, dass der Gedanke, mit dem Angriff auf Russland den britischen Festlandsdegen aus dem Gefecht zu ziehen, auch eine Rolle für den im Sommer getroffenen Entschluss spielte, die Sowjetunion anzugreifen; als ausschließliches Motiv genügt es freilich nicht, um Hitlers Entscheidung zum Angriff auf die Sowjetunion zu begründen. Russland blieb jedoch der Dreh- und Angelpunkt dieser Strategie, deshalb haben neben kriegsstrategischen Überlegungen vor allem rassenideologische Motive den Ausschlag für den Entschluss zum »Unternehmen Barbarossa« gegeben, wie er dann in den Einmarsch deutscher Truppen am 22. Juni 1941 in die Sowjetunion mündete.

Der Russlandfeldzug sollte die Voraussetzungen schaffen, um eine Weltmachtstellung insgesamt aufzubauen. Operationen gegen den Vorderen Orient, Einzelvorstöße bis nach Afghanistan und Nordwestafrika, die Besetzung der Azoren, all dies war Teil von Hitlers Programm, wie es am klarsten in der Weisung Nr. 32 für die Vorbereitungen für die Zeit nach »Barbarossa« 1941 in einer Reihe von Befehlen dargelegt worden war. Ursprünglich hätte der Russlandfeldzug bereits im September 1941 zu Ende sein sollen. Dann, im Dezember 1941, blieb er mit Generaloberst Guderians Vormarsch bis unmittelbar vor die Tore Moskaus in Schlamm, Eis und Schnee stecken.

Für Stalins Sowjetunion brachte der Kriegseintritt der Vereinigten Staaten die lange ersehnte Entlastung. Eine weitere Front sorgte dafür, dass sich die Kräfte des nationalsozialistischen Deutschlands verzetteln und am Ende verbrauchen sollten. Ein japanischer Angriff auf die sowjetischen Stellungen in Fernost war in weitere Ferne gerückt. Stalins Blatt hatte sich Ende 1941 schlagartig zum Besseren gewendet, nicht nur wegen Pearl Harbor, sondern auch und vor allem, weil sich mit der Wende vor Moskau für Hitler eine neue strategische Lage ergab.

Vier Tage nach Pearl Harbor, am 11. Dezember, ließ Hitler den Vereinigten Staaten den Krieg erklären. Formal wäre er dazu nicht verpflichtet gewesen, denn der Fall eines Angriffs auf die Vereinigten Staaten war im Dreimächtepakt vom 27. September 1940 zwischen Deutschland, Italien und Japan als Bündnisfall gar nicht vorgesehen. Der Krieg gegen die Vereinigten Staaten lag zweifelsohne in der Konsequenz von Hitlers »Weltblitzkriegsstrategie«. Hitler selbst fehlte ein tieferes Verständnis für Amerika, und er verkannte, wie sehr er persönlich die Kriegsallianz zwischen Roosevelt und Churchill festigte. Den Großen Krieg, die Ausweitung der zunächst europäischen Auseinandersetzung mit dem Angriff auf die Sowjetunion und dem Kriegseintritt der Vereinigten Staaten 1941 ins Globale, hat Hitler so zwar nicht gewollt, aber bewusst in Kauf genommen.

Die Geschichte in ihrem Verlauf ist grundsätzlich nie ohne Alternativen. Hitler indes hat mit seinem Verzicht auf Politik alles getan, um die Offenheit geschichtlicher Konstellationen außer Kraft zu setzen. Der militärische Auftakt war zunächst für die Hitlerkoalition vielversprechend: Manila wurde am 2. Januar 1942 von japanischen Truppen besetzt. Bereits am 8. Dezember war die 25. japanische Armee im Norden Malayas gelandet und in Richtung Singapur vormarschiert. Am 15. Februar 1942 sollten die britischen Besatzer dort kapitulieren. Doch der äußere Schein entsprach nicht den tatsächlichen Machtverhältnissen. Hitlers Lage war weitaus schwieriger, als es die militärischen Erfolge glauben machten. Als Hitler kurz nach Neujahr 1942 den japanischen Botschafter in Berlin, General Oshima, empfing, ging es auch um militärstrategische Überlegungen, die Seekriegslage im Atlantik, die Schwierigkeiten an der Ostfront und die Materialsituation.[334] Hitler wollte England schlagen, und dieses Ziel hielt er für erreichbar, wenn Britannien Indien genommen werden könne. Zum ersten Mal erfolgte gegenüber Oshima das Eingeständnis, dass er, Hitler, nicht wisse, wie der Krieg gegen die Vereinigten Staaten zu gewinnen sei. Dieser scheinbar beiläufig gesprochene Satz legte das ganze Dilemma des deutschen Diktators bloß, der über keine andere Strategie als die gescheiterte Blitzkriegsstrategie verfügte. Jetzt zeigte sich die ihm eigene Unfähigkeit zur Politik.

Dies wird besonders deutlich, wenn man Hitlers Rhetorik von der Neuordnung Europas mit den verpassten Möglichkeiten eines echten europäischen Neuaufbaus kontrastiert. Nur in der Propaganda des Dr. Goebbels geriet der Feldzug gegen die

Sowjetunion zur »Geburtsstunde des neuen Europa« und die Soldaten, die nach dem Befehl des Führers marschieren, zu den »Errettern der europäischen Kultur und Zivilisation gegen die Bedrohung durch eine politische Unterwelt«.[335] Sosehr der Russlandkrieg in vielen neutralen Staaten Europas begrüßt worden war, so wenig war Hitler bereit, den Part des Einigers Europas zu spielen. Noch in seinen letzten Phrasen im Bunker der Reichskanzlei tönte er: »Ich bin für Europa die letzte Chance! Das neue Europa wird nicht durch parlamentarische Abstimmungen, auch nicht durch Diskussionen und Resolutionen, sondern allein mit Gewalt erzwungen.«[336] Was er nicht wissen konnte: Er ist auf diese Weise, *contre cœur*, zum Vorläufer der heutigen europäischen Einigung geworden.

Wirtschaftspolitische Vorstöße, die etwa auf eine einheitliche Geldpolitik abzielten, blieben auf isolierte Initiativen begrenzt; auch für die Bemühungen um Wirtschaftskooperationen fehlte der politische Wille. Eine öffentliche Europadiskussion kam nicht zustande, in der gelenkten und gleichgeschalteten deutschen Presse ebenso wenig wie in den wenigen unabhängigen Medien der neutralen Staaten. Niemand in Bern, Lissabon, Madrid oder Stockholm wusste, was mit der Formel vom »neuen Europa« gemeint war. Hitler sprach nun immer häufiger davon, dass England den Weg nach Europa finden würde, um an der Seite Deutschlands gegen die Vereinigten Staaten in den Kampf einzutreten. Wunschdenken und Realitätsverlust hatten die einst waghalsigen strategischen Entscheidungen abgelöst.

Erschwerend kam hinzu, dass Hitler zwischen der Rolle des Soldaten und derjenigen des Politikers nach Belieben hin- und herwechselte. Er legte Wert darauf, dass die politischen Beratern ausschließlich durch ihn über militärische Operationen unterrichtet würden, und genauso bestand er darauf, dass seine militärischen Führer sich eines politischen Urteils enthielten. Als Autodidakt war das Feld seiner eigenen militärischen Erfahrung auf den Ersten Weltkrieg aus Gefreitenperspektive begrenzt. Zu den grundlegenden und axiomatisch wiederkehrenden Lehren zählte für ihn, dass die Kontinentalmacht Russland und die angelsächsischen Seemächte nacheinander besiegt werden müssten. Dies mag mit erklären, weshalb Hitler auch nach dem Fehlschlag vor Moskau, Dezember 1941, 1942 konsequent die Wiederaufnahme der deutschen Russlandoffensive betrieb und dabei auf die kriegsstrategische Einbeziehung der Verbündeten setzte, damit die deutschen Verbände an bestimmten Schwerpunkten zum Einsatz gebracht werden konnten.

Dieses Kalkül freilich konnte nicht aufgehen. Zum einen war die »Hitler-Koalition« kein Bündnis unter gleichwertigen Partnern. Sie ist nie über Ansätze zu einer Globalstrategie hinausgekommen, allenfalls war sie machtpolitisches Mittel zur nationalsozialistischen Interessendurchsetzung.[337] Einst, im November 1940, nachdem beim Besuch des sowjetischen Außenministers Molotow in Berlin Ribbentrops Idee der Umgestaltung des Dreiecks Berlin-Rom-Tokio zu einem »Viermächtepakt« unter Einbeziehung Russlands gescheitert war, wurde der Dreimächtepakt mehr und mehr zum antisowjetischen Bündnissystem umgebaut. Der Beitritt Ungarns, Rumäniens, der Slowakei (alle 1940) sowie Bulgariens und Kroatiens 1941 sollte dies unterstreichen, hat aber in der Praxis nur in Ansätzen zu einer Koalitionskriegführung geführt.

Zwar unterzeichneten Deutschland, Italien und Japan am 18. Januar 1943 eine Militärkonvention, in der die Abgrenzung von Operationszonen von Japan einerseits, Deutschland und

Italien andererseits, auf der Linie des 17. Breitengrades Ost vorgesehen war. Doch faktisch führte jeder der drei Partner seinen eigenen Krieg. Deutschland gelang es ebenso wenig, Japan zu einer Beteiligung am Ostkrieg zu bewegen, wie Hitler alle Ratschläge seines ostasiatischen Verbündeten zur Strategie im Westen und zu einem möglichen Ausgleich mit der Sowjetunion ausschlug. Und auch auf die anderen Bundesgenossen in der »Hitlerkoalition« konnte aus deutscher Sicht nur bedingt Verlass sein. Für Bulgarien kam eine Kriegserklärung an die Sowjetunion ebenso wenig in Frage wie für Finnland diejenige an die Vereinigten Staaten. Als die Front erste Schwächezeichen der deutschen Wehrmacht offenbarte, regte sich jeweils unterschiedlicher Widerstand gegen den Kriegskurs. Während Rumäniens Marschall Antonescu noch Anfang 1942 die Auffassung vertrat, die Rote Armee sei geschlagen, bezeichnete der ungarische Reichsverweser Horthy bereits im September 1941 den Ausgang des Kriegs im Osten als ungewiss und empfahl seinen Militärs aus nationalem Interesse den allmählichen Rückzug vom Kampfgeschehen. Die mit Rumänien und Ungarn Ende Januar 1942 vereinbarten militärischen Abkommen dienten deshalb vorrangig der Einsatzsteigerung an der Ostfront und waren im Gegenzug an deutsche Materialleistungen und Nachschubzusagen gebunden.

Hitler konnte sein Misstrauen gegen die Bundesgenossen nie verhehlen. Die nationalsozialistische Propaganda indes schonte die Verbündeten weitgehend, der Kampfwert ihrer Armeen allerdings hielt sich in Grenzen. Der Zusammenbruch aller vier verbündeten Armeen hatte für die deutsche Südfront in Russland fatale Auswirkungen. Seine Gründe lagen auch in mangelnder Ausstattung mit Munition und Panzern und unzureichender Ausrüstung.

In einem zweiten Anlauf wollte Hitler mit der Schlacht von Stalingrad im Spätsommer 1942 seinen Russlandfeldzug zu einem siegreichen Ende zwingen. Zur Wirklichkeit konträr verlaufende Wunschvorstellungen und die allmähliche Flucht in eine Scheinwelt erwiesen sich dabei als fatal und beeinflussten die strategischen Entscheidungen. Im Herbst wiederholte sich, was sich bereits ein Jahr zuvor als verhängnisvolle Fehleinschätzung erwiesen hatte: Die nationalsozialistische Propaganda proklamierte den Sieg vor der Zeit: Jetzt war es Hitler selbst, der in seiner Rede vor »alten Kämpfern« im Münchner Bürgerbräukeller am 8. November 1942 verkündete, Stalingrad sei so gut wie erobert und es gehe um »Sein oder Nicht-Sein unseres Volkes«. Immer, wenn Hitler von seinem Volk sprach, meinte er seine eigene Lebensperspektive, und in der Tat ging es ihm nach Stalingrad um alles oder nichts, denn er hatte die Brücken hinter sich abgebrochen.

Die Kriegswende, zu der Stalingrad dann wurde, legte offen, dass der Krieg für Hitler nicht mehr zu gewinnen war, dass seine Strategie endgültig gescheitert war, weil sie auf falschen Annahmen gründete und vom Verzicht auf Diplomatie begleitet wurde. Damit endete jene merkwürdige Zwischenphase zwischen dem japanischen Angriff auf Pearl Harbor, Dezember 1941, und der Kapitulation der 6. Armee bei Stalingrad am 2. Februar 1943, die mit der Machtausdehnung von Hitlers Europa vom Nordkap bis zur Biskaya, einem klassischen *overstretch*, den Blick für die tatsächliche Lage verstellte. Im Januar 1943, so sein Luftwaffenadjutant Below, scheint auch Hitler klar geworden zu sein, dass der Zweifrontenkrieg gegen Russen und Amerikaner für ihn nicht mehr zu gewinnen war.[338] Der enge Zusammenhang von Militärstrategie und Politik als Voraussetzung für eine erfolgreiche Strategie wurde einmal mehr offenkundig. Hitler indes hatte Abschied von der Politik genommen. Seine Strategie konnte jetzt nur noch scheitern.

Hitlers Entschluss 1943/44, alle verfügbaren Restkräfte im Westen zu konzentrieren, die bevorstehende alliierte Invasion erfolgreich abzuwehren, um dann wiederum erneut weit nach Osten ausgreifen zu können, entsprach seinen Vorstellungen vom rassenideologischen Vernichtungskrieg. Er hielt auch dann noch an diesem inneren Zusammenhang fest, als am 6. Juni 1944 die Landung der Alliierten in der Normandie gelungen war. Mit der totalen Mobilmachung vom 25. Juni 1944 wurden noch einmal Reserven für die Kriegführung freigemacht, doch Hitlers Idee vom »linken Haken« gegen die Alliierten, mit denen die Angloamerikaner ins Meer zurückgeworfen werden sollten, beruhte genauso auf einer unrealistischen strategischen Analyse und Wunschdenken wie die Planungen und Vorbereitungen für Hitlers letzte gescheiterte Offensive in den Ardennen im Dezember 1944. Der Zusammenbruch der Heeresgruppe Mitte im Juni 1944 hatte den sowjetischen Vorstoß über die Curzonlinie nach Warschau ermöglicht, und mit der am 12. Januar 1945 eröffneten Großoffensive der Roten Armee wurden weite Teile des deutschen Ostheeres zwischen Oder und Memel zerschlagen. Bis in die letzte Phase des Krieges, als weite Teile des westlichen Deutschlands bereits angloamerikanisch besetzt waren und es bei Torgau an der Elbe am 26. April 1945 zu einem Treffen der dorthin vorgerückten amerikanischen und sowjetischen Truppen kam, deklamierte Hitler in der Scheinwelt seines Reichskanzleibunkers sein weltanschauliches Credo, von seinem Propagandaminister Goebbels mit immer neuen Hirngespinsten beliefert, und setzte irrlichternde Hoffnungen auf »sein Mirakel des Hauses Brandenburg«. Doch der plötzliche Tod des amerikanischen Präsidenten Roosevelt am 12. April 1945 war nicht mit der Situation der durch den Tod der Zarin Elisabeth im Januar 1762 hervorgerufenen Konstellation vergleichbar, und die gemeinsame Wendung des Deutschen Reiches mit den Angloamerikanern gegen die Sowjetunion blieb Fiktion. Trotz vorhandener Risse zerbrach die Anti-Hitler-Koalition nicht. Der gemeinsame Wunsch der Niederwerfung des deutschen Aggressors war der dünne Kitt, der die ungleichen Verbündeten zusammenhielt. Es mag biographisch aufschlussreich sein, dass neben der Inspiration, besser: Indienstnahme, von friderizianischen Traditionen für seine »Weltmacht oder Niedergang«-Strategie Hitlers Gedanken sich nun auch wieder verstärkt auf das belagerte Wien konzentrierten. Joseph Goebbels drückte in seinem Tagebuch aus, was Hitler in einer Aufwallung der Verachtung der Wiener, die aus der Tiefe seiner eigenen Geschichte kam, zum Ausdruck brachte. »Die Wiener Vorstädte haben zum großen Teil die Waffen zugunsten der Roten Armee erhoben, wodurch natürlich in Wien ziemlich desolate Zustände entstanden sind. Das haben wir von dem sogenannten Wiener Humor, der bei uns in Presse und Rundfunk sehr gegen meinen Willen immer verniedlicht und verherrlicht worden ist. Der Führer hat die Wiener schon richtig erkannt. Sie stellen ein widerwärtiges Pack dar, das aus einer Mischung zwischen Polen, Tschechen, Juden und Deutschen besteht. Ich glaube aber, daß die Wiener doch besser hätten im Zaume gehalten werden können, wenn dort eine anständige und vor allem eine energische politische Führung am Ruder gewesen wäre.«[339]

Wien und Linz – diese beiden prägenden Städte tauchen ganz am Ende in Hitlers Leben, unmittelbar vor dem Untergang, auf als zwei einander scheinbar abstoßende Pole: Wien, das Symbol der großen Enttäuschung seines Lebens, die Erfahrung der Zurückweisung und des Fremdseins, das sich im Angesicht der Niederlage in abgrundtiefem Hass und grenzenloser Verachtung niederschlägt. Linz, seine Heimatstadt, zugleich das größte Bauprojekt, das Hitler sich ganz nach seinen eigenen Vorstellungen neu erschaffen wollte. Noch in der gespenstischen Bunkerwelt, im Inferno des März 1945, als das Reich zu großen Teilen bereits in Schutt und Asche lag, erging sich Hitler in Phantastereien über die Pläne für den Wiederaufbau seiner Heimatstadt und führte in ihrem nationalsozialistischen Glauben schwankend gewordene Besucher vor das Modell für die Neugestaltung von Linz, das in einem der großen, hellgetönten Kellerräume der Neuen Reichskanzlei aufgebaut war.[340] Im Jahr 1940 hatte Hitler diesen Auftrag dem Architekten Hermann Giesler, dem Konkurrenten Speers, übertragen und ihn persönlich in die Aufgabe eingewiesen. Die Gestaltung von Linz war damit die einzige »Friedensaufgabe«, die auf Hitlers persönliche Anweisung hin auch bis in die allerletzten Kriegsmonate des Jahres 1945 fortgesetzt wurde. Regelmäßig ließ sich Hitler von Giesler dazu persönlich über die Fortschritte unterrichten und kam im persönlichen Gespräch immer wieder darauf zurück. Gieslers Folgerung, dass sich Hitler schon sehr lange, »vielleicht sogar seit seiner Jugendzeit«, damit befasst hat, ist nicht von der Hand zu weisen.[341]

Die Beschäftigung mit Linz lässt sich damit ebenso bis ganz zum Schluss verfolgen, wie Hitler auch dann, als das Ende nur noch eine Frage von Wochen oder gar Tagen war, wiederholt auf sein Zentralthema – die Zusammenfügung aller Deutschen, also auch der Deutschösterreicher, in einem Staat – zurückkam. »Erst in der Vereinigung aller Deutschen entfalten sich unsere nationalen Werte: wenn wir aufhören, Preußen, Bayern, Österreicher zu sein, und nichts als Deutsche. Als die Preußen sich daranmachten, alle Deutschen im Bismarckreich zusammenzuschließen, haben sie damit dem deutschen Volk die Möglichkeiten erschlossen, jahrzehntelang als das erste Volk des Kontinents zu gelten.«[342]

In dieser schon vom totalen Scheitern bestimmten Aussage findet sich das ganze nationalpolitische Credo Hitlers zusammengefasst. Vor dem Hintergrund seiner in der Jugend erfahrenen Demütigungen war es ihm leichtgefallen, Preußen den Vorrang vor Habsburg zu geben, doch genau genommen war Preußen als Herzstück des kleindeutschen Nationalstaats von 1871 das natürliche und damit in gewisser Hinsicht auch zwangsläufige Objekt seiner auf Rassenwahn, Dominanz und Expansion gerichteten Kriegsstrategie. Preußen war damit bei Hitler immer auch Gegenmodell zu Habsburg. Alles, was der Vielvölkerstaat nicht war, sollte Preußen-Deutschland werden. Und Deutschland als größter Machtstaat der Erde hätte dann so wenig mit Altpreußen gemeinsam gehabt wie das Dritte Reich mit jenem verfassungsrechtlichen Monstrum, das das Alte Reich bis 1806 gewesen ist.

Hitler war Doktrinär, gefangen in den Gängen seiner menschenverachtenden Rassenideologie und seines Weltanschauungswahns, aber er war auch – jedenfalls in den Phasen seines Aufstiegs und noch im Zenit seiner Macht – kühl kalkulierender Stratege, der immer bereit war, mit vollem Einsatz zu spielen. Es kam hinzu, dass Hitler willens war, sein größenwahnsinniges Spiel um Weltmacht oder Niedergang bis zum Äußersten zu treiben. Auch in der Niederlage, im Scheitern war Hitler total, und er besaß keine Skrupel, dabei beinahe das ganze deutsche Volk mit in den Abgrund zu ziehen. Hitler verschwand ebenso spurlos, wie er gut zwanzig Jahre zuvor aus dem Niemandsland aufgetaucht war. Wie keiner vor ihm hatte er versucht, die Grenzen zwischen Weltgeschichte und persönlicher Biographie zu sprengen. Die Spanne seines persönlichen Lebens wurde ihm zur Maßgabe für sein politisches Programm. Das Großdeutsche Reich, in dem seine österreichische Heimat aufgegangen war, sollte der größte Machtstaat der Erde werden. Als dies gescheitert war, beschwor Hitler mit seiner Weigerung, rechtzeitig abzutreten oder zu kapitulieren, jenes katastrophale Ende des Krieges herauf, das sich auf lange Zeit in unser Gedächtnis eingeprägt hat. Hitler wusste, dass er im Falle einer Niederlage mit seinem Kopf bezahlen musste. Er verband sein persönliches Schicksal mit demjenigen Deutschlands und sprach am Ende in beispielloser Hybris Deutschland und den Deutschen das Recht zur Fortexistenz ab. Das deutsche Volk, ließ er verkünden, habe sich im Kampf gegen den Bolschewismus als das schwächere erwiesen. Zweimal wäre die Hitler'sche Alternative von Weltmacht oder Untergang beinahe Wirklichkeit geworden: 1940, als Hitler seinem Ziel der Herrschaft über den Kontinent so nahe kam wie niemals zuvor oder danach, und 1945, als Hitler mit seinem Nerobefehl das Signal zur restlosen Zerstörung Deutschlands gegeben und auf den totalen Krieg den vollständigen Untergang folgen lassen wollte.

Die Deutschen und die Österreicher haben Hitler überlebt. Der Preis des Überlebens war unterschiedlich hoch. Geteilt, bezähmt und besiegt – seit 1945 sind Deutsche und Österreicher auf die Rolle des Mitspielers im Konzert der Mächte verwiesen. Hitlers Schatten ist geblieben, und er wird auf absehbare Zeit beide Staaten, Deutschland und Österreich, begleiten. Hitler ist nur aus seiner Zeit aus einer bestimmten historischen Konstellation, eben der Geschichte Preußens und Habsburgs, erklärbar. Er erhob den stupenden Anspruch auf Verwandlung – die

Grenze zum religiösen Bereich war bei ihm aufgehoben, so dass mit Fug und Recht auch von Erlösung gesprochen werden kann –, auf Erlösung der Geschichte Preußens und Habsburgs in einem scheinbar goldenen Zeitalter des millenarischen Reiches. Der deutsche Dualismus, das alte Bismarck'sche Dilemma von Deutschlands geographischer Lage – zu klein für die Hegemonie, zu groß fürs Gleichgewicht –, alles war bei ihm aufgelöst, alle Probleme behoben, alle Sehnsüchte erfüllt, »die Schmach von Versailles« getilgt, »Lebensraum« erschlossen. Doch seine Rezepte waren untauglich. Das moralische Verdikt ist gesprochen. Am Ende war der Traum von Glanz und Größe eine Schimäre, und es blieb zurück das Trauma von Schuld und Verstrickung. Die Ruinen wurden zu den stummen Zeugen eines einzigartigen Größenwahns. Das Tausendjährige Reich lag am Ende in Schutt und Asche, die Welt in Flammen. Zwölf Jahre haben für diese Verwandlung ausgereicht. Hitler hat diese Zeit, in Hybris und Nemesis, so geprägt, dass sie am Ende seine Zeit, die Hitlerzeit, geworden ist.

Epilog

Nach dem Untergang: Deutschland und Österreich seit 1945

I.

Pulvis, cinis et nihil. In alten Kirchen finden sich bisweilen lateinische Inschriften, die darauf schließen lassen, dass auch Herrscher und Reiche den Weg alles Irdischen gehen müssen: Staub zu Staub, Asche zu Asche. Spuren verwischt, Erinnerungen gewaltsam getilgt: Die Neigung der Menschen, vergessen zu wollen, sich nicht mit den Lasten der Vergangenheit aufzuhalten, kommt dabei scheinbar entgegen. Und es gibt, *in extremis*, die gegensätzliche Haltung, die bereits die Antike kannte, das Verdikt der *damnatio memoriae,* wenn eine besonders schlimme Form der Bestrafung gewählt werden sollte. Die Geschichte ist voller Beispiele, wo Sieger über Verlierer zu Gericht saßen, wo erbarmungslos mit einstigen Gegnern und Andersdenkenden abgerechnet wurde, wo ein radikaler Neuanfang mit Gewalt in die Wirklichkeit umgesetzt wurde: In Britannien unter dem Diktator Oliver Cromwell, der aus einem blutigen Bürgerkrieg auftauchte und anno 1649 gnadenlos die Anhänger des enthaupteten katholischen Königs Karl I. verfolgen und überhaupt *tabula rasa* machen ließ; in der jakobinischen Schreckensherrschaft in Frankreich, zu Zeiten der *grande terreur* 1793/94; in Russland, in den Wirren nach der Oktoberrevolution von 1917, und auch bei den Nationalsozialisten, die nach gescheitertem Staatsstreich und Attentat auf Hitler die Familien der Beteiligten vom 20. Juli 1944 in Sippenhaft nahmen und nicht davor zurückschreckten, deren Babys und Kleinkinder von den Eltern zu trennen, um sie unter falschem Namen in Erziehungsheime zu stecken. Doch so grausam und radikal die Versuche auch gewesen sein mögen, die Bande zur Vergangenheit zu kappen: Es kann niemals ein Entrinnen geben. Dies gilt auch für die Nachfolger des Duells zwischen Habsburg und Preußen, eines Duells, das am Ende nur Verlierer kannte.

Die Bundesrepublik Deutschland und die Republik Österreich sind beide aus der Asche des Reiches hervorgegangen. Ihre Staatsgründungen sind Antworten auf die Geschichte. Beide führen das Bekenntnis zur Republik als Staatsform im Namen. Das soll uns nie wieder passieren. Und: Wir haben unsere Lehren aus der Geschichte gezogen. Dies waren jeweils die ersten Glaubenssätze der beiden Neugründungen. Zur Einsicht in die Geschichte gehört freilich auch: Die Geschichte kennt keine Stunde Null. Habsburg und Preußen, die so lange das Ringen um Vormacht austrugen, sind zwar ganz von der Bühne verschwunden. Doch sind beide Nachkriegsgründungen gar nicht denkbar ohne sie, und es bleibt die Frage offen, was jenseits des Untergangs ihre jeweilige Gegenwart heute bestimmt.

Preußen ist tot, es liegt in Berlin begraben, hatte einst der Publizist Johannes Gross lakonisch bemerkt. Man ist geneigt, hinzuzufügen: und Habsburg in Wien. Von beiden, von Preußen wie Habsburg, geht für die anderen europäischen Mächte und füreinander heute keine Gefahr mehr aus. Die Habsburger Gesetze von 1918 freilich haben in der Republik Österreich noch immer Bestand, und unlängst, bei den Trauerfeierlichkeiten für den im Juli 2011 verstorbenen Sohn des letzten Kaisers, Otto von Habsburg, waren die ganzen Schwierigkeiten der Republik Österreich mit dem Zeremoniell und mit ihrer Haltung zum Haus Habsburg und den Habsburgern zu besichtigen.

Auch als Friedrich der Große 1991 an jene Stelle in Sanssouci umgebettet wurde, die er sich frühzeitig als Begräbnisstätte hatte herrichten lassen, tat sich die Bundesrepublik Deutschland in vielfacher Hinsicht schwer.[343] Die Überführung des Preußenkönigs erfolgte durch das Haus Hohenzollern in Verbindung mit dem damaligen Bundeskanzler Helmut Kohl und unter großer Anteilnahme von Medien und Öffentlichkeit. Die Bundeswehr war präsent, ein Staatsakt war es dennoch nicht. Der Kanzler hatte verlautbaren lassen, er sei lediglich als Privatperson zugegen. Gleichwohl bestand der Verdacht der Inszenierung, und die alten (antipreußischen) Reflexe, die im Gewand republikanischer Gesinnung daherkamen, kehrten wieder. Als im Juli 2011 der Leichnam Ottos von Habsburg, mit imperialem Gepränge in einer großen Trauerfeier im Wiener Stephansdom vor zweitausend geladenen Gästen in Anwesenheit des Bundespräsidenten sowie des Bundeskanzlers der Republik Österreich zu Grabe getragen und in der Kapuzinergruft bestattet wurde (das Herz wurde habsburgischer Tradition gemäß getrennt beigesetzt, und zwar in der ungarischen Benediktinerabtei Pannonhalma), erklang die Kaiserhymne mit der Strophe: »Innig bleibt mit Habsburgs Throne Österreichs Geschick vereint«; und auch der Protest auf der Straße war kaum sichtbar. Es schien fast so, als ob sich der österreichische Staat dafür entschuldigen wollte, dass er so lange ein so verklemmt-kompliziertes Verhältnis zu den Habsburgern gepflegt hatte.

Beides, die Umbettung von 1991 und die Beisetzung von 2011, verdeutlichen dennoch die Schwierigkeiten, die beide Demokratien mit dem historischen Erbe ihrer Vorläufer haben und die zugleich die Sehnsucht nach romantischen Überstrahlungen einer im Vergleich dazu als schlicht empfundenen Gegenwart ausdrücken. Gewiss, die Angehörigen der Häuser Hohenzollern und Habsburg in Deutschland und in Österreich bekommen heute keine Staatsbegräbnisse mehr. Doch es bleibt jene Ambivalenz von Nähe und Distanz, die auf ein nicht austariertes Verhältnis zu einer Geschichte schließen lässt, die noch immer in die Gegenwart hineinragt. Es kommt nicht von ungefähr, dass im Zusammenhang mit preußischen Gedenktagen im wiedervereinigten Deutschland das Gespenst des Nationalismus beschworen wird und im Österreich von heute zumindest bisweilen die Sehnsucht nach Dahingeschwundenem und eine nostalgische Abkehr von der republikanischen Gegenwart durchschimmert. Ist es die Lust der Gegenwart an Inszenierungen der Geschichte, die einen derart starken Widerhall in der Öffentlichkeit hervorruft? Ist es mehr als ein antiquarisches Interesse an altem Trödel? Können Preußen und Habsburg heute als abgeschlossenes Ganzes betrachtet werden, und berechtigt dies zu einem neuen, unverstellten Blick? Diesen Fragen soll abschließend nachgegangen werden.

II.

Zunächst zu Preußen. Wie sehr Preußen nach 1945 die Gemüter beschäftigt hat, wird daraus ersichtlich, dass sein Ende gleich mehrfach datiert wird. Das Staatsrecht kennt verschiedene Formen des Untergangs von Staaten: Beitritt zu einem anderen Staat, Zusammenschluss mehrerer unabhängiger Staaten zu einem neuen Gebilde, einer Konföderation, oder schließlich die vollständige Auslöschung, die Debellatio, wie Karthago am Ende des Dritten Punischen Krieges. Ob das Deutsche Reich in der »politisch-militärischen Totalkapitulation« (Andreas Hillgruber) am 9. Mai 1945 untergegangen ist, darüber stritten sich die Rechtsgelehrten nach dem Zweiten Weltkrieg leidenschaftlich. Das Bundesverfassungsgericht nannte in seiner Entscheidung vom 31. Juli 1973 gute Gründe, die für die Fortexistenz sprachen. Preußens Untergang hingegen wurde per Dekret, durch Alliierten Kontrollratsbeschluss vom 20. Februar 1947, festgestellt: zu einem Zeitpunkt indes, als das Ableben Preußens bereits Gewissheit war. Über die genaue Datierung von Preußens Untergang allerdings sind die Historiker uneins. Je nach Sichtweise wird der Niedergang Preußens weit vor 1945 angesetzt: mit der Reichsgründung 1871 etwa, mit dem Abgang des Urpreußen und Reichsgründers Bismarck 1890, mit dem Ende der Hohenzollernmonarchie im November 1918 oder mit dem »Preußenschlag« der Regierung Franz von Papen, der Absetzung des letzten preußischen Ministerpräsidenten Otto Braun, im Juli 1932, und der Einsetzung einer kommissarischen Regierung.

Übereinstimmung herrscht unter den Historikern allenfalls weiterhin im Urteil, dass die Nationalsozialisten die eigentlichen Totengräber Preußens waren. Und dies hing vor allem damit zusammen, dass von der Machtergreifung bis zum Untergang Preußen als Folie für die pseudoreligiösen Inszenierungsspektakel der Nationalsozialisten stets gegenwärtig war. Den letzten Schlag erhielt Preußen dann auf den alliierten Konferenzen in Teheran (1943), Jalta (Februar 1945) und Potsdam (Juli/August 1945). Vor allem der britische Kriegspremier Winston Churchill hatte im Preußentum den Hort alles Bösen identifiziert, was er dem deutschen Nationalcharakter zurechnete, und frühzeitig auf eine Zerschlagung Preußens und Abtrennung vom (süddeutschen) Donaudeutschland gedrängt. Von dort war es in der Argumentation nicht mehr weit zu den Stammbäumen des Bösen, die selbst so renommierte Historiker wie A. J. P. Taylor bald nach Kriegsende konstruierten – von Luther über Friedrich den Großen, Bismarck und Bethmann Hollweg zu Hitler.[344]

In der Präambel zum Auflösungsbeschluss des Alliierten Kontrollrats ist die Begründung für die Zerschlagung Preußens nachgeliefert: Der Staat Preußen sei von jeher Träger des Militarismus und der Reaktion gewesen. Der Wunsch, »die weitere Wiederherstellung des politischen Lebens in Deutschland auf demokratischer Grundlage zu sichern«, war an die Auflösung Preußens gebunden: vernichtender kann ein Verdikt nicht ausfallen.[345] Und auch dort, wo einst ein strammes Bekenntnis zu Preußen laut tönte, ließen die nach Kriegsende gewählten Formulierungen auf Selbstzweifel – und Unsicherheit – schließen. Gerhard Ritters Vorwort für die dritte Auflage seiner ursprünglich als Kritik am nationalsozialistischen Preußenbild gedachten Studie ist dafür ein sprechendes Beispiel: »War der von König Friedrich begründete Aufstieg Preußens zur Großmacht nichts weiter als ein Irrweg, der notwendig eines Tages ins Verderben führen mußte? Oder barg er, wie unsere Väter alle glaubten, heilvolle Möglichkeiten einer gesunden Dauerordnung Deutschlands und Europas in sich, die nur durch Mißbrauch der hier geschaffenen Kräfteballung zuletzt ins Unheil verkehrt worden sind?«[346]

Preußen verfügte 1945 weder über eine Lobby noch über eine Stimme, und über lange Jahre hatte man sich in der Bundesrepublik daran gewöhnt, an der Gleichung preußischer Militarismus = Nationalsozialismus festzuhalten, einer Auffassung, die durch den Umstand begünstigt wurde, dass die auf deutschem Boden verbliebenen Hinterlassenschaften Preußens vorrangig auf dem Gebiet des selbsternannten ersten Arbeiter- und Bauernstaates – der Deutschen Demokratischen Republik – lagen. Das Verhältnis der DDR und der sie tragenden Sozialistischen Einheitspartei zum Erbe Preußens ist von Anfang bis Ende zwiespältig und eklektisch gewesen. Zugespitzt formuliert: In dem Maße, in dem das Bekenntnis zur deutschen Nation etappenweise – insbesondere durch die Änderungen von 1968 und 1974 – aus der Verfassung getilgt wurde, rückte die Erinnerung an Preußen in den Vordergrund. Dabei ging es aber vor allem um die Indienstnahme gewisser Teile des preußischen Erbes. Es begann zunächst in der SBZ und dann in den ersten Jahren der im Oktober 1949 gegründeten DDR mit dem Versuch gewaltsamer Auslöschung. Es ist bezeichnend, dass zwei der symbolträchtigsten Bauten, die den Krieg überlebt hatten, das Berliner Stadtschloss und die Potsdamer Garnisonkirche, auf Geheiß der DDR-Machthaber 1950 beziehungsweise 1968 gesprengt wurden. Und auch Schloss Schönhausen bei Stendal, Bismarcks Familiensitz, wurde 1958 unter dem Vorwand von Hausschwamm, der freilich 1918 schon beseitigt war, abgerissen. Herrenhäuser, Burgen und Schlösser wurden als vermeintliche Überbleibsel und Horte eines adeligen Preußentums mit Vorliebe geschleift oder dem Verfall preisgegeben. Diese gewaltsame Entsorgung der Geschichte sollte eine *tabula rasa* schaffen und hat doch gerade durch diesen Akt die Frage nach dem historischen Erbe – nicht zuletzt durch die gerissenen Lücken – sehr viel drängender gestellt.

Nach dieser ersten Phase der Ausradierung von historischen Spuren setzte sich, insbesondere seit den 1970er Jahren, eine Haltung durch, die Walter Ulbricht bereits in seiner Rede auf der 2. Parteikonferenz der SED am 9. Juli 1952 anklingen ließ. Aus dem Hauptfeind wurde allmählich ein Vorläufer, und immer mehr wurde preußische Symbolik durch die Machthaber der DDR bis in einzelne Baumaßnahmen in Dienst genommen. Jede erdenkliche Kontinuitätslinie war willkommen, mochte sie auch noch so falsch sein. Die touristische Abschöpfung von Sanssouci oder die Restaurierung des holländischen Viertels in Potsdam sind dafür nur zwei Beispiele. Als im November 1980 das von Christian David Rauch geschaffene Reiterstandbild Friedrichs des Großen auf Weisung Erich Honeckers im Vorgriff auf das Preußenjahr 1981 wieder Unter den Linden aufgestellt wurde, bekam diese Geschichtssicht ihr sichtbarstes Symbol. Am kleinbürgerlichen Geschmack und einem im Grunde allen preußischen Traditionslinien zuwiderlaufenden Geschichtsverständnis der realsozialistischen Machthaber änderte dies wenig. Honecker rühmte sich wiederholt, vor allem gegenüber Besuchern aus dem Westen, kaum je eine Kirche seines Staates betreten zu haben. Und noch 1988, als im Neuen Palais in Potsdam eine große Friedrich-Ausstellung gezeigt wurde, hielten sich die Spitzen der Staatsführung demonstrativ fern. Von preußischer Toleranz, der Devise »ein jeder nach seiner Fasson«, gar von Gedankenfreiheit und Dialog mit den Künsten war indes im Ulbricht-und-Honecker-Staat nichts zu spüren. Auch in der DDR verfuhr man mit dem preußischen Erbe nach dem Motto, man verleibe sich die Teile ein, die gerade gut ins Konzept passen, der Rest wurde verschwiegen.

In der Bundesrepublik vor 1989 war Preußen allein schon wegen der geographischen Distanz zu den preußischen Erinnerungsorten weit weg. Auf die politische Geographie von 1945 ist es zurückzuführen, dass die alte Bundesrepublik im Wesentlichen außerhalb der Grenzen Preußens lag. Die Distanz zu Preußen sollte vor allem Distanz zum Hitlerstaat bringen. »Abschied von der bisherigen Geschichte«,[347] so der Titel eines damals populären Buches von Alfred Weber, sollte von einer Last befreien, die als Zuviel an Vergangenheit dem Neuanfang unter ohnehin schwierigen Bedingungen entgegenstand. Dort, wo »Besinnung auf Preußen«[348] verkündet wurde, geschah dies nie ohne den Hinweis, dass es nicht um die Glorifizierung oder gar Restaurierung vergangener Formen gehe, und immer im Bewusstsein, dass der Mainstream woanders war. Preußen, das waren wohl nicht mehr als kurze 150 Jahre gemeinsamer Geschichte, doch sie waren zugleich beziehungsreich, denn jene 150 Jahre haben den Weg zur Reichseinigung und danach die entscheidenden Jahrzehnte des deutschen Nationalstaats von 1871, Fluch und Segen zugleich, geprägt. Preußen, das war nicht nur soldatischer Zwang und Kargheit als Staatsidee, sondern auch Toleranz und Religionsfreiheit für den Einzelnen. War es die Angst vor der Wiederbegegnung mit der eigenen Geschichte, die Konfrontation mit der unangenehmen Wahrheit, dass auch in einem westverschobenen Rumpfdeutschland der Nachkriegsrepublik das Wiedervereinigungsgebot des Grundgesetzes galt und zugleich die Herausforderung, den wirklichkeitsfremden, überzogenen Forderungen der Vertriebenen nach Wiedereingliederung der verlorenen

Ostgebiete eine Absage zu erteilen? Erinnerung an Preußen wachzuhalten hieß, das damals in der Lebenswirklichkeit immer mehr entrückte Wiedervereinigungsziel zu verfolgen. Die Pflege des preußischen Erbes hätte in der alten Bundesrepublik eine nationale Aufgabe sein können, und genau das war sie nicht. Von Preußen blieb im offiziellen Teil der Republik kaum mehr als die Stiftung Preußischer Kulturbesitz; und es war wohl vor allem die Sorge, die Pflege der Erinnerung an Preußen könne nationale Leidenschaften entfachen, gar die Vertriebenen könnten sich des Themas bemächtigen, das Zurückhaltung gebot. Darüber geriet in Vergessenheit, dass Preußen immer auch mehr als ein Nationalstaat, nämlich ein übernationaler Staat gewesen ist.

Es blieb einer zahlenmäßig kleinen Gruppe vor allem publizistischer und akademischer Außenseiter vorbehalten, an Preußen zu erinnern. Dazu zählte insbesondere der seit 1947 in Erlangen lehrende Historiker Hans-Joachim Schoeps – der Lehrstuhl für Religions- und Geistesgeschichte war eigens für ihn geschaffen worden. Als Jude war er am Heiligabend 1938 unter abenteuerlichen Umständen nach Schweden emigriert. Schon am 18. Januar 1951 hatte er in seinem aus Anlass des 250. Jahrestags der preußischen Königserhebung gehaltenen Vortrag »Die Ehre Preußens« für ein ausgewogenes, um Gerechtigkeit bestrebtes Preußenbild plädiert.[349] Im Jahr darauf erschien dann seine wegweisende Monographie über *Das andere Preußen* – die Gedankenwelt der preußischen Hochkonservativen zu Zeiten Friedrich Wilhelms IV. Bei aller Popularität einzelner Werke und ungeachtet der Einrichtung etwa der Historischen Kommission zu Berlin oder der Preußischen Historischen Kommission blieb die akademische Debatte über Preußen eher bescheiden. Lehrstühle über preußische Geschichte gab es wohl insgesamt deutlich weniger, als im Freistaat Bayern an Expertise für bayerische und fränkische Landeskunde versammelt war.

Die alte Bundesrepublik hatte sich lange gewehrt, als eigener Staat betrachtet zu werden. Sie war, und die Fassung des Bonner Grundgesetzes vom 23. Mai 1949 legt davon beredtes Zeugnis ab, ein Transitorium. Doch Übergang wohin? Der Traum von der Einheit der Nation, in den 1950er Jahren eine noch scheinbar reale Perspektive, rückte in immer weitere Ferne, je länger die alte Bundesrepublik bestand. Zu jener Provisoriumsidentität ist es auch kein Widerspruch, dass sie vor allem in den ersten beiden Jahrzehnten ihres Bestehens stark auf sich selbst bezogen war. Adenauer, der erste Kanzler, war »Staatsmann der Sorge« (Golo Mann). Er verstand es, nach verlustreichem Krieg und nationalsozialistischem Wahn dem gesunden Menschenverstand zur Rückkehr zu verhelfen, und er impfte seinen Landsleuten verlorengegangenes Selbstvertrauen wieder ein.

Wo der Boden brüchig geworden war, da konnten zunächst nur kleine Schritte erfolgen. Wie das alte Preußen, so war auch die junge Bundesrepublik eine Flüchtlingsnation. Mit dem Leben davongekommen zu sein, dies entsprach der Wirklichkeit der Kriegsheimkehrer: neun Millionen Deutsche waren aus ihrer angestammten Heimat vertrieben worden. Entsetzliche menschliche Dramen hatten sich in den letzten Kriegstagen abgespielt. Die *conditio humana* zeigte sich dabei in ihrer ganzen Breite: Aufopferung, *caritas* und *agape* standen neben Rache, Habgier und Vergewaltigung. Das Gefühl des Abgetrenntseins wurde verstärkt durch die zunehmende Konfrontation zwischen den sich formierenden Blöcken. Der Eiserne Vorhang schnitt buchstäblich ab, und was als Nachrichten aus dem sowjetischen Einflussbereich in den Westen drang, war alles andere als beruhigend. War es ein Wunder, dass das Staatsbewusstsein gewissermaßen auf Abruf war? Prinzipientreue in der deutschen Frage bestimmte alles politische Handeln – die Umsetzung der Hallsteindoktrin und ihr außenpolitischer Preis stehen dafür, andere Fragen mussten sich diesem Primat unterordnen.

Erst als in den frühen 1970er Jahren gemäß der von Egon Bahr 1963 geprägten Formel vom »Wandel durch Annäherung« eine neue Zeit eingeleitet wurde, fand man die Kraft, sich aus der eigentümlichen Mischung aus Geschichtsvergessenheit und der Fixierung auf die Frage »Wie war es (Hitler) möglich?« zu lösen. Historisierung war erwünscht, bot sie doch die Chance, einen Abstand zur nationalsozialistischen Zeit zu suchen. Es war in gewisser Hinsicht ein Paradoxon, dass der Weststaat, der so viele Heimatvertriebene aus dem Gebiet des einstigen Preußen aufnehmen musste, in seinen Erinnerungen an Preußen sehr sparsam war. Die Bundesrepublik stand in der historischen Kontinuität, und doch wollte sie demokratischer Staat aus eigenem Recht sein. Das Bekenntnis zum Weststaat war Staatsraison geworden, statt Patriotismus gab es allenfalls »Verfassungspatriotismus« (Dolf Sternberger).

Aufflackernde Preußenmoden – sie sollte es seitdem in unregelmäßigen Abständen immer wieder geben – stellten vor diesem Hintergrund auch den Versuch dar, in geschichtsloser Zeit die Erinnerung an eine ältere Zeit als Identitätsstiftung in der jeweiligen Gegenwart zu bemühen. Und bisweilen wurden die preußischen Tugenden als Heilmittel gegen die Krankheiten der Gegenwart verschrieben, gegen *laissez-faire*, Zaghaftigkeit und den Chic des Büßerhemdes. Nur wenige sahen es wie der Publizist Wolfgang Venohr, auch er ein Außenseiter, dass Preußen der »Kitt für die Wiedervereinigung« sei.[350]

Vor allem der große Zuspruch zur Berliner Preußenausstellung 1981 wurde dann als eigentliche Wende in der (west-) deutschen Preußenrezeption bewertet. In Massen strömten damals die Besucher ins Museum. Der Trend zur gefälligen Aufnahme großer historischer Ausstellungen hatte sich zuvor schon bei der Staufer-Ausstellung in Stuttgart und der Wittelsbacher-Ausstellung in München gezeigt. Und in der Tat markiert die Berliner Preußenausstellung von 1981 in mehrfacher Hinsicht eine Zäsur. Die erstaunliche Einsicht lautete, dass Preußen, allen Versuchen zum Trotz, es aus der deutschen Geschichte ganz herauszukatapultieren, noch immer gegenwärtig war.

Der ebenso meinungsstarke wie einflussreiche Publizist Sebastian Haffner war es, der mit seinem Bestseller *Preußen ohne Legende*[351] mit feinem Gespür für Kommendes eine Liebeserklärung an Preußen abgab und damit eine Schneise geschlagen hatte. Ein besserer Advokat für das alte Preußen als Haffner, der Emigrant von 1938 und Nachkriegs-Berlinheimkehrer, hätte sich nicht finden lassen. Er hob in seiner Person den Gegensatz auf zwischen Deutschland und den einstigen Gegnern der Anti-Hitler-Koalition. Wenn Haffner Preußens Lebensgesetze analysierte, dann waren dies zu großen Teilen auch seine eigenen, die des unorthodoxen Kritikers, der gern wider den Stachel löckte: »Überraschung und Überrumpelung, schnelles Schalten, blitzartige Positionswechsel und, im entscheidenden Augenblick, immer wieder das scharfe Schwert.«[352] Es passt ins Bild, dass Haffners Lebensthema die Auseinandersetzung mit dem Nationalsozialismus und dem Phänomen Hitler war, dessen Lebensgesetze von Aufstieg und Fall er mit kalter Analyse zu ergründen suchte. Denn Preußen war Teil dieser Geschichte. Andere folgten seinem großen publizistischen Erfolg bald nach.

Plötzlich waren Bücher über Preußen *en vogue. Preußische Profile, Preußens Gloria* oder *Die Aktualität Preußens* lauteten die Titel einer Preußen-Renaissance, die immerhin Hans-Ulrich Wehler, einen der *Praeceptores Germaniae* und Wegbereiter der modernen Sozial- und Gesellschaftsgeschichte, veranlasste, gegen den aufkommenden »Preußenchic« anzuschreiben.[353]

Die 1980er Jahre brachten dann den plötzlichen Abschied vom Provisorium gerade zu einem Zeitpunkt, als sich viele mit der verfassungsrechtlich zwar nicht anerkannten, aber weithin gefühlten »Zweitstaatlichkeit« arrangiert hatten. Der Historikerstreit der späten achtziger Jahre war Ausdruck jener stark nach innen gerichteten deutschen Befindlichkeit, als mit sehr begrenztem Erkenntnisgewinn über die wissenschaftliche Berechtigung von Vergleichen der Verbrechen Hitlers mit denjenigen Stalins gestritten und angebliche apologetische Tendenzen in der deutschen Geschichtswissenschaft aufgespürt wurden. Die eigentliche unerhörte Begebenheit, der weltpolitische Umbruch des *annus mirabilis* 1989/90, wurde demgegenüber in seiner Tragweite relativ spät erkannt. Erst die internationale Presse sorgte dafür, dass die Frage danach, ob die Deutschen sich verändert hätten und ein viertes Reich bevorstünde, dann auch die Deutschen beschäftigte.[354]

Die deutsche Frage war 1990 gelöst, doch Fragen an Deutschland sind geblieben, und Ruhe in Frieden ist in die Preußendebatte keineswegs eingekehrt. Liegt es am *genius loci*, dass gerade nach dem Umzug der deutschen Bundesregierung und des Deutschen Bundestags von Bonn nach Berlin anno 1999 Preußen allmählich wieder in Mode gekommen ist? Und worin besteht diese Mode? Hat Preußens Wiederentdeckung, so wurde bisweilen gefragt, auch mit dem Lebensgefühl der Berliner Republik, mit einer neu entflammten Sehnsucht nach Disziplin und Ordnung zu tun?[355] Gewiss, die Spuren Preußens im Stadtbild Berlins sind in Stein gemeißelt und unübersehbar: das Reiterstandbild des Alten Fritz Unter den Linden, das Alte Zeughaus, das Kronprinzenpalais etwa, überhaupt die Straße Unter den Linden in Berlin. Aber kann ein untergegangener Staat Prägekraft für die Gegenwart entfalten?

Was die Beschäftigung mit Preußen so reizvoll gestaltet, ist indes sein Aussagegehalt für die politische Gegenwart, nicht nur für das Selbstverständnis der Deutschen, sondern darüber hinaus für das europäische Gegenwartsbewusstsein. Und so überrascht es wenig, dass sich in diesen letzten mehr als zwanzig Jahren, die seit der Wiedervereinigung vergangen sind, gerade die Historiker vermehrt Preußen als Thema zugewandt haben und dabei durchaus auf Interesse gestoßen sind. Die Geschichtsschreibung ist stets im Fluss. Die Sicht auf frühere Ereignisse wandelt sich, und damit verändert sich die Geschichte selbst. Paradigmen verschwinden, Mythen entstehen, Erinnern und Vergessen changieren. Auf besondere Weise verdeutlicht dies der Blick auf die preußischen Jahrestage. Noch 2001 verstrich das 300-jährige Jubiläum der ersten Krönung eines Königs *in* Preußen nahezu unbemerkt. 2006 und 2007 wurden dann Preußens Untergänge in Jena und Auerstedt 1806 und im Alliierten Kontrollratsgesetz 1947 mit großer publizistischer Begleitmusik begangen. Im Januar 2012 fand unter großer publizistischer Beachtung das 300. Jubiläum des Geburtstags Friedrichs des Großen statt. Nie schien die Neugier auf Preußen größer, und entsprechend waren die kulturpolitischen Anstrengungen von Bundesregierung, Land Brandenburg und Stadt Potsdam. Nicht enden wollende Besucherströme haben es gedankt. Und doch zeigte gerade der vermeintliche Höhepunkt, die Einführung des damaligen Bundespräsidenten Wulff bei den Geburtstagsfeierlichkeiten für den Festvortrag von Christopher Clark, wie schwer es dem offiziellen Deutschland noch immer fällt, die Balance bei der historischen Einordnung Preußens zu wahren und wie leicht dann Allgemeinplätze bei der Hand sind.[356]

Doch ungeachtet dessen gilt: In der alten und neuen Hauptstadt Berlin hat sich der Blick auf Preußen verändert: Es ist heute mehr und mehr der Blick auf ein abgeschlossenes Ganzes. Wir wissen um den Lauf der Geschichte, die Emotionen werden schwächer, der analytische Blick schärfer. Am sichtbarsten ist die damit verbundene Entmythologisierung der Pionierleistung des in Cambridge/England lehrenden australischen Historikers Christopher Clark zu verdanken, dem mit seinem Preußen-Buch ein großer Wurf gelungen ist.[357] Er stellt die preußische Geschichte in ihrem inneren Zusammenhang dar, modern und aufgeklärt, gänzlich ohne borussisches Pathos, aber auch nicht im moralisierenden Ton der Anklage, mit der insbesondere nach dem Zweiten Weltkrieg das Preußentum als Sitz allen Unheils identifiziert wurde. Clark hat vor allem mit der alten These vom deutschen Sonderweg aufgeräumt, der er zwar ihre Berechtigung als Denkfigur und Anregung, sich seines eigenen (kritischen) Verstandes zu bedienen, zugestand; aber er wies auf die – an und für sich auch nicht mehr ganz junge – Erkenntnis hin, dass jede Nationalgeschichte anders verlaufe, dieser Umstand aber nicht zur Qualifizierung zum Sonderweg tauge. Und es mag mehr als eine Koinzidenz sein, dass parallel zu Clarks Preußen-Buch auch Friedrich der Große, nach Theodor Schieders letztlich Fragment gebliebenem Werk *Königtum der Widersprüche* von 1983[358], in Johannes Kunisch 2004[359] einen würdigen Biographen gefunden hat, dessen Werk auf lange Zeit gültig bleiben wird.

Am Bild des »Alten Fritz« werden die Veränderungen des Verhältnisses zu Preußen wohl am deutlichsten. Denn Friedrich der Große bleibt die Symbolfigur Preußens schlechthin. Er zeigt im Guten wie im Schlechten die Stärken und Schwächen, die Errungenschaften und Gefährdungen Preußens. Der Widersacher Maria Theresias war über lange Zeit im Streit und umstritten. Man denke nur an die hymnische Überhöhung seiner Herrschergestalt durch die borussische Geschichtsschreibung Treitschkes, wie sie in Kuglers Lebensbild[360] ihren Höhepunkt findet, genauso wie an die nie verstummten Vorbehalte des Auslands – am prominentesten in Thomas Carlyles[361] klassischer Biographie ausgesprochen –, oder an die kritische republikanische Sicht Werner Hegemanns.[362] Aber auch die führenden deutschen Historiker des 20. Jahrhunderts – Hans Rothfels[363] und Gerhard Ritter[364] voran – haben die Widersprüche und Genialität, das Daimonium, nicht zuletzt die mit dem Wagnis des Vabanque-Spiels verbundenen Fragen an die deutsche Geschichte in zwei bemerkenswerten Texten ausgesprochen. Selbst die DDR entdeckte in den späten 1970er Jahren den Alten Fritz, um aus seinem Erbe die dem Staatssozialismus kommoden Bestandteile einzuverleiben und in die sozialistische Ahnengalerie einzureihen.[365] Alles, was sich in der deutschen Geschichte seit 1871 an Jubel und Jammer, um ein Wort Sybels zu variieren, wiederfindet, ist in der Person des Preußenkönigs Friedrichs II. angelegt: das Alles-oder-Nichts-Spiel, die territoriale Aggressivität, die sich nicht um den Bruch des Völkerrechts schert, Disziplin und Liberalität, das Suchende und Doppelgesichtige, die höchsten Leistungen in Architektur und Künsten, aber auch die tiefe Fragwürdigkeit im Charakter und der zwiespältige Einfluss falscher Freunde. Von daher ist Friedrich der Große eine sehr deutsche Figur.

Und auch mit den anderen preußischen Herrschergestalten haben sich die Deutschen seit jeher schwergetan. Das Pendel schwankte oft zwischen Verklärung und Verehrung einerseits sowie Verdammung und Verruf andererseits. Königin Luise, der Johann Gottfried Schadow als zehnjährige Prinzessin mit ihrer Schwester Friederike eine meisterhafte Doppelstatue gewidmet hat, ist als Königin der Herzen und Verkörperung von *virtus* und *caritas* in die Geschichte eingegangen. Sie verstarb nur 34-jährig und wurde zum Inbegriff des Weiblichen in einer ansonsten soldatisch-männlich geprägten Herrscherdynastie. Luise, deren 200. Todestag 2010 eine Flut von Publikationen hervorgebracht hat, ist durch mythische Überhöhung auch den Historikern entglitten: die Grenze zwischen Wahrheit und Dichtung aufhebend.[366] Die Berliner Luise-Ausstellung von 2010, die sie zur Ikone zu stilisieren versuchte, fügt sich ein in jenes zur Verklärung neigende Geschichtsbild, das so oft schon in der Vergangenheit zu Missverständnissen geführt hat. Preußen genauso wie Habsburg sind immer auch für ihre jeweilige Gegenwart Projektionsflächen gewesen.

Hat die heute zu beobachtende Preußen-Renaissance einen tieferen Sinn? Und wenn ja, was besagt sie über das Geschichtsverständnis der Deutschen? Da ist zunächst der zeitliche Abstand von zwei Generationen, der es heute erlaubt, Preußen nach seiner Auflösung per Alliiertem Kontrollratsbeschluss 1947 in das mildere Licht einer um Gerechtigkeit bemühten Geschichtsschreibung einzutauchen. Viele der Debatten der sechziger, siebziger und achtziger Jahre des letzten Jahrhunderts müssen heute nicht mehr ausgetragen werden, weil sie sich erschöpft haben oder die Geschichte über sie hinweggegangen ist. Die Frage, wie es zur nationalsozialistischen Machtergreifung kam, hat zu lange die Beschäftigung mit der preußischen Geschichte überschattet. Die deutsche Geschichte, die zu Hitler geführt hatte, führt auch über ihn hinaus. Gewiss, und Sebastian Haffner hat zu Recht darauf verwiesen, kann Preußen für seinen Anteil an den Katastrophen der deutschen Geschichte im 20. Jahrhundert nicht freigesprochen werden. Doch Preußen taugt auch nicht zum alleinigen Sündenbock: »Das Dritte Reich war Hitlers Reich, und der Zweite Weltkrieg war Hitlers Krieg, und Hitler war nun einmal kein Preuße, auch im Geiste nicht – ganz und gar nicht.«[367] Die Fixierung auf den Anteil Preußens am Scheitern des kleindeutsch-preußischen Nationalstaats ist einer Einordnung in den größeren Zusammenhang der deutschen Geschichte gewichen.

Preußen liegt als abgeschlossenes Ganzes da, und der kleindeutsche Nationalstaat von 1871 auch. Mit der Zäsur von 1945, die auch aus der heutigen Perspektive des 21. Jahrhunderts die große Wegscheide des 20. Jahrhunderts geblieben ist, ragen indes der Untergang Preußens und der Zusammenbruch des deutschen Nationalstaats in die Gegenwart hinein. Doch das Schicksal beider, das im Jahr 1945 so scheinbar unauflösbar miteinander verkettet war, ist entzweit. Mit der Wiedervereinigung von 1989/90 ist Deutschland in Einheit und Freiheit und mit Zustimmung seiner Freunde, Partner und einstigen Kriegsgegner vereint; Preußen aber bleibt als Staat tot, lebendig allenfalls als geistiges Prinzip und gegenwärtig in Gestalt seiner architektonischen und anderen literarisch-künstlerischen Hinterlassenschaften. Sichtbarer wird jetzt auch, dass die scheinbare Verbindung zwischen Preußen und dem deutschen Nationalstaat eine konstruierte war. Preußen als Staat und als geistige Form haben mit dem Nationalsozialismus viel weniger gemeinsam als 1945 behauptet wurde. Die Wege zwischen Preußen und Deutschland gingen schon in der wilhelminischen Zeit auseinander, als Großmacht- und Weltpolitikstreben dazu führte, dass Deutschlands politisches Handeln auf die schiefe Bahn geriet und zunehmend isoliert war.

Dies macht den Blick dafür frei, dass auch Preußen auf seine Weise gleich zweimal Opfer geworden ist: zuerst als Beute des Machthungers der Nationalsozialisten und dann, nach 1945, im Zangengriff eines auf die Herleitung der Ermöglichung des Nationalsozialismus fixierten Geschichtsbildes zuerst der Siegermächte und sodann der Nachkriegsdeutschen. Preußen hat für die deutsche Katastrophe einen höheren Preis als andere bezahlt: den der vollständigen Auslöschung. Vielleicht liegt auch darin ein Grund, weshalb Preußen für lange Zeit weniger als anderen Gerechtigkeit widerfahren ist.

Gerade aus dem Umstand, dass Preußen als Staat nicht wiedererstehen wird, kann heute eine größere Gelassenheit erwachsen, die auch einen neuen Blick auf die Geschichte Preußens freimacht und Preußen als Lebensform, die Pflege der preußischen Tugenden wie Disziplin, Anstand, Pflichtbewusstsein, Ehrgefühl, erstehen lassen kann. Doch zunächst geht es darum, Preußen und seine geschichtliche Existenz in den Blick zu nehmen, Preußen als Staat nachholende Gerechtigkeit widerfahren zu lassen. Die Fragen des Historikers beziehen sich dabei auf die ganze Geschichte Preußens: die Bedingungen seines Aufstiegs, Preußens Selbstbehauptung in den Kriegen und Konflikten des 18. Jahrhunderts, Preußens auch taktische Allianz mit der Freiheits- und Einheitsbewegung im 19. Jahrhundert, das Spannungsverhältnis zwischen Militärmacht und geistigen Impulsen, überhaupt die vielschichtigen Persönlichkeiten seiner Herrschergestalten: Friedrich der Große, Bismarck, auch die des unglücklichen Wilhelm II. und, wenn man so will, der mehr (Otto Braun) oder weniger (Paul von Hindenburg) demokratischen Weimarer Preußengestalten. Auch die Überwindung der Episode der DDR-Geschichte – eines politischen Gebildes, das von seiner geographischen Verortung, aber auch mit Blick auf die Übernahme altpreußischer Traditionen und Gepflogenheiten, beim Stechschritt angefangen, in vielem eine vermeintliche Kontinuität ausdrückte – mag zum heute unaufgeregteren Blick auf Preußen beigetragen haben.

Das Erbe Preußens wie dasjenige Habsburgs kann deshalb ebenso wenig Vorbild für morgen sein, wie es als Last begriffen werden muss. Erst wenn wir es als geschehene Vergangenheit, die die Bedingungen menschlichen Lebens von heute geprägt hat, die Leid hervorgerufen hat, Familien entzweit, die aber auch Glück geschenkt und Zugehörigkeit begründet hat, wenn wir sie, im Guten wie im Schlechten, angenommen haben, dann wird sie zu unserer Geschichte. Und erst dann sind wir in der Lage, unsere Aufgabe in der Gegenwart wahrzunehmen. Dieses Erbe neu zu entdecken und es für die Gegenwart nutzbar zu machen ist die eigentliche Herausforderung von heute: Es anzunehmen heißt, zu einem tieferen Verständnis für das eigene historische Erbe zu finden und dadurch auch zu größerer Gelassenheit durch Selbstvergewisserung zu gelangen.

Und zu dieser Aufgabe gehört auch ganz entscheidend, die Frage zu stellen, wo Habsburg und Preußen heute am gegenwärtigsten sind und wo ihre Wiederentdeckung Gewinn bedeuten kann, wo beide Vorbilder für heute sein können.

Mit Blick auf Preußen ist diese Aufgabe ganz wesentlich mit dem Erbe des Staatsstreichversuches und des Attentats auf Hitler vom 20. Juli 1944 verbunden. Der 20. Juli steht dabei auch für die Ferne der preußischen zu unserer heutigen Lebenswelt. Karl Heinz Bohrer hat vor über zehn Jahren in einem Aufsatz über das verschwundene Paradigma festgestellt, dass es für das durchschnittliche historische Bewusstsein kaum etwas gäbe, was weniger attraktiv wäre als die Kombination Friedrich der Große, Preußen und der 20. Juli.[368] Der 20. Juli, Marion Gräfin Dönhoff hat darauf am prominentesten hingewiesen[369], war nicht nur ein Aufstand des Gewissens, er war auch eine Erhebung des altpreußischen Geistes. Die großen Namen der preußischen Geschichte – Moltke, Schwerin, Yorck, Schulenburg – waren auf den Totenlisten des 20. Juli zu finden, wie überhaupt der preußische Adel in der Hitlerzeit einen – gemessen an anderen gesellschaftlichen Gruppierungen – ganz erheblichen Blutzoll entrichtet hat.

Dönhoffs Sicht vom 20. Juli als letzter Etappe im hinausgezögerten Sterben Preußens hat vieles für sich. Dazu passt, dass sich die junge Bundesrepublik, die gerne die Erinnerung an Preußen ganz aus dem Gedächtnis der Nation getilgt hätte, auch mit dem 20. Juli so auffallend schwertat. In den Rang eines offiziellen Feiertags wurde der 20. Juli nie erhoben. Lange Zeit war die Erinnerung an den 20. Juli in Deutschland eher Pflichtritual als Herzensanliegen: kein Feiertag, aber staatstragende Reden, Nachfahren und Überlebende weithin unter sich. Und nicht überall stießen die Angehörigen der Männer und Frauen vom 20. Juli 1944 nach dem Zweiten Weltkrieg in der Bundesrepublik auf Verständnis und Anteilnahme. Zwar bestimmte der Dreiklang Graf Stauffenberg, Weiße Rose und Bischof Graf Galen das landläufige Bild vom Widerstand, doch die Konturen dieses Bildes waren lange Zeit unscharf. Die Feierlichkeiten zum 20. Juli 1944 haben bis heute nie ganz ihren Charakter als Familientreffen verloren. Der Widerstand interessierte nach 1945 nur eine schmale Schicht, genauso wie er vor 1945 Angelegenheit einiger weniger gewesen war. Letzteres hängt auch mit den besonderen Bedingungen zusammen, die den Kampf gegen Hitler und sein Regime so schwer machten. Im Juli 1944, zum Zeitpunkt des Attentats, war die Mehrheit der Deutschen zwar nicht mehr für Hitler, aber sie war auch nicht gegen ihn.

Der Widerstand gegen Hitler war keine Résistance oder Resistenza, die sich gegen eine oppressive Feindmacht auflehnte. Deutscher Widerstand gegen Hitler war im Zweiten Weltkrieg immer mit dem auch für viele der am Attentat des 20. Juli 1944 Beteiligten moralischen Dilemma verbunden, den Kampf zum Sturz des Regimes mit dem Preis der Niederlage des Vaterlandes bezahlen zu müssen. Das Stigma des vermeintlichen Landesverräters begleitete die Widerständler auf Schritt und Tritt. Briten und Amerikaner hatten wenig Verständnis übrig für diese seltsame Frontstellung der Männer der deutschen Opposition: gegen Hitler und für die eigene Nation. Die Rechnung der nationalsozialistischen Propaganda, die Angehörigen des 20. Juli als »Preußen- und Adelsclique« zu diffamieren, wäre fast aufgegangen, wenn man die Vielzahl der kritischen Stimmen der Nachkriegshistoriographie zu den angeblich kryptodemokratischen und reaktionären gesellschaftspolitischen Vorstellungen der Männer und Frauen des 20. Juli betrachtet. Das Epitheton »Verräter« wurde dann in der Bundesrepublik auf der äußersten politischen Rechten gerne benutzt, um – »einmal Verräter, immer Verräter« – die Überlebenden des 20. Juli zu verunglimpfen.

Das geringe Interesse für Claus Graf Stauffenberg und die Männer und Frauen des 20. Juli in den ersten Nachkriegsjahren hatte aber auch mit schlechtem Gewissen zu tun. Die Person des Attentäters und seines Kreises und deren Unbedingtheit machten es den Nachkriegsdeutschen nicht einfach. Stauffenbergs Weg konfrontierte mit der unangenehmen Wahrheit, dass es zum Mitmachen und Mitlaufen eine Alternative gegeben hatte. So schloss die Würdigung der Tatsache, dass es überhaupt einen Widerstand gegen Hitler gegeben hatte, zugleich immer auch das Eingeständnis ein, dass man selbst nicht widerstanden hatte, beziehungsweise die selbstkritische Frage, warum nicht.

Wenn sich heute eine differenziertere Sicht Preußens durchsetzt, so bietet dies auch die Chance, die ganze preußische Geschichte und das Erbe des 20. Juli neu zu entdecken und zueinander in Beziehung zu setzen. Denn die preußische Militärgeschichte mit Yorck, Scharnhorst und Gneisenau ist voller Beispiele, auf die sich Männer wie Stauffenberg, Tresckow oder Schulenburg in ihrem Widerstand gegen Hitler als Vorbilder berufen konnten.

Preußen als Gegenbild, diese Sichtweise ist in der Opposition gegen Hitler angelegt und kann auch für das Deutschland von heute stimulierend sein. Die Frauen und Männer des 20. Juli waren, ganz ohne Zweifel, Gegenentwurf zum Hitlerstaat. Sie hielten sich an Schlieffens Devise »Mehr sein als scheinen« und kontrastierten in ihren Motiven, in Anstand und Ehre zum fahlen Schein des Staates, der sich vorgeblich auf Befehl und Gehorsam berief, einen falschen Patriotismus zur Schau stellte und dessen skrupellose Machthaber den eigentlichen Verrat an Deutschland begingen. Der Attentäter des 20. Juli, Graf Stauffenberg – als süddeutscher Katholik, einstiger Adept Stefan Georges und Reichsromantiker gewiss kein Preuße –, stand indes mit seinen Mitstreitern – Tresckow, Schulenburg und anderen – ganz in der Tradition des preußischen Generalstabs, von dem Gustav Hillard einmal treffend geschrieben hatte, dass seine innere Geschichte anonym bleiben werde, »weil sein inneres Wesen die Anonymität war.«[370]

Preußen, die enge Verbindung mit dem kleindeutsch-preußischen Nationalstaat der Deutschen und seinem Scheitern 1945, bildet immer den Bezugsrahmen zur Beschäftigung mit dem deutschen Widerstand in der Nachkriegszeit. Dies gilt auf unfreiwillige Weise selbst für das Bild vom 20. Juli in der DDR. Dort wurde für lange Zeit der bürgerliche Widerstand gegen Hitler verschwiegen und die Geschichte des Widerstands gegen den Nationalsozialismus nahezu ausschließlich auf die Arbeiterbewegung und den kommunistischen Widerstand reduziert; der innere Zusammenhang zwischen deutschem Faschismus und westlichem Imperialismus war Dogma. Unterscheidungen innerhalb des konservativ-liberalen Widerstands wie etwa die zwischen Kreisauern und der Gruppe der Honoratioren konnten infolgedessen nicht vorgenommen werden. Zwar gab es bereits in den 1960er und 1970er Jahren zaghafte Ansätze zu einem nuancierteren Urteil – etwa Daniel Melnikow[371] über den 20. Juli und Kurt Finkers Stauffenberg-Biographie[372] –, doch erst in den 1980er Jahren wurde im Zuge der Neubewertung Preußens eine differenziertere Bewertung der Männer des 20. Juli und damit Stauffenbergs erkennbar. Es ist mehr als eine Laune der Geschichte, dass es ausgerechnet die Erinnerung, besser der Versuch der Indienstnahme Preußens war, der in der DDR eine zaghafte Neubewertung des Widerstands gegen Hitler möglich gemacht hat.

Die Indienstnahme Preußens in politischer Absicht, die Instrumentalisierung und die Bildung eines Mythos hat in der Vergangenheit leider Tradition, und sie mag mit daran schuld haben, dass es bis heute so schwierig ist, zu einem geläuterten Verständnis und zu einer Besinnung auf das wahre Erbe Preußens zu gelangen. Der 20. Juli ist dafür ein Beispiel, und Friedrich der Große ist es auch. Nun ist es gewiss unhistorisch,

Friedrich den Großen allzu sehr in die Nähe des 20. Juli zu bringen, zumal der Preußenkönig gerade von deren Widersachern beansprucht wurde. Joseph Goebbels war es, der sich anno 1945 auf Friedrich berief, vergeblich auf sein Mirakel des Hauses Brandenburg wartete, und bei Hitler im Bunker der Reichskanzlei hing bis zum Schluss als Mahnung und unerbittlicher Begleiter der Alte Fritz an der Wand.

Doch friderizianische Gesinnung zählte gewiss nicht zu Adolf Hitlers hervortretenden Eigenschaften. Hitler war Hasardeur. Er hatte in seinem Leben immer Vabanque gespielt. Hitler hat den Missbrauch der preußischen Tugenden auf die Spitze getrieben und durch seine Verzerrung maßgeblich dazu beigetragen, dass ein schiefes Bild bis in die Gegenwart fortleben konnte. Bei Friedrich dem Großen ist die Wendung der Entscheidungsschlachten auch seinem Vertrauen in die militärische Führung zu verdanken, bei Hitler nahmen die Beschimpfungen des Offizierskorps im Lauf des Krieges in dem Maße zu, wie sich das Kriegsglück zuungunsten des Deutschen Reiches neigte.

Überhaupt ist das Verhältnis zum Militärischen in Deutschland entscheidend von Preußen bestimmt. Preußen als Zerrbild hat – nicht nur im Ausland – eine bisweilen schiefe Wahrnehmung der Rolle des Militärischen in Deutschland begründet und ist deshalb mitverantwortlich dafür, dass bis heute dem Militärischen auch in der Berliner Republik immer wieder Einschränkungen auferlegt werden. Nicht selten ruft dieser Umstand bis heute Reflexe hervor, dass das Militärische im Namen der Demokratie noch weiter eingehegt werden müsse. Das Gespenst von der Reichswehr als Staat im Staate und Bedrohung der Republik, die freilich nie reale Gefahr eines Putsches, wurde seit den Tagen von Weimar immer wieder bemüht, um eine noch stärkere demokratische Kontrolle einzufordern. Die Bundeswehr mit ihrer Konzeption der Inneren Führung, mit dem Wehrbeauftragten als Ombudsmann und dem Verzicht auf öffentliche Paraden ist auch Ergebnis dieser Diskussion.

Staatsverfassung und Wehrverfassung, das lehrt die Geschichte der preußischen Reformer, war in Preußen immer miteinander verbunden. Dieses enge Band war eines der Geheimnisse, das den Aufstieg Preußens ermöglicht hat. Die Geschichte der allgemeinen Wehrpflicht legt davon Zeugnis ab. Hitler scheint dies gespürt zu haben, als er 1934 nach dem Tode Hindenburgs die Angehörigen der Wehrmacht auf seine eigene Person vereidigen ließ. Preußen war ein Staat, der unter dem Gewehranschlag Europas seinen Aufstieg genommen hatte. Die enge Verbindung mit dem Militärischen zählt vermutlich zu den großen Verzerrungen, die das Preußenbild in der Vergangenheit erlitten hat. Gewiss, Preußen war immer auch, und zwar von Anfang an, ein Militärstaat, doch am wenigsten in dem Sinne, wie später in der wilhelminischen Gesellschaft und danach militaristische Traditionen gepflegt wurden, und erst recht nicht, wie Hitler die Wehrmacht für seine Eroberungspolitik einzuspannen versuchte. Preußen war als Staat immer auf Bewährung gestellt. Alarmbereitschaft war gewissermaßen Normalzustand. Befehl und Gehorsam waren dabei im besten Wortsinn existentiell. Dies blieb auf Dauer nicht ohne Rückwirkung auch für die Ausprägung eines preußischen Menschentyps. Wenn sich die Bundesrepublik so lange schwertat mit ihrem Verhältnis zum Militärischen, so ist dies auch auf genau jenes historische Misstrauen in den Staat zurückzuführen, dem auch die preußischen Militärtraditionen zum Opfer gefallen sind. Es bleibt zu hoffen, dass der zeitliche Abstand dazu beiträgt, zu einem gelasseneren Verhältnis des Staates zum Militärischen zu finden. Die Konzentration auf den Kern des preußischen Erbes und die Kunst der Unterscheidung zwischen Wahrheit und Legende sollten dabei helfen.

Das wiedervereinigte Deutschland kann in der Besinnung auf Preußen beweisen, dass Gelassenheit und Geschichtskenntnis eine Berufung auf preußische Traditionen durchaus ermöglichen, jedenfalls keinen Rückfall in vordemokratische Zeiten bedeuten müssen. Die Zeichen für ein fortschreitendes, unaufgeregtes Preußenbewusstsein stehen ohnehin nicht schlecht. Der geistige Besitz, die Prägekraft der Architektur und die geographische Nähe zu den Orten der preußischen Geschichte sorgen in Berlin ganz zwangsläufig dafür, dass Deutschland als in Europa aufgehobener Nationalstaat mit sich entwickelndem Selbst- und Nationalbewusstsein zu sich findet und damit Preußen mehr und mehr für sich erschließt.

III.

Habsburg ist nur scheinbar vom heutigen Österreich weiter entfernt als Preußen vom Deutschland der Gegenwart. Denn der zeitliche Abstand zum Untergang selbst, also zu den Jahren 1918 beziehungsweise 1947, ist ohne besonderen Aussagewert. Formal ist das Österreich der Zweiten Republik vom Habsburgerreich getrennt durch dasjenige, was mit den Begriffen Erste Republik, Ständestaat und Großdeutschland nur unzureichend erfasst wird: durch die Gräben des Bürgerkriegs, den Anschluss an Hitlerdeutschland, schließlich die Katastrophe von 1945, Untergang und Neuanfang. In jener Zeit erst wurden die Weichen für ein eigenständiges Österreich gestellt.

Anders gesagt: Ohne den Anschluss an Deutschland gäbe es Österreich in seiner heutigen Form nicht. Die Kämpfe um Österreichs Identität, die Frage, ob »Deutschösterreich«, so die damals abgelehnte Bezeichnung für die Erste Republik, bloß ein zur Eigenständigkeit gezwungenes Anhängsel des Deutschen Reiches war, wurde in diesen ersten beiden Jahrzehnten nach dem Untergang des Habsburgerreiches entschieden.

Es gibt wohl kaum ein historisches Gebilde, das so sehr mit der Frage nach der eigenen Identität gerungen hat, wie das heutige Österreich. Zum einen bestand aus der Sicht der Mehrheit der Österreicher zunächst gar keine Notwendigkeit, sich selbst als Nation zu definieren. Noch 1956, ein Jahr nach dem Staatsvertrag, gaben sechsundvierzig Prozent der Österreicher an, dass sie zum deutschen Volk gehörten. Ernest Renans Definition der Nation als *»un plébiscite de tous les jours«* traf auf Österreich nie zu. Der Schriftsteller Robert Menasse, einer der scharfsinnigsten Beobachter der österreichischen Identität, hat 1992 in einem Essay über das »Land ohne Eigenschaften« seinen Landsleuten nicht nur einen kritischen Spiegel vorgehalten, er hat auch darauf hingewiesen, »daß niemand in Österreich verbindlich zu sagen wußte, was eine Nation eigentlich sei, bzw. worin die nationale Eigenheit Österreichs bestünde«.[373] Menasse nannte Österreich ein Paradebeispiel für die Hegel'sche Definition von Identität als die Identität mit der Nicht-Identität: »Wir sind ehrlich davon überzeugt, nicht zu lügen, solange wenigstens das Gegenteil wahr ist.«[374]

Identität, das war zunächst auch und vor allem Abgrenzung gegenüber dem Deutschen. Die Anti-Piefke-Ressentiments waren auch eine willkommene Möglichkeit, sich abzusetzen von den eigentlichen Verlierern des Weltkriegs. Doch zugleich verriet die häufig vernommene Antwort auf die im Ausland gestellte Frage, »Sind Sie Deutsche?« – »Ja, aber aus Österreich«, genau jene Unsicherheit, die eigentlich überwunden werden sollte. Später gehörte dann zu den Kunstgriffen der Absetzung jene von Robert Menasse auf den Punkt gebrachte Haltung: »Wenn wir im Ausland Deutsch sprechen, weisen wir darauf hin, daß wir Österreicher sind und erwarten, daß wir besser behandelt werden.«[375]

Der Umstand, dass der demokratische Neuanfang 1945 von Anfang an mit dem Testat verbunden war, erstes Opfer Hitlers gewesen zu sein, half dabei ebenso. Sowohl die Moskauer Erklärung von 1943 als auch die Proklamation über die Selbständigkeit Österreichs vom 27. April 1945 dienten der Selbstvergewisserung und sorgten dafür, dass bestimmte kritische Fragen gar nicht erst aufkamen, denn »angesichts der Tatsache, daß der Anschluß des Jahres 1938 […] durch militärische kriegsmäßige Besetzung des Landes dem hilflos gewordenen Volke Österreichs aufgezwungen worden ist«, so die Proklamation vom 27. April, konnte das Gewissen ruhig bleiben. Österreichs Randlage und ein geschicktes Agieren der Gründungsväter der Zweiten Republik – allen voran die diplomatische Finesse Anton Figls und Karl Grubers – führten dazu, dass die Besatzungszeit der Jahre 1945 bis 1955 zwar mit demütigenden und zeitraubenden Erfahrungen der Grenzkontrollen – etwa bei Zugreisen von einem Sektor in den anderen – verbunden war; doch bald schon gelang es, den sowjetischen Einfluss zurückzudrängen. Die in der offiziellen Sichtweise gerne bemühte These von Österreich als erstem Opfer des Nationalsozialismus war dabei auch immer taktisches Kalkül und wurde mehr und mehr zum parteiübergreifenden Glaubenssatz, den auch Otto von Habsburg noch im Jahr 2008 unwidersprochen in öffentlichem Vortrag auf Einladung der ÖVP wiederholen konnte.[376]

Die Auseinandersetzung mit der Hitlerzeit setzte in Österreich nicht nur später ein, sie war auch weniger intensiv als in Deutschland. Es sollte bis 1991 dauern, bis Bundeskanzler Vranitzky sich offiziell zur Verantwortung für das von Österreichern begangene Unrecht entschuldigte.[377] Die komplizierte Waldheim-Debatte der 1980er Jahre, mit dessen Kernsatz »Ich habe nur meine Pflicht getan«, war vielleicht der Scheitelpunkt, der am Ende dazu führte, dass in Österreich breiter und tiefer über die Ereignisse des Jahres 1938 diskutiert wurde. Die Öffentlichkeit war damals tief gespalten zwischen »Jetzt erst recht«-Solidaritätsbekundungen und beißender Anklage. Die internationale Kampagne gegen Waldheim mit ihren überzogenen Vorwürfen, die auch vor Dokumentenfälschungen nicht zurückschreckte, nahm sich einen Politiker zum Ziel, der mit seiner beispiellosen Karriere, zunächst innerhalb des österreichischen Auswärtigen Dienstes, wo er bis zum Außenminister aufgestiegen war, und dann erfolgreich als Generalsekretär die Geschicke der Vereinten Nationen geleitet hatte, alles verkörperte, was für den Wiederaufstieg Österreichs stand. Dies mag den leidenschaftlichen, mitunter auch bitteren Ton der Kontroverse erklären, die eine für Österreichs politisches System atypische Spaltung in Anhänger und Gegner Waldheims nach sich zog.

Die Waldheim-Debatte liegt aus heutiger Sicht in einem vergangenen Jahrhundert. Und sie ist doch so bezeichnend für das Ringen um die eigene Identität. Was hat sie mit dem Untergang des Habsburgerreiches zu tun? Die Zerrissenheit, die bis 1945 zu den ständigen Wegbegleitern Österreichs und seiner Identitätskrisen gehörte, sie ist ein Erbe der Umstände, die zum Zerfall der Doppelmonarchie führten; und sie zeigt sich immer wieder in der Spaltung der öffentlichen Meinung und des politischen Lebens etwa darüber, wie mit der Vergangenheit, die nicht vergehen wollte, umgegangen werden sollte. Die großkoalitionäre Neigung zum Konsens, die Bedeutung der Sozialpartnerschaft, das Austarieren und paritätische Besetzen zwischen Schwarz und Rot: all dies ist im Grunde kein Widerspruch, sondern vielmehr der Versuch, den Konflikten aus dem Wege zu gehen und Lehren aus der Ersten Republik zu ziehen, die auch an der Unversöhnlichkeit der einander gegenüberstehenden Lager zerbrach. Sie erfolgte nicht zuletzt im Wissen um eine schwierige Identität, von der schon die Werke der großen heimischen Schriftsteller, Grillparzer, Nestroy und Hofmannsthal etwa, eine Ahnung geben.

Ist das heutige Österreich gar eine Fortsetzung des Vielvölkerstaates? Friedrich Heer hat zu Recht darauf hingewiesen, dass die österreichische Identität seit jeher zu ständigen Auseinandersetzungen mit Kraftfeldern geführt habe, die von außen auf sie eingewirkt haben.[378] Er attestierte Österreich »leibseelische Schwierigkeiten«, kein anderes politisches Gebilde sei so von außen gesteuert wie Österreich. Österreich war in seiner Geschichte immer wieder Belagerungen fremder Mächte und existenzbedrohlichen Entscheidungssituationen auf dem Schlachtfeld ausgesetzt: 1529 und 1689, als die Belagerung der Türken vor Wien siegreich überwunden wurde, oder auch in den Entscheidungsschlachten des Siebenjährigen Krieges.

Einigung fiel immer dann besonders leicht, wenn sie gegen einen äußeren Feind zustande kam. So war die Abwehr der Ideen der Französischen Revolution auch Antrieb zur Modernisierung. Auf bezeichnende Weise war der Widerspruch des überwiegenden Teils der österreichischen Zeithistoriker laut und vernehmlich, als Karl Dietrich Erdmann in den 1980er

Jahren seine drei Thesen über »Drei Staaten, zwei Nationen, ein Volk« in mehreren Vorträgen vertrat.[379] Die darauf folgende Hauptkritik konzentrierte sich auf Variationen der folgenden Argumente: Die Republik Österreich seit 1945 sei nicht Teil eines dreigeteilten Deutschlands, die Thesen Erdmanns seien zudem nicht mit dem Grundgesetz vereinbar, sonst hätten sich die Österreicher anno 1990 auch der Wiedervereinigung anschließen müssen, und schließlich habe Österreich mit den Jahren ein Kleinstaatsbewusstsein ausgeprägt und sei heute dem Wesen nach der Schweiz viel ähnlicher.[380]

Habsburgs Erbe ist in der pulsierenden Kulturmetropole Wien nicht nur in der Vielfalt des freundlichen Miteinanders und der ostmittel- und südosteuropäischen Einflüsse zu spüren, der Offenheit nach allen Himmelsrichtungen, sondern hat auch in der Vorbildlichkeit »so vieler heute weithin unbekannter Grundsätze und Praktiken der altösterreichischen Rechtsübung und Verwaltung«, also der Praxis des altösterreichischen Verwaltungsrechts aus der Habsburger Zeit für die Entwicklung der europäischen Gesetzgebung und Jurisdiktion einen wichtigen Impuls gesetzt.[381]

Neben der Abwehr von äußeren Bedrohungen zählt das fortgesetzte Ringen um Glauben und Unglauben zum Erbe des Habsburgerreiches, in dem zeitweise bis zu fünf verschiedene Konfessionen nebeneinander ihr Auskommen gefunden hatten. Österreich nimmt damit in seiner Haltung gegenüber und seiner Erfahrung mit dem Islam eine europäische Sonderstellung ein. So stellten die Habsburger schon 1912 die Muslime den Anhängern der drei christlichen Kirchen und der jüdischen Kultusgemeinde gleich. Bosnien war 1878 der österreichisch-ungarischen Verwaltung unterstellt und 1908 annektiert worden. Damit wurden 600 000 Muslime Teil des Habsburgerreiches. Die heute circa 500 000 in Österreich lebenden Muslime, die damit etwa die Gesamtbevölkerungszahl eines Bundeslandes wie Kärnten erreichen, sind sich in ihrem Selbstverständnis und in ihrem Anspruch auf Integration dieser langen Tradition bewusst. Die noch auf die Habsburger zurückgehende Rechtsgrundlage habe sich über den Wandel der Zeiten hinweg bewährt.

Die Nationalitätenkämpfe begleiteten das Habsburgerreich von Anfang, und sie mögen mit der Grund sein, weshalb auch in der »Bilderbuchzeit der Habsburgermonarchie«, in den Jahren zwischen 1867 und 1918, ein tiefer Pessimismus zum bestimmenden Wesenszug nicht nur des Monarchen Franz Joseph geworden ist. Das Bewusstsein »Das kehrt nie wieder«, Abschied von etwas unwiederbringlich Verlorenem nehmen zu müssen, wurde von den erlebenden Zeitgenossen durchaus erfasst. Auf eindrucksvolle Weise hat dies 1923 Carl J. Burckhardt, der junge Freund Hofmannsthals, gerade am Ende seiner Zeit als Legationssekretär an der Schweizerischen Gesandtschaft in Wien in einem Brief an den Dichter in Worte gefasst: »Alles in unserer Generation ist Abschied. Die nächsten werden es schon leichter haben, das Beste wird vergessen sein. Als das Römische Reich deutscher Nation verschwand, war es schon so schattenhaft geworden, daß Goethe 1806 bloß notierte, es habe aufgehört zu sein. Wir aber haben das Ende Ihres Vaterlandes erlebt in einem Augenblick, in dem es noch lebte, wir waren Zeugen vom Sturz des noch kaum gewordenen Hohenzollernreiches, des Imperiums der Romanow, und wir haben kaum bemerkt, daß jetzt in diesen Jahren das große Osmanenreich, Erbe von Byzanz, das Gefäß der arabisch-persisch-griechischen Kultur zerbrach.«[382]

Der Zwiespalt, dass auch eine fortschreitende Modernisierung, der Aufschwung in der Gründer- und Ringstraßenzeit nicht zu einem positiven Identifikationsgefühl hatte führen können, dass vielmehr die Habsburgermonarchie an jenem regennassen Novembertag des Jahres 1916, bei den Trauerfeierlichkeiten für Kaiser Franz Joseph, ihren bildhaften Schlusspunkt und ihr Sinnbild für das nahende Ende erlebte, nahm die Kämpfe des 20. Jahrhunderts vorweg. Habsburg und die moderne Welt, das sind zwei scheinbare Gegensätze, und doch ist die Bildung des Großdeutschen Reiches, Hitlers Aufstieg und Machtergreifung nach Machtverfall und Machtvakuum, nicht denkbar ohne den Zusammenbruch von 1918. Der Reichsgedanke war gewiss nicht das einzige, und schon gar nicht das wichtigste Bindeglied, das das Dritte Reich an die Geschichte des Alten Reiches band. Doch die Reichsmystik, die von den Nationalsozialisten kühl kalkuliert bei ihren feierlichen Inszenierungen eingesetzt wurde, hatte auch mit der Tradition des Habsburgerreiches zu tun, die Hitler in frühen Jahren in seiner österreichischen Heimat bewusst und unbewusst in sich aufgenommen hatte.

Die Habsburger waren älter als jede andere europäische Dynastie; sie hatten den Universalbegriff des Monarchischen individualisiert und einen Ewigkeitsanspruch erhoben. Zu den einzigartigen Leistungen der Habsburger gehört, dass sie sogar das Aussterben des Mannesstammes in beiden Linien im 18. Jahrhundert überlebt haben. Es wurde in der öffentlichen Wahrnehmung überdies kaum zur Kenntnis genommen, dass mit der Heirat von Franz Stephan mit Maria Theresia dieser formal die Führung des Erzhauses übernommen hatte. Schwierigkeiten, die neuen Verhältnisse anzunehmen, trafen auch auf den letzten Kaiser Karl I. zu, der 1916 seinem Großonkel gefolgt war und dem nur zwei Jahre auf dem Habsburger Thron verblieben. Nicht anders sind seine realitätsfremden Versuche zu erklären, als er im Jahr 1921 von seinem schweizerischen Refugium in Hertenstein am Vierwaldstättersee nach Budapest aufbrach, um nach der ungarischen Krone zu greifen. Karl zog damit verständlicherweise den Unbill seiner eidgenössischen Gastgeber auf sich und bezahlte für seinen dilettantisch vorbereiteten Umsturzversuch mit der Ausweisung aus der Schweiz nach Madeira, wo er im Jahr darauf das Zeitliche segnete. Seine Ehefrau Zita, die »schwarze Witwe«, die die Trauerkleidung nicht mehr ablegte, überlebte ihn um 67 Jahre und verzichtete bis zum Schluss nicht darauf, sich Kaiserin von Österreich und Königin von Ungarn zu nennen. Die Überführung des Leichnams von Zita am 1. April 1989 vom Stephansdom zur Kapuzinergruft war ähnlich wie 22 Jahre später die Beisetzung ihres Sohnes Otto ein aus der Zeit fallender Moment, der die Bedeutung der Habsburgermonarchie für Österreich, ihr Dekorum und den mythischen Glanz der einstigen Universalmonarchie blitzhaft aufstrahlen ließ. Es wurde damit aber auch ein symbolischer Schlusspunkt unter die langen Jahre des Übergangs nach dem Zerfall der Habsburgermonarchie im Verhältnis des Nachfolgestaats zur Vorgängerdynastie gesetzt, mit dem eine komplizierte Beziehung an ihr Ende gekommen ist. Die Republik Österreich hat jetzt ihren Frieden mit dem Haus Habsburg geschlossen.

Die Stationen dorthin rufen freilich eine von Komplikationen, von Provokationen, unerwidert gebliebenen Avancen und gegenseitigem Misstrauen geprägte Geschichte in Erinnerung. Es dauerte bis 1961, als Otto von Habsburg seine Verzichtserklärung für die Thronfolge abgab. Erst dann war ihm eine Rückkehr nach Österreich erlaubt. Bis dahin besaß er lediglich einen Pass des österreichischen Generalkonsulates in München, dessen eingestempelter Vermerk »Für alle Staaten der Erde – ausgenommen die Republik Österreich« ihn auf schmerzvolle Weise daran erinnerte, dass die Beziehung zwischen dem Erzhaus und der Republik Österreich alles andere als normal war. Anders als etwa die Wittelsbacher in Bayern wurden die Habsburger nie für die Verstaatlichung der Hofburg und des Schlosses Schönbrunn sowie des weitläufigen Grund- und Waldbesitzes entschädigt, die ebenso wie die Ausweisung der Familienangehörigen Folge der im Jahr 1918 erlassenen Habsburger-Gesetze gewesen ist.

Der Zwist über die Rückkehr Ottos von Habsburg brachte die Große Koalition zwischen SPÖ und ÖVP in den 1960er Jahren mehr als einmal an den Rand der Krise. Vor allem die Sozialdemokraten fürchteten, eine Rückkehr Ottos werde Österreich in innen- und außenpolitische Schwierigkeiten stürzen. Sie wollten sogar den höchstrichterlichen Entscheid, das Urteil des österreichischen Verwaltungsgerichtshofs im Falle Habsburg, rückgängig machen, mit dem die Landesverweisung praktisch aufgehoben war. 1966 erhielt Otto dann einen gültigen österreichischen Pass. Es dauerte indes bis 1972, als es aus Anlass des 50. Gründungsjubiläums der Paneuropa-Union in Wien zum historischen Handschlag mit dem damaligen Bundeskanzler Kreisky kam. Und erst seit März 1996 ist der Landesverweis totes Recht. Bis dahin mussten die damals noch lebenden beiden anderen Söhne Karls und Zitas, Felix und Carl Ludwig Habsburg-Lothringen, warten, um den Boden der Republik Österreich betreten zu dürfen, da sie nie die geforderte Erklärung zum Verzicht auf alle Herrschafts- und Besitzansprüche der Kaiserfamilie geleistet hatten. Otto von Habsburg gab einmal an, sich bereits 1938 vom Gedanken der Wiedereinführung der Monarchie verabschiedet zu haben. Dies hinderte ihn freilich nicht daran, sich 1956 – allerdings vergebens – in einen Rechtsstreit mit der Bundesrepublik Deutschland zu begeben und für seine erstgeborene Tochter als Eintrag ins standesamtliche Geburtenregister den Titel »Erzherzogin von Österreich, Königliche Prinzessin von Ungarn« zu fordern. Wie zwiespältig offensichtlich die Sichtweise Otto von Habsburgs in konservativen Kreisen war, mag aus der Formulierung einer Veröffentlichung von 1951 hervorgehen, in der der Historiker Emil Franzel aus Anlass der Vermählung von Otto mit Regina von Sachsen-Meiningen in der Zeitschrift *Neues Abendland* schrieb: »Wir sehen in Otto von Habsburg den Repräsentanten einer geschichtlichen und geistigen Größeneinheit, die in einer unvergänglichen Ordnung des Seins ihren Rang behalten wird, auch wenn in der Flucht vergänglicher Erscheinungen die Aktualität der Herrschaft und des politischen Ranges des Hauses Habsburg zunächst verschwunden ist.«[383]

Auch ohne Krone und Reich blieb Otto von Habsburg mit seiner Konsequenz und seinem Eintreten für die europäische Einigung ein zentraler Faktor des öffentlichen Lebens und damit ein politischer Gestalter. So wie die Formel der Moskauer Erklärung 1943 von der »Wiedergeburt Österreichs« auch auf seine beharrliche Einflussnahme auf Roosevelt und Churchill mit zurückgeht, so mag ihn Erich Honeckers kurz nach der Wende ausgesprochene Behauptung, Otto von Habsburg sei einer der Hauptschuldigen am Zusammenbruch des kommunistischen Systems gewesen, als Politiker geadelt haben. Die Linien zur Gegenwart führen über die Ereignisse der Jahre 1934 und 1938 auf jene »größte Katastrophe und Erschütterung«, als den seine Zeitgenossen den Zusammenbruch der Habsburgermonarchie empfunden haben.

Christoph Kardinal Schönborn, Erzbischof von Wien, hat

in seiner Homilie beim Requiem im Stephansdom jene kausale Kette hergestellt, als er Otto von Habsburgs Lebenswerk auch als einen »unermüdlichen Versuch« verstanden wissen wollte, »das Unglück, das der Erste Weltkrieg über Europa, über die Menschheit gebracht hat, wieder gutzumachen«.[384] Der Kardinal identifizierte damit den beständigen und konsequenten Einsatz Otto von Habsburgs für das europäische Gemeinschaftswerk auch als Form der Wiedergutmachung für den maßgeblich von Kaiser Franz Joseph zu verantwortenden, folgenreichen Fehler, dem Krieg seinerzeit zugestimmt zu haben. Otto von Habsburgs Engagement erfolgte im Wissen darum, dass die europäische Geschichte über Jahrhunderte Kriegsgeschichte war und nur der Ausgleich zwischen den Nationen, der zwingend mit der Abgabe von Souveränität verbunden war, Dauerhaftes stiften konnte: Otto von Habsburg hat dadurch auch den Weg der Republik Österreich in die Europäische Union erleichtert und zugleich einen historischen Bezugsrahmen für die Einordnung des europäischen Engagements in einen größeren Zusammenhang ermöglicht.

Die Republik hatte es bei Österreichs Eliten zunächst nicht leicht. Dies lag auch ganz wesentlich daran, dass Patriotismus und Staatsgesinnung für die meisten mit der Habsburger Dynastie verbunden waren und der Name Österreich für viele zur Staatswirklichkeit der ersten Nachkriegsjahre nicht recht passen wollte. Die Selbstfindung war erschüttert, und das gebrochene Verhältnis zu einer unbewältigten, vielleicht unbewältigbaren Geschichte mag dazu beigetragen haben. Der Staatsvertrag von 1955 markiert auf dem Weg der Selbstvergewisserung einen wichtigen Meilenstein: Er festigte das Bewusstsein, nicht aufs Neue ganz von vorne anfangen zu müssen, und er bestärkte die junge Republik Österreich, auf eigenen Beinen stehen zu dürfen. Erst jetzt waren die Voraussetzungen geschaffen, sich politisch zum Erbe der Habsburger bekennen zu dürfen. Zu diesem Bekenntnis zählt auch Österreichs europäische Berufung, die nur im größeren historischen Zusammenhang verstanden werden kann. Im Kalten Krieg, als Österreich das östlichste Land des Westens war, verspürte es auf besondere Weise, gewissermaßen an der Abbruchkante der freien Welt, die Spannung und Ohnmacht, als etwa im Oktober 1956 und im August 1968 der Wunsch nach Freiheit mit den Panzerketten der Warschauer-Pakt-Staaten unter sowjetischer Führung niederkartätscht wurde.

Im Sommer 1989 war es dann ein von Otto von Habsburg und der Paneuropa-Union veranstaltetes Picknick, in dessen Rahmen ein Loch in den Maschendraht des Eisernen Vorhangs geschnitten wurde. Für die auf der anderen Seite wartenden Republikflüchtigen eröffnete sich ein Schlupfloch zur freien Welt. Diese Einzelaktion lag ganz auf der Linie des politischen Europakonsenses, bei dem auch Opfer beim Eintreten für ein größeres Europa gerechtfertigt wurden, um die Rückkehr der östlich von Wien lebenden Völker aus dem einstigen Habsburgerstaat in die Europäische Gemeinschaft zu ermöglichen. Das Sonderverhältnis zu Ungarn, die frühe Ausrichtung Wiens nach Mittel- und Osteuropa nach der Zeitenwende 1989/90 bis hin zum gescheiterten Versuch des Angebots der strategischen Partnerschaft an die Visegrád-Staaten Ungarn, Tschechien, die Slowakei und Polen sind nicht verstehbar ohne das Wissen um die von der Auflösung der Habsburgermonarchie im Jahr 1918 ausgehenden Linien in die Gegenwart. Österreich hat heute seine europäische Berufung gefunden, auch wenn der Nationalstaat als Gehäuse noch auf absehbare Zeit die vorherrschende politische Form bleiben mag. So zählt zum Erbe des

Habsburgerreiches, dass Österreich aufgrund seiner geopolitischen Lage, seiner wirtschaftlichen Interessen und seiner kulturellen Bedeutung über die Europäische Union Einfluss nehmen kann.

In den letzten beiden Jahren sind die Deutschen und die Österreicher ihrer Geschichte zweifelsohne nähergekommen. Zu der mit der Nähe verbundenen Faszination gehört indes auch Ferne – Ferne zur Lebenswelt – und Schwierigkeiten, die Motive der damals Handelnden nachvollziehen zu können. Für die jüngeren Generationen von heute sind Stauffenberg, Tresckow und Schulenburg, Hofmannsthal, Dollfuß oder Figl genauso Geschichte, wie es auf ihre Weise Bismarck, Metternich und Schwarzenberg sind. Es bedurfte des Abstands zweier Generationen, um die Erinnerung an den 20. Juli in der Bundesrepublik dauerhaft zu verankern, in etwa auch die Zeit, die Preußen nach seiner Auflösung per Kontrollratsbeschluss gebraucht hat, um in das mildere Licht einer um Gerechtigkeit bemühten Geschichtsschreibung einzutauchen. Es bleibt zu hoffen, dass der zeitliche Abstand eines Menschenlebens im Österreich von heute dazu beitragen kann, die unruhige Phase der ersten zwanzig Jahre nach dem Zusammenbruch des Habsburgerreiches mit der Distanz und wissenschaftlichen Kühle zu betrachten, die der Parteien Hass und Gunst hinter sich lässt.

Mit dem Abstand tritt persönliche Betroffenheit zurück, und aus der Distanz verschieben sich die Relationen. Die unzureichende Annahme der Ersten Republik durch ihre Bürger – auch sie war eine ungeliebte Republik, dies teilt sie mit ihrer beinahe gleichaltrigen Weimarer Schwester – hängt gewiss mit den Bedingungen ihrer Entstehung zusammen. Denn das Neben-, besser das Gegeneinander von Sozialistisch-Demokratischen, Katholisch-Konservativen und Großdeutschen ist auch ein Erbe des Zerfalls der Habsburgermonarchie. Und es war eine mehr als einschneidende Erfahrung, dass das Selbstbestimmungsrecht der Völker, das von Wilsons Vierzehn Punkten bis zu Kaiser Karls Völkermanifest als Schlüssel für den Weg in eine neue Zeit verstanden wurde, den Österreichern nach dem Ersten Weltkrieg verwehrt wurde. Das Anschlussverbot von Versailles und Saint-Germain wurde als belastendes Unrecht empfunden und hat nicht dazu beigetragen, das Vertrauen in den neu errichteten Staat zu fördern. Es zählt zu den doppelten Revanchen der Geschichte, dass der Zusammenschluss zwischen Deutschem Reich und Deutschösterreich ausgerechnet durch Adolf Hitler, dem Zerstörer des Reiches und Europas, ermöglicht wurde: durch jenen Diktator, der auf vielfältige Weise Deutschen und Österreichern, Habsburg und Preußen, zum Schicksal geworden ist. Hitler, die Zentenarsgestalt, steht auch in der Geschichte Habsburgs und Preußens an zentraler Stelle. Denn Hitler, besser: der Sieg über Hitler, ist es, der beiden Staaten, der Bundesrepublik Deutschland und der Republik Österreich zu ihrer neuen Existenz verholfen hat. Und in der Hitlerzeit liegen wesentliche Gründe, weshalb so lange der Blick auf die älteren Schichten Habsburgs und Preußens verstellt war. Wie so oft, hat Hitler auch mit Blick auf seine Heimat mit seinem Handeln genau das Gegenteil dessen heraufbeschworen, was er eigentlich erreichen wollte. Denn ohne den Anschluss von 1938 hätte sich nach 1945 nie jenes Österreichbewusstsein entwickeln können, das heute jede Form der Vereinigung beider Staaten außerhalb des Vorstellbaren verweist. Und ohne Hitler und den alliierten Kontrollratsbeschluss zur Auflösung hätte sich vermutlich die Bundesrepublik nicht so schwergetan, sich zu ihrem preußischen Erbe zu bekennen.

Preußen und Habsburg: Beide gehören zu einer Geschichte, die noch immer in die Gegenwart hineinragt. Auch daraus erwächst Spannung, eine Spannung, die über sechzig Jahre nach Begründung der Bundesrepublik und der Zweiten Republik viel über das historische Selbstverständnis aussagt.

Im wiedervereinigten Deutschland und im Österreich von heute haben sich die Perspektiven verschoben. Die für das 19. und frühe 20. Jahrhundert so charakteristische (und eigentlich unhistorische) Gleichsetzung von Nation und Nationalstaat ist einer Weitung des Blicks gewichen, der auch die vornationalstaatliche Zeit stärker in die Betrachtung einbezieht. Die europäische Integration hat dabei auf stille Weise geholfen. Denn durch die Einordnung in ein übernationales Ganzes ist es möglich geworden, stärker als bisher die Spuren der jeweils anderen herauszuarbeiten und die Wechselwirkungen in den Blick zu nehmen. Preußens und Habsburgs jeweilige Geschichte wird damit von einer zu einseitigen Betrachtungsweise befreit und gewissermaßen europäisiert. Die deutsche Geschichte hat nie den Deutschen allein gehört. Und Österreichs Verhältnis zur deutschen und zur österreichischen Geschichte ist bis heute kompliziert geblieben. Mancher Irrweg der deutschen Geschichte indes mag sich daraus erklären, dass Deutsche und Österreicher im Blick auf ihre eigene Geschichte die nationale Brille aufgesetzt hatten. Und gerade die Fixierung auf die unter so mühseligen Umständen erworbene nationale Perspektive war es, die zu falschen Schlüssen, zu einer doppelten Verengung des Blicks geführt hat. Auch Preußen und Habsburg können, die Geschichte hat es gezeigt, bei dieser Betrachtung in gewisser Hinsicht zum Opfer werden.

Preußen und Habsburg: das eine, Preußen, seit Anbeginn auf der Abbruchkante, immer mit der Neigung, bis zum Äußersten zu gehen, wie Hofmannsthal sagte, »ein künstlicher Bau, von Natur armes Land, alles im Menschen und von Menschen«[385]; das andere, Österreich, »organisch gewachsen und reich von Natur« – beide sind zugrunde gegangen. Beide sind untrennbar verflochten mit dem besonderen Verlauf der deutschen Geschichte. Beide weisen, ganz unterschiedlich freilich, in der Anlage ihrer Geschichte über den nationalen Rahmen hinaus. In beider Geschichten, in der Anspannung, im Hereinbrechen des Dämonischen, in den Schranken der Geographie, im Transzendierenden der Idee und im unvergleichbaren kulturellen Besitz, besteht ein ungeheurer Erfahrungsschatz fort: ein Erbe an die Gegenwart. Im Blick auf die Leistung Einzelner, aber auch auf deren Versagen und – im Falle Hitlers – Verbrechen wird zugleich ein großer Auftrag offenkundig. In der Geschichte waren Anziehung und Abstoßung mit Blick auf Preußen und Habsburg die vorherrschenden Annäherungsweisen. Daraus haben sich im Lauf der Zeiten Bilder entwickelt, die bis heute die klischeehaften Züge betonen und mehr als einmal zu Vorurteilen Anlass gegeben haben. Die Beschäftigung mit der von Preußen und Habsburg geprägten Vergangenheit lässt verpasste Gelegenheiten zutage treten. Zu oft wurde das Trennende herausgestellt, viel zu oft hat das Trennende zu Verwerfungen, zu kriegerischen Auseinandersetzungen geführt, in die dann andere hineingezogen wurden. Paul Claudel, der große französische Schriftsteller, hat diese Charakterisierung intuitiv erfasst, als er am Ende des Zweiten Weltkriegs über die Deutschen schrieb: »Deutschland ist nicht dazu da, die Völker zu spalten, sondern um sie zu versammeln.«[386] Wenn man so will, gilt eine der wesentlichen Lehren aus dem Zerfall des Habsburgerreiches auch für das Deutschland von heute.

Eine für immer gültige Bilanz zu ziehen widerspricht dem Wesen der Geschichte, der Natur ihrer grundsätzlichen Offenheit. Dass mit dieser Offenheit zugleich ein Gestaltungsauftrag verbunden ist, dieser Gedanke wäre nicht der schlechteste, um einen Essay über den preußisch-österreichischen Dualismus zu beschließen. Das Duell ist 1866 entschieden worden. Die Nation wurde geteilt und diese Teilung hat ganz wesentlich den Gang der deutschen Geschichte bestimmt. Das Ergebnis hat beider Geschichten, Habsburgs wie Preußens, danach in eine andere Richtung gelenkt, als sie den Kriegführenden von Königgrätz vor Augen stand. Sein Ausgang hat die deutsche und die europäische Geschichte, sie hat den ganzen Verlauf des 20. Jahrhunderts in stärkerem Maße geprägt, als dies den Zeitgenossen von damals je vorstellbar war. Preußen und Habsburg wurden, auf ganz unterschiedliche Weise, zu den Opfern ihrer eigenen Geschichte.

1866 indes steht nicht isoliert in dieser Geschichte. Bismarck hatte in klarer Analyse der Grenzen und Möglichkeiten auf die dann kalt vollzogene Scheidung von Preußen und Österreich hingearbeitet. Und auch der glücklose Kaiser Franz Joseph kann von seinem Anteil an der Trennung nicht gänzlich freigesprochen werden. Die Wiener Reaktion auf die Ereignisse des Jahres 1848 hat einen Prozess ermöglicht, mit dem sich in Teilen der Bevölkerung das Österreich-Bewusstsein von der Monarchie trennte.

Hatte der großdeutsche Traum je eine Chance? Dreimal war er kurz davor, Wirklichkeit zu werden. 1848 in Gestalt eines multinationalen Habsburgerreiches, sodann, bei einem anderen Verlauf, 1866 in Königgrätz, und, wäre es nach dem Selbstbestimmungsrecht der Völker, nach der Mehrheit der Deutschen und der Mehrheit der Deutschösterreicher gegangen, die sich damals als Deutsche fühlten und begriffen, 1918/19. Als dann eine großdeutsche Lösung kam, 1938, in Gestalt des Anschlusses von Österreich ans Deutsche Reich, war die Zeit über Habsburg und Preußen bereits hinweggegangen. Und doch ist die Geschichte des Jahres 1938 nicht verstehbar ohne Kenntnis der vorangehenden deutschen Geschichte. In Trauer und Leid lehren die Ereignisse des Jahres 1938, dass es eine vorangegangene gemeinsame Geschichte gibt, auch wenn sich danach die Wege von Deutschen und Österreichern getrennt haben und die gemeinsame Nation von einst heute dauerhaft zerbrochen ist.

Erst langsam treten am Anfang unseres Jahrhunderts aus dem Nebel der Geschichtslegenden und einer einseitig verzerrten, bisweilen auch einer instrumentalisierten Sicht die jeweilige Gestalt und die Konturen des tatsächlichen Verlaufs klarer hervor. Einheit und Freiheit, die großen Leitmotive, die diese Geschichte über Jahrhunderte bestimmt haben, sind seit der Wiedervereinigung Deutschlands verwirklicht. Und mit der Wiedervereinigung Europas sind heute fast alle der ehemaligen Völker des einstigen Habsburgerreiches im institutionellen Europa angekommen. Der Kreis hat sich geschlossen.

Die Geschichte Habsburgs und Preußens liegt heute als abgeschlossenes Ganzes vor: eine Geschichte, die im Museum besichtigt werden kann und dennoch immer unser Handeln in der Gegenwart bestimmt. Eine Geschichte, die zudem eine Vielzahl von Lehren für die Gegenwart bereithält: eine Geschichte in Europa und eine europäische Geschichte. In dem Maße, in dem wir unsere Zukunft als europäische Gestaltungsaufgabe begreifen, europäisches Gemeinschaftsbewusstsein entwickeln, unsere eigene Geschichte in ihrem wechselvollen Verlauf annehmen und zugleich den Blick auf sie entnationalisieren, wird durch die Pflege das Erbe von Habsburg und Preußen lebendige Vergangenheit, wird der eigene Standort bewusster. Erst dann wird der Dualismus von einst vollkommen aufgelöst sein, erst dann sind Habsburg und Preußen gemeinsamer Besitz. Dann ist aus Verlust Gewinn geworden.

Anmerkungen

1 Heinrich Friedjung (Hrsg.): Benedeks nachgelassene Papiere, Dresden 1904, S. 383 f.

2 Heinrich von Sybel: Die Begründung des Deutschen Reiches durch Wilhelm I., Bd. 5, Paderborn 2012, S. 203.

3 Hermann Heimpel: Entwurf einer deutschen Geschichte. Eine Rektoratsrede, in: ders.: Der Mensch in seiner Gegenwart, Göttingen 1954, S. 169.

4 Herbert Lüthy: Wozu Geschichte (1967), in: ders.: Essays II 1963–1990, hrsg. von Irene Riesen und Urs Bitterli (Gesammelte Werke IV), Zürich 2004, S. 153.

5 Hermann Heimpel: Der Mensch in seiner Gegenwart, in: ders.: Der Mensch in seiner Gegenwart, S. 30 f.

6 Michael Stürmer: Geschichte in geschichtslosem Land, Erstabdruck in der FAZ vom 25. April 1986, zit. nach: »Historikerstreit«. Die Dokumentation der Kontroverse um die Einzigartigkeit der nationalsozialistischen Judenvernichtung, München 1987, S. 36.

7 Richard von Weizsäcker im Deutschen Bundestag am 24. Februar 1972, Stenographische Protokolle des Deutschen Bundestags, 6. Wahlperiode, 172. Sitzung, S. 9838.

8 Ludwig Dehio: Gedanken über die deutsche Sendung 1900–1918, in: ders.: Deutschland und die Weltpolitik im 20. Jahrhundert, München 1955, S. 13.

9 Friedrich Meinecke: Die deutsche Katastrophe, Wiesbaden 1946.

10 Hugo von Hofmannsthal: Die österreichische Idee, in: ders.: Gesammelte Werke in Einzelausgaben: Prosa, III, Frankfurt/M. 1977, S. 406.

11 Karl Dietrich Erdmann: Drei Staaten – zwei Nationen – ein Volk? Überlegungen zu einer deutschen Geschichte seit der Teilung, in: ders.: Die Spuren Österreichs in der deutschen Geschichte. Drei Staaten, zwei Nationen, ein Volk? Zürich 1989, S. 7 ff.

12 Heinrich August Winkler: Der lange Weg nach Westen, Bd. 1: Deutsche Geschichte vom Ende des Alten Reiches bis zum Untergang der Weimarer Republik, München 2000; Bd. 2: Vom »Dritten Reich« bis zur Wiedervereinigung, München 2001.

13 Ebd., Bd. 1, S. 554.

14 Theodor Schieder: Der Nationalstaat als historisches Phänomen, Köln 1965, S. 29.

15 Rudolf Stadelmann: Deutschland und die westeuropäischen Revolutionen, in: ders.: Deutschland und Westeuropa, Laupheim/Württ. 1948, S. 11 ff.

16 Sebastian Haffner: Preußens kurze Geschichte, in: ders.: Im Schatten der Geschichte. Historisch-politische Variationen aus 20 Jahren, Stuttgart 1985, S. 24 ff.

17 Hugo von Hofmannsthal: Preuße und Österreicher, in: ders.: Gesammelte Werke in Einzelausgaben: Prosa, III, Frankfurt/M. 1977, S. 407.

18 Zit. nach Walter Bußmann: Otto von Bismarck. Geschichte, Staat, Politik, Wiesbaden 1966, S. 8.

19 Vgl. Marion Gräfin Dönhoff: Preußen. Maß und Maßlosigkeit, München 2009 ([1]1987).

20 Sebastian Haffner: Preußens kurze Geschichte, in: ders.: Im Schatten der Geschichte, S. 35.

21 Friedrich an Podewils, 16. Dezember 1740, in: Otto Bardong (Hrsg.): Friedrich der Große, Darmstadt 1982, S. 91.

22 Friedrich an Podewils, 1. November 1740, in: Briefe Friedrichs des Großen, hrsg. von Max Hein, Bd. 1, Berlin 1914, S. 182.

23 Friedrich an seinen Freund Jordan, 3. März 1741, in: Friedrich der Große: Schriften und Briefe, hrsg. von Ingrid Mittenzwei, Leipzig 1987.

24 Theodor Schieder: Friedrich der Große. Ein Königtum der Widersprüche, Berlin 1983.

25 Die Werke Friedrichs des Großen: Bd. 7: Antimachiavell und Testamente, hrsg. von Gustav Berthold Volz, Berlin 1912.

26 Friedrich der Große: Betrachtungen über die Taktik und einige Aspekte des Krieges oder Betrachtungen über einige Veränderungen in der Art der Kriegführung (1758), in: Johannes Kunisch (Hrsg.): Aufklärung und Kriegserfahrung. Klassische Zeitzeugen zum Siebenjährigen Krieg, Frankfurt/M. 1996, S. 517.

27 Die Werke Friedrichs des Großen: Bd. 7: Antimachiavell und Testamente, S. 80.

28 Ebd., S. 55.

29 Ebd., S. 54 f.

30 Friedrich der Große: Denkwürdigkeiten (1742), in: ders.: Geschichte meiner Zeit, hrsg. von Gustav Berthold Volz (= Die Werke Friedrichs des Großen: Bd. 2), Berlin 1912, S. 5.

31 Ebd., S. 5 f.

32 Maria Theresia: Politisches Testament von 1750/51, in: Friedrich Walter (Hrsg.): Maria Theresia. Briefe und Aktenstücke in Auswahl, Darmstadt 1982, S. 66.

33 Die Werke Friedrichs des Großen: Bd. 8, S. 3 f. (vgl. dazu Hermann Wendorf: Die *Considérations sur l'état présent du corps politique de l'Europe*. Friedrichs des Großen erster Versuch in der Außenpolitik, in: HZ 163, 1941, S. 519 ff.).

34 Ebd.

35 Friedrich der Große, 1768, in: Die politischen Testamente der Hohenzollern, bearb. von Richard Dietrich, Köln, Wien 1986, S. 633.

36 Friedrich der Große: Geschichte meiner Zeit, S. 37.

37 Friedrich der Große, 1768, in: Die politischen Testamente der Hohenzollern, S. 613–615.

38 Friedrich der Große: Geschichte meiner Zeit, S. 25.

39 Ebd., S. 23.

40 Vgl. Henry St. John Viscount Bolingbroke: Works, hrsg. von David Mallet, 5 Bde., London 1754.

41 Friedrich der Große: Geschichte meiner Zeit, S. 39.

42 Ebd.

43 Georg Wilhelm Friedrich Hegel: Über die Reichsverfassung, München (Neuauflage) 2002, Erstveröffentlichung 1893 unter dem Titel „Kritik der Verfassung Deutschlands".

44 Johann Wolfgang von Goethe: Wahrheit und Dichtung, in: Goethes Werke. Auswahl in 12 Bänden, Bd. 9: Aus meinem Leben, Stuttgart 1874, S. 33.

45 August Wilhelm Schwicheldt: Einige Anmerkungen über den Charakter und die Gemütsbeschaffenheit verschiedener an dem preußischen Hof sich enthaltenden Personen, aus eigener Erfahrung entworfen, Februar/März 1742, zit. nach Jens Bisky: Unser König. Friedrich der Große und seine Zeit. Ein Lesebuch, Berlin 2011, S. 171.

46 So etwa Christian Graf von Krockow: Friedrich der Große. Ein Lebensbild, Bergisch-Gladbach [4]2008, S. 7 ff.

47 Die Tagebücher des Grafen Lehndorff. Die geheimen Aufzeichnungen des Kammerherrn der Königin Elisabeth Christine, hrsg. von Wieland Giebel, Berlin 2012, S. 49.

48 Wilhelmine von Bayreuth: Eine preußische Königstochter, Frankfurt/M. 1910 (Nachdruck 1990), S. 108.

49 Die französische Fassung des Reiseberichts von Voltaire, im Juli 1750 niedergeschrieben, war die Grundlage für zwei fiktive Briefe an Friedrich den Großen sowie seine Nichte Marie-Louise Denis.

50 Jacob Burckhardt: Das Zeitalter Friedrichs des Großen, hrsg. von Ernst Ziegler, München 2012, S. 22.

51 Carl Jacob Burckhardt: Maria Theresia, in: ders.: Gestalten und Mächte, Zürich [5]1984, S. 221.

52 Maria Theresia an ihre Tochter Maria Amalia, zit. nach Adam Wandruszka: Das Haus Habsburg. Die Geschichte einer Dynastie, Stuttgart 1956, S. 166 f.

53 Otto Hintze: Die Hohenzollern und ihr Werk. Fünfhundert Jahre vaterländische Geschichte, Berlin 1915, S. 321 ff.

54 Friedrich an Podewils, 16. Dezember 1740, in: Otto Bardong (Hrsg.): Friedrich der Große, S. 91.

55 Schreiben an Philipp Kinsky Dezember 1741(Original frz.), in: Friedrich Walter (Hrsg.): Maria Theresia. Briefe und Aktenstücke in Auswahl, Darmstadt 1982, S. 28.

56 Friedrich an Podewils, o. D. [Anfang März 1741] in: Otto Bardong (Hrsg.), Friedrich der Große, S. 95.
57 Vgl. ebd.
58 Zur Biographie Karl Albrechts vgl. Peter Claus Hartmann: Karl Albrecht – Karl VII. Glücklicher Kurfürst, unglücklicher Kaiser, Regensburg 1985.
59 Friedrich an Podewils, 27. April 1745, in: Bardong: Friedrich der Große, S. 124.
60 Friedrich der Große, 1752, in: Die politischen Testamente der Hohenzollern, S. 377.
61 Werner Ogris: Staats- und Rechtsreformen, in: Maria Theresia und ihre Zeit. Eine Darstellung der Epoche von 1740–1780 aus Anlaß der 200. Wiederkehr des Todestages der Kaiserin, hrsg. von Walter Koschatzky, Wien ^{2}1980, S. 57.
62 Friedrich der Große, 1752, in: Die politischen Testamente der Hohenzollern, S. 383.
63 Ebd., S. 379.
64 Zit. nach Friedrich Walter: Männer um Maria Theresia, Wien 1951, S. 66.
65 Thomas Mann: Friedrich und die große Koalition, Berlin 1915.
66 Napoleon Bonaparte, zit. nach Allgemeine Militair-Encyclopädie, hrsg. und bearb. von einem Verein deutscher Offiziere, Bd. 3, Teile 5–6, Leipzig 1870, S. 323.
67 Vgl. G. F. von Tempelhoff: Geschichte des Siebenjährigen Krieges in Deutschland, Bd. 4, Berlin 1789, S. 169 f.
68 Friedrich der Große: Betrachtungen über die Taktik, S. 521.
69 Ebd., S. 529.
70 Vgl. dazu insbes. Johannes Kunisch: Das Mirakel des Hauses Brandenburg. Studien zum Verhältnis von Kabinettspolitik und Kriegführung im Zeitalter des Siebenjährigen Krieges, München, Wien 1978, S. 77 ff.
71 Ansicht des Fürsten Kaunitz über die militärische und politische Lage Österreichs vom 7. September 1778, in: Karl Othmar Frhr. von Aretin: Heiliges Römisches Reich 1776–1806. Reichsverfassung und Staatssouveränität, 2 Bde., hier: Bd. 2, Wiesbaden 1967, S. 2.
72 Vgl. Friedrich der Große: Betrachtungen über die militärischen Talente und den Charakter Karls XII., Königs von Schweden (1759), in: Aufklärung und Kriegserfahrung, S. 563.
73 Ebd., S. 585.
74 Friedrich Heer: Der Kampf um die österreichische Identität, Wien 21996, S. 123.
75 Jacob Burckhardt: Friedrich der Große und seine Zeit, S. 25.
76 Hugo von Hofmannsthal: Maria Theresia. Zur zweihundertsten Wiederkehr ihres Geburtstages im Jahre 1917, in: Maria Theresia und ihre Zeit. Eine Darstellung der Epoche von 1740–1780 aus Anlaß der 200. Wiederkehr des Todestages der Kaiserin, S. 15.
77 Ebd.

78 Maria Theresia an Mercy d'Argenteau, Paris, 11. Februar 1771, in: Maria Theresia. Briefe und Aktenstücke in Auswahl, S. 275.
79 Friedrich der Große, 1768, in: Die politischen Testamente der Hohenzollern, S. 629.
80 Ebd., S. 631.
81 Maria Theresia an ihren Sohn Joseph, 20. Juni 1778, in: Maria Theresia. Briefe und Aktenstücke in Auswahl, S. 445.
82 Maria Theresia an Joseph II., 14. März 1778, in: ebd., S. 421.
83 Maria Theresia an Feldmarschall Lacy, 6. August 1778, ebd., S. 474.
84 Maria Theresia an ihre Schwiegertochter Maria Beatrix, 2. November 1778, ebd., S. 491.
85 Maria Theresia an Friedrich II., 12. Juli 1778, ebd., S. 452.
86 Maria Theresia an Joseph II., 14. März 1778, ebd., S. 421.
87 Ebd.
88 Friedrich der Große, 1768, in: Die politischen Testamente der Hohenzollern, S. 681.
89 Maria Theresia an ihre Schwiegertochter Maria Beatrix, 20. November 1780, in: Maria Theresia. Briefe und Aktenstücke in Auswahl, S. 519.
90 Friedrich der Große, 1768, in: Die politischen Testamente der Hohenzollern, S. 671.
91 Friedrich an d'Alembert, 6. Januar 1771, in: Otto Bardong (Hrsg.), Friedrich der Große, S. 561
92 Maria Theresia, Politisches Testament von 1750/51, in: Maria Theresia. Briefe und Aktenstücke in Auswahl, S. 82.
93 Heinrich Ritter von Srbik: Deutsche Einheit. Idee und Wirklichkeit vom Heiligen Reich bis Königgrätz, Bd. 1, München 1935, S. 122.
94 Ebd.
95 Friedrich Carl von Moser: Von dem Deutschen Nationalgeist, Selb 1976 (Nachdruck der Ausgabe von 1766), S. 5 f.
96 Johann Wolfgang von Goethe über Friedrich den Großen, in: Goethe, Gesammelte Werke, Bd. 9.: Wahrheit und Dichtung, Teil 1, Buch 2, S. 33.
97 Graf Mirabeau an Talleyrand, 17. August 1786, zit. nach Christian Graf von Krockow, Friedrich der Große, S. 146.
98 Vgl. Theodor Schieder, Friedrich der Große, S. 473 ff.
99 Gustav Adolf Volz: Friedrich der Große im Spiegel seiner Zeit, Bd. 1, Berlin 1926/27, S. 210.
100 Hans Rothfels: Friedrich der Große in den Krisen des Siebenjährigen Krieges, in: HZ, 134 (1926), S. 14 ff., hier S. 14.
101 Benjamin Disraeli am 9. Februar 1871 im britischen Unterhaus: Hansards Parliamentary Debates. 3rd ser., Bd. CCIV, Sp. 81 f.
102 Friedrich Hebbel an Prinzessin Marie Wittgenstein, 10. Juli 1859, abgedruckt in: Friedrich Hebbel, Sämtliche Werke, 3. Abt., 6. Bd., Berlin 1901–1903, S. 263.
103 Heinrich Ritter von Srbik: Metternich, München 1956, S. 65 [zuerst erschienen

in: Erich Marcks und Karl Alexander von Müller (Hrsg.), Meister der Politik. Eine weltgeschichtliche Reihe von Bildnissen, 3 Bde., Stuttgart 1922 f.].

104 Michael Stürmer: Bismarck-Mythos und Historie, in: Aus Politik und Zeitgeschichte. Beilage zur Zeitung Das Parlament, 16. Januar 1971, S. 12.

105 Heinrich von Sybel an Hermann Baumgarten, 27. Januar 1871, in: Deutscher Liberalismus im Zeitalter Bismarcks. Eine politische Briefsammlung, hrsg. von J. Heyderhoff und P. Wentzke, Bd. 1, Osnabrück 1967 (Nachdruck), Nr. 391.

106 Metternich an Gräfin Lieven, 6. Oktober 1820, abgedruckt in: Aus Metternichs nachgelassenen Papieren, hrsg. von dem Fürsten Richard Metternich-Winneburg, geordnet und zusammengestellt von Alfons von Klinkowström, 8 Bde., Wien 1880–1884, Bd. III, S. 348.

107 Otto von Bismarck, Die gesammelten Werke, hrsg. von H. von Petersdorff, F. Thimme, W. Frauendienst, W. Andreas, W. Schüssler, G. Ritter, R. Stadelmann, W. Windelband, 15 Bde., Berlin 1924–1935, Bd. XIV, S. 236.

108 Aus Metternichs nachgelassenen Papieren, S. 102.

109 Bismarck, GW I, S. 428.

110 Zit. nach Arthur von Brauer: Im Dienste Bismarcks. Persönliche Erinnerungen, bearb. und hrsg. von Helmut Rogge, Berlin 1936, S. 167 f.

111 Ludwig Bamberger, Monsieur de Bismarck (1867), in: Politische Schriften von 1848-1868, Berlin 1895, S. 337ff, hier S. 434.

112 Henry A. Kissinger, Der Weiße Revolutionär, in: Lothar Gall (Hrsg.): Das Bismarck-Problem in der Geschichtsschreibung nach 1945, Köln, Berlin 1971, S. 412.

113 Ebd., S. 413.

114 Ebd.

115 Metternich an Gräfin Lieven, 1. Dezember 1818, in: Geist und Herz verbündet. Metternichs Briefe an Gräfin Lieven, Wien 1942, S. 59.

116 Metternich, Denkwürdigkeiten, Bd. 1, S. 63.

117 Metternich an Gräfin Lieven, 1. Dezember 1818, in: Geist und Herz verbündet, S. 60 f.

118 Srbik: Metternich (1956), S. 5.

119 Metternich an Gräfin Lieven, 20. Dezember 1818, in: Geist und Herz verbündet, S. 84.

120 Metternich an Gräfin Lieven, »Am 18ten« [November 1818], ebd., S. 40.

121 Metternich an Gräfin Lieven, 30. November 1818, ebd., S. 51.

122 Metternich an Gräfin Lieven, 16. Dezember 1818, ebd., S. 80.

123 Metternich an Gräfin Lieven, 1. Dezember 1818, ebd., S. 62.

124 Ebd., S. 61.

125 Viktor Bibl: Österreich 1806–1938, Zürich, Leipzig, Wien 1939, S. 88.

126 Metternich an Gräfin Lieven, 16. Dezember 1818, in: Geist und Herz verbündet, S. 74.

127 Vgl. Heinrich von Treitschke: Geschichte im 19. Jahrhundert, Paderborn

(Neuauflage) 2012; noch 1922 hatte Karl Groos den Zeitgeist auf seiner Seite, als er den Untertitel zu seiner Metternich-Skizze »Eine Studie zur Psychologie der Eitelkeit« nannte. Vgl. Karl Groos: Fürst Metternich. Eine Studie zur Psychologie der Eitelkeit, Stuttgart, Berlin 1922.

128 Metternich an Gräfin Lieven, 27. Dezember 1818, in: Geist und Herz verbündet, S. 95.

129 Michael Stürmer: 1848 in der deutschen Geschichte, in: ders.: Dissonanzen des Fortschritts. Essays über Geschichte und Politik in Deutschland, München, Zürich 1986, S. 92.

130 Handschreiben Franz I. an den Kronprinzen Erzherzog Ferdinand vom 28. Februar 1835, abgedruckt in: Quellensammlung zur österreichischen und deutschen Rechtsgeschichte, hrsg. von Hudolf Hoke und Ilse Reiter, Wien u.a. 1993, S. 352.

131 Metternich an Gräfin Lieven, 16. Dezember 1818, in: Geist und Herz verbündet, S. 81.

132 Carl J. Burckhardt: Briefe des Staatskanzlers Fürsten Metternich-Winneburg an den österreichischen Minister des Allerhöchsten Hauses und des Äußern, Grafen Buol-Schauenstein aus den Jahren 1852–1859, München, Berlin 1934, S. V.

133 Ebd., S. 156 f.

134 Vgl. Metternich an Gräfin Lieven, 2. Dezember 1818, in: Geist und Herz verbündet, S. 65.

135 Srbik: Meister der Politik, S. 63.

136 Otto von Bismarck: Gedanken und Erinnerungen, S. 5.

137 Zit. nach Wilhelm Mommsen: Bismarck in Selbstzeugnissen und Bilddokumenten, Reinbek bei Hamburg 1994, S. 9.

138 Bismarck an den Jugendfreund Gustav Scharlach, 9. Januar 1845, abgedruckt in: Otto von Bismarck: Werke in Auswahl, Bd. 1, Teil 1, hrsg. von Gustav Adolf Rein, Stuttgart 1962, S. 48.

139 Bismarck an die Fürstin Katharina Orloff, 10. November 1871, in: Nicolai Fürst Orloff: Bismarck und die Fürstin Orloff. Ein Idyll in der hohen Politik, München 1936, S. 128.

140 Fürst Bismarcks Briefe an seine Braut und Gattin, hrsg. von Fürst Herbert Bismarck, Stuttgart 1900.

141 Karl Scheffler: Bismarck. Eine Studie, Leipzig 1919, S. 25.

142 Ebd., S. 26

143 Ebd., S. 27.

144 Vgl. Hans Rothfels: Bismarck und der Staat, in: ders.: Bismarck. Vorträge und Abhandlungen, Stuttgart u. a. 1970, S. 67 ff.

145 Bismarck an Fürstin Katharina Orloff, 25. Dezember 1871, in: Orloff, Bismarck und die Fürstin Orloff, S. 129.

146 Bismarck: Gedanken und Erinnerungen, S. 5.

147 Ebd., S. 29.

148 Ebd., S. 49.
149 Friedrich Wilhelm IV. über Bismarck, zit. nach ebd., S. 30.
150 Vgl. Rudolf Stadelmann: 1848. Soziale und politische Geschichte der Revolution von 1848, München 1948, S. 111 f.
151 Denkschrift von der Pfordten vom 5. Mai 1849, in: M. Doeberl: Bayern und das preußische Unionsprojekt, München 1926, S. 90–96.
152 Bismarck: Gedanken und Erinnerungen, S. 174.
153 Otto Freiherr von Manteuffel: Denkwürdigkeiten. Otto Freiherr von Manteuffel unter Friedrich Wilhelm IV., 3 Bde., Berlin 1901, hier Bd. 1, S. 213.
154 Bismarcks Olmuetz-Rede vom 3. Dezember 1850, in: Otto von Bismarck, Gesammelte Werke, Bd. 10, Berlin 1928, S. 101 ff.
155 Ebd.
156 Vgl. dazu Klaus Hildebrand: Die »Krimkriegssituation«. Wandel und Dauer einer historischen Konstellation der Staatenwelt, in: Jost Dülffer, Bernd Martin und Günther Wollstein (Hrsg.): Deutschland in Europa: Kontinuität und Bruch. Gedenkschrift für Andreas Hillgruber, Frankfurt/M., Berlin 1990, S. 37–51.
157 Otto von Bismarck: Gedanken und Erinnerungen, S. 309 f.
158 Ebd., S. 173.
159 Aufzeichnung Ministerrat, Prag, 28. Oktober 1866, in: Protokolle des Österreichischen Ministerrates 1848–1867, Bd. VI,1: Das Ministerium Belcredi, 29. Juli 1865–26. März 1866, hrsg. von Horst Brettner-Messler und Klaus Koch, Wien 1971, Dok. 106, S. 281.
160 Theodor Schieder: Das deutsche Kaiserreich von 1871 als Nationalstaat, in: ders.: Nationalismus und Nationalstaat. Studien zum nationalen Problem im modernen Europa, hrsg. von Otto Dann und Hans Ulrich Wehler, Göttingen 1992, S. 207.
161 Vgl. Sebastian Haffner: Die sieben Todsünden des Deutschen Reiches im Ersten Weltkrieg, Bergisch-Gladbach 2001 (Hamburg [1]1964).
162 Andreas Hillgruber: Grundzüge der Außenpolitik Bismarcks von der Reichsgründung bis zum Abschluß des Dreibundes 1882, in: K. O. Freiherr von Aretin (Hrsg.): Bismarcks Außenpolitik und der Berliner Kongreß, S. 45.
163 Diktat Bismarcks »z. Zt. in Kissingen« vom 15. Juni 1877, in: Die Große Politik der Europäischen Kabinette 1871–1914. Sammlung der Diplomatischen Akten des Auswärtigen Amtes. Im Auftrag des Auswärtigen Amts hrsg. von Johannes Lepsius, Albrecht Mendelssohn Bartholdy, Friedrich Thimme, Berlin 1922–1927, Bd. 2, S. 153/54.
164 Denkschrift Beust vom 18. Mai 1871, in: H. Lutz: Zur Wende der österreichisch-ungarischen Außenpolitik 1871. Die Denkschrift des Grafen Beust für Kaiser Franz Joseph vom 18. Mai, in: Festschrift für H. L. Mikoletzky, Mitteilungen des Österreichischen Staatsarchivs, Bd. 25, 1972, S. 169 ff.
165 Konrad Canis: Bismarcks Außenpolitik 1870–1890. Aufstieg und Gefährdung, Paderborn 2008, S. 257.

166 Bismarck an Wilhelm I,. Gastein, 31. August 1879, in: Gesammelte Werke (Neue Friedrichsruher Ausgabe), Abt. III, Schriften Bd. 4, Dok. 96, S. 148.

167 Ebd.

168 Bismarck an Wilhelm I., Gastein, den [...] September 1879, undatierter Entwurf, ebd., Dok. 98, S. 158.

169 Bismarck an Bülow, Gastein, den 5. September 1879, ebd., Dok. 103, S. 167.

170 Heinrich Lutz: Von Königgrätz zum Zweibund. Aspekte europäischer Entscheidungen, in: HZ 217, (1973), S. 347–380, hier S. 357.

171 Otto von Bismarck am 5. Dezember 1876 im Reichstag, in: Horst Kohl: Die Reden Bismarcks, Stuttgart 1895–1905, hier Bd. 6, S. 461.

172 Herbert an Wilhelm von Bismarck, 19. Juni 1887, in: Staatssekretär Herbert von Bismarck. Aus seiner politischen Privatkorrespondenz, hrsg. und eingeleitet von Walter Bußmann, Göttingen 1964, S. 457 f.

173 Theodor Schieder: Das Problem der Revolution im 19. Jahrhundert, in: ders.: Staat und Gesellschaft im Wandel unserer Zeit. Studien zur Geschichte des 19. und 20. Jahrhunderts, München ^{2}1970, S. 40.

174 Das Tagebuch der Baronin Spitzemberg. Aufzeichnungen aus der Hofgesellschaft, hrsg. von Rudolf Vierhaus, Göttingen 1961, Eintragung 28. November 1894, S. 329.

175 Ebd., Eintragung 31. Juli 1898, S. 372.

176 Vgl. »Bismarck und wir«. Rede des Reichstagsabgeordneten Dr. G. Stresemann zum 25jährigen Bismarck-Kommers des Berliner Bismarck-Ausschusses. Berlin, 1. April 1916.

177 George Kennan: The Decline of Bismarck's European Order: Franco-Russian Relations 1875–1890, Princeton 1981.

178 John C. G. Röhl: Wilhelm II. Die Jugend des Kaisers. 1859–1888, München ^{3}2009, S. 474 f.

179 Ebd., S. 477.

180 Vgl ebd., S. 479.

181 Ebd.

182 Zit. nach Sigurd von Ilsemann: Der Kaiser in Holland. Aufzeichnungen des letzten Flügeladjutanten Kaiser Wilhelms II., hrsg. von H. von Königswald, München 1968, S. 30. Tagebucheintrag vom 17. Oktober 1918.

183 Otto von Habsburg: Das Fortleben historischer Gestalten nach ihrem Tod, in: Der Kaiser. Franz Joseph I. Bilder und Dokumente, Wien 1985, S. 8.

184 Karl Friedrich Graf Vitzthum von Eckstädt an seine Mutter, 3. Dezember 1848, in: Karl Friedrich Graf Vitzthum von Eckstädt: Berlin und Wien in den Jahren 1845-1852, Stuttgart 1886, S. 202.

185 Fürst Felix Schwarzenberg am 27. November 1848, in: Rudolf Kießling: Felix zu Schwarzenberg. Der politische Lehrmeister Kaiser Franz Josephs, Köln, Graz, Wien 1952, S. 52.

186 Zit. nach J. Redlich: Kaiser Franz Joseph von Österreich, Berlin 1928, S. 60.

187 Lothar Höbelt: Franz Joseph I., Wien 2009, S. 5.

188 Anna Maria Sigmund (Hrsg.): Die verschollenen Tagebücher Franz Josephs, Wien 1999.

189 Franz Schnürer (Hrsg.): Briefe Kaiser Franz Josephs I. an seine Mutter 1838–1872, München 1930.

190 Brigitte Hamann (Hrsg.): Fast jede Nacht träume ich von Ihnen: Die Briefe Kaiser Franz Josephs an Katharina Schratt, München 2011.

191 Eugen Ketterl: Der alte Kaiser, wie nur Einer ihn sah. Der wahrheitsgetreue Bericht des Leibkammerdieners Kaiser Franz Josephs I., Wien 1980, S. 35.

192 Ebd.

193 Ebd., S. 40.

194 Emmanuel Urbas: Schicksale und Schatten, Salzburg 1959, S. 12.

195 Marcel Proust: À la recherche du temps perdu, zit. nach Nicolaus Sombart: Wilhelm II. Sündenbock und Herr der Mitte, Berlin [2]1997, S. 37 f.

196 Walther Rathenau: Der Kaiser. Eine Betrachtung, Berlin 1919, S. 27.

197 Michael Freund: Deutsche Geschichte, München 1979, S. 789.

198 Vgl. Fritz Fischer: Griff nach der Weltmacht. Die Kriegszielpolitik des kaiserlichen Deutschland 1914/18, Düsseldorf 1984 ([1]1961).

199 Isabel V. Hull: The Entourage of Kaiser Wilhelm II. 1888–1918, Cambridge 1983; John Röhl: Kaiser, Hof und Staat. Wilhelm II. und die deutsche Politik, München 1987; Cecil Lamar: Wilhelm II. Prince and Emperor, 1859–1900, Chapel Hill 1989; John Röhl: Wilhelm II., 3 Bde., München 1993–2008.

200 Rathenau: Der Kaiser, S. 8.

201 John C. G. Röhl (Hrsg.): Philipp Eulenburgs politische Korrespondenz, Bd. 2, Boppard 1979, S. 1071.

202 Verhandlungen des Reichstags VIII. Session, 1897, Stenographische Berichte, Bd. 150, S. 5911 f.

203 Heinrich Mann: Der Untertan, Berlin 1946 ([1]1916).

204 Michael Stürmer: Das ruhelose Reich. Deutschland 1866–1918, Berlin 1983, S. 241.

205 Zit. nach Ilsemann: Der Kaiser in Holland, Bd. 2, S. 266.

206 Zwölf Jahre am deutschen Kaiserhof. Aufzeichnungen des Grafen Robert Zedlitz-Trützschler, Berlin, Leipzig 1924, S. 9.

207 Freiherr von Marschall, zit. nach Wolfgang J. Mommsen: Großmachtstellung und Weltpolitik. Die Außenpolitik des Deutschen Reiches 1870 bis 1914, Berlin 1993, S. 130.

208 Vgl. Ilsemann: Der Kaiser in Holland, S. 17, Tagebucheintragung vom 12. September 1918.

209 Ebd.

210 Bemerkung Franz Josephs im Dezember 1910 in Wien über Wilhelm II., zit. nach Heinz Rieder: Kaiser Franz Joseph. Anekdoten, Graz, Wien, Köln 1979, S. 75.

211 Zit. nach Bernhard von Bülow: Denkwürdigkeiten, Berlin 1930, S. 5.

212 Vgl. Fritz Hartung: Das persönliche Regiment Kaiser Wilhelms II., Berlin 1952, S. 7.

213 Vgl. ebd., S. 19.

214 Ulrich von Hassell: Wir jungen Konservativen. Ein Aufruf, in: Der Tag vom 24. November 1918.

215 Adolf Stoecker an Freiherrn von Hammerstein, 14. August 1888, in: W. Frank: Hofprediger Adolf Stoecker und die christlichsoziale Bewegung, Berlin 1928, S. 413.

216 Vgl. dazu grundsätzlich Thomas Nipperdey: Nationalidee und Nationaldenkmal in Deutschland im 19. Jahrhundert, in: Historische Zeitschrift 206, 1968, S. 529-585.

217 Stürmer: Das ruhelose Reich, S. 248.

218 Max Weber: Der Nationalstaat und die Volkswirtschaftspolitik, in: ders.: Gesammelte politische Schriften, München 1921, S. 23.

219 Friedrich von Bernhardi: Deutschland und der nächste Krieg, Stuttgart 1912.

220 Hans Plehn: Deutsche Weltpolitik und kein Krieg, Berlin 1913.

221 Rudolf Stadelmann: Der neue Kurs in Deutschland, in: GWU 4, (1953), S. 545.

222 Zit. nach Eugen Wolf: Vom Fürsten Bismarck und seinem Haus. Tagebuchblätter, Berlin 1904, S. 16.

223 Sebastian Haffner: Bismarcks Reichsgründung, in: ders.: Im Schatten der Geschichte, München 1985, S. 53.

224 Isabel F. Pantenburg: Im Schatten des Zweibundes. Probleme österreichisch-ungarischer Bündnispolitik 1897–1908, Wien 1996, S. 468.

225 Vgl. Lothar Gall: Die europäischen Mächte und der Balkan im 19. Jahrhundert, in: HZ 228 (1979), S. 551 ff.

226 Zit. nach Michael Behnen (Hrsg.): Quellen zur deutschen Außenpolitik im Zeitalter des Imperialismus 1890–1911, Darmstadt 1977, S. 247.

227 Bemerkung Franz Josephs im Dezember 1910 in Wien über Wilhelm II., zit nach Heinz Rieder: Kaiser Franz Joseph. Anekdoten, S. 54.

228 Theobald von Bethmann Hollweg: Betrachtungen zum Weltkriege, 2 Bde., Berlin 1919/21, Bd. 1, S. 63.

229 Klaus Hildebrand: Julikrise 1914: Das europäische Sicherheitsdilemma. Betrachtungen über den Ausbruch des Ersten Weltkrieges, in: GWU 36 (1985), S. 469 ff.

230 Andreas Hillgruber: Riezlers Theorie des kalkulierten Risikos und Bethmann Hollwegs politische Konstellation in der Julikrise 1914, in: HZ 202 (1966), S. 333 ff.

231 J. J. Ruedorffer [d. i. Kurt Riezler]: Grundzüge der Weltpolitik in der Gegenwart, Stuttgart, Berlin 1914, S. 222.

232 Karl Dietrich Erdmann (Hrsg.): Kurt Riezler. Tagebücher, Aufsätze, Dokumente, Göttingen 1972, S. 184, Eintragung vom 8. Juli 1914.

233 Franz Joseph an Wilhelm II., 2. Juli 1914, in: Imanuel Geiss (Hrsg.): Julikrise

und Kriegsausbruch 1914. Dokumentensammlung, 2 Bde., Hannover 1963/64, hier Bd. 1, S. 63 ff.

234 Bethmann Hollweg: Betrachtungen zum Weltkriege, Bd. 1, S. 135.

235 Unterredung Dellbrück-Bethmann Hollweg, 9. Juli 1914, in: Geiss: Julikrise, Bd. 1, S. 139.

236 Riezler-Tagebücher, S. 185, Eintragung »Hohenfinow 11. 7. 1914«.

237 Vgl. Bethmann Hollweg an Wilhelm II., 20. Juli 1914, in: Geiss: Julikrise, Bd. 1, Dok. Nr. 159, S. 241 f.

238 Zit. nach Günther Kronenbitter: »Krieg im Frieden«. Die Führung der k. u. k.-Armee und die Großmachtpolitik Österreich-Ungarns 1906–1914, München 2003, S. 488.

239 Vgl. Karl Max Fürst von Lichnowski: Meine Londoner Mission 1912–1914, Zürich 1918, S. 36.

240 Marginalie zur Antwortnote der serbischen Regierung auf das österreichisch-ungarische Ultimatum vom 27. Juli 1914, in: Die deutschen Dokumente zum Kriegsausbruch 1914, hrsg. i. A. des Auswärtigen Amtes von Graf M. Montgelas und W. Schücking, 4 Bde., Berlin 1921, Dok. 271.

241 Falkenhayn, Tagebucheintragung vom 28. Juli 1914, zit. nach Holger Afflerbach: Falkenhayn, München 1994, S. 154.

242 Wolfgang J. Mommsen: War der Kaiser an allem schuld? Wilhelm II. und die preußisch-deutschen Machteliten, Berlin 2005.

243 Wilhelm II.: Zweite »Balkonrede« zum Kriegsausbruch, Berlin, am 1. August 1914, zit. nach Michael A. Obst: »Einer nur ist Herr im Reiche«. Kaiser Wilhelm II. als politischer Redner, Paderborn 2010, S. 362 f.

244 Riezler-Tagebücher, S. 217, Eintragung vom 11. Oktober 1914.

245 Sebastian Haffner: Die sieben Todsünden.

246 Fritz Fischer: Krieg der Illusionen. Die deutsche Politik von 1911–1914, Düsseldorf 1969.

247 Vgl. dazu die Einführung von Holger Afflerbach: »Wilhelm II. als oberster Kriegsherr im Ersten Weltkrieg«, in: Kaiser Wilhelm II. als oberster Kriegsherr im Ersten Weltkrieg: Quellen aus der militärischen Umgebung des Kaisers 1914–1918, München 2005, S. 7.

248 Zit. nach Fritz Fischer: Griff nach der Weltmacht, Düsseldorf [2]1964, S. 649.

249 Zit. nach Dieter Groh: Die geheimen Sitzungen der Reichshaushaltskommission am 24./25. April 1913, in: Internationale wissenschaftliche Korrespondenz zur Geschichte der deutschen Arbeiterbewegung 7, 1971, S. 34.

250 Karl von Bardolff: Soldat im alten Österreich. Erinnerungen aus meinem Leben, Jena 1938.

251 Ebd., S. 267.

252 Rede Otto Bauers vom 29. Juli 1919, zit. nach Fritz Fellner: Der Zerfall der Donaumonarchie in weltgeschichtlicher Perspektive, in: ders.: Vom Dreibund zum Völkerbund. Studien zur Geschichte der internationalen Bezie-

hungen 1882–1919, hrsg. von Heidrun Maschl und Brigitte Mazohl-Wallnig, München 1994, S. 241.
253 Edward Viscount Grey of Fallodon: Twenty-Five Years 1892–1916, New York 1925, S. 20.
254 John Keegan: Der Erste Weltkrieg. Eine europäische Tragödie, Reinbek bei Hamburg 2000, S. 591.
255 Ilsemann: Der Kaiser in Holland, S. 24, Tagebucheintrag vom 22. Oktober 1918.
256 Ebd., S. 33, Tagebucheintrag vom 4. November 1918.
257 Ebd., S. 25, Tagebucheintrag vom 22. Oktober 1918.
258 Christian Graf von Krockow: Unser Kaiser. Glanz und Sturz der Monarchie, Braunschweig 1996, S. 35.
259 Ilsemann: Der Kaiser in Holland, S. 25, Tagebucheintrag vom 25. Oktober 1918.
260 Ebd., S. 31, Tagebucheintrag vom 1. November 1918.
261 Wilhelm II.: Abdankungsurkunde als Deutscher Kaiser und König von Preußen, Amerongen, 28. November 1918, www.dhm.de
262 Manfred Rauchensteiner: Der Tod des Doppeladlers: Österreich-Ungarn und der Erste Weltkrieg, Graz, Wien, Köln 1993, S. 601.
263 Zedlitz-Trützschler: Zwölf Jahre am deutschen Kaiserhof, S. 199, Eintrag vom 22. Dezember 1908.
264 Ebd., S. 5 f.
265 Kaiser Wilhelm II.: Ereignisse und Gestalten aus den Jahren 1878–1918, Leipzig/Berlin 1922.
266 Ebd., S. 261.
267 Wilhelm II.: Meine Vorfahren, Berlin 1929, S. 220.
268 Telegramm Wilhelms II. an den Führer und Reichskanzler Adolf Hitler, in: Akten zur Deutschen Auswärtigen Politik 1918–1945. Serie D, Band 9: Die Kriegsjahre. 18. März bis 22. Juni 1940, Göttingen 1962, S. 494.
269 Zit. nach Ilsemann: Der Kaiser in Holland, Bd. 2, S. 288.
270 Vgl. Karl Bauer: Hitler und der Juliputsch 1934 in Österreich. Eine Fallstudie zur nationalsozialistischen Außenpolitik in der Frühphase des Regimes, in: VfZg 59 (2011), Heft 2, S. 199 ff.
271 Die Rede von Bundeskanzler Kurt Schuschnigg vom 9. März 1938, in: „Neue Freie Presse", Wien, am 10. März 1938.
272 Rede Kurt Schuschniggs »Die Sendung des deutschen Volkes im christlichen Abendland« auf dem allgemeinen deutschen Katholikentag in Wien am 9. September 1933, als Broschüre publiziert Wien 1933.
273 Kurt Schuschnigg: Dreimal Österreich, Wien 1937, S. 20.
274 Ebd., S. 22.
275 Vgl. Friedrich Heer: Der Kampf um die österreichische Identität, Wien [2]1996, S. 334.
276 Ignaz Seipel: Nation und Staat, Wien, Leipzig 1916.
277 Jacques Hannack: Im Sturm eines Jahrhunderts, Wien 1952, S. 343.

278 Die sogenannte »Trabrennplatz«-Rede von Bundeskanzler Dollfuß vom 11. September 1933, in: Eduard Weber (Hrsg.): Dollfuß an Österreich. Eines Mannes Wort und Ziel, Wien 1935, S. 36 f.

279 Othmar Spann: Der wahre Staat, Wien 1921.

280 Karl Dietrich Bracher: Nationalsozialismus, Faschismus und autoritäre Regime, in: Gerhard Stourzh und Birgitta Zaar (Hrsg.): Österreich, Deutschland und die Mächte. Internationale und österreichische Aspekte des »Anschlusses« vom März 1938, Wien 1990, S. 9.

281 Hassell-Aufzeichnung »Unterredungen mit Hitler« [ca. 1935], in: Ulrich Schlie (Hrsg.): Ulrich von Hassell. Römische Tagebücher und Briefe 1932–1938, München 2004, S. 221.

282 Zit nach Kurt Bauer: Hitler und der Juliputsch 1934 in Österreich. Eine Fallstudie zur nationalsozialistischen Außenpolitik in der Frühphase des Regimes, in: VfZg 59 (2011), Heft 2, S. 199–227, hier S. 227.

283 Vgl. Konrad Heiden: Ein Mann gegen Europa. Adolf Hitler. Eine Biographie, Zürich 1937, S. 41 ff.

284 Hellmuth Auerbach: Dokumentation: Eine nationalsozialistische Stimme zum Wiener Putsch vom 25. Juli 1954, in: VfZg 7/2, 1964, S. 201 ff.

285 Aussage Schmidt vom 21. April 1947, in: Der Hochverratsprozeß gegen Dr. Guido Schmidt vor dem Wiener Volksgericht. Die gerichtlichen Protokolle mit den Zeugenaussagen, unveröffentlichten Dokumenten, sämtlichen Geheimbriefen und Geheimakten, Wien 1947, S. 430.

286 Ebd., S. 448.

287 Aktennotiz des österreichischen Staatssekretärs für Äußeres, Dr. Guido Schmidt, vom 8. Januar 1938, ADAP, Serie. D., Bd. 1, S. 605 f., Dok. 2612.

288 Schreiben des deutschen Botschafters in Wien, Franz von Papen, an Adolf Hitler über seine Unterredung mit Bundeskanzler Schuschnigg, 26. Mai 1937, in: ebd., S. 601, Dok. 2610.

289 Franz von Papen: Der Wahrheit eine Gasse, München 1952, S. 497.

290 Zeugenprotokoll Dr. Kurt Schuschnigg vom 21. April 1947, in: Der Hochverratsprozeß gegen Dr. Guido Schmidt, S. 430.

291 Schuschnigg: Requiem in Rot-Weiß-Rot, S. 25.

292 Ebd., S. 26.

293 Albert Speer: Erinnerungen, Frankfurt, Berlin 1993, S. 99.

294 Vgl. Joachim von Ribbentrop: Zwischen London und Moskau. Erinnerungen und letzte Aufzeichnungen, Leoni 1953, S. [illegible] ff.

295 Vgl. Nicolaus von Below: Als Hitlers Adjutant, Mainz 1980, S. 84.

296 Aussage Keitel im Nürnberger Hauptkriegsverbrecherprozess vom 3. April 1946, in: Der Prozeß gegen die Hauptkriegsverbrecher vor dem Internationalen Militärgerichtshof, Nürnberg 1947, Bd. 10, S. 567.

297 Below: Als Hitlers Adjutant, S. 84.

298 Reinhard Spitzy: So haben wir das Reich verspielt. Bekenntnisse eines Illegalen, München 1986, S. 25.

299 Vgl. Schuschnigg: Requiem in Rot-Weiß-Rot, S. 44 ff.; diesem einzigen Gedächtnisprotokoll sind – in wörtlicher Rede – auch alle weiteren Zitate der Aussprache zwischen Hitler und Schuschnigg entnommen; sie werden deshalb nicht mehr mit einem eigenen Nachweis versehen.

300 Vgl. zum folgenden neben Schuschniggs eigenem Bericht die Darstellungen von Ribbentrop, Below und Spitzy, insbesondere auch Franz von Papen: Der Wahrheit eine Gasse, München 1952, S. 466ff.

301 Vgl. Spitzy: So haben wir das Reich verspielt, S. 229.

302 Ribbentrop: Zwischen London und Moskau, S. 133.

303 Schuschnigg: Requiem in Rot-Weiß-Rot, S. 48.

304 Ebd., S. 51.

305 Der Hochverratsprozeß gegen Dr. Guido Schmidt vor dem Wiener Volksgericht, ebd., S. 61.

306 Eintragung 16. 2. 1938. in: Elke Fröhlich (Hrsg.): Die Tagebücher von Joseph Goebbels. Sämtliche Fragmente, Teil I, Aufzeichnungen 1923–1941, 10 Bde. in 14 Teilbänden, München 1998 ff., hier Bd. 2, S. 159.

307 Guido Zernatto: Chronologie des Unheils. Drei Tage, an denen Österreich starb, in: Thomas Chorherr (Hrsg.): 1938 – Anatomie eines Jahres, Wien 1987, S. 56 f.

308 Otto von Habsburg an Schuschnigg, 19. Februar 1938, zit. nach Kurt Schuschnigg: Im Kampf gegen Hitler. Die Überwindung der Anschlußidee, Wien 1988, S. 18 ff., hier S. 21.

309 Otto von Habsburg: Nicht geschossen ist auch gefehlt. Nur ohne Schuschnigg wäre ein Widerstand möglich gewesen, in: Chorherr: Anatomie, S. 61.

310 »Österreich muß Österreich bleiben«. Die große Rede des Bundeskanzlers und Frontführers Dr. Schuschnigg im Bundestag am 24. Februar 1938, Sonderdruck, Wien 1938.

311 Eintragung vom 11. März 1938, in: Die Tagebücher von Joseph Goebbels, Teil I, Bd. 5, S. 199.

312 Vgl. Hans Dichand:«Hakenkreuz-Schmied« war nicht allein. Als es in der Grazer Oper Kornblumen hagelte, in: Chorherr: Anatomie, S. 81.

313 Ebd., S. 83.

314 Zit. nach Spitzy: So haben wir das Reich verspielt, S. 234.

315 Schuschnigg an Otto Leichter, 6. Februar 1967, in: Der Spiegel 12 (1968), S. 157.

316 Kurt Schuschnigg: Der lange Weg nach Hause. Der Sohn des Bundeskanzlers erinnert sich, Wien 2008, S. 140 f.

317 Vgl. Hans-Günter Richardi: SS-Geiseln in der Alpenfestung. Die Verschleppung prominenter KZ-Häftlinge aus Deutschland nach Südtirol, Bozen 2005.

318 Kurt Schuschnigg: Im Kampf gegen Hitler. Die Überwindung der Anschlußidee, Wien 1988 (Neuauflage).

319 Die Versuche, das Rätsel Hitler zu lösen, sind in der Zwischenzeit zahlreich.

Aus der umfangreichen Hitler-Literatur ragen als frühe, noch zeitgenössische Deutung Konrad Heidens zweibändige, im Exil 1936/37 erschienene Biographie und Sebastian Haffners zu Beginn des Zweiten Weltkrieges verfasste Deutung Germany. Jekyll and Hyde heraus, die freilich erst in den 1990er Jahren durch Rückübersetzung ins Deutsche einem breiten Publikum bekannt geworden sind. Allan Bullocks frühe Biographie Hitler. A Study in Tyranny (London 1953) liegt noch ganz das Deutungsmuster von Hitler als machiavellistisch handelndem, opportunistischem Gelegenheitsergreifer zugrunde, eine Sicht, die derselbe Verfasser in seiner Doppelbiographie Hitler und Stalin (Berlin 1993) dann zugunsten eines weltanschaulich in sich geschlossenen Deutungsmusters korrigiert hat. Joachim Fests stilistisch glanzvolle, Hitler als Phänomen seiner Zeit interpretierende Biographie (Hitler, Frankfurt/M., Berlin 1973) bleibt bislang unübertroffen; dieses Urteil gilt auch für den 1978 erschienenen zeitlos-scharfsinnigen Essay von Sebastian Haffner (Anmerkungen zu Hitler, München 1978). Den gründlichsten aktuellen Forschungsstand erschließt Ian Kershaws zweibändige Hitler-Biographie Hitler 1889–1936 (München 1998), Hitler 1936–1945 (München [3]2000).

320 Albert Speer: »Die Bürde werde ich nicht mehr los«. Spiegel-Gespräch über Hitler und das Dritte Reich, in: Der Spiegel vom 7. November 1966.

321 Otto Dietrich: Zwölf Jahre mit Hitler, München 1955, S. 149 ff.

322 Eintragung vom 7. August 1932, in: Die Tagebücher von Joseph Goebbels, Teil I, Bd. 2, S. 217.

323 Albert Speer im Verhör, 1. August 1945, in: Ulrich Schlie (Hrsg.): Albert Speer: Die Kransberg-Protokolle (1945). Seine ersten Aussagen und Aufzeichnungen (Juni – September), München 2003, S. 115.

324 Vgl. Joachim Köhler: Wagners Hitler. Der Prophet und sein Vollstrecker, München 1997.

325 Albert Speer im Gespräch mit Adelbert Reif, in: ders.: Technik und Macht, Esslingen 1979, S. 61.

326 Albert Krebs: Erinnerungen an die Frühzeit der Partei, Stuttgart 1959, S. 138.

327 Vgl. Thomas Mann: Doktor Faustus. Das Leben des deutschen Tonsetzers Adrian Leverkuehn, Stockholm 1947.

328 Die Rede, die Thomas Mann in der Library of Congress in Washington bei seinem siebzigsten Geburtstag im Juni 1945 hielt, findet sich abgedruckt in: Thomas Mann: Deutschland und die Deutschen 1945. Mit einem Essay von Hans Mayer, Hamburg 1992, S. 15.

329 Rede Hitlers im Berliner Sportpalast am 30. Januar 1942, zit. nach Philipp Bouhler (Hrsg.): Der Großdeutsche Freiheitskampf. Reden Adolf Hitlers, Bd. 3, München 1942, S. 171.

330 Zum Quellenwert des Hoßbach-Memorandums vgl. Walter Bußmann: Zur Entstehung und Überlieferung der »Hoßbach-Niederschrift«, in: VfZg 16 (1968), S. 373–386.

331 Zum Quellenwert der Hitler-Äußerung gegenüber Burckhardt vgl. Ulrich Schlie: Paul Stauffer – Sechs furchtbare Jahre … Auf den Spuren Carl J. Burckhardts durch den Zweiten Weltkrieg, Zürich 1998, in: Zuckmayer-Jahrbuch 3 (2000), S. 526 ff.

332 Eintragung vom 24. August 1939, in: Die Tagebücher von Joseph Goebbels, Teil 1, Bd. 7, S. 75.

333 So die Zusammenfassung von Hitlers Worten durch den Verbindungsmann des Auswärtigen Amtes, Hasso von Etzdorf, gegenüber dem Chef des Generalstabs des Heeres, General Halder, Kriegstagebuch Halder, Bd. 1, S. 308, Eintragung 21. Mai 1940.

334 Vgl. dazu die Aufzeichnung über die Unterredung Hitler-Oshima vom 3. Januar 1942, in: Staatsmänner und Diplomaten bei Hitler. Vertrauliche Aufzeichnungen über Unterredungen mit Vertretern des Auslandes, Teil 2, hrsg. von Andreas Hillgruber, Frankfurt/M. 1970, S. 32 ff.

335 Joseph Goebbels: Der Schleier fällt (6. Juni 1941), in: ders. Zeit ohne Beispiel: Reden und Aufsätze aus den Jahren 1939/40/41, München 1941, S. 524.

336 Hitlers politisches Testament. Die Bormann-Diktate vom Februar und April 1945, mit einem Essay von Hugh Trevor-Roper und einem Nachwort von André François-Poncet, Hamburg 1982, S. 117.

337 Andreas Hillgruber: Die »Hitler-Koalition«. Eine Skizze zur Geschichte und Struktur des »Weltpolitischen Dreiecks« Berlin-Rom-Tokio 1933–1945, in: ders.: Die Zerstörung Europas, Frankfurt/M. 1988, S. 169 ff.

338 Vgl. Below: Als Hitlers Adjutant, S. 326.

339 Eintrag vom 9. April 1945, in: Die Tagebücher von Joseph Goebbels, Teil II, Bd. 15, S. 692.

340 Vgl. Wilhelm Höttl: Einsatz für das Reich, Koblenz 1997, S. 117.

341 Hermann Giesler: Ein anderer Hitler, Bericht seines Architekten Hermann Giesler. Berichte, Reflexionen, Leoni 1977, S. 478.

342 Hitlers politisches Testament. Die Bormann-Diktate vom Februar und April 1945, S. 122.

343 Johannes Kunisch: Das Begräbnis eines Unsterblichen, in: ders.: Friedrich der Große in seiner Zeit, München 2008, S. 106 ff.

344 Vgl. A. J. P. Taylor: The Course of the German History. A Survey of the Development of Germany since 1815, London 1946.

345 Präambel des Gesetzes »Nr. 46« des Alliierten Kontrollrates über die endgültige Auflösung Preußens vom 25. Februar 1947.

346 Gerhard Ritter: Friedrich der Große, Düsseldorf ^{4}1978, S. 8.

347 Alfred Weber: Abschied von der bisherigen Geschichte, Hamburg 1946.

348 Harald von Königswald, Hans-Joachim von Merkatz (Hrsg.): Besinnung auf Preußen. Autorität und Freiheit – gestern und morgen, Oldenburg 1964.

349 Hans-Joachim Schoeps, Die Ehre Preußens, Stuttgart 1951; ders., Das andere Preußen. Konservative Gestalten und Probleme im Zeitalter Friedrich Wil-

helms IV., Berlin 1964 ([1]1952); vgl. zu Schoeps jetzt auch Frank-Lothar Kroll, Geschichtswissenschaft in politischer Absicht – Hans-Joachim Schoeps und Preußen, Berlin 2010.

350 Wolfgang Venohr: Preußentum und Drittes Reich, in: Guido Knopp (Hrsg.): Preußen heute. Vorbild oder Last, Aschaffenburg 1983, S. 54.

351 Sebastian Haffner: Preußen ohne Legende, Hamburg 1978.

352 Sebastian Haffner: Preußens kurze Geschichte, in: ders.: Im Schatten der Geschichte, Stuttgart 1985, S. 24 ff.

353 Hans-Ulrich Wehler: Preußen ist wieder chic ... Der Obrigkeitsstaat im Goldrähmchen, in: ders.: Preußen ist wieder chic: Politik und Polemik in zwanzig Essays, Frankfurt/Main 1983, S. 11 ff.

354 Vgl. z. B. das Interview mit Nicholas Ridley (»Speaking for England«. Dominic Lawson meets Nicholas Ridley) in *The Spectator* vom 14. Juli 1990, das zum Rücktritt von Ridley als Handelsminister führte.

355 So z. B. das Preußen gewidmete Magazin der Süddeutschen Zeitung vom 7. März 2008 unter der Überschrift »Preußen ist wieder sexy«.

356 Vgl. Rede des Bundespräsidenten Christian Wulff beim Festakt zum 300. Geburtstag von Friedrich II. am 24. Januar 2012 in Berlin, www.bundespräsident.de

357 Christopher Clark: Preußen. Aufstieg und Niedergang 1600–1947, München 2007.

358 Theodor Schieder: Friedrich der Große. Ein Königtum der Widersprüche, Frankfurt a. M., Berlin, Wien 1983.

359 Johannes Kunisch: Friedrich der Große. Der König und seine Zeit, München [1]2004.

360 Friedrich Kugler: Geschichte Friedrichs des Großen, München 1986 (1. Aufl. Leipzig 1856.).

361 Thomas Carlyle: Friedrich der Große. Ausgabe in einem Bande, Berlin 1913 (deutsche Originalausgabe von 1858–1865 in sechs Bänden).

362 Werner Hegemann: Fridericus, Hellerau 1924.

363 Hans Rothfels: Friedrich der Große in den Krisen des Siebenjährigen Krieges, in: HZ 134 (1926), S. 14–30.

364 Gerhard Ritter: Friedrich der Große, Düsseldorf 1978 (1. Aufl. Leipzig 1936).

365 Ingrid Mittenzwei: Friedrich II. von Preußen, Berlin/Köln 1980.

366 Vgl. Günther de Bruyn: Preußens Luise. Vom Entstehen und Vergehen einer Legende, München 2000.

367 Sebastian Haffner: Preußens kurze Geschichte, S. 35.

368 Karl Heinz Bohrer: Das verschwundene Paradigma. Friedrich II., Preußen und der 20. Juli, in: Merkur 55, 2001, S. 621 ff.

369 Marion Gräfin Dönhoff: Preußen. Maß und Maßlosigkeit, München 2009.

370 Gustav Hillard: Epilog auf den Generalstabsoffizier, in: Königswald, Merkatz (Hrsg.): Besinnung auf Preußen, S. 81.

371 Vgl. Daniil Melnikow: Der 20. Juli 1944 – Legende und Wirklichkeit, Berlin 1970.

372 Vgl. Kurt Finker: Stauffenberg und der 20. Juli, Berlin 1972.

373 Robert Menasse: Das Land ohne Eigenschaften. Essay zur österreichischen Identität, Wien 1992, S. 20.

374 Ebd., S. 22.

375 Ebd., S. 21.

376 Für die kritische Berichterstattung vgl. dazu beispielsweise »Otto von Habsburg sorgt für Eklat in Wien«, in: Neue Zürcher Zeitung vom 12. März 2008.

377 Franz Vranitzky: Rede vor dem österreichischen Nationalrat am 8. Juli 1991, in: www.politik-lernen.de

378 Friedrich Heer: Der Kampf um die österreichische Identität, Wien, Köln, Graz 1981, S. 17.

379 Beide Vorträge finden sich abgedruckt in: Karl Dietrich Erdmann, Die Spur Österreichs in der deutschen Geschichte. Drei Staaten, zwei Nationen, ein Volk? Zürich 1989.

380 Vgl. etwa Gerald Stourzh: Vom Reich zur Republik. Brüche und Wandlungen im Österreichbewußtsein seit 1867, in: ders.: Vom Reich zur Republik. Studien zum Österreichbewußtsein im 20. Jahrhundert, Wien 1991, S. 25 ff.

381 Friedrich Heer: Land im Strom der Zeit. Österreich gestern, heute, morgen, Wien, München 1958, S. 365.

382 Carl Jacob Burckhardt an Hugo von Hofmannsthal, Venedig 4. August 1923, in: ders.: Briefwechsel, Frankfurt/M. 1991, S. 119 f.

383 Emil Franzl: Das Haus Habsburg, in: Neues Abendland 5 (1951), S. 209.

384 Wortlaut der Homilie von Christoph Kardinal Schönborn beim Requiem für Otto von Habsburg im Stephansdom am 16. Juli 2011, www.erzdiozese-wien.at.

385 Hugo von Hofmannsthal: Preuße und Österreicher: ein Schema (1917), in: ders.: Gesammelte Werke in Einzelausgaben. Prosa, III, Frankfurt/M. 1977, S. 407.

386 Paul Claudel: Einige Erwägungen zum Thema Deutschland, in: dokumente 4 (1948), S. 262.

Ausgewählte Quellen und Literatur

Amtliche Aktendokumentationen und Quelleneditionen

Akten zur deutschen auswärtigen Politik 1918–1945. Serie C 1933–1937, Bde. 1–6, Göttingen 1971–1981; Serie D 1937–1941, Bde. 1–13, Baden-Baden/Frankfurt a. M. u. a. 1950–1970; Serie E 1941–1945, Bde. 1–8, Göttingen 1969–1979.

Auswärtige Angelegenheiten. Correspondenzen des Kaiserlich-Königlichen Ministeriums des Äußeren: Bd. 1, November 1866–Ende 1867, Wien 1868; Bd. 5, November 1870-April 1871.

Böhme, Helmut (Hrsg.): Die Reichsgründung, München 1967.

Der Hochverratsprozeß gegen Dr. Guido Schmidt vor dem Wiener Volksgericht. Die gerichtlichen Protokolle mit den Zeugenaussagen, unveröffentlichten Dokumenten, sämtlichen Geheimbriefen und Geheimakten, Wien 1947.

Die Große Politik der Europäischen Kabinette 1871–1914. Sammlung der Diplomatischen Akten des Auswärtigen Amtes. Im Auftrag des Auswärtigen Amts hrsg. von Johannes Lepsius, Albrecht Mendelssohn Bartholdy, Friedrich Thimme, Band 1–40 [nebst Kommentar], Reihe 1–5, Berlin 1922–1927, 2. Aufl. 1924–1927.

Die politische Correspondenz Friedrichs des Großen, 46 Bde. und ein Ergänzungsband, hrsg. von Johann Gustav Droysen u.a., Berlin, Leipzig 1879–1939.

Dietrich, Richard (Hrsg.): Die politischen Testamente der Hohenzollern, Köln, Wien 1986.

Geiss, Imanuel (Hrsg.): Julikrise und Kriegsausbruch 1914. Dokumentensammlung, 2 Bde., Hannover 1963/64.

Großer Generalstab Abt. Kriegsgeschichte (Hrsg.): Die Kriege Friedrichs des Großen, Tl. 1: Der erste Schlesische Krieg 1740–1742, 3 Bde., Berlin 1890–1893; Tl. 2: Der zweite Schlesische Krieg 1744/45, 3 Bde., Berlin 1895/96; Tl. 3: Der Siebenjährige Krieg 1756–1763, 13 Bde. (bis 1760), Berlin 1901–1914.

Hillgruber, Andreas (Hrsg.): Staatsmänner und Diplomaten bei Hitler. Vertrauliche Aufzeichnungen 1939–1941, München 1969.

Kunisch, Johannes (Hrsg.): Aufklärung und Kriegserfahrung. Klassische Zeitzeugen zum Siebenjährigen Krieg, Frankfurt/M. 1996.

Protokolle des Österreichischen Ministerrates 1848–1867, Bd. VI,1: Das Ministerium Belcredi, 29. Juli 1865–26. März 1866, hrsg. von Horst Brettner-Messler und Klaus Koch, Wien 1971.

Protokolle des Österreichischen Ministerrates 1848–1867, Bd. VI,2: Das Ministerium Belcredi, 8. April 1866–6. Februar 1867, hrsg. von Horst Brettner-Messler und Klaus Koch, Wien 1973.

Reichsinstitut für Geschichte des neuen Deutschlands (Hrsg.): Die auswärtige Politik Preußens 1858–1871: Bd. I, bearb. von Christian Friese, Oldenburg 1933; Bd. II,1, bearb. von Christian Friese, Oldenburg/Berlin 1938.

Stenographische Protokolle über die Sitzungen des Herrenhauses des österreichischen Reichsrathes, Wien 1867 ff.

Volz, Gustav Berthold und Georg Küntzel (Hrsg.): Preußische und österreichische Akten zur Vorgeschichte des Siebenjährigen Krieges, Osnabrück 1965 (Nachdruck der Erstausgabe von 1899).

Briefe, Tagebücher und Reden

Afflerbach, Holger: Kaiser Wilhelm II. als oberster Kriegsherr im Ersten Weltkrieg: Quellen aus der militärischen Umgebung des Kaisers 1914–1918, München 2005.

Baernreiter, Joseph M.: Fragmente eines politischen Tagebuchs, hrsg. von Joseph Redlich, Berlin 1928.

Bamberger, Ludwig: Gesammelte Schriften, 5 Bde., Berlin 1894–1898.

Bardong, Otto (Hrsg.): Friedrich der Große, Darmstadt 1982.

Ders.: Aus Bismarcks Briefwechsel. Anhang zu den »Gedanken und Erinnerungen«, Stuttgart, Berlin 1901.

Binder, Dieter A., und Heinrich Schuschnigg: »Sofort vernichten«. Die vertraulichen Briefe Kurt und Vera von Schuschniggs 1938–1945, Wien 1997.

Bismarck, Herbert von (Hrsg.): Fürst Bismarcks Briefe an seine Braut und Gattin, Stuttgart 1900.

Bismarck, Otto von: Bismarckbriefe 1836–1873, hrsg. von Horst Kohl, Bielefeld, Leipzig ^{8}1900.

Ders.: Die politischen Reden des Fürsten Bismarck. Historisch-kritische Gesamtausgabe, hrsg. von Horst Kohl, 14 Bde., Stuttgart 1892–1905.

Ders.: Die gesammelten Werke, hrsg. von H. von Petersdorff, F. Thimme, W. Frauendienst, W. Andreas, W. Schüssler, G. Ritter, R. Stadelmann, W. Windelband, 15 Bde., Berlin 1924–1935.

Ders.: Die Gesammelten Werke [Neue Friedrichsruher Ausgabe], hrsg. von Konrad Canis, Lothar Gall, Klaus Hildebrand und Eberhard Kolb, Abt. III: Schriften, Bd. 4: 1879–1881, Paderborn 2008.

Ders.: Prinz Wilhelm und Napoleon. Neue Bilder aus Preußens Notzeit, Dresden 1929.

Brandt, Otto H. (Hrsg.): Metternich. Denkwürdigkeiten, 2 Bde., München 1921.

Burckhardt, Carl Jacob (Hrsg.): Briefe des Staatskanzlers Fürsten Metternich-Winneburg an den österreichischen Minister des Allerhöchsten Hauses und des

Äußern, Grafen Buol-Schauenstein aus den Jahren 1852–1859, München, Berlin 1934.
Correspondenzen des kaiserlich-königlichen Ministeriums des Äußeren, vom November 1866 bis 1872, 6 Bde., Wien 1868–1872.
Deuerlein, Ernst (Hrsg.): Briefwechsel Hertling-Lerchenfeld 1912–1917. Dienstliche Privatkorrespondenz zwischen dem bayerischen Ministerpräsidenten Georg Graf von Hertling und dem bayerischen Gesandten in Berlin Hugo Graf von und zu Lerchenfeld, Boppard 1973.
Domarus, Max (Hrsg.): Hitler. Reden 1932–1935, kommentiert von einem deutschen Zeitgenossen, 2 Bde., Wiesbaden 1973.
Eberle, Henrick und Matthias Uhl (Hrsg.): Das Buch Hitler. Geheimdossier des NKWD für Josef W. Stalin, Bergisch-Gladbach 2005.
Erdmann, Karl Dietrich (Hrsg.): Kurt Riezler. Tagebücher, Aufsätze, Dokumente, Göttingen 1972.
Eulenburg-Hertefeld, Philipp: Philipp Eulenburgs politische Korrespondenz, hrsg. von John C. G. Röhl, 3 Bde., Boppard 1976–1983.
Fenske, Hans (Hrsg.): Unter Wilhelm II. 1890–1918, Darmstadt 1982.
Friedjung, Heinrich (Hrsg.): Benedeks nachgelassene Papiere, Dresden 1904.
Friedrich der Große: Mein Lieber Marquis. Sein Briefwechsel mit Jean-Baptiste d'Argens während des Siebenjährigen Krieges, hrsg. von Hans Schumann, Zürich 1986.
Gentz, Friedrich von: Briefe von und an Friedrich von Gentz, hrsg. von Friedrich Carl Wittichen, Bd. 1, München, Berlin 1909.
Gerlach, Ernst Ludwig von: Von der Revolution zum Norddeutschen Bund. Politik und Ideengut der preußischen Hochkonservativen 1848–1866. Aus dem Nachlass von Ernst Ludwig von Gerlach, hrsg. von Hellmut Diwald, 2 Bde., Göttingen 1970.
Gerlach, Leopold von: Briefe an Otto von Bismarck, hrsg. von Horst Kohl, Stuttgart, Berlin 1912.
Die Tagebücher von Joseph Goebbels. Sämtliche Fragmente, Teil I, Aufzeichnungen 1923–1941, 10 Bde. in 14 Teilbänden, hrsg. von Elke Fröhlich, München 1998 ff.
Die Tagebücher von Joseph Goebbels. Sämtliche Fragmente, Teil II: Diktate 1941–1945, 15 Bände, hrsg. von Elke Fröhlich, München 1993–1996.
Halder, Franz: Kriegstagebuch, Bde. 2 und 3, Stuttgart 1963 und 1964.
Hamann, Brigitte (Hrsg.): Fast jede Nacht träume ich von Ihnen. Die Briefe Kaiser Franz Josephs an Katharina Schratt, München 2011.
Hampe, Karl: Kriegstagebuch 1914–1919, hrsg. von Folker Reichert und Eike Wolgast, München 2004.
Heindl, Gottfried: Leg' mich zu Füßen Majestät. Die Ära Franz Joseph in Anekdoten, Wien 1985.
Heyderhoff, J. und P. Wentzke (Hrsg.): Deutscher Liberalismus im Zeitalter Bismarcks. Eine politische Briefsammlung, Bd. 1, Osnabrück 1967 (Nachdruck).

Hinrichs, Carl (Hrsg.): Friedrich der Große und Maria Theresia. Diplomatische Berichte von Otto Christoph Graf von Podewils, Berlin 1937.

Hintze, Paul von: Marineoffizier, Diplomat, Staatssekretär. Dokumente einer Karriere zwischen Militär und Politik, 1903–1918, hrsg. von Johannes Hürter, München 1998.

Hitlers politisches Testament. Die Bormann-Diktate vom Februar und April 1945, mit einem Essay von Hugh Trevor-Roper und einem Nachwort von André François-Poncet, Hamburg 1982.

Hötzendorf, Conrad von: Private Aufzeichnungen. Erste Veröffentlichungen aus den Papieren des k. u. k. Generalstabschefs, hrsg. von Kurt Peball, Wien 1977.

Ilsemann, Sigurd von: Der Kaiser in Holland. Aufzeichnungen des letzten Flügeladjutanten Kaiser Wilhelms II., hrsg. von H. von Königswald, München 1968.

Kohl, Horst (Hrsg.): Briefe des Generals Leopold von Gerlach an Otto von Bismarck, Stuttgart/Berlin 1912.

Krebs, Albert: Erinnerungen an die Frühzeit der Partei, Stuttgart 1959.

Louis Ferdinand Prinz von Preußen: Im Strom der Geschichte, München, Wien 1983.

Metternich-Winneburg, Richard Fürst (Hrsg.): Aus Metternichs nachgelassenen Papieren, geordnet und zusammengestellt von Alfons von Klinkowström, 8 Bde., Wien 1880–1884.

Obst, Michael A. (Hrsg.): Die politischen Reden Wilhelms II. Eine Auswahl, Paderborn 2011.

Orloff, Nicolai Fürst: Bismarck und die Fürstin Orloff. Ein Idyll in der hohen Politik, München 1936.

Pleschinski, Hans: Aus dem Briefwechsel Voltaire – Friedrich der Große, Frankfurt/M. 1992.

Poschinger, H. von: Fürst Bismarck und die Parlamentarier, Bd. 2: 1847–1879, Breslau 1895.

Rieder, Heinz: Kaiser Franz Joseph. Anekdoten, Graz, Köln, Wien 1979.

Schlie, Ulrich (Hrsg.): Albert Speer: Die Kransberg-Protokolle (1945). Seine ersten Aussagen und Aufzeichnungen (Juni–September), München 2003.

Ders.: Ulrich von Hassell, Römische Tagebücher und Briefe 1932–1938, München 2004.

Schnürer, Franz: Briefe Kaiser Franz Josephs I. an seine Mutter 1838–1872, München 1930.

Schuschnigg, Kurt: Österreichs Erneuerung. Die Reden des Bundeskanzlers Dr. Kurt Schuschnigg, Klagenfurt 1935.

Ders.: »Österreich muß Österreich bleiben«. Die große Rede des Bundeskanzlers und Frontführers Dr. Schuschnigg im Bundestag am 24. Februar 1938, Sonderdruck, Wien 1938.

Sigmund, Anna Maria: Die verschollenen Tagebücher Franz Josephs, Wien 1999.

Spitzemberg, Hildegard Freifrau Hugo von: Das Tagebuch der Baronin Spitzemberg. Aufzeichnungen aus der Hofgesellschaft, hrsg. von Rudolf Vierhaus, Göttingen 1961.

Vitzthum v. Eckstädt, Karl Friedrich Graf: Berlin und Wien in den Jahren 1845–1852, Stuttgart 1886.
Volz, Gustav Berthold (Hrsg.): Die Werke Friedrichs des Großen, 10 Bde., Berlin 1912–1914.
Ders.: Friedrich der Große im Spiegel seiner Zeit, 3 Bde., Berlin 1926/27.
Walter, Friedrich (Hrsg.): Maria Theresia. Briefe und Aktenstücke in Auswahl, Darmstadt 1982.
Wilhelm I.: Briefe aus den Kriegsjahren 1870/71, Leipzig o. J.

Memoiren

Bamberger, Ludwig: Erinnerungen, hrsg. von Paul Nathan, Berlin 1899.
Bardolff, Carl von: Soldat im alten Österreich. Erinnerungen aus meinem Leben, Jena 1938.
Bayreuth, Wilhelmine von: Eine preußische Königstochter, Frankfurt/M. 1910, Nachdruck 1990.
Below, Nicolaus von: Als Hitlers Adjutant, Mainz 1980.
Bethmann Hollweg, Theobald von: Betrachtungen zum Weltkriege, 2 Bde., Berlin 1919/21.
Bismarck, Otto von: Die Gesammelten Werke [Neue Friedrichsruher Ausgabe], hrsg. von Konrad Canis, Lothar Gall, Klaus Hildebrand und Eberhard Kolb, Abt. IV: Gedanken und Erinnerungen, Paderborn 2012.
Bülow, Bernhard von: Denkwürdigkeiten, 4 Bde., Berlin 1931.
D'Abernon, Edgar Viscount: Ein Botschafter der Zeitwende, 3 Bde., Leipzig o. J.
Davis, Arthur N.: The Kaiser I Knew. My Fourteen Years with the Kaiser, London 1998.
Dietrich, Otto: 12 Jahre mit Hitler, München, Köln 1955.
Frank, Hans: Im Angesicht des Galgens, München 1953.
Fugger, Nora Fürstin: Im Glanz der Kaiserzeit, Wien [2]1980.
Giesler, Hermann: Ein anderer Hitler. Bericht seines Architekten, Leoni 1977.
Glaise-von Horstenau, Edmund: Ein General im Zwielicht, hrsg. von Peter Broucek, 3 Bde., Wien 1980.
Hammann, Otto: Um den Kaiser. Erinnerungen aus den Jahren 1906–1909, Berlin 1919.
Hanfstaengl, Ernst: Zwischen Weißem und Braunem Haus. Erinnerungen eines politischen Außenseiters, München 1970.
Hohenlohe-Schillingsfürst, Chlodwig: Denkwürdigkeiten der Reichskanzlerzeit, hrsg. von K. A. v. Müller, Stuttgart, Berlin 1931.
Keller, Mathilde Gräfin von: Vierzig Jahre im Dienst der Kaiserin. Ein Kulturbild aus den Jahren 1881–1921, Leipzig 1935.
Ketterl, Eugen: Der alte Kaiser, wie nur Einer ihn sah. Der wahrheitsgetreue Bericht des Leibkammerdieners Kaiser Franz Josephs I., Wien u. a. 1980.

Kubizek, August: Adolf Hitler. Mein Jugendfreund, Graz, Stuttgart [4]1975.
Kühlmann, Richard von: Erinnerungen, Heidelberg 1948.
Lerchenfeld-Koefering, Graf Hugo von: Erinnerungen und Denkwürdigkeiten 1843–1925, Berlin 1935.
Manteuffel, Otto Freiherr von: Denkwürdigkeiten. Otto Freiherr von Manteuffel unter Friedrich Wilhelm IV., 3 Bde., Berlin 1901.
Mika, Emil (Hrsg.): Geist und Herz verbündet. Metternichs Briefe an Gräfin Lieven, Wien 1942.
Molden, Fritz: »Vielgeprüftes Österreich«. Meine politischen Erinnerungen, Wien 2007.
Müller, Karl Alexander von: Mars und Venus. Erinnerungen 1914–1919, Stuttgart 1954.
Papen, Franz von: Der Wahrheit eine Gasse, München 1952.
Ribbentrop, Joachim von: Zwischen London und Moskau. Erinnerungen und letzte Aufzeichnungen, Leoni 1953.
Schuschnigg, Kurt: Dreimal Österreich, Wien 1937.
Ders.: Ein Requiem in Rot-Weiß-Rot, Wien 1978 ([1]1946).
Ders.: Im Kampf gegen Hitler. Die Überwindung der Anschlußidee, Wien 1988 (Neuauflage).
Schuschnigg, Kurt von jr.: Der lange Weg nach Hause. Der Sohn des Bundeskanzlers erinnert sich, Wien [2]2008.
Schwarzenberg, Karl Fürst: Adler und Drache. Der Weltherrschaftsgedanke, Wien, München 1958.
Sigmund, Anna Maria (Hrsg.): Die verschollenen Tagebücher Franz Josephs, Wien 1999.
Speer, Albert: Erinnerungen, Frankfurt/M. u. a. 1969.
Ders.: Spandauer Tagebücher, Frankfurt/M. u. a. 1975.
Spitzy, Reinhard: So haben wir das Reich verspielt. Bekenntnisse eines Illegalen, München 1986.
Wallersee-Larisch, Marie Louise: Meine Vergangenheit, Leipzig 1937.
Warburg, M. M.: Aus meinen Aufzeichnungen, New York 1952.
Wilhelm II.: Ereignisse und Gestalten aus den Jahren 1878–1918, Leipzig, Berlin 1922.
Ders.: Meine Vorfahren, Berlin 1929.
Zedlitz-Trützschler, Robert: Zwölf Jahre am deutschen Kaiserhof, Stuttgart, Berlin, Leipzig 1924.

Literatur

Afflerbach, Holger: Falkenhayn, München 1994.
Ders.: Der Dreibund. Europäische Großmacht- und Allianzpolitik vor dem Ersten Weltkrieg, Wien 2002.

Angerer, Thomas: Die französische Österreichpolitik vor dem »Anschluß« 1938, in: VfZg 40/1 (1992), S. 29 ff.
Aretin, Karl Otmar Freiherr von: Das Alte Reich 1648–1806, 3 Bde., Stuttgart 1993 ff.
Bagdasarian, Nicholas Der: The Austro-German Rapprochement 1870–1879. From the Battle of Sedan to the Dual Alliance, London 1976.
Baier, Stephan, und Eva Demmerle: Otto von Habsburg. Die autorisierte Biographie, Wien ²2002.
Balfour, Michael: Der Kaiser. Wilhelm II. und seine Zeit, Frankfurt/M., Wien, Zürich 1967.
Baring, Arnulf, Deutschland gehört nicht nur den Deutschen: Rückblick und Ausblick, Stuttgart, Leipzig 2007.
Bauer, Karl: Hitler und der Juliputsch 1934 in Österreich. Eine Fallstudie zur nationalsozialistischen Außenpolitik in der Frühphase des Regimes, in: VfZg 59/2 (2011), S. 199–227.
Baumgart, Winfried: Prolog zur Krieg-in-Sicht-Krise. Bismarcks Versuch, den Kulturkampf in die Türkei zu exportieren (1873/74), in: HZ 236 (1983), S. 297–325.
Becker, Otto: Bismarcks Ringen um Deutschlands Gestaltung, hrsg. von Alexander Scharf, Heidelberg 1958.
Benedikt, Heinrich (Hrsg.): Geschichte der Republik Österreich, München, Wien 1954.
Bérenger, Jean: Die Geschichte des Habsburgerreiches 1273–1918, Wien, Köln, Weimar 1997.
Berglar, Peter: Maria Theresia, Reinbek bei Hamburg 1980.
Beumelburg, Werner: Der König und die Kaiserin. Friedrich der Große und Maria Theresia, Oldenburg, Berlin 1938.
Bibl, Viktor: Der Zerfall Österreichs. Kaiser Franz und sein Erbe, Wien 1922.
Ders.: Österreich 1806–1938, Zürich, Leipzig, Wien 1939.
Bisky, Jens: Unser König. Friedrich der Große und seine Zeit. Ein Lesebuch, Berlin ²2011.
Birk, Eberhard: Thorsten Loch und Peter Andreas Popp, Wie Friedrich »der Große« wurde. Eine kleine Geschichte des Siebenjährigen Krieges 1756–1763, Freiburg, Berlin, Wien 2012.
Blasius, Dirk (Hrsg.): Preußen in der deutschen Geschichte, Königstein/Ts. 1980.
Bled, Jean Paul: Franz Joseph. »Der letzte Monarch der alten Schule«, Wien/Köln/Graz 1988.
Böckenförde, Ernst-Wolfgang (Hrsg.): Moderne deutsche Verfassungsgeschichte (1815–1914), Königstein/Ts. 1981.
Böhme, Hartmut: Deutschlands Weg zur Großmacht. Studien zum Verhältnis von Wirtschaft und Staat während der Reichsgründungszeit 1848–1881, Köln, Berlin 1966.
Bossi Fedrigotti, Anton Graf: Kaiser Franz Joseph I. und seine Zeit, Zürich, München 1978.

Botz, Gerhard, und Gerald Sprengnagel (Hrsg.).: Kontroversen um Österreichs Zeitgeschichte. Verdrängte Vergangenheit, Österreich-Identität, Waldheim und die Historiker, Frankfurt, New York ²2008.
Bracher, Karl Dietrich: Die deutsche Diktatur. Entstehung, Struktur, Folgen des Nationalsozialismus, Frankfurt/Berlin/Wien ⁶1979.
Braubach, Max: Versailles und Wien von Ludwig XIV. bis Kaunitz, Bonn 1952.
Brook-Shepherd, Gordon: Dollfuss, London 1961.
Ders.: Der Anschluß, Köln 1963.
Broucek, Peter: Kronprinz Rudolf und k. u. k. Oberstleutnant im Generalstab Steininger, in: Mitteilungen des österreichischen Staatsarchivs, hrsg. von der Generaldirektion, Wien 1973, S. 442 ff.
Burckhardt, Carl Jacob: Maria Theresia, in: ders.: Gestalten und Mächte, Zürich ⁵1984.
Burckhardt, Jacob: Weltgeschichtliche Betrachtungen, Stuttgart 1978.
Canis, Konrad: Von Bismarck zur Weltpolitik. Deutsche Außenpolitik 1890–1902, Berlin 1997.
Ders.: Bismarcks Außenpolitik 1870–1890, Berlin 2004.
Chorherr, Thomas (Hrsg.): 1938 – Anatomie eines Jahres, Wien 1987.
Clark, Christopher: Preußen. Aufstieg und Niedergang 1600–1947, München ²2007.
Craig, Gordon A.: The Politics of the Prussian Army 1640–1945, Oxford 1955.
Ders.: Königgrätz, Bergisch-Gladbach 1977.
Ders.: Das Ende Preußens. Acht Portraits, München 1985.
Crankshaw, Edward: Der Niedergang des Hauses Habsburg, Düsseldorf 1967.
Dehio, Ludwig: Gleichgewicht und Hegemonie, Krefeld 1949.
Ders.: Deutschland und die Weltpolitik im 20. Jahrhundert, München 1955.
Dickinger, Christian: Franz Joseph I. Die Entmythisierung, Wien 2001.
Diószegi, István: Bismarck und Andrássy, Wien, München 1999.
Dönhoff, Marion Gräfin: Preußen. Maß und Maßlosigkeit, München 2009.
Dowe, Dieter, Heinz-Gerhard, Haupt, und Dieter Langewiesche (Hrsg.): Europa 1848. Revolution und Reform, Bonn 1998.
Drimmel, Heinrich: Vom Kanzlermord zum Anschluß. Österreich 1934–1938, Wien, München 1987.
Ders.: Franz Joseph. Biographie einer Epoche, Wien, München 1992.
Dülffer, Jost: Dispositionen zum Krieg im wilhelminischen Deutschland, in: Jost Dülffer und Karl Holl (Hrsg.): Bereit zum Krieg. Kriegsmentalität im wilhelminischen Deutschland 1890–1914, Bonn 1986, S. 9–19.
Ders. und Jürgen Laubner (Hrsg.): Otto von Bismarck. Person – Politik – Mythos, Berlin 1993.
Ders., Bernd Martin, und Günter Wollstein (Hrsg.): Deutschland in Europa. Kontinuität und Bruch. Gedenkschrift für Andreas Hillgruber, Berlin 1990.
Eichstädt, Ulrich: Von Dollfuß zu Hitler, Wiesbaden 1955.
Ellwein, Thomas: Das Erbe der Monarchie in der deutschen Staatskrise. Zur Geschichte des Verfassungsstaates in Deutschland, München 1954.

Engelberg, Ernst: Bismarck. Urpreuße und Reichsgründer, Berlin 1985.
Ders.: Bismarck. Das Reich in der Mitte Europas, Berlin 1990.
Engel-Janosi, Friedrich: Graf Rechberg. Vier Kapitel zu seiner und Österreichs Geschichte, München 1927.
Erdmann, Karl Dietrich: Drei Staaten – zwei Nationen – ein Volk? Überlegungen zu einer deutschen Geschichte seit der Teilung, in: ders.: Die Spuren Österreichs in der deutschen Geschichte. Drei Staaten, zwei Nationen, ein Volk? Zürich 1989.
Eyck, Erich: Bismarck, 3 Bde., Zürich 1941–1944.
Fehrenbach, Elisabeth: Wandlungen des deutschen Kaisergedankens 1871–1918, München, Wien 1969.
Fellner, Fritz: Vom Dreibund zum Völkerbund. Studien zur Geschichte der internationalen Beziehungen 1882–1919, München 1994.
Fest, Joachim C.: Hitler, Frankfurt, Berlin 1973.
Ders.: Das Gesicht des Dritten Reiches. Profile einer totalitären Herrschaft, München [8]1986.
Ders.: Der Untergang. Hitler und das Ende des Dritten Reiches. Eine historische Skizze, Berlin [5]2005.
Fischer, Fritz: Griff nach der Weltmacht. Die Kriegszielpolitik des kaiserlichen Deutschland 1914/18, Düsseldorf 1984 ([1]1961).
Ders.: Krieg der Illusionen. Die deutsche Politik von 1911 bis 1914, Düsseldorf 1969.
Fischer-Fabian, S.: Preußens Krieg und Frieden. Der Weg ins Deutsche Reich, München, Zürich 1981.
Funke, Manfred (Hrsg.): Hitler, Deutschland und die Mächte. Materialien zur Außenpolitik des Dritten Reiches, Düsseldorf 1978.
Gall, Lothar (Hrsg.): Das Bismarck-Problem in der Geschichtsschreibung nach 1945, Köln, Berlin 1971.
Ders.: Bismarck. Der weiße Revolutionär, Frankfurt/M. 1983.
Ders. (Hrsg.): Otto von Bismarck und Wilhelm II. Repräsentanten eines Epochenwechsels? Paderborn 2000.
Gauland, Alexander: Die Deutschen und ihre Geschichte, Berlin 2009.
Gehler, Michael, u. a. (Hrsg.): Ungleiche Partner? Österreich und Deutsche in ihrer gegenseitigen Wahrnehmung. Historische Analysen und Vergleiche aus dem 19. und 20. Jahrhundert, Stuttgart 1996.
Gersdorff, Ursula von, und Wolfgang von Gersdorff (Hrsg.): Entscheidung 1870. Der deutsch-französische Krieg, Stuttgart 1970.
Goldberg, Hans-Peter: Bismarck und seine Gegner. Die politische Rhetorik im kaiserlichen Reichstag, Düsseldorf 1997.
Goldinger, Walter (Hrsg.): Kaiserhaus, Staatsmänner und Politiker. Aufzeichnungen des k. k. Statthalters Erich Graf Kielmansegg, Wien 1966.
Graml, Hermann: Bernhard von Bülow und die deutsche Außenpolitik. Hybris und Augenmaß im Auswärtigen Amt, München 2012.

Gregory, J. D.: Dollfuss and his Times, London 1935.

Groote, Wolfgang von, und Ursula von Gersdorff (Hrsg.): Entscheidung 1866. Der Krieg zwischen Österreich und Preußen, Stuttgart 1966.

Günzel, Klaus: Der König und die Kaiserin. Friedrich II. und Maria Theresia, Düsseldorf 2005.

Haffner, Sebastian: Die sieben Todsünden des Deutschen Reiches im Ersten Weltkrieg, Bergisch-Gladbach 2001 (Hamburg ^{1}1964).

Ders.: Anmerkungen zu Hitler, Frankfurt/M. ^{1}1978 (Erstauflage München 1978).

Ders.: Preußen ohne Legende, Hamburg o. J.

Hallmann, Hans (Hrsg.): Revision des Bismarckbildes. Die Diskussion der deutschen Fachhistoriker 1945–1955, Darmstadt 1972.

Hamann, Brigitte: Hitlers Wien. Lehrjahre eines Diktators, München 1998.

Hammann, Otto: Bilder aus der letzten Kaiserzeit, Berlin 1922.

Hantsch, Hugo (Hrsg.): Gestalter der Geschicke Österreichs, Innsbruck, Wien, München 1962.

Hartung, Fritz: Deutsche Verfassungsgeschichte. Vom 15. Jahrhundert bis zur Gegenwart, Stuttgart 1950.

Ders.: Das persönliche Regiment Kaiser Wilhelms II., Berlin 1952.

Ders.: Staatsbildende Kräfte der Neuzeit. Gesammelte Aufsätze, Berlin 1961.

Hauser, Oswald (Hrsg.): Preußen, Europa und das Reich, Köln, Wien 1987.

Heer, Friedrich: Land im Strom der Zeit. Österreich gestern, heute, morgen, Wien 1958.

Ders.: Der König und die Kaiserin. Friedrich und Maria Theresia – ein deutscher Konflikt, München 1981.

Ders.: Der Glaube des Adolf Hitler. Anatomie einer politischen Religiosität, München, Eßlingen 1968.

Ders.: Der Kampf um die österreichische Identität, Wien ^{2}1996.

Heiden, Konrad: Das Zeitalter der Verantwortungslosigkeit. Adolf Hitler. Eine Biographie, Zürich 1936

Ders.: Ein Mann gegen Europa. Adolf Hitler. Eine Biographie, Zürich 1937.

Hentschel, Volker: Preußens streitbare Geschichte 1594–1945, Düsseldorf 1980.

Herm, Gerhard: Glanz und Niedergang des Hauses Habsburg, Düsseldorf ^{6}1993.

Herman, Arthur: Metternich, London 1972.

Herre, Franz: Kaiser Franz Joseph von Österreich. Sein Leben, seine Zeit, Köln 1978.

Ders.: Bismarck, Köln 1991.

Ders.: Kaiser Wilhelm I. Der letzte Preuße, Köln 1993.

Hildebrand, Klaus: Deutsche Außenpolitik 1933–1945. Kalkül oder Dogma, Stuttgart u. a. ^{4}1980.

Ders. und Rainer Pommerin (Hrsg.): Deutsche Frage und europäisches Gleichgewicht, Köln 1985.

Ders.: Julikrise 1914. Das europäische Sicherheitsdilemma. Betrachtungen über den Ausbruch des Ersten Weltkrieges, in: GWU 36 (1985), S. 469 ff.

Ders.: Das vergangene Reich. Deutsche Außenpolitik von Bismarck bis Hitler, Stuttgart 1995.

Hillgruber, Andreas: Riezlers Theorie des kalkulierten Risikos und Bethmann-Hollwegs politische Konstellation in der Julikrise 1914, in: HZ 202 (1966), S. 333 ff.

Ders.: Deutsche Großmacht- und Weltpolitik im 19. und 20. Jahrhundert, Düsseldorf 1977.

Ders.: Otto von Bismarck. Gründer der europäischen Großmacht Deutsches Reich, Göttingen/Zürich/Frankfurt 1978.

Ders.: Bismarcks Außenpolitik, Freiburg ²1981.

Hintze, Otto: Die Hohenzollern und ihr Werk. Fünfhundert Jahre vaterländische Geschichte, Berlin ⁶1915.

Höhn, Reinhard: Scharnhorst. Soldat, Staatsmann, Erzieher, München, Bad Harzburg 1981.

Hofmannsthal, Hugo von: Die österreichische Idee, in: ders.: Gesammelte Werke in Einzelausgaben: Prosa, III, Frankfurt/M. 1977, S. 401ff.

Ders.: Preuße und Österreicher, in: ders.: Gesammelte Werke in Einzelausgaben: Prosa, III, Frankfurt/M. 1977, S. 407ff.

Hopfgartner, Anton: Kurt Schuschnigg. Ein Mann gegen Hitler, Graz u. a. 1989.

Huber, Ernst Rudolf: Heer und Staat in der deutschen Geschichte, Hamburg ²1943.

Ders.: Deutsche Verfassungsgeschichte, Bd. 4: Struktur und Krisen des Kaiserreiches, Stuttgart 1969.

Hull, Isabel V.: The Entourage of Kaiser Wilhelm II. 1888–1918, Cambridge 1983.

Kann, Robert A.: Werden und Zerfall des Habsburgerreiches, Graz 1962.

Ders.: Erzherzog Franz Ferdinand. Studien, Wien 1976.

Kastner, Richard H.: Glanz und Gloria. Die Wiener Hofburg unter Kaiser Franz Joseph, Wien 2004.

Keegan, John: Der Erste Weltkrieg. Eine europäische Tragödie, Reinbek bei Hamburg 2000.

Kennan, George: Die schicksalhafte Allianz. Frankreich und Rußland am Vorabend des Ersten Weltkriegs, Köln 1990.

Ders.: Bismarcks europäisches System in der Auflösung, Frankfurt a. M., Berlin, Wien 1981.

Kershaw, Ian: Hitler 1936–1945, München ³2000.

Kielmansegg, Peter Graf: Deutschland und der Erste Weltkrieg, Stuttgart 1980.

Kindermann, Gottfried-Karl: Österreich gegen Hitler. Europas erste Abwehrfront 1933–1938, München 2003.

Kissinger, Henry A.: Das Gleichgewicht der Großmächte. Metternich, Castlereagh und die Neuordnung Europas, Zürich 1986.

Ders.: Diplomacy, New York 1994.

Kiszling, Rudolf: Fürst Felix zu Schwarzenberg, Graz, Köln 1952.

Klemperer, Klemens von: Ignaz Seipel. Staatsmann einer Krisenzeit, Graz, Wien, Köln 1976.

Köhler, Joachim: Hitlers Wagner. Der Prophet und sein Vollstrecker, München 1997.
König, Wolfgang: Wilhelm II. und die Moderne, Paderborn u. a. 2007.
Kolb, Eberhard: Der Kriegsausbruch 1870. Politische Entscheidungsprozesse und Verantwortlichkeiten in der Julikrise 1870, Göttingen 1970.
Ders. (Hrsg.): Europa vor dem Krieg von 1870, München 1987.
Korff, Gottfried (Hrsg.): Preußen. Versuch einer Bilanz. Ausstellungsführer (5 Bde.) zur Preußen-Ausstellung vom 15. August bis 15. November 1981 im Martin-Gropius-Bau, Berlin, Reinbek bei Hamburg 1981.
Koschatzky, Walter (Hrsg.): Maria Theresia und ihre Zeit. Eine Darstellung der Epoche von 1740–1780 aus Anlaß der 200. Wiederkehr des Todestages der Kaiserin, Wien [2]1980.
Kraehe, Enno E.: Metternich's German Policy. Volume 1: The Contest with Napoleon, 1799–1814, Princeton 1963.
Ders.: The Metternich Controversy, New York u. a. 1971.
Krockow, Christian Graf von: Warnung vor Preußen, Berlin 1993 ([1]1981).
Ders.: Friedrich der Große. Ein Lebensbild, Bergisch-Gladbach [4]2008.
Kronenbitter, Günther: »Krieg im Frieden«. Die Führung der k. u. k. Armee und die Großmachtpolitik Österreich-Ungarns 1906–1914, München 2003.
Kunisch, Johannes: Das Mirakel des Hauses Brandenburg. Studien zum Verhältnis von Kabinettspolitik und Kriegführung im Zeitalter des Siebenjährigen Krieges, München, Wien 1978.
Ders.: Friedrich der Große. Der König und seine Zeit, München [5]2005.
Ders.: Friedrich der Große in seiner Zeit, München 2008.
Lamar, Cecil: Wilhelm II. Prince and Emperor, 1859–1900, Chapel Hill 1989.
Langewiesche Dieter (Hrsg.): Die deutsche Revolution von 1848/49, Darmstadt 1983.
Lenich, Oliver: Kaiser Franz Joseph I. und Deutschland. Von der deutschen Frage bis zum Ersten Weltkrieg, München 2009
Liman, Paul: Der Kronprinz. Gedanken über Deutschlands Zukunft, Minden 1953.
Loth, Wilfried: Katholiken im Kaiserreich. Der politische Katholizismus in der Krise des wilhelminischen Deutschland, Düsseldorf 1984.
Lüthy, Herbert: Wo liegt Europa? Zehn Versuche zu den Umtrieben des Zeitgeists, Zürich 1991.
Lutz, Heinrich: Le problème de la politique extérieure Austro-hungroise en 1871, in: Revue d'Histoire Moderne et Contemporaine 19 (1972), S. 296 ff.
Ders.: Zur Wende der österreichisch-ungarischen Außenpolitik 1871. Die Denkschrift des Grafen Beust für Kaiser Franz Joseph vom 18. Mai, in: MÖStA 25 (1972), S. 169 ff.
Ders.: Von Königgrätz zum Zweibund. Aspekte europäischer Entscheidungen, in: HZ 217 (1973), S. 347–380.
Ders.: Politik und militärische Planung in Österreich-Ungarn zu Beginn der Ära

Andrássy, in: Geschichte und Gesellschaft. Festschrift für K. R. Stadler, Wien 1974, S. 23 ff.
Ders.: Österreich-Ungarn und die Gründung des deutschen Reiches. Europäische Entscheidung 1867–1871, Berlin 1979.
Ders.: Zwischen Habsburg und Preußen. Deutschland 1815–1866, Berlin 1985.
Macartney, C. A.: The Habsburg Empire 1790–1918, New York 1969.
Mai, Gunther: Das Ende des Kaiserreichs. Politik und Kriegführung im Ersten Weltkrieg, München 1987.
Marcks, Erich: Bismarcks Jugend 1815–1848, Stuttgart, Berlin 1909.
Ders.: Kaiser Wilhelm I., München, Leipzig [8]1918.
Markus, Georg (Hrsg.): Der Kaiser. Franz Joseph I. Bilder und Dokumente, Wien 1985.
Maser, Werner: Adolf Hitler. Legende – Mythos – Wirklichkeit, München [9]1985.
May, Arthur J.: The Habsburg Monarchy, 1867–1914, Cambridge/Mass. 1951.
Mayr-Harting, Anton: Der Untergang. Österreich-Ungarn 1848–1922, Wien 1988.
Meinecke, Friedrich: Preußen und Deutschland im 19. und 20. Jahrhundert, Berlin 1918.
Ders.: Preußisch-deutsche Gestalten und Probleme, Leipzig 1940.
Ders.: Die deutsche Katastrophe, Wiesbaden 1946.
Ders.: Politische Schriften und Reden, hrsg. von Georg Kotowski, Darmstadt 1958.
Ders.: Die Idee der Staatsräson in der neueren Geschichte, hrsg. von Walther Hofe, München [3]1963.
Messner, Johannes: Dollfuß, Innsbruck, Wien, München 1935.
Michalka, Wolfgang (Hrsg.): Nationalsozialistische Außenpolitik, Darmstadt 1978.
Ders. (Hrsg.): Der Zweite Weltkrieg. Analysen, Grundzüge, Forschungsbilanz, Weyarn 1997.
Möller, Horst: Fürstenstaat oder Bürgernation. Deutschland 1763–1815, Berlin 1989.
Mommsen, Wolfgang J.: Das deutsche Kaiserreich als System umgangener Entscheidungen, in: Vom Staat des Ancien Régime zum modernen Parteienstaat. Festschrift für Theodor Schieder zu seinem 70. Geburtstag hrsg. von Helmut Berding u. a., München 1978, S. 239–265.
Ders.: Der autoritäre Nationalstaat. Verfassung, Gesellschaft und Kultur im deutschen Kaiserreich, Frankfurt/M. 1990.
Ders.: Großmachtstellung und Weltpolitik. Die Außenpolitik des Deutschen Reiches 1870 bis 1914, Berlin 1993.
Ders.: War der Kaiser an allem schuld? Wilhelm II. und die preußisch-deutschen Machteliten, Berlin 2005.
Ders.: Deutsch-Österreichisches, Frankfurt/M. 2008.
Moser, Friedrich Carl von: Von dem Deutschen Nationalgeist, Selb 1976 (Nachdruck der Ausgabe von 1766).
Nadler, Josef, und Heinrich Ritter von Srbik (Hrsg.): Österreich. Erbe und Sendung im deutschen Raum, Salzburg, Leipzig 1936.
Niederösterreichische Landesausstellung (Hrsg.): Das Zeitalter Franz Josephs, Ers-

ter Teil: Von der Revolution zur Gründerzeit 1848–1980, Schloß Grafenegg 19. Mai bis 18. Oktober 1984, 2 Bde., Wien 1984.
Niedhart, Gottfried: Kriegsbeginn 1939. Entfesselung oder Ausbruch des Zweiten Weltkriegs, Darmstadt 1976.
Nipperdey, Thomas: Deutsche Geschichte 1800–1866. Bd. 1: Bürgerwelt und starker Staat, München 1984.
Ders.: Nachdenken über die deutsche Geschichte, München 1986.
Ders.: Deutsche Geschichte 1866–1918. Bd. 2: Machtstaat vor der Demokratie, München 1992.
Nolte, Ernst: Der Faschismus in seiner Epoche, München ^{5}1979.
Obst, Michael A.: »Einer nur ist Herr im Reiche«. Kaiser Wilhelm II. als politischer Redner, Paderborn 2010.
Osterhammel, Jürgen: Die Verwandlung der Welt. Eine Geschichte des 19. Jahrhunderts, München ^{5}2010.
Palmer, Alan: Metternich. Der Staatsmann Europas. Eine Biographie, Düsseldorf 1977.
Ders.: Kaiser Wilhelm II. Glanz und Ende der preußischen Dynastie, Wien u. a. 1982.
Ders.: Glanz und Niedergang der Diplomatie. Die Geheimpolitik der europäischen Kanzleien vom Wiener Kongreß bis zum Ausbruch des Ersten Weltkriegs, Düsseldorf 1983.
Ders.: Franz Joseph I. Kaiser von Österreich und König von Ungarn, München 1994.
Pantenburg, Isabel F.: Im Schatten des Zweibundes. Probleme österreichisch-ungarischer Bündnispolitik 1897–1908, Wien 1996.
Pethö, Albert: Agenten für den Doppeladler. Österreich-Ungarns Geheimer Dienst im Weltkrieg, Graz 1998.
Pflanze, Otto: Bismarck and the Development of Germany. The Period of Unification 1815–1871, Princeton, New Jersey 1973.
Ders. (Hrsg.): Innenpolitische Probleme des Bismarck-Reiches, München, Wien 1983.
Preradovich, Nikolaus von: Großdeutschland 1938. Traum, Wirklichkeit, Tragödie, Leoni 1987.
Rall, Hans: Wilhelm II. Eine Biographie, Graz, Wien, Köln 1995.
Rathenau, Walter: Der Kaiser. Eine Betrachtung, Berlin 1919.
Rauchensteiner, Manfred: Der Tod des Doppeladlers: Österreich-Ungarn und der Erste Weltkrieg, Graz, Wien, Köln 1993.
Reichhold, Ludwig: Der Kampf um Österreich. Die Vaterländische Front und ihr Widerstand gegen den Anschluß 1933–1938. Eine Dokumentation, Wien 1984.
Ders.: Maria Theresia. Schicksalsstunde Habsburgs, Gernsbach 2005.
Ritter, Gerhard: Friedrich der Große, Königstein/Ts., Düsseldorf 1978.
Ders.: Staatskunst und Kriegshandwerk. Das Problem des Militarismus in Deutschland, 4 Bde., München 1964–1970.

Röhl, John: Kaiser, Hof und Staat. Wilhelm II. und die deutsche Politik, München 1987.
Ders.: Wilhelm II., 3 Bde., München 1993–2008.
Rothfels, Hans: Bismarck. Vorträge und Abhandlungen, Stuttgart u. a. 1970 ([1]1920).
Ders.: Friedrich der Große in den Krisen des Siebenjährigen Krieges, in: HZ 134 (1926), S. 14 ff.
Rumpler, Helmut: Die deutsche Politik des Freiherrn von Beust 1848–1850. Zur Problematik mittelstaatlicher Reformpolitik im Zeitalter der Paulskirche, Wien, Köln, Graz 1972.
Ders. und Peter Urbanitsch (Hrsg.): Die Habsburgermonarchie 1848–1918, 7 Bde., Wien 2006 ff.
Schausberger, Norbert: Der Griff nach Österreich. Der Anschluß, Wien, München 1978.
Scheffler, Karl: Bismarck. Eine Studie, Leipzig 1919.
Scheuner, Ulrich: Der Staatsgedanke Preußens, Köln, Graz 1965.
Schieder, Theodor: Das deutsche Kaiserreich von 1871 als Nationalstaat, Köln 1961.
Ders.: Staatensystem als Vormacht der Welt 1848–1918 (Propyläen Geschichte Europas Bd. 5), Frankfurt, Berlin, Wien u. a. 1982.
Ders.: Friedrich der Große. Ein Königtum der Widersprüche, Berlin 1983.
Ders.: Nationalismus und Nationalstaat, Göttingen 1992.
Schmidl, Erwin A.: Der »Anschluß« Österreichs. Der Deutsche Einmarsch im März 1938, Bonn 1994.
Schnabel, Franz: Deutsche Geschichte im neunzehnten Jahrhundert, 8 Bde., Freiburg i.Br. 1964/1965.
Schöllgen, Gregor: Imperialismus und Gleichgewicht. Deutschland, England und die orientalische Frage 1871–1914, München 1984.
Schoeps, Hans-Joachim: Preußen. Geschichte eines Staates, Berlin 1966.
Ders.: Preußen. Bilder und Zeugnisse, Berlin 1967.
Ders.: Der Weg ins Deutsche Kaiserreich, Frankfurt/M., Berlin, Wien 1970.
Schreiber, Gerhard: Hitler. Interpretationen 1923–1983, Darmstadt 1984.
Schulze, Hagen: Staat und Nation in der europäischen Geschichte, München 1994.
Schwarz, Hans-Peter: Das Gesicht des Jahrhunderts. Monster, Retter und Mediokritäten, München 2001.
Seward, Desmond: Metternich, der erste Europäer. Eine Biographie, Zürich 1993.
Shepherd, Gordon: Engelbert Dollfuß, Graz 1961.
Sheridon, R. K.: Kurt von Schuschnigg. A Tribute, London 1942.
Sidney Jones, J.: Hitlers Weg begann in Wien 1907–1913, München [2]1999.
Siedler, Wolf Jobst: Abschied von Preußen, Berlin 1998.
Siemann, Wolfram: Metternich. Staatsmann zwischen Restauration und Moderne, München 2010.
Simms, Brendan: Three Victories and a Defeat. The Rise and Fall of the First British Empire, 1714–1783, London 2007.

Ders.: Europe. The Struggle for Supremacy. 1453 to the Present, London 2013.
Sked, Alan: Der Fall des Hauses Habsburg. Der unzeitige Tod eines Kaiserreichs, München 1993.
Sombart, Nicolaus: Wilhelm II. Sündenbock und Herr der Mitte, Berlin ²1997.
Sosnosky, Theodor von: Die Balkanpolitik Österreich-Ungarns seit 1866, Stuttgart, Berlin 1913.
Srbik, Heinrich Ritter von: Metternich, 2 Bde., München 1925; Ergänzungsband München 1954.
Ders.: Deutsche Einheit. Idee und Wirklichkeit vom Heiligen Reich bis Königgrätz, 4 Bde., München 1935–1942.
Ders.: Aus Österreichs Vergangenheit. Von Prinz Eugen zu Franz Joseph, Salzburg 1949.
Ders.: Metternich, München 1956 (zuerst in: Erich Marcks und Karl Alexander von Müller [Hrsg.]: Meister der Politik. Eine weltgeschichtliche Reihe von Bildnissen, 3 Bde., Stuttgart 1922 f.).
Stadelmann, Rudolf: Deutschland und Westeuropa, Laupheim/Württ. 1948.
Ders.: 1848. Soziale und politische Geschichte der Revolution von 1848, München 1948.
Steinberg, Jonathan: Bismarck. Magier der Macht, Berlin 2012.
Stern, Fritz: Verspielte Größe. Essays zur deutschen Geschichte, München 1996.
Ders.: Gold und Eisen. Bismarck und sein Bankier Bleichröder, München (Neuauflage) 2008.
Stourzh, Gerald, und Birgitta Zaar (Hrsg.): Österreich, Deutschland und die Mächte. Internationale und österreichische Aspekte des »Anschlusses« vom März 1938, Wien 1990.
Straub, Eberhard: Drei letzte Kaiser. Der Untergang der großen europäischen Dynastien, Berlin 1998.
Stresemann, Gustav: Bismarck und wir. Rede des Reichstagsabgeordneten Dr. Gustav Stresemann zum 25. Bismarck-Kommers des Berliner Bismarck-Ausschusses, Berlin 1. April 1916, Berlin 1916.
Stribrny, Wolfgang: Bismarck und die deutsche Politik nach seiner Entlassung (1890–1898), Paderborn 1977.
Stürmer, Michael: Regierung und Reichstag im Bismarck-Staat 1871–1880, Düsseldorf 1974.
Ders. (Hrsg.): Das kaiserliche Deutschland. Politik und Gesellschaft 1870–1918, Düsseldorf 1970, unveränderter Nachdruck 1984.
Ders.: Das ruhelose Reich: Deutschland 1866–1918, Berlin 1983.
Ders.: Dissonanzen des Fortschritts. Essays über Geschichte und Politik in Deutschland, München, Zürich 1986.
Ders.: Die Grenzen der Macht, Berlin 1992.
Taylor, A. J. P.: The Habsburg Monarchy, 1809–1918. A History of the Austrian-Hungarian Empire and Austria-Hungary, Harmondsworth 1947.
Ders.: Bismarck. Mensch und Staatsmann, München 1955.

Tempelhoff, G. F. von: Geschichte des Siebenjährigen Krieges in Deutschland zwischen dem Könige von Preußen und der Kaiserin Königin, 6 Bde., Berlin 1783–1794.

Thamer, Hans-Ulrich: Verführung und Gewalt. Deutschland 1933–1945, Berlin 1986.

Treitschke, Heinrich von: Österreich und das deutsche Reich, in: Preußische Jahrbücher 28 (1871), S. 667 ff.

Tritsch, Walther: Metternich und sein Monarch. Biographie eines seltsamen Doppelgestirns, Hamburg u. a 1952.

Trost, Ernst: Franz Joseph I., Wien 1980.

Ders.: Das blieb vom Doppeladler, Wien 92002.

Unterreiner, Katrin: Kaiser Franz Joseph 1830–1916. Mythos und Wahrheit, Wien 2006.

Vallotton, Henry: Metternich. Napoleons großer Gegenspieler, München 1976.

Ders.: Maria Theresia. Die Frau, die ein Weltreich regierte, München 1978.

Vietsch, Eberhard von: Bethmann Hollweg. Staatsmann zwischen Macht und Ethos, Boppard 1969.

Wandruszka, Adam: Das Haus Habsburg. Die Geschichte einer Dynastie, Stuttgart 1956.

Ders.: Schicksalsjahr 1866, Graz, Wien, Köln 1966.

Ders.: Österreich am Ende der Regierungszeit Maria Theresias. Vortrag in der Gesamtsitzung der Österreichischen Akademie der Wissenschaften am 25. Januar 1974. Sonderdruck aus dem Anzeiger der phil.-hist. Klasse der Akademie, 111. 1974, S. 3.

Ders. und Peter Urbanitsch (Hrsg.): Die Habsburgermonarchie im System der internationalen Beziehungen, Wien 1990.

Watt, Donald Cameron: How War Came. The Immediate Origins of the Second World War, 1938–1939, London 1989.

Weber, Edmund (Hrsg.): Dollfuß an Österreich. Eines Mannes Wort und Ziel, Wien 1935.

Weber, Max: Der Nationalstaat und die Volkswirtschaftspolitik, in: ders.: Gesammelte politische Schriften, München 1921.

Wehler, Hans-Ulrich (Hrsg.): Imperialismus, Königstein/Ts., Düsseldorf 1979.

Ders. (Hrsg.): Moderne deutsche Sozialgeschichte, Königstein/Ts., Düsseldorf 1981.

Weizsäcker, Richard von: Die deutsche Geschichte geht weiter, Berlin 1983.

Wiltschegg, Walter: Die Heimwehr, München 1985.

Windelband, Wolfgang: Bismarck und die europäischen Großmächte 1879–1885, Essen 1940.

Winkler, Heinrich August: Der lange Weg nach Westen, Bd. 1: Deutsche Geschichte vom Ende des Alten Reiches bis zum Untergang der Weimarer Republik, München 2000.

Ders.: Der lange Weg nach Westen, Bd. 2: Deutsche Geschichte vom »Dritten Reich« bis zur Wiedervereinigung, München 2001.

Zechlin, Egmont: Staatsstreichpläne Bismarcks und Wilhelms II. 1890–1894, Stuttgart, Berlin 1929.
Ders.: Krieg und Kriegsrisiko, Düsseldorf 1979.
Ziegler, Ernst (Hrsg.): Jacob Burckhardt, Das Zeitalter Friedrichs des Großen, München 2012.

Personenregister

Bildnachweis

akg-images: 36, 114, 182, 260

Dank

Nach Abschluss eines Manuskriptes ist es eine angenehme Pflicht, denjenigen von Herzen zu danken, die dazu beigetragen haben, dass der Text zu der jetzt vorgelegten Form gefunden hat, und es bietet sich die Gelegenheit für ein erklärendes Wort zu Themenwahl und Entstehungsweg.

Geschichte ist immer Gegenwart. Den Blick auf Mächte und Gestalten der deutschen und österreichischen Geschichte, auf Habsburg und Preußen, aus der Perspektive des beginnenden 21. Jahrhunderts zu werfen, ist zunächst dem Reiz geschuldet, zu ergründen, warum wir zu dem wurden, was wir heute sind. Bisweilen führt diese Reise zur Entdeckung des Unerwarteten. Sie erinnert zudem daran, dass Zwangsläufigkeiten der Geschichte fremd sind und Offenheit zu ihrem Wesen gehört. Es hätte immer auch ganz anders kommen können.

Jedes Buch hat seine Geschichte. Die Beschäftigung mit einzelnen Aspekten des Themas reicht bis in meine Studienzeit in den 1980er Jahren in Erlangen, Bonn, London und Rom zurück. Wertvolle Anstöße habe ich seitdem immer wieder im fortwährenden Gespräch über Geschichte mit zahlreichen deutschen und europäischen Freunden erhalten. Für Kommentare zum Manuskript bin ich den Herren Botschafter a.D. Hans-Henning Horstmann (Berlin), Professor Karl Jurka (Berlin/Wien) und Dr. Christoph Hoppe (München) dankbar verbunden. Herrn Christian Seeger, dessen Geduld ich arg strapaziert habe, danke ich für die Aufnahme in das Propyläen-Programm und das Vertrauen, das er dem Projekt und mir von Anfang an entgegengebracht hat. Herr Rainer Wieland hat das Manuskript vorbildlich und stets verständnisvoll als Lektor betreut. Stephanie Salzmann hat auch am Werden dieses Buches einen wesentlichen Anteil und die Entstehung mit Rat und Tat in allen Phasen begleitet. Gewidmet ist es unseren Kindern Clemens, Ludwig und Caroline, für die in der erlebten Gegenwart Preußen und Habsburg keine Gegensätze sind.

Potsdam, im August 2013

